谨以此书献给我的故乡中国·蔷薇村

This book is dedicated to my hometown: Rose Village, China

“开放的思想”丛书 第四卷

认识你自己

对话古希腊三哲

Know Thyself：

Dialogues with the Three Sages of Ancient Greece

李华平 著

世界知识出版社

图书在版编目（CIP）数据

认识你自己：对话古希腊三哲/李华平著. --北京：世界知识出版社，2020.3
（开放的思想丛书：第4卷）
ISBN 978-7-5012-6186-4

Ⅰ.①认… Ⅱ.①李… Ⅲ.①哲学家—人物研究—古希腊 Ⅳ.①B502

中国版本图书馆CIP数据核字（2020）第032366号

责任编辑 狄安略
特邀编辑 罗庆行 袁 超
责任出版 赵 玥
责任校对 张 琨

书　　名 认识你自己：对话古希腊三哲
Renshi Niziji：Duihua Guxila Sanzhe
作　　者 李华平

出版发行 世界知识出版社
地址邮编 北京市东城区干面胡同51号（100010）
网　　址 www.ishizhi.cn
电　　话 010-65265923（发行） 010-85119023（邮购）
经　　销 新华书店
印　　刷 北京虎彩文化传播有限公司
开本印张 710毫米×1000毫米 1/16 37印张
字　　数 480千字
版次印次 2020年6月第一版 2020年6月第一次印刷
标准书号 ISBN 978-7-5012-6186-4
定　　价 68.00元

出版说明

我们生活在一个中西文化交融碰撞的时代，东西方的先哲们以不同的方式剖析人性、解释世界，而不同时空中的文明间也有很多思想文化上的共通之处，如重视道德、追求科学、强调理性等。未经审视的人生是不值得过的。人们今天还在代代纪念和传诵那些令人敬重的先贤，不是因为他们的权位和财富，而是因为他们的学识和思想，是因为他们对人类文明的进步所做出的卓越贡献。在人类历史的夜空中，他们犹如一颗颗散落着的熠熠生辉的繁星，永远闪耀着启迪后人、泽被万世的智慧之光。而对于正在加速进化的中国来说，只有秉承中华优秀传统文化，开放包容地吸纳世界各民族的先进文明成果，用全人类的智慧武装国民，才能屹立于世界民族之林。

先哲思想中的人文关怀能提升阅读者的修养和境界，然而阅读经典时，艰涩的大部头专著令人望而生畏，普及性的读物又往往浮光掠影。在当今名著阅读遇冷，人文研究深闺“象牙塔”的情况下，“开放的思想”丛书的作者李华平先生凭借自己的才华和想象力，以超越时空的“对话”形式深入浅出地对东西方百余位先贤哲人的思想观点进行了诠释和解读。作者和那些先哲们在一起，聆听教诲，参与辩论，与这些思想大师、文化巨人进行灵魂深处的交流的同时，也展示了自己对世界、人生的深邃思考。

丛书内容精练、语言通俗易懂，富于哲理，把高深的理论通俗化，大师的思想精华化，可谓“博采众长”“集思广益”。在对话中，作者也具有很强的批判和自我批判意识。“可爱者不可信，可信者不可爱”，作者对这些思想家们持有取舍的疑信态度。一问一答的思辨过程中，夹杂着疑问与批判，碰撞出思想的火花。那些生活在遥远时代和地域的思想家似在咫尺，作者向他们的提问直击自己乃至广大读者心中的很多疑惑，而大师们的回答则鲜活质朴又耐人寻味，友好的交锋中透露着机智诙谐。一场心灵的时空旅行过后，人们豁然开朗。

著作是作者二十余年来对哲学、刑法学、政治经济学、国际关系学等学科笃志研究、积累撰写而成的。作者著有《超越 2012——世界危机与人类的选择》

《论天下》《跨越时空的对话》《改造中国》《中国之路》《宇宙是活的》《思想二十年》《大国论》《智慧年代》等多部著作，引发较大的社会反响，在读者中具有一定的影响力。其中，《论天下》于2013年2月被中央外宣办指定为其公务员考试三本必考书之一，而另外两本分别是史学大家钱穆先生的《国史大纲》和著名哲学家冯友兰的《中国哲学简史》，足见李华平先生著作的理论深度和现实价值。

作者勇于创新，大胆挑战。著作对于世界著名思想家思想的介绍和解读，涵盖政治学、哲学、历史学、经济学、物理学、化学、生物学等多领域的学术思想和研究成果。这种长时段、多领域、跨领域的研究冲破了彼此不同的各个学科之间的藩篱，展示了作者多年所积累的丰富的阅读量和渊博的知识储备，也体现了社会科学和自然科学在人类的发展进步和前途命运问题上的共通和共鸣。看似“班门弄斧”的研究，实际达到了“举一反三”“触类旁通”的广度和深度。

作者与时俱进，关注现实。著作把握现当代西方科学研究的学术前沿，如对哲学家福柯、物理学家霍金、经济学家保罗·克鲁格曼、环境学家洛夫洛克等人的思想观点进行了评析和介绍。作者研究历史上对人类产生过重要影响的思想家的观念及其发展历程，同时对国家的进步与发展深刻关切。“古为今用，洋为中用”，任何一个国家的文明都是世界文明的不可分割的有机组成部分，任何国家的发展也都需要思想的开放、视野的扩大、观念的更新，需要批判地吸收历史上起过重要作用的其他国家的文化和思想。

列宁曾说：“只有用人类创造的全部知识财富来丰富自己的头脑，才能成为共产主义者。”民族文化的发展离不开世界文化，回顾人类文明历程不难发现，人类经历了从原始的闭塞、孤立和分散逐步向开放、依存和联系的世界转变的过程。再先进的民族文化，其发展与繁荣也不能舍弃对世界文化营养的汲取。

在新的时代，人类思想的交流在时间和空间上、深度和广度上都达到了空前的速度和规模。了解和学习世界各国、各民族的先进文化，可以让我们博采众长，知古鉴今。唯有在思想和智慧层面占据人类之巅峰的民族才有可能成为先进民族，拥有知识的国民自然也是现代社会得以发展进步的基石。熔中外文化之长于一炉，碰撞出绚烂夺目的火花，这个时代赋予了我们广阔的舞台，也赋予了我们传承和创新的历史使命。

Introductory Notes

We are living in an era of cultural collision and cultural fusion between China and the West. Sages of the past, both from China and the West, went to great lengths to explore the substance of human nature and tried to understand the world surrounding them. Civilizations in different space and time share some commonalities in belief and culture, like emphasizing moralities, pursuing science, and cherishing rationality, among other things. The unexamined life is not worth living. Today, people remember and pay tribute to those sages of the past, not because of their power and wealth but due to their knowledge, thoughts and the outstanding contribution they made to the progress of human civilization. On the dark sky of human history, they are like scattered shining stars that guide the later generations with their wisdom. China is experiencing exponential changes. Only by inheriting the excellent traditional Chinese culture, absorbing the advanced achievements of world civilization with open-mindedness, and changing the mind of our citizens with wisdom from the whole world can we stand firmly in the family of nations.

The thoughts of sages of the past, especially the human solicitude in their works, can help the readers improve their inner wellbeing. For most people, however, reading those big and indigestible classic books is a daunting challenge. On the other hand, those interpretative books about classics tend to fall short of depth. Today, people lost their enthusiasm to read classics and humanities research is confined to the Ivory Tower. Under such a circumstance, Mr. Li Huaping authored the Open Thought Series with his unmatched talents and imagination. By conducting "dialogues" with 100-plus sages and philosophers both of the east and the west, the author travels back to history and make in-depth interpretations of their thoughts with simple language. In this series of books, the author "sit" side by side with those sages and philosophers, "listen" to their preaching, and "engage" in their debates. Through in-depth exchanges with those philosophical and cultural giants, the author shares his profound views on the world and life.

This series of books is outstanding with its succinct content and simple language, by which the author interprets those abstract and philosophical theories and makes the quintessence of classics more understandable to ordinary readers. In this process, the author is open and inclusive to very diverse arguments. In these dialogues, the author shows his strong inclination toward critical thinking and the awareness of self-criticism. As one saying goes, those that look nice might not be trustworthy while those that are trustworthy might not look nice. The author does not take the arguments of sages for granted but scrutinize them with critical thinking. With a One Question One Response format, the author's skepticism and critical thinking generate many sparks of thought. The author did a great job by narrowing the distance between the readers and those great thinkers who once lived in the remote past. He asks them questions that have long baffled him and possibly many like-minded readers. The "responses" from these great thinkers, on the other hand, are simple but thought-provoking. In these generally friendly exchanges, readers can detect the wit and wisdom of the sages and the author. What an enlightening journey!

This series of books is based on the author's painstaking researches on philosophy, criminology, political economy, and international relations in the past two decades. The author has published a list of influential books including *Beyond 2012: The World Crisis and Choices of Humankind*, *Under the Heaven*, *Dialogues with History*, *Reforming China*, *The Chinese Road*, *The Universe is Alive*, *My Thinking in the Past Two Decades*, *On Big Powers*, and *The Era of Wisdom* etc. In particular, *Under the Heaven* was designated by the International Communication Office of the CPC Central Committee as one of the three must-read books for civil service exam while the other two books are respectively *The Guideline of Chinese History* by Mr. Qian Mu and *A Short History of Chinese Philosophy* by Feng Youlan, a famous Chinese philosopher. Such an honor attests to the theoretical contributions and practical values of Mr. Li Huaping's works.

The author is an innovative and courageous challenger. In this series of books, he introduces and interprets the thoughts of some world-class thinkers, straddling a wide range of disciplines including political science, philosophy, the history, economics, physics, chemistry, and biology, etc. The author's research focuses on the long history and is interdisciplinary indeed. By so doing, he helps break the fences among different disciplines. Such a methodology attests to his tremendous amounts of reading and extensive knowledge on the one hand and demonstrates the shared concerns for the progress and fate of the humankind by social sciences and natural science on the other. At first glance, the author's research seems unprofessional. As it turns out, however, he tremendously extends the scope and depth of his research through inference and analogy. The author is sensitive to the trend of this era and the reality. He concentrates on the latest academic development in the west. For example, he introduces and comments on the thought of Foucault (a philosopher), Hawking (a physician), Paul Krugman (an economist) and Lovelock (an environmentalist). Focusing on the thoughts of those thinkers who once influenced the trajectory of humankind and with an eye on the evolution of their ideas, the author is deeply concerned with the progress and development of China. As one saying goes, we should adapt ancient things for present purposes on the one hand and learn from foreign countries for China's benefits on the other. The culture of each nation is an integral component of the human civilization. Only through emancipating the minds, broadening the perspectives, refreshing the ideas, and critically learning from the cultures and thoughts of other nations that once made a difference in history can one country develop itself.

Lenin once argues that you can become a Communist only when you enrich your mind with a knowledge of all the treasure created by mankind. The culture of a nation cannot separate itself from the human civilization. In retrospect, we can see the evolution of human civilization from the closeness, isolation, and dislocation of the primitive era to the openness and interdependence of today. The culture of a nation, no matter how advanced it could be, must nourish itself from the positive elements of the world culture; otherwise, it cannot develop and prosper.

We are entering a new era, in which idea exchanges among the people are becoming unprecedentedly extensive, in-depth and instant. We should know more about and learn from the advanced cultures of other nations. By so doing, we can absorb the merits of others and then better understand both the history and ourselves. Only those nations that enjoy the world-class thoughts and wisdom can become pacesetters in the world. The development and progress of modern society would become impossible if the nationals of a country are kept ignorant. This new era endows us a promising prospect to integrate the Chinese and foreign cultures and enjoy the abundant fruits of cultural collision. It is also our historical mission to inherit and refresh our culture.

Biography of the Author

Li Huaping was born in Shuyang County, Jiangsu Province in 1965. He got the bachelor of laws from the Political Education Department of Nanjing Normal University in June 1988. In January 1991, he got a master degree of laws from the Law Department of China University of Political Science and Law. He once worked for the General Office of the CPC Central Committee and Xinhua News Agency, among other things. As a lawyer, Li Huaping is also a member of China Law Society.

With academic interests in a list of fields like political science, the history, philosophy, jurisprudence, criminology, religious studies, intellectual history, sociology, natural science, and archeology etc., he has published over 20 articles on some Chinese Social Sciences Citation Index journals like *Tribune of Political Science and Law*, *Legal Science*, *Science of Law*, *Law Science Magazine* etc. One of his magnum opuses is *Several Issues on Human Rights: A Perspective from Philosophy of Right.*

Li Huaping is the author to a list of books, including *Reforming China*, *The Chinese Road*, *Beyond 2012: The World Crisis and Choices of Humankind*, *Under the Heaven*, *Dialogues with History*, *My Thinking in the Past Two Decades*, *The Universe is Alive*, *On Big Powers: A Dialogue with History*, *The Era of Wisdom*, and Open Thought Series (15 Volumes).

序一：普及·探索·开放

李华平先生出的书已经有十几本了，我曾经为他的《跨越时空的对话》写了序。如今，他写的十五卷本“开放的思想”丛书又将问世，他希望我为他的这部宏卷写序，我欣然答应。

这十五卷本的新书还是采用“跨越时空的对话”的方式，作者采用这种方式写的书已经是第五本了。用现代人和历史上著名人物对话的形式国外也有，但在中国是颇为罕见的，尤其是涉及政治领域的话题，更多人视为危途，不敢涉及。另外，这种写作形式，要求作者通晓历史人物的观点，平生经历。一两个历史人物比较好写，像本书那样涉及200来个著名历史人物，其博学之深，不是胸中深有把握，一般人是不敢涉足的。

通观这十五卷本的巨著，我感觉体现了这六个字的精神：普及、探索、开放。

首先是普及。我曾经翻阅过李华平先生的《智慧年代——“访谈”20位古希腊哲学家》，在20万字的书里，作者访谈了20位古希腊哲学家，把握了他们的主要思想观点，介绍了他们的平生经历，阅读了60本文献资料，使得我们读者能概括地了解20位古希腊哲学家的思想，这不是一本很好的普及读物吗？人的知识分为两种：一种是专业知识，另一种是非专业知识。对于非专业知识，涉及面非常广，一个人的时间有限，不可能深入涉及，这就需要普及。“开放的思想”，可以引人入胜的方式解决知识的普及问题！

其次是探索。探索就是“探求真理”，被采访的著名历史人物都对人类做出过巨大贡献，可以说，他们在探求真理的漫漫长路上迈进了一大步，但谁都不能说他们已探求到了真理。在当时已经探求到的真理中，在今天看来，有的还有些价值，有的已经缩了水，有的已经被推翻。“开放的思想”可以用今人的眼光来审视历史人物的贡献。历史不断前进，不断在发展，历史就是探求真理的试金石。

最后是开放。纵观中国的历史，基本上是属于闭关锁国的历史，“自力更生、奋发图强”深入人心。改革开放近四十年来，对西方先进文化的引进，也更看重在科学。对西方的社会科学，更多是防范。事实证明，西方的自然科学远远胜于中国的传统自然科学；就是西方的人文科学诸如哲学、政治学、社会学、经济学、法学、伦理学、心理学等，也比中国传统的儒学更深入、更科学。作者在这十五卷与历史著名人物的对话中，更多的是介绍西方的人文科学，让人们更了解西方的历史成就。

李华平先生是中国政法大学的毕业生，中国政法大学的毕业生中主要从事文学写作与思想研究的是很少见的，我为他感到骄傲！

是为序。

2017年12月1日

序二：我思，故我在

一

人，是地球上大脑最发达、情感最复杂的动物。人的大脑神奇无比：它大约由140亿个神经元组成，尽管质量只占人体的2%左右，但血液循环量占心脏排出量的20%左右，氧气消费量占全身的20%左右，葡萄糖的消耗量占到了25%左右。人的大脑，掌控着人体的一切，是宇宙中结构和功能最复杂、最精细、最完美、最奇妙的一种物质和一种高级生命形式；它与物质结构、宇宙演化、生命起源三者并列，被认为是困扰当今人类的四大科学之谜。科学家推测：有朝一日，我们搞懂了人的大脑，就能明白人的大脑在人类的思维、情感、理性和爱情等方面的潜力和限制。只有真正搞懂了人的大脑，人类才可以彻底明白自己究竟何以为人。这个问题，不仅是一个科学问题，也是一个哲学问题。人的大脑，之所以如此神奇，是因为它有能力产生思想。思想，是人脑特有的智能，是高级思维活动，是思索，是探究和发现，是感悟和知觉，是认知。

人，因思想而存在，因思想而有尊严。人类的进化史，是一个一个的人、一颗颗杰出的灵魂和一个个“理性思维的英雄”（黑格尔）凭借理性思想的巨大能量深入人的内在，深入大自然和社会的内在，甚至深入上帝的内在，不断思索、发现、肯定、否定和认知普遍性、本质和规律的历史进程，其精髓，无疑是思想的进化史。没有思想，就没有文化，就没有历史。没有了思想，人和阿狗阿猫相比实在没什么区别。所以，完全有足够的理由这样说：思想，就是人的本质，是人生命现象的内核。正因为能思想，人才不同于地球上一切的其他和其他的一切；正因为思想的差异，个人与个人之间才可能存在本质的、非现象的或者说内在的、非外在的“辨识度”或“识别度”。这个人才有可能区别或类似于那个人，才出现了不一样的你、我、他，或志同道合的你们、我们、他们。人与思想之间的这种神奇的生理张力，决定了每个人都与思想共存共亡，每个人都必然拥有思想的权利，而且与生俱来，除了死亡，不能被剥夺。

自然界的神秘、无限和客观纯粹，养育了无数伟大的思想，或者说，伟大的自然科学思想。人文界不如自然界那么客观纯粹，自古以来，不但人神混杂，而且人妖难辨。所以，迄今为止，尽管古今中外先哲辈出，但人文思想却五花八门，如汗牛充栋，令人眼花缭乱，且不说良莠不齐。一方水土养一方人，养一方文化，养一方历史，养一方思想。思想是自由的，不自由的思想，先天不足，注定畸形；思想是宽容的，容不得批判和怀疑的思想，注定愚妄；思想是开放的，他山之石，可以攻玉，自我封闭的思想，注定萎靡；思想是独立的，失去人格的独立，必然丧失思想的独立，为达到某种目的（特别是对权力或资本）有意（刻意）或无意（无知痴愚）地谄媚、吹捧、效忠，或者阿谀奉承、盲目愚崇，都无疑是一种精神的贿赂或思想的自我奴化，注定是灵魂的犯罪或堕落。任何一种思想，无论从哪里来，只要是自由、宽容、开放、独立的，只要恪守人类文明的底线，尊重人的生命、财产、平等和自由，不损害人的尊严，不损害人追求幸福的权利，不损害人类的和平共存与发展，都可以与人共享，都有理由与其他的思想共存。相反，任何一种思想，再博大精深，再神秘莫测，再自命不凡，如果背离了这个大方向，逆天理而行，也只能是离经叛道的胡思乱想。

人的本质是思想，思想的本质则是理性。理性是思想的正常状态，或者说，是思想正常的存在方式，是求知、求真、求善、求美，是理智，是格物致知，是万物与我为一，是阿伦特终身捍卫和倡导的不甘于“平庸之恶”的批判性思考。伟大的理性思想，成就人类的文明和福祉。反之，逆天理而行、离经叛道的胡思乱想，酿造的必然是人类的灾难；换言之，思想也会有“非理性”或“不理性”的时候，也存在假、恶、丑。尤其是在强烈的内在欲望或强大的外界刺激下，难免偏离正常状态而“走火入魔”。人，会因为思想所具有的这种负面存在而变得片面、偏执、抑郁、任性、冲动、狂躁、堕落、残暴和失去理智，有时甚至禽兽不如。正是从这个视角和从这种意义上，我们有理由期冀：未来的教育，一切教育，无论是基础教育还是大学教育，其最崇高、最简洁的宗旨，就在于自幼培养学生有足够的能力去辨别“有人是否在胡思乱想”“有人是否在胡说八道”或者

“有人是否在不讲道理”。

必须在这里提醒的是，此处我所说思想的“非理性”或“不理性”，不等同于西方哲学史上所谓的“非理性主义”或“反理性主义”。我个人以为，现代西方哲学思想，或者说19世纪末和20世纪以降的西方哲学思想，与其说（貌似）是批判和否定传统理性主义的哲学思想，不如说是一种坦诚直面人类精神危机，勇敢潜入（甚至乐此不疲、恋恋不舍、流连忘返、乐不思蜀）现实世界中非理性、非逻辑（或者说偶然、无序、不可知，甚至荒诞）的泥潭，企图超越自古希腊到欧洲近代启蒙时代所形成的理性主义传统的哲学思想；不如说是一种填补传统理性主义不足并使之更接地气的一种哲学思想；不如说是自文艺复兴到19世纪，三百年“浮士德精神”的继续延伸和更精致的自我突破；不如说是欧洲的“艺术浮士德”向“哲学浮士德”的时代转换。

二

人，因思想而有价值；思想，因人的困惑而催生。人的困惑，永远是思想的猎物，永远是思想最直接的对象或客体。

人的困惑，不外乎在于对自身存在的困惑和对自身以外存在的困惑，不外乎存在于人活着所必须去想、必须去做的那些事：吃喝拉撒、衣食住行、学习工作、爱恨情仇、喜乐哀怒、人情世故、谈婚论嫁、生儿育女、七情六欲、生老病死；不外乎存在于由上述这些人的基本生存活动所不断衍生出来的政治、经济、军事、外交、法律、宗教、人伦道德、科学探索和发现、艺术、教育、医疗、自然生态保护等一系列貌似错综复杂、晦涩深奥的各种人与人之间的社会关系、人与自然的关系；用极简主义来抽象概括，从根本上讲，人的困惑不过就是——人性和欲望的困惑。

笼统归纳，人类发展史上有六次关于人的伟大发现：第一次人的发现，是发生在古希腊的“智者运动”。普罗泰戈拉的著名命题“人是万物的尺度”是这一运动最好的思想表述，人第一次被重视，走进了世界和社会的中心，这是有史以来人类自我意识的第一次觉醒。第二次人的发现，是在14—16世纪的欧洲。中世纪的欧洲，天主教的存在是通过否定人的独立存在和人性的存在而存在的，经过文艺复兴和人文主义者（薄伽丘、但丁、彼特拉克、达·芬奇、米开朗琪罗、拉斐尔等）的思想洗礼，特别是通过马丁·路德宗教改革（“信仰自由”和“君权神授”）的思想解放运动，才第一次把人的命运从主宰一切的神权中拯救出来。第三次人的发现，也在欧洲。通过近代欧洲的思想启蒙运动（孟德斯鸠、伏尔泰、狄德罗、卢梭、康德、霍布斯、洛克等），以“天赋人权”取代“君权神授”，用“法治”取代了“人治”，用“民主”取代了“专制”，这种被称为以理性为基础的社会制度第一次把人的生命、财产、平等和自由从至高无上的君权中解放了出来。第四次人的发现，是“女性的重新发现”。远古时代的女性，曾经拥有过一段值得荣耀和骄傲，而且漫长又辉煌的悠悠岁月；在“知母不知父”的母系氏族时代，作为女性，特别是作为母亲，不但是一种荣耀和骄傲，也意味着权力和地位；距今大约10万—30万年前，人类就进入母系氏族时代，一直延续到距今大约1万年前的新石器时代早期，人类才从“女阴崇拜”过渡到“男根崇拜”，由此逐渐演化成了几乎全世界所有民族都经历过的歧视、压迫和奴役女性的男尊女卑习俗和制度。所以，所谓“女性的重新发现”主要就是废除各种男尊女卑习俗和制度，提倡男女平等和一夫一妻制，简单地说，就是把女人从男人特有的夫权统治中解救出来。第五次人的发现，是未成年人的发现。未成年人是民族和人类的未来，“少年智则国智，少年富则国富，少年强则国强，少年独立则国独立，少年自由则国自由，少年进步则国进步”（梁启超）；所以，对未成年人的受教育权、人身权、身心健康权等权利的重视和特殊保护，已逐渐成为人类文明社会的共识。简而言之，就是把未成年人从容易受侵害的弱势地位中援救出来，其中也包含了把未成年人从父母无微不至的担忧和过度监护中援救出来。第六次人的发现，是安乐死的发现。虽然迄今为止安乐死尚未被世界上多数国家的法律所认可，但从大趋势上看，越来越多的人觉醒并意识到，赋予病情危重而又无法治愈的病人自愿结束自己生命的权利和自由，是符合人道主义精神和关怀的。或者说，法律应该允许把身患绝症、濒临死亡、处于极度痛苦中的患者或处于不可逆昏迷的植物人从病痛的折磨或丧失尊严中解脱出来。

在这里，我之所以列举人类历史上关于人的六次（也许不止六次）发现，只是为了说明和强调上述发现中的任何一个发现，都属于对“人的外在”的发现，完全不同于人对自己内在的认识。或者说，完全不同于人类对自我内在的发现，即对人性和对人的欲望以及对人的内在理性化的认识和发现。这种对人的内在的发现，虽然由来已久，且渐行渐深，但远未嵌入人心，尚未被充分和全面认知，仍有漫漫长路要走。尼采说过：生活是一面镜子，我们努力去做的第一件事，就是从镜子中辨认出自己。

人有自己的天性，这无须溯源到遥远的人类历史起点，也大可不必像霍布斯、洛克或卢梭那样，去假设某种“自然状态”。人性，迄今为止，如此不尽如人意，如此反复无常，已然是一个不争的事实；人性，姑且放下东西方思想中由来已久的“性恶论”和“性善论”之争，说白了，只是一种存在的可能性，或可能性的存在。就像一个空瓶子，你往里装什么就是什么，借用萨特的话语，无非是“存在先于本质”，也可以类比弗洛伊德“三我”中的“自我”；人性，就像一枚硬币一样，至少有正反两个面，恶的一面和善的一面。这种二元结构可以这样被诠释：人性，既有堕落也有升华的天性；在一定强度的压力或诱惑驱使下，人性是经不起考验的，恶也是有能力铤而走险的，如休谟所言，自私与人性是不可分割的；同样，在一定温度的滋养中，人性不是不可以战胜自我，通过内心的自我审判或升华，散发出爱的气息和善的光芒。尼采说，自由的人可能为善也可能为恶，犹如歌德笔下浮士德所做的坦诚表白：有两个灵魂在我胸中，总想分道扬镳，一个怀着浓烈的情欲，以它的卷须紧紧攀附着现世；另一个却拼命想超凡脱俗，高飞到崇高的神圣之地。

人的欲望，是达成某种目的的冲动和渴望，它受享乐原则支配，既是人的原始生理本能，也是动物性在人身上的体现，犹如凯恩斯所说的“动物精神”，时常以一种非理性和无意识（下意识或潜意识）的心理或行为显现，是一种发自内心深处且难以自控的对事对物的强烈向往。人性无时无刻不受欲望的驱使，人生所经历的一切，真或假、苦或乐、爱或恨、悲或乐、喜或愁、美或丑、贪婪或廉洁、文明或野蛮、公正或偏颇、希望或失望、战争或和平、特权或平等、自由或奴役、人治或法治、民主或专制……无不根源于欲望的强度和大小，无不根源于对欲望的满足和不满足。佛祖释迦牟尼，于人的灵魂深处，洞察到了人有贪、嗔、痴（三毒）；儒家学说中，且不论孔子的“饮食男女，人之大欲”，荀子着眼人的自然本性，提出人“生而好利”“生而好色”“生而有耳目之欲”；亚当·斯密，在经济和金钱层面上，揭示了人的贪婪和利己主义本性；弗洛伊德，深入性的王国，发现了“力比多”无处不在的秘密，并把由此产生的欲望归类于“三我”中的“本我”；叔本华和尼采，甚至玩世不恭地断定，生命的本质就是意志，即一种贪得无厌的欲望和创造本能，意志高于认知和理性；韦伯，以一个社会学家的魄力和淡定，将人的欲望量化为三样东西：金钱、权力和名望；马斯洛，则从生理和心理需求出发，有条理地把人的欲望从低到高分为五个层次：生理需求、安全需求、爱和归属感需求、尊重需求、自我实现和自我超越需求……

假如人性是一辆汽车，那么，欲望就是发动机。没有发动机的汽车指定是一堆废铁，正如禁欲主义总是把人性搞得半身不遂一样。人类历史上，无论是宗教的还是世俗的，无论在古代希伯来或古希腊，还是在古印度，不问是欧洲的中世纪，还是东方的皇权社会，禁欲主义无不试图以“灭人欲”来教化和驯服人性，从而宣扬自诩伟大的精神力量和高尚的道德境界。一如叔本华所言：人是利己的，欲望的满足总会受到各种挫折，所以，“世上唯有人的痛苦最深……每一部生命史都是痛苦史……生命整个地根本地就是痛苦”；所以，“人只有在彻底摆脱强烈的欲望冲动时才能获得根本的解放”。然而，事实胜于雄辩，禁欲主义，不但没有如愿以偿，反而适得其反，被长期压抑和高度浓缩的欲望，犹如星星之火，在阴暗之中集聚起洪荒之力，暗度陈仓，不但扭曲和伤害人性自身，也扭曲和危害社会，直到暗无天日，在非人道的悲鸣声中土崩瓦解。

承认——事实上也不得不承认——欲望是人性的发动机，并不等于必然承认欲望可以信马由缰、肆无忌惮、为所欲为，并不等于否认欲望极度膨胀后所产生的破坏力和杀伤力；相反，调节欲望的方向，节制欲望的任性，多一点儿理性和文明，少一点儿野蛮和残暴，这才是承认欲望合法性存在的初衷和终点。一辆汽车，既需要轮子和发动机，当然也需要方向盘和刹车板。

如果把调节欲望和节制欲望看作一个欲望不断接受理性监护的过程，那么，自律和他律就是促使欲望变得理性化的两座重要桥梁。

自律，是自尊、自重和自爱，是个人的自我约束、自我纠错和自治，是自我的良心发现和觉悟，是抵制或控制躁动于自己内心的某种异常欲望的一种正能量。在道家那里，就是“无为”；在儒家思想里，就是“慎独”，就是孔子的“仁、义、礼”，孟子的“仁、义、礼、智”，董仲舒的“仁、义、礼、智、信”；用王阳明的心学来解读，就是“知行合一，格物致知”；在佛语里，就是“修为”或“修行”；也可以说就是弗洛伊德“三我”中的“超我”；用康德的话说，就是“纯粹理性”，就是自己给自己立法，自律者方得自由。福柯，曾经这样诗情画意地描述过人的内在世界：灵魂如同一叶小舟，被遗弃在浩瀚无际的欲望之海上，忧虑和无知的不毛之地，知识的海市蜃楼或非理性的世界中；这叶小舟完全听凭疯癫大海的支配，除非它能抛下一只坚实的铁锚——信仰，或者扬起它的精神风帆，让上帝的呼吸把它吹向港湾。

他律，是一种来自个人自身以外的力量和游戏规则，是强加于个人之上，人人必须遵守的外在约束和底线，一旦被冲破，将受到惩戒。自律，是一种软约束，比如良心、教育（理念和知识）、道德伦理或者信仰（世俗的或宗教的），而且每个人的自律方式和自律能力也千差万别，对于那些自制力低弱、容易原谅自己或者侥幸心理强大的人来说，对于那些利欲熏心、不知廉耻和乐于铤而走险的人来说，自律显然是软弱无力的；但是，这丝毫不影响自律作为一种调节和节制欲望的方法而存在，而且是一种最常用的重要方法。相对于自律而言，他律是硬约束，比如法律（法治），它不但有国家的强制力或社会的公信力做后盾，而且可以通过理性的立法和公正公开的司法程序形成一个可预期的制度体系，从而合理有效地实现调节欲望和节制欲望的目标。正如孟德斯鸠所说：法律的制定是为了惩罚人类的凶恶悖谬，所以，法律本身必须最为纯洁无垢。

我崇尚《道德经》！我也尊崇《论法的精神》！

除了自律和他律外，还有一样与欲望息息相关的东西值得一提，这个东西众所周知、人人躲不过去，而且只有人才感知得到，它就是大名鼎鼎的“死亡”。死亡，是一切欲望的最后终结，正如出生是一切欲望的开启。死，是一个生理过程，每个生命从出生就开始，每分每秒，都走在通向死的过程中；亡，是消亡，是生命肉体的从有到无，是人走向死亡过程的终端。人的生命只要没有消亡，就一直在向死的方向活着，在向死的路上存在着（“在场”），并且通过意识（只能通过自我意识）能够去真实感知到自我的存在感（类似于贝克莱的“存在就是被感知”，也类似于王阳明的“心外无物、心外无事、心外无理”）……这就是海德格尔所谓的“向死而生”。海德格尔说：“向死而生的全部意义在于，当你无限接近死亡，才能深深体会生的意义。”思考和认识死亡，不但可以消除或减弱对死亡的恐惧，还可以让人强烈感受生的欲望，而且可以激发人内在积极的生命活力，看淡或拒绝诱人的各种物欲，释放精神和灵魂深处的正能量，敬畏和珍惜生命的理性存在，并以这样一种客观和乐观的态度去唤醒对生与死的觉悟，坦然面对死亡，乃至藐视死亡：生命的喜悦之处在于不必重来！

让人性和欲望向理性靠拢，并接受理性的监护，我相信这高于一切，应该是人类自身的终极关怀。我想说的是，所谓的人类思想和人类文明，不过就是为了调节和节制那些无所顾忌的、来自人内心深处的、有违天理、膨胀过头的欲望。

追溯过去，人类的发展历史，始终是一个以人（个人、组织、民族或国家乃至全人类）为中心，为了不断满足人的欲望升级，无限向外、向他人（个人、组织、民族或国家）和向自然界扩张，掠夺他人和自然资源的历史。自工业革命和科学革命以来，特别是近一百年来，更精准地说，近50年来或近20年来；自从发明了蒸汽机、发电机和计算机以来，特别是发明了互联网、物联网、大数据和人工智能以来；人类的主流文化，不仅离上帝越来越远，而且深深沉沦于一个“着魔的时代”，一个着魔于科技、享乐、消费和冒险的时代。在日新月异的所谓科技创新、逐利资本的推波助澜和激烈的竞争制度的合谋刺激下，人类的物质生活和物质文明貌似蒸蒸日上。与此同时，人的欲望也水涨船高，亦步亦趋，芸芸众生对金钱、权力和名望的追逐，对消费、享乐和奢侈的膜拜，越发不可收拾，物欲横流，甚至巧取豪夺，不择手段。在如此膨胀的欲望驱使下，人性却越来越脆弱，越来越无常，越来越经不住享乐主义的诱惑和机会主义的刺激；浮躁偏激，失去了应有的内敛和平衡，抛弃了与自然万物的和谐，忽略了宝贵的简单淳朴和良知信仰；欲壑难填，铤而走险，总是有意无意徘徊在或者“向善”或者“向恶”的十字路口。

假如真有这么一天，科技可以让人长生不死，永远年轻美貌，而这只有少数人花大钱才能办到，或者说，这个世界不公正到如此地步，连死亡面前的人人平等都化成泡影的时候，那么，人一定会因此而疯狂。科技、金钱和权力一定会绞尽脑汁狼狈为奸，试图摇身一变成为主宰这个世界的新上帝。倘若真的有那么一天，恰如霍金和埃隆·马斯克所担心的那样，未来已来，人工智能远远不再是只存在于科幻小说和科幻电影中。如果新版或更新版的“阿尔法狗”具备了超人类的自学能力、思考能力、语言能力和创造能力，除了下围棋足以打败人类之外，六亲不认杀一个回马枪，调过头来秒杀人类，超越令人类毛骨悚然的核武器，那么它将成为人类的最后宿命和真正终结者……这绝非危言耸听，我们确实正处在尽情享受欲望所创造的人类物质文明之中，我们确实也陷入了被膨胀的欲望绑架的高度危险和恹恹病态之中。也许我们还记忆犹新，犹如《人类简史》的作者赫拉利是一位非凡的怪才一样，一百年前，一位德国的青年中学历史教师——斯宾格勒，头顶第一次世界大战的浓浓硝烟，躲在慕尼黑一个漆黑的贫民窟里，在昏暗的烛光下写出了一本轰动世界的奇书《西方的没落》。在书里，斯宾格勒铿锵有力地忠告和预言：世界上所有的文化和文明都是有生命的，都有生老病死。

存天理节人欲，倡导或保留理性的和向善的欲望，节制或去除偏执的和向恶的欲望——或许，我们应该这样去诠释"存天理灭人欲"，还朱熹一个公道；或许，这样的诠释方可再次打开人类的脑洞，冷静下来，与时俱新，尽可能放下傲慢偏见，砸碎禁锢枷锁，以古为师、以人为师、以心为师、以自然为师，用坦诚和理性去面对人类共同的困惑、共同的现实、共同的利益和共同的未来。"面向事物本身"（胡塞尔），在求同存异、以和为贵的氛围中，借鉴和融合古今中外不同的思想文化，和而不同，变"向外"为"向内"，或者说，平衡"向外"和"向内"的方向，以每个人的自身和人类的自身为目标，向每个人的内心和人类的内心求救；通过对人的本质和思想本质的进一步思考，通过对人性和人的欲望更深入的认识，通过对人性和人的欲望的理性调节和节制，通过不断改良和完善自律和他律，通过加深对死亡与存在的探索和觉悟，通过开放的思想和思想的开放，在思想文化范畴里，在意识世界里，呼唤一种更理性、更和谐、更有幸福感、更具包容性、更适合人类共同生活和可持续发展的生存理念，重构一个新的理性的人类思想的命运共同体，促进人的全面发展。

福柯说过，知识分子的工作不是为了改变他人的政治意愿，教导他人去做什么，而是要通过自己专业领域里的分析研究，一直不停地对设定为不言自明的公理提出疑问，动摇传统的心理习惯、行为习惯和思维习惯，解构熟悉的和被认可的事物，重新审视规则和制度，并在此基础上重新问题化，从而完成一个知识分子的使命和一个公民的责任。

沉思，就是缄默加思考；沉思，高于纯粹的行动。亚里士多德说，唯有沉思的生活才是最有价值的生活。或许上述我的这一番自言自语，太滑稽荒诞，太浪漫可笑；或许现在就是改变方向，调转船头的时候了。

永远铭记，古希腊德尔斐阿波罗神庙门廊上的箴言：认识你自己！永远不要忘却，苏格拉底常挂在嘴边的那句话：我除了知道我无知这个事实外，一无所知！对于未来，我们也许真的不能停止《人类简史》中赫拉利的诘问：人类究竟想要什么？变成什么？

或许，四百年前的笛卡尔是对的：征服你自己，没必要去征服整个世界。

“我相信，一切事物的价值必将重新评估。”（尼采）我相信，人类终将能够被思想的理性和理性的思想收养。

我相信，这个世界的善良。

三

人的本质是思想。思想的本质是理性，思想的对象是人的困惑。人，当之无愧，就是思想的主体。每一个人，都是自己思想不容置疑的天经地义的唯一主体，都是一个一个活生生的当仁不让的思想者。每一个人，其人格的独立和平等，顺理成章就是思想的存在前提，或者说，是思想存在之存在。

在此，我很乐意引一段弘一法师的弟子丰子恺先生在《我与弘一法师》小自传里说过的话。鉴于言之有理，所以拿来分享，本想从先生的文字中“取其精华”，琢磨再三，感觉还是引原文为好，原汁原味的，更生动鲜活，更利于表达其本义：

“我以为人的生活，可以分作三层：一是物质生活，二是精神生活，三是灵魂生活。物质生活就是衣食。精神生活就是学术艺术。灵魂生活就是宗教。‘人生’就是这样的一个三层楼。懒得（或无力）走楼梯的，即把物质生活弄得很好，锦衣玉食，尊容富贵，孝子慈孙，这样就满足了。这也是一种人生观。抱这样人生观的人，在世间占大多数。其次，高兴（或有力）走楼梯的，就爬上二楼去玩玩，或者久居在里头，这就是专心学术文艺的人。他们把全力贡献于学问的研究，把全心寄托于文艺的创作和欣赏，这样的人在世间也很多，即所谓‘知识分子’‘学者’‘艺术家’。还有一种人，‘人生欲’很强，脚力很大，对二层楼还不满足，就再走楼梯，爬上三层楼去，这就是宗教徒了。他们做人很认真，满足了‘物质欲’还不够，满足了‘精神欲’还不够，必须探索人生的究竟。他们以为财产子孙都是身外之物，学术文艺都是暂时的美景，连自己的身体都是虚幻的存在。他们不肯做本能的奴隶，必须追究灵魂的来源，宇宙的根本，这才能满足他们的‘人生欲’。这就是宗教徒。世间就不过这三种人。”

坦率地说，我基本认同丰子恺先生的说法。或许换一种角度，见仁见智，还可以这样说：人活着有三种不一样的状态：第一种是世俗活着，世俗思考；第二种是世俗活着，超世俗思考；第三种是超世俗活着，超世俗思考。放眼人世，第一种人多，第二种人少，第三种人是“奇葩”。在我看来，三者各有各的格调和品位，不宜论高下，更不可妄论贵贱和好歹，贵在愿意不愿意，贵在选择不选择，贵在“己所不欲勿施于人”（孔子）。人生百态，众生芸芸，说简单也简单，捏吧捏吧，捋一捋，人世间，不过这三种活法。

尼采（1844—1900 年），除了是一位疯狂热爱生命的德国思想家、哲学家、诗人外，还是一位作曲家、文学评论家和语言学家，他也说过一句掷地有声的话，直截了当，不拐弯不抹角：“没有真理，只有诠释。”

歌德（1749—1832 年），众所周知，是一位杰出的德国大文豪，但他在大学学的是法律。他除了是一位小说家、剧作家和诗人外，还是一位画家、科学家和思想家。在他著名的长篇诗剧《浮士德》里，歌德借魔鬼靡菲斯陀之口，说了这样一句话，既蕴涵了厚重和矜持的“浮士德精神”，又彰显了诗的气息和浪漫：“尊贵的朋友，所有的理论都是灰色的，而生活这棵金树是绿色的。”

莱辛（1729—1781 年），德国启蒙运动时期的著名剧作家、美学家、文艺批评家，虽然他不是哲学家，但留下了一句很有哲理的话：“对真理的追求比对真理的占有更可贵。”

笛卡尔（1596—1650 年），法国著名的哲学家、物理学家、数学家、神学家，被誉为“解析几何之父”和“近代科学之始祖”。他的墓碑上写着：“笛卡尔，欧洲文艺复兴以来，第一个为人类争取并保证理性权利的人。”对于人和理性，他这样说过：“只有服从理性，咱们才能成人。”

或许，我不一定喜欢这四个人，但我一定喜欢这四句话。

四

“开放的思想”丛书是学弟李华平三十年磨一剑，呕沥心血写成的一部大书。

这部书根基于这样一个大构想：从远古到中世纪再到现代、从地中海到日本海、从大西洋到太平洋、从欧洲大陆到亚洲大陆再到美洲大陆、从印度半岛到西伯利亚……通过分析解读比较不同地域、不同时期、不同类别的各种不同思想，通过穿越时空的思想对比和碰撞，围绕着人和思想的本质、人性和欲望、自律和他律、死亡与存在等古老且永恒的问题，解构和重构一幅人类的思想版图，玩味“平行空间”中不同思想文化的殊途同归和异曲同工之妙，澄清被人为夸大（或曲解）的不同地域思想文化之间、古今思想文化之间、物质世界与精神世界之间的差异性、排斥性和对抗性，去除不同思想文化之间的隔阂、鄙视、妄自尊大和妄自菲薄，发现人类精神世界里的“思想文化纠缠”。

例如，古代中国老子（公元前571—前471年）的“道”，古希腊赫拉克利特（公元前535—前475年）的“逻各斯”（logos）和古印度释迦牟尼（公元前465—前385年）的“菩萨思想”，这些不同地域的远古思想之间真的就不存在任何值得关注的共性和交集吗？

又例如，伴随当代物理学“暗物质”“暗能量”和“量子纠缠”的发现，人的“意识”已不再是一种与“物质”相对立的存在，如果把“意识”放在“量子态”去分析，“意识”其实就是“物质”的一种；既然通过“量子纠缠”，“意识”和“物质”已经可以握手言和，那么，“唯心”和“唯物”为什么就不可以谈情说爱呢？

预览全书，古今中外几百位思想家昂首挺立、栩栩如生，复活在一篇篇既充满思辨又丰富多彩的访谈之中，历历在目。作者李华平作为一名穿越古今的记者，从头到尾穿梭其中，秉承“去政治化”“去功利化”和“去主义化”（去体系化）的本色，摘下人类鼻梁上沉重的有色眼镜，冲破固化和僵化的语言、概念、逻辑和结构的枷锁，还原思想的本质，回到思想家本身；掰开揉碎，用自己独特的评判视角和话语腔调，无拘无束、海阔天空地大胆解构和细心重构，与每一位思想家平等对话，促膝谈心，开怀论道。

“开放的思想”，无论解构或重构，都不意味着否定过去的一切和一切的过去，而是一种与时俱新和不断与时俱新的思想意识，或者说，是一种对与时俱新和不断与时俱新的善意提醒或呐喊；也可以说，是换一个角度看世界。就像德里达所理解的那样，解构主义（后结构主义）不是要取代结构主义，更不是要取代哲学史上存在已久的逻各斯和形而上学传统，也取代不了……它只是反中心、反权威、反二元对抗，是一种反观或反省人类思想文化和人类文明的思想意识。

二十多年前，我在德国学法律读博士的时候，听过导师海因·科茨教授的课。导师是德国著名的法学大家，在私法和比较法等领域建树颇丰。记得他在课堂上这样说过：比较法，不是别的，就是研究比较分析不同的国家和地域，在处理同样或类似的人与人之间的纷争上，法律理念和技术运用的优劣，互为借鉴，寻求一个相对理性的、合乎逻辑的、公平正义的解决问题的方法。

我深信，“开放的思想”丛书的作者李华平，正是怀揣“忧天下之忧”和为人类“排忧解难”的一片苦心，敲开了古今中外几百位思想家的大门，与不同时代、不同地域、不同流派的思想家谈天说地；数十年如一日，放眼纵横，鸟瞰时空，神游万里，思接千年，活像串珠子一样，日积月累，把散落在人类思想海洋里的一颗颗耀眼的珍珠，用理性之光贯穿成一串串向真向善向美的念珠；边走边思，边思边想，启迪思索，开启民智……一路自弹自唱，弘扬“独立之精神，自由之思想”（陈寅恪）。

感谢华平对我的信任，邀我给“开放的思想”写序。寥寥数千字，东拉西扯，左支右绌，岂能承受洋洋百万言之重。

思想，是爱智，是思想者的智慧欢愉。（毕达哥拉斯）

思想，是思想者坚持不懈的批判和怀疑。（福柯）

我思，故我在。（笛卡尔）

谨此，

向所有的，逝去的和活着的，

尤其向，为人和人类的苦难、福祉和命运“操心”的思想者，致敬！

必需的！

2017 年深秋　北京

序三：独立与自由：学术进步之源泉

作为华平的老师，我知道他一直在从事着某种研究工作，但因我忙于修订自己的刑法专著，以便出版社及早出版，加之身体方面的原因，也就没有过细关注他的研究工作，自然也就谈不上对他的研究给予什么指导。每想到这，作为老师，心中不免有些淡淡的遗憾。

我与华平属于忘年之交，亦师亦友，情同手足。他请我给他推出的15卷本“开放的思想”丛书作序，我非常高兴。华平的学术起点是历史与哲学，其研究生时期的方向是刑法，但他从未把自己的兴趣与研究局限在某个具体的领域。他的研究涉及哲学、法哲学、刑法学、人类学、思想史、历史学、宗教学、社会学。即便是对于非常专业化的自然科学他也认真学习过、研究过、思考过。他出版的《宇宙是活的》，就是一个证明。这本书涉及基因理论、双螺旋理论、相对论、量子力学，如果不具有一定的自然科学功底和学术勇气，是不敢下笔的。

与华平接触久了，了解也便多些。我发现华平天资聪慧，尤其是博览群书，过目不忘。他的勤奋与刻苦，更是惊人，三四十年如一日，天天看好几万字的书，每天都推出一两篇文章，令人叹为观止。他的视野非常广阔，人们看他的著作，就如在读一部百科全书，内容涉及古今中外，上下五千年，纵横千万里。但知识的丰富性远不是华平著作的最大特点，他著作的最大特点就是时时处处都能体现出一种独立思考的精神。他不唯书、不唯权威，不人云亦云，不趋炎附势。他每个字都是在讲“理”，彻底的理性主义精神贯彻其著作的始终。华平的著作肯定存在许多不正确之处，但没有一处不是他认真而独立思考的产物。撒谎与谄媚，是学术的天敌，华平一直对此深恶痛绝。我希望他继续坚持这种独立思考的精神，逐步完善他的学术体系，去修正那些经不住历史和时间检验的结论，为思想界贡献出具有卓越影响力的精品力作。

我与华平的研究虽然侧重点不同，但我们信奉的学术精神是相同的，那就是独立、自由、理性、开放。我依托这种精神在刑法学方面提出了我的法人犯罪论、人权防卫论、犯罪构成系统论等理论体系。我的刑法理论，受到国内外学者的高度重视和赞扬，并被翻译成英、日、俄、法四国语言，法兰西共和国总统给我授予骑士荣誉勋章，是肯定，是鼓舞，更是鞭策。耄耋之年，我依然笔耕不停，一日不敢懈怠，生命不息，研究绝不停止。有生之年，看到自己的学生茁壮成长，那份欣喜与安慰发自心田。我希望华平也能用这种精神，把他的研究推到一个又一个历史的高峰。

最后，我要强调指出，中国已经进入一个空前美好的时代，改革、开放、自由、民主、包容、理性、多元化。我曾经说过："自由是科学的本性，创新是科学的生命，没有自由，科学将沦为奴婢，没有创新，科学将枯萎死亡。"一切最优秀的科学著作，都是当今时代的产物，吾辈并期盼后生们能高举新时代之大旗，创造出更多优秀的作品，为民族之复兴，为全人类之进化与繁荣，做出自己应有的贡献！

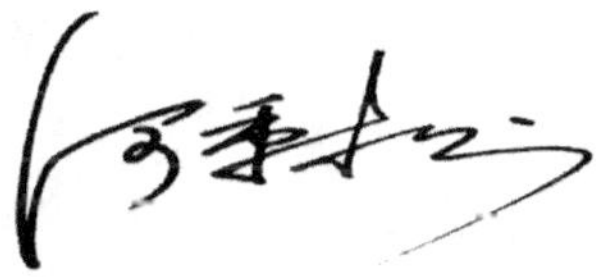

2018年9月6日于北京静斋

目　录

亚里士多德篇

苏格拉底篇

第一章 “我只是一只牛虻而已”

引 子

苏格拉底是有史以来最伟大的哲学家之一，他被以不信神等罪名判处死刑。可以说，苏格拉底把自己毕生的精力都奉献给了对雅典人民的启蒙事业，他宁愿冒着丢掉生命的危险，也要不断敲打雅典，不让他的祖国在沉睡中死去，不让他的同胞在麻木不仁中灭亡。他因此丢掉了性命，也因此而流芳千古。让我们走近伟大的苏格拉底。

一 谣言似水

记者：

你是位了不起的哲学家，据说你被判处死刑是因为遭到了别人的起诉？

苏格拉底：

起诉我的人有三个，一位是修辞学者吕孔（Lykon），一位是检察官阿尼图斯（Anytus），第三位叫美勒托（Meletus），这个人是无名小辈，是一个没有什么名气的雅典公民，是个年轻人。

记者：

你的学生柏拉图说，这位美勒托是代表诗人起诉你的。是不是说美勒托本身是个诗人呢？

苏格拉底：

不是的。柏拉图说美勒托代表诗人，或许是与他父亲可能是位诗人有关。

记者：

明白。根据各种各样的史料记载，你是个非常好的人，为城邦打过仗，立过战功。为什么会有人起诉你呢？

苏格拉底：

都是谣言惹的祸，这些谣言伴随我一生，这些谣言传播得很广。那些审判我的人，似乎都是听着这些谣言长大的，所以他们对我非常不友好。

记者：

我明白你的意思。如果没有这些谣言，就不可能有三位原告对你的起诉；如果没有这些谣言，也就不可能有你被判死刑这件事的发生。

苏格拉底：

可以这么说。

记者：

那这些是什么谣言呢？

苏格拉底：

阿里斯托芬在他的喜剧中对这些谣言就有记载。

记者：

阿里斯托芬的喜剧《云》（*The Clouds*）我读过，他对你的挖苦可以说到了极其刻薄的地步。他说你创办的“思想所”一天到晚忙于研究的尽是一些无聊透顶的问题，如：跳蚤跳的距离是它脚长的几倍，蚊子的嗡嗡声是发自它的口还是发自它的尾，如何测量月亮的运行轨道，等等。他还说你最擅长于教授人们颠倒黑白的诡辩之术，他还说你苏格拉底这个人每天迈着四方步，自吹自己上知天文，下知地理，每天钻研天上地上的一切事情……

苏格拉底：

他还说我苏格拉底自吹自擂能够腾云驾雾，每天口中胡言乱语。阿里斯托芬说我苏格拉底不仅到处胡吹，还收人家的钱，简直就是个江湖骗子。阿里斯托芬还说，苏格拉底这个人每天到处与人辩论，经常是把和他辩论的人说得一无是处；他还专做一些不法之徒们习惯干的事。一个诡辩的人是不可能相信神的，因此，经过阿里斯托芬的渲染，在人们的印象中，我苏格拉底自始至终就是一个无神论者，就是一个不相信神的人。总之，这些就是置我于死地的谣言。

记者：

我看过与你同时代几位戏剧作家的作品，感觉到说你不好，甚至是公开诋毁你的人很多，绝对不止阿里斯托芬。

苏格拉底：

我不喜欢看书，你说给我听听，好吗？

记者：

特勒克勒得斯是一位，此人说你对帮助欧里庇得斯写出那些亵渎传统的作品负有不可推卸的责任，他支持对你予以追责。阿米普西阿在其创作的喜剧《孔努斯》（*Konnos*）中说你整天冒着傻气，饿着肚子，衣衫不整，生来讨厌鞋子，就连你偶尔披的一件斗篷也是偷来的。欧波利斯说你经常在做客时偷人家的勺子，他说你贫困不堪，喜欢夸夸其谈，你的思想整天遨游在宇宙中，但连一顿喂饱自己的饭都不会做。

苏格拉底：

这些家伙专门散布不利于我的谣言。

二　流言的起源

记者：

苍蝇不叮无缝的蛋。你苏格拉底也是个正派人，按道理说，人们不应该对你说三道四。根据你的分析，为什么那么多谣言都因你而生呢？

苏格拉底：

这里面是有原因的。要说清楚这个原因，首先得提起一个人。

记者：

谁？

苏格拉底：

这个人的名字叫凯勒丰，此人是我的同伴，也是那些参与审理我案件之人的同伴。

记者：

据说，凯勒丰是雅典民主派人士，与你的政见有分歧。

苏格拉底：

或许是吧。凯勒丰是一个做事莽撞，想一出是一出的人。我经常叫他“疯子”。有一次，这个“疯子”到雅典德尔斐神庙求神谕。

记者：

他要求什么神谕呢？

苏格拉底：

凯勒丰求的神谕是，要神告诉他有没有人比我苏格拉底更有智慧？

记者：

凯勒丰求的神谕是怎么说的呢？

苏格拉底：

负责发神谕的女祭司告诉凯勒丰说，没有人比我苏格拉底更有智慧。凯勒丰虽然没有把这个结论告诉我，但是，他的兄弟向我证明了此事。

记者：

当你听到这个神谕时，你的反应是？

苏格拉底：

我对祭司的话虽然坚信不疑，但我认为需要采用什么方法去验证一下神的话。

记者：

我想知道你是用什么方法去验证神的话的呢？

苏格拉底：

经过很长一段时间的考虑，我想出了一个办法，我决定去探访雅典城内被公认为智慧、声望都很高的人。通过与这些人进行交流，就可以弄清楚有没有人比我更有智慧了。如果有，那就说明神谕说得不对；如果没有，那就说明神的话是对的。

记者：

看来你真是平时没有多少事情的人，闲得很。你真的这么做了吗？

苏格拉底：

我真的这么做了。我先是拜访了一位政治家，通过与这位政治家交流，我觉得我与他同是一无所知，可是他以不知为知，我以不知为不知。在这个细节上，我确实比他更有智慧：我不以所不知为知。于是，我便将这些告诉了这位政治家。

记者：

如此直白，肯定会让这位政治家很恼火。

苏格拉底：

没错。不仅这位政治家对我的直言不讳感到恼火，在场的许多人也指着我的鼻子说我做得过分了。

记者：

那你还继续吗？

苏格拉底：

是的。我利用时间，到雅典城内到处拜访那些被公认为具有智慧的悲剧诗人、酒神赞歌诗人、手工艺人。

记者：

通过与这些人进行交流，你最终得出什么结论呢？

苏格拉底：

我所拜访的人，他们对于本来不知道的东西却假装知道，其实是无知的；而我知道自己一无所知，能认识到自己什么都不懂。由此，我认为，我比那些我所探访的人更有智慧。因此，神的话是对的。为了得出这个结论，我无暇参与公共事务，也无法照顾家庭，一贫如洗。老婆抱怨我，孩子也怨恨我，我活得好辛苦。

记者：

你确实把你的宝贵时间甚至把你的一生都用到那些天上地上的事情上去了。我感觉人们对你的许多抱怨，也不是空穴来风。人们抱怨你、怨恨你，似乎也有一定的道理。

苏格拉底：

问题不仅如此。雅典城中有很多年轻人，他们家里有很多钱，又有闲暇时间，他们觉得我盘问别人的方法很有意思，于是，就跟着我到处盘问别人。当他们看到许多人自以为拥有许多知识，而实际上所知甚少或一无所知时，感到很开心。但是，那些受到盘问的人，却开心不起来，他们非常恼火。于是，这些人便把脏水泼到我身上，他们说我苏格拉底是传播瘟疫的人，把雅典年轻人都带坏了。

记者：

我们中国有一句成语，叫三人成虎。即便是一只猫，只要大家都说这只猫是老虎，说多了，人们慢慢就会相信这只猫就是老虎。如果说你不好的人多了起来，我相信说你好话的人，就会越来越少。

苏格拉底：

你说的没错。那些曾经遭受我盘问的人越来越多，这些人便异口同声地来攻击我。这些人有的是诗人，有的是手工艺人，有的是政治家，有的是演说家，他们指责我整天吃饱饭没事干，竟讨论天上地上的事情；他们攻击我不信神，他们说我净说假话。

记者：

我明白了。为什么雅典有那么多的人都异口同声地攻击你？原来是你曾经用使他们难堪的方法来盘问他们，让他们颜面尽失。他们为了报复你，就必然散布一些流言，这或许是谣言的来源。

苏格拉底：

没错，就是这么回事。

三　自相矛盾的指控

记者：

你到底是因为什么罪名被起诉，以致最终被判处死刑？

苏格拉底：

原告之一美勒托控告我的罪状是，说我毒害青年，说我教唆青年不信城邦的神，而相信新的精灵。

记者：

这算什么罪？

苏格拉底：

你没有身处当时的雅典，就没法理解这个罪名的严重性。在当时的雅典，一个人如果被认为是无神论者，轻者坐牢被发配，重者可能有杀身之祸。

记者：

没想到这么严重。

苏格拉底：

美勒托这个家伙在他的诉状中说，所有的审判官、所有的议员、所有公民大会的组成人员，都热爱雅典的青年，而不会去毒害青年；唯有我苏格拉底才会伤天害理，才去做毒害青年的事情。最核心的理由是，他说我是个无神论者。不仅如此，他说我相信异端的神灵。

记者：

你如何看待这些足以置你于死地的指控呢？

苏格拉底：

这些指控自相矛盾。

记者：

你为什么说美勒托的指控是自相矛盾的呢？

苏格拉底：

美勒托指控我是无神论者的证据是，说我曾经说过，“太阳是石头，月亮是泥土”。

记者：

你如何看美勒托的这个指控？

苏格拉底：

早在我之前的科学家阿那克萨戈拉就论证过“太阳是石头，月亮是泥土”。由此可见，这些话并非我所讲的，如果说我错了，那是不是说阿那克萨戈拉就错了呢？退一步讲，即使认为“太阳是石头，月亮是泥土”，也未必就不信神明嘛！

记者：

你说的也有道理。

苏格拉底：

美勒托一方面指控我是无神论者，同时又指控我不相信城邦的神，而相信其他的神灵。这不是明显的自相矛盾吗？

记者：

应该是，确实有点自相矛盾。

苏格拉底：

所谓精灵，它本身也是神，最起码说，它是神的子女，是神与女仙所生。相信神灵，就是相信神，就是有神论者，怎么能说是无神论者呢？

记者：

你的意思是说，那些原告对你的指控，从根本上是站不住脚的。那为什么那些指控最终还是得到了审判团的认可？

苏格拉底：

其中的原因，我们已经交流过了。是因为我抓住那些自认为是有智慧而实际上是草包的人去进行辩论，从而让这些人丢人现眼。这些人对我的嫉恨，是他们最终认定我是罪犯的根本原因。在这些仇视我的人看来，有关的证据矛盾不矛盾无所谓，只要它们能够成为收拾我的工具就足够了。

四　政治是一种很危险的事情

记者：

据说你天生就不愿意从政？

苏格拉底：

是的。我从很小时候起，就有一种看法，那就是政治是一种很危险的事情，只要不是万不得已，千万不要涉足政治。我还预感到如果我涉足政治，一定会早早地因政治而死。

记者：

你讲这些话，是不是要告诉我，你被法庭判处死刑，或与雅典的政治有关？

苏格拉底：

公元前406年，雅典是民主派人士在执政，雅典海军在阿吉纽西群岛击败斯巴达舰队，但自己也损失了二十五艘船舰和四千名军人。当时暴风雨阻碍将军们去拯救这些军人，阵亡者的尸体也无法被打捞起来予以安葬，事后，雅典的当权者便追究责任而决定审判八名将军。

记者：

这件事历史书上有记载，我不知道此事竟然牵涉到你。你又没有参与政事，与你何关呢？

苏格拉底：

你或许不知道，我当时正代表家乡任议事会主席，一些人在会场鼓噪议员们同意投票处死这八位将军。

记者：

这还真是个棘手的问题，你如何处理此事？

苏格拉底：

那些在现场闹事的人威胁我说如果我不赞成，也要起诉我。许多议员都乖乖服从了，一些有权势的人发言说要我付诸表决，但我不为所动，只有我一人投了反对票。

记者：

你为何做出如此选择？是不是因为你与那八位将军或其中的一位有某种特殊的交情呢？

苏格拉底：

法律与正义至高无上，即便面对险境，我也必须站在法律与正义一边。我不会因为怕死而屈从任何权威，即使为此失去生命，我也无怨无悔。

记者：

你绝非一般之人！还有什么例子可以讲一讲吗？

苏格拉底：

公元前404年，雅典战败投降斯巴达以后，斯巴达在雅典支持克里底亚等三十僭主政权实行残暴的恐怖统治，杀害了很多人。面对恐怖统治，很多人敢怒不敢言，唯有我敢于站出来谴责这些僭主。

记者：

这些专制暴君大权在握，如果他们知道你谴责他们，他们能放过你吗？

苏格拉底：

他们当然不会放过我。僭主克里底亚派人把我召过去，下令禁止我参政议政。他们还命令我和另外四个人去逮捕一位富有的雅典公民，这位公民名字叫勒翁。

记者：

勒翁犯了什么罪？

苏格拉底：

不知道，无非是对僭主政治不满呗。

记者：

你坚守法律，维护公道，反对滥权和非法行为，我猜你肯定拒绝执行命令。是不是？

苏格拉底：

是的。

五 雅典人需要拯救

记者：

你一天到晚喜欢到雅典的大街上拉着人辩论，不厌其烦地兜售你的那套理论，很辛苦！我不明白，你这样做，意欲何为？

苏格拉底：

拯救雅典，挽救雅典人民。

记者：

雅典怎么啦？雅典人民又怎么啦？竟然需要你去拯救他们！你连老婆孩子都养不好，还奢谈什么拯救雅典、挽救雅典人民。

苏格拉底：

你说的没错，我不会干活，不会做生意，不会讨好官府、混个一官半职，老婆抱怨我，儿子们也瞧不起我。我经常是吃不饱，穿不暖，但这并不影响我去拯救雅典和雅典人民啊。

记者：

快说雅典和雅典人民怎么啦？

苏格拉底：

说来话长，波斯战争你知道吧？

记者：

我看过你们的那位历史学家写的《历史》，里面说的似乎就是波斯战争。

苏格拉底：

没错，希罗多德写的。我们希腊人在雅典、斯巴达的带领下，联手击败了东方的波斯，从此希腊步入巅峰。

苏格拉底：

严格说来，是雅典在波斯战争之后，一步步走上巅峰。

记者：

是好事啊！

苏格拉底：

好事与坏事不过是一枚硬币的两面，步入巅峰，让雅典成为光芒四射的明珠，雅典成为世界的文化中心、军事中心，确实是好事。但是，雅典人在雅典的辉煌中可悲地陷入一种疯狂的麻木状态，这又是一件坏事了。

记者：

怎么讲？

苏格拉底：

雅典人以前与周围的民族相比，基本上差不多，都有一股子拼命的精神，干什么都是说干就干，一干就成，可以说是朝气蓬勃。但在波斯战争以后，雅典人开始学会享受了，他们整天沉迷于音乐、喜剧之中，不再像以前那么具有某种创业精神了，相反，绝大多数人雅典人变得消极、懒散、饶舌和极端的贪婪。胜利让雅典人越来越不知道自己姓什么，胜利让雅典人的尾巴翘得越来越高，胜利让雅典人蜕变成为一群妄自尊大、毫无节制的“土包子”。这样的一个民族，如果得不到及时的敲打与提醒，很快就会衰败下去的。你说是不是？

记者：

无法清醒认识自己的民族，毁灭只是早晚的事情，这是历史的必然，不以任何人的意志为转移。不过，在我看来，雅典的政治家们完全可以动用宗教、动用文化工具来对民众进行教育和提醒啊。

苏格拉底：

荷马，贵为万众之师，他写下《荷马史诗》，意在发挥诗人作为大众的真正导师和教育者的作用。但是，《荷马史诗》中关于人类坎坷的命运和令人心酸的故事未能打动浑浑噩噩的听众，未能拯救雅典人民。诗人拯救不了人民，这点你是心知肚明的。宗教，对民众的影响是根深蒂固的，但是说到底，宗教也仅仅是一些故弄玄虚的仪式。而宗教，尤其是希腊那些神叨叨的原始教义，往往缺乏神圣的典籍予以支撑，民众对这些宗教也是将信将疑，因而宗教家们对民众的教化也是云山雾罩，不着边际。对于拯救雅典人民，宗教除了能对民众的道德行为做出若干或多或少含含糊糊的指导和心灵安慰外，似乎也是心有余而力不足，因此难有作为。

记者：

说来说去，无论是荷马的诗歌，还是那些宗教，都对拯救雅典人无能为力，于是，你就走到了前台？

苏格拉底：

是的。

六　伯罗奔尼撒战争：与自由无关

记者：

关于伯罗奔尼撒战争，伯里克利的看法与你的看法差异很大。

苏格拉底：

在伯里克利看来，雅典与斯巴达之间发生的这场战争，是一场为争取自由而进行的战争。我对这个看法不以为然。

记者：

你的看法是？

苏格拉底：

在雅典历史上，有两场战争必须提及。希波战争是一次，那是一次真正为自由而进行的战争。

记者：

为什么这么说？

苏格拉底：

希波战争是由雅典与斯巴达城邦联合领导全体希腊人，为抗击50万波斯侵略者而举行的战争，毫无疑问属于正义战争。那些参加这场伟大战争的希腊勇士，都是培植雅典民族精神的先师。

记者：

你对希波战争评价如此之高，为什么对伯罗奔尼撒战争评价却那么负面呢？

苏格拉底：

希波战争是为抗击外敌而战，因此是不得不揭竿而起的正义之战。而伯罗奔尼撒战争就不同了。

记者：

不同点在哪里？

苏格拉底：

无论是雅典还是斯巴达，都是希腊的兄弟民族，本该相互包容，互相热爱。伯罗奔尼撒战争是希腊诸民族之间的相互屠杀，战争中任何一方都是非正义的。雅典发动这场战争是为掠夺财富，斯巴达也是如此。就雅典来说，她原本是一个非常强大而道德高尚的城邦，但随着希波战争的结束，雅典从道德上就开始堕落了。她不再考虑正义与自由，一心一意谋求在希腊的霸主地位。她的失败与军事无关，而是源于道德上的堕落。

七 不能自由地说出真理不如死

记者：

大多数希腊人主张做事必须节制，力戒中庸，而你却硬拉着各行各业的人与你进行辩论，不辩出子丑寅卯来绝不罢休，这种做法是不是有点太过极端。

苏格拉底：

好多人也对我这么说，他们笑话我为此丢掉了性命，还指责我应该为此感到丢脸。

记者：

似乎你不以为耻，反以为荣？

苏格拉底：

阿喀琉斯冒着死亡的必然来临，而与赫克托耳交战，他并不感到有什么可耻的，原因在于他是为了替自己的同伴报仇，这种行为是正义的。为正义而死重于泰山，理当感到无限荣光，何来耻辱之说呢？阿喀琉斯说得好："如果不能向那个恶棍讨还血债，那就让我立即去死，胜过徒然坐在船舶前让人嘲笑，成为大地的负担！"（[古希腊] 柏拉图：《柏拉图全集》，增订版，王晓朝译，人民出版社 2015 年版，第 16 页）

记者：

你认为你的行为也是一种正义之举？

苏格拉底：

难道不是？！年轻时，作为一名军人，我根据将军们的指令，在祖国的各个关键地方，如波提狄亚、安菲波利斯、代立昂等地站岗放哨。我不怕死，为什么？因为我在做一件符合正义的事情，是神在指令我做一件正义的事情，死亡算得了什么！

记者：

问题是：到了晚年时候，你不再是一名军人，你做的工作不再是什么保家卫国的高尚事业，你一天到晚拉着别人辩论，既浪费了你自己的时间，也浪费了别人的时间。人们说，浪费别人的时间就是谋财害命，这其中与正义似乎是风马牛不相及的啊。

苏格拉底：

不管你如何评价我所做的工作，我自以为我用毕生精力去考察究问每个雅典人，让雅典人从傲慢自大中醒来，这件事与我保卫祖国的山山水水，其意义是一样的。保家卫国关系国家的命运，让我们的同胞保持一颗清醒的心，同样事关国家的命运。

记者：

你也曾经说过：人们其实并不关心你是否信神，人们所关心的是你不再去盘查他们，让他们心安理得地去做他们的事情。如果你承诺不再抓住他们不放，不再到大街上信口雌黄，或许他们并不会要你的命的。

苏格拉底：

被你说对了，那些法官也多次跟我说过，只要我不再花时间到处盘问他人，他们就会放我一马。他们要我承诺，并威胁我说，如果我不承诺，就把我整死。

记者：

这些法官决定着你的生死，你承诺了吗？

苏格拉底：

没有，也决不。

记者：

你为什么如此顽固不化呢？

苏格拉底：

用我的智慧，去敲打雅典与雅典人民，让他们知道自己的无知，让他们知道不能把财富、权势作为自己至高无上的追求，要他们知道德行才是第一位的，这是神安排我做的事情，我没有权利抗拒这个神圣的指令。同时，我也相信，热爱智慧，用智慧提升自己，提升我们的同胞，这是我神圣的权利，别人有什么资格剥夺我这项权利呢？如果要我用沉默来换取我的生命，我宁愿不要这生命，死了最好！

八　合法判决必须无条件服从

记者：

对一般人而言，只要能活着，什么事都能干得出来。

苏格拉底：

是这样。生命是天下最宝贵的东西，只要能保住性命，做一些极端的事情也是可以理解的。我相信绝大多数人都能理解。

记者：

据说你被判处死刑，但完全有可能逃离囚室，而你却坚决拒绝这样做，到底是为什么呢？

苏格拉底：

关于这个问题，我告诉你，如果我真的想逃之夭夭的话，我完全有时间去跑的……

记者：

怎么讲？

苏格拉底：

雅典城邦一年一度派遣船只前往宗教圣地德洛斯朝拜，按照惯例，在这条神圣的大船返回雅典之前不处死任何犯人。我受审的时候，城邦派出朝圣的船只已经出发，由于某种原因，这次朝圣所花的时间要比往年长得多。我的朋友克里托，就是想利用这段时间策划营救我的，所以说时机特殊，时间宽裕啊。再说了……

记者：

还有什么特殊情况呢？

苏格拉底：

那就是：克里托很有钱，他是雅典的巨富，他对我是忠心耿耿，他和他的四个儿子都是我的门生……

记者：

话赶话，顺便说一句，在你去世以后，克里托曾经撰写了 17 篇稿子，记录的都是你的言论。这 17 篇稿子后来还被集中在一起出版，集子的名字是《人们并非仅靠学识成善》。

苏格拉底：

真是一个又有钱又有想法的人啊！

记者：

不打扰你，接着说吧。

苏格拉底：

好的，刚才说到克里托，克里托是有钱人，他随便掏点钱就可以把那些狱卒摆平。除了克里托外，还有好多朋友愿意慷慨解囊，还有几位外邦的朋友也愿意为我提供栖身之处，并承诺保证我过上体体面面的生活。

记者：

据说克里托已经把那些狱卒搞定了？

苏格拉底：

是的。克里托这个人信息很灵通，当他得知那只朝圣的大船即将到达雅典，于是贿赂狱卒，来到关押我的囚室，把他的营救计划告诉我。

记者：

我记不清在什么地方看过一些资料，说你之所以不愿逃跑，其实是不敢逃跑，因为希腊各个城邦之间有刑事司法协助方面的约定。你逃得出雅典，逃不出希腊，迟早会被捉拿归案的。

苏格拉底：

你说的情况也存在，但那不是我拒绝出逃的原因。

记者：

说说你拒绝出逃的原因。

苏格拉底：

合法判决必须无条件服从！

记者：

问题是：那些法官对你的判决是一个错误的判决，对你而言，你被判处死刑，是一个冤案，一个天大的冤案！

苏格拉底：

但法官们对我的判决是一个合法的判决，无论就实体法，还是就程序法而言，他们的判决都是毫无瑕疵、无可挑剔的。而服从合法的判决，是每个公民应该做的事情，是一种神圣的义务，我有什么资格违抗判决呢！

记者：

你的看法确实非同一般。

苏格拉底：

面对法院那些不利于自己的判决，每个人都会指责它们是错误判决；如果每个人都以判决错误为借口，拒不执行法院判决，那么整个社会制度将陷于无效，整个社会秩序将从何谈起啊？一句话，冤枉你的是法官，而不是法律。公民在任何情况下都应该服从法律，除非你改变对法律的看法。

九 我只是一只牛虻而已！

记者：

苏格拉底先生，我可以最后请教您一个问题吗？

苏格拉底：

您客气了，苏格拉底愿意洗耳恭听。

记者：

你感到孤独吗？

苏格拉底：

我痛并快乐着，孤独什么？

记者：

再问你一个问题，你如不愿意，可以不回答。

苏格拉底：

什么问题？神叨叨的。

记者：

雅典人为什么要杀你？

苏格拉底：

我估计是这个问题，我回答你：他们杀我的理由，一个是说我毒害雅典的青年，一个是说我制造新的神灵，而不相信原有的神灵。

记者：

谢谢！现在听起来很好笑。你一天到晚站在雅典的大街上，见人就拉着人家辩论，你经常用一些刁钻的问题难为人，经常让人家很难堪，你得罪人太多了，这或许是你被判处死刑而无人相助的原因吧。

苏格拉底：

时代不同了，你理解不了。

记者：

起诉控告你的人似乎也并不是什么坏人，你自己也不得不承认，美勒托是所有雅典政治家中唯一明白怎样走正道的人，他爱护青少年一代胜过爱自己的子女；阿尼图斯也是一个很有志向的人；吕孔在修辞学上做出了贡献。你记恨他们吗？

苏格拉底：

说恨也恨，说不恨也不恨。

记者：

怎么讲呢？

苏格拉底：

我是希腊人，我不能眼睁睁看着希腊人堕落，我就是要不断地敲打他们，让那些“不智而自命为智”的人“自知无知”，让他们如芒在背，如鲠在喉，享受片刻的安闲与麻木都不行。如果说雅典城邦是一匹高贵的骏马，我就是那只让其烦不胜烦的牛虻，我要不断叮咬这匹骏马，让它片刻不得迟缓。

第二章　哲学的革命：从自然到人

引　子

希腊哲学从研究自然转向研究人和社会始于智者运动，苏格拉底是智者运动批判的继承者和发扬光大者。进入苏格拉底时代后，哲学从对自然的直观和不自觉的逻辑思维，转变为自觉地考察人的理性和认知能力，深入考察国家、正义、政体、统治者等触及人类群体性本质的关键问题，并大力宣扬一种开拓人类知识大道的科学理性精神。让我们走近苏格拉底的哲学世界。

一　关于“智者”：批判与继承

记者：

“智者运动”你知道吗？

苏格拉底：

你说的是普罗泰戈拉、高尔吉亚那些人发起的“运动”呗？

记者：

是啊。

苏格拉底：

智者自称“德性的教师”，他们能言善辩，靠收徒传授“政治技艺”来收取学费；而我教人从不收取费用。智者主要通过“雄辩术”来使人信服，但很多智者醉心于玩弄概念和文字游戏，成了诡辩家。这样的语言圈套不断出现，就变得令人生厌。不过，我对他们在雅典社会中的作用还是给予认可的。

记者：

哪些作用呢？

苏格拉底：

智者们提出“人是万物的尺度”，不管人们如何理解这个口号，这都无疑提升了人的作用，这比那种处处以神意决定一切的做法要进步些。

记者：

毫无疑问。还有呢？

苏格拉底：

智者们无视陈旧的贵族门阀制度，藐视陈旧的道德体系，在强调公民个人的才智和个性上，无疑也有进步性。还有，智者们积极参与城邦的政治活动，从城邦的立法、国家政策的制定，到民事纠纷的解决和社会习俗的变革等方面，都能看到智者们的影子……

记者：

既然如此，那你为什么又对智者们进行猛烈的批判呢？

苏格拉底：

那是因为智者们后来蜕化了，我对他们的堕落无法容忍。

记者：

你的学生柏拉图在其《普罗泰戈拉篇》中说到了老年的普罗泰戈拉都不敢承认自己是智者，是不是也出于同样的原因？

苏格拉底：

是的。智者们从相对主义的角度看待人，本身无可厚非；但他们后来走到另一个极端，就连人本身也都成为一种相对的东西，都呈现出一种闪忽不定的形象。这是其一。

记者：

既然连人都成了一种闪忽不定的东西，哪还有什么基于人而建立起来的哲学呢？

苏格拉底：

你说的没错。这是其一。智者们提出的进化理论本来很有一定的合理性，但越往后，这些人越来越成为霸权主义的帮凶，他们千方百计要去论证霸权主义的合理性。这是其二。

记者：

还有什么？

苏格拉底：

越往后，智者们越堕落。他们的论辩术变成蛊惑民众、谋取权势的工具。他们对个人主义情感价值的强调对雅典青年滋长享乐主义和奢靡之风起到推波助澜的作用。这就是我要对智者们发难的根本原因。

二　从天上到人间

记者：

除了苦口婆心劝导雅典人必须明白自己的无知外，你还说了什么，或者说你还做了什么？

苏格拉底：

我还劝导雅典人民，尤其是那些所谓的思想家们，不要再执迷于一些仰望星空的事情，而应该脚踏实地，好好把地上也就是人间的事情思考好、做好。

记者：

人间的事情？难道你们雅典的思想家们不去关心人间的事情？

苏格拉底：

你是研究哲学的，你应该对西方的哲学史有所了解，在我之前，希腊有很多哲学流派。

记者：

是的，有米利都学派、毕达哥拉斯学派、爱利亚学派、原子论派……怎么啦？

苏格拉底：

这些人一天到晚就知道研究数，就知道研究万物产生和复归的本原，就知道研究日月星辰，就知道研究天体的大小、距离和轨道，就知道研究什么叫作运动、什么叫作静止……

记者：

你是说这些人只知道研究天上的事情，而不知道研究人间的事情？

苏格拉底：

基本如此吧。

记者：

根据我的研究，在你们希腊的那些自然哲学家的眼中，人间不过是天上的一个部分，因此，研究天上的事情，也就是研究人间的事情。你批评说他们只知道研究天上的事情，而不知道研究人间的事情，是不是有点不公平啊？是不是有点冤枉了这些哲学家们？

苏格拉底：

一点都不。你说的没错，在我之前的那些哲学家，你们后人称呼他们是“自然哲学家”。他们的思想中，大自然无所不包，人不过是大自然和宇宙的一个组成部分，因此，研究宇宙自然就包括研究人。还有一点也必须承认，这些人并不是不关心人间政治。这些人曾经就政治、伦理和社会的起源和发展问题提出了若干很有见地的观点，因此，可以说这些人并非是“纯”的自然哲学家，而是“混合型”的哲学家。

记者：

所以，你对他们的批评是不公正的。

苏格拉底：

不是这个概念。这些哲学家虽然既关心天上的事情也关心人间的事情，但总体看来，他们更多的是关心“纯”的天上的事情，也就是说他们更多的是关心人以外的自然，对人类自身的关心完全是顺带的、业余的，有时间就研究一下，没时间就拉倒。

记者：

即便如此，我认为他们也没有什么不对的地方啊。对于人类来讲，我们需要一部分人去研究俗世的事情，油盐酱醋、吃喝拉撒、国计民生，是需要人去研究的。但是，我们同时也需要有人去仰望星空，关注一点日月星辰的事情。天上的事情、人间的事情，同样的重要，不能厚此薄彼啊！

苏格拉底：

问题就出在这个地方。如果那些哲学家们能做到不厚此薄彼的话，也就是说他们能多花费一些时间，研究一下人间的事情，他们就不会把雅典人民引导到沟里去。

记者：

有这么严重？

苏格拉底：

思想家和哲学家是人类的引路人，他们的一举一动都直接对其人民产生巨大的影响。如果他们的思路正确，人民自然就会跟着他们一起往前走，顺顺当当，不会有什么差错。但是，一旦这些人的路子走歪了，人民自然就会成为迷途羔羊。

记者：

迷途羔羊？

苏格拉底：

是啊。对于那些自然哲学家来说，一方面，他们眼睛只是盯着浩瀚的星空，而对脚下的事情关注甚少；一方面，一个人一个意见，甚至是一个人若干个意见……

记者：

有这事？

苏格拉底：

例如说吧，关于宇宙的本原，有的人说是水，有的人说是土，有的人说是火，有的人说是气；有人说世界的本质是“多”，有的人说是“一”。关于运动的事情也是如此，有的人说物质和宇宙是运动的，有的人说是静止的……如此混乱不堪的言论，你让那些愚昧的民众如何行动呢？如何思考呢？可以说，希腊人思想的混乱，与这些哲学家有很大的关系。思想上一乱，行动自然就乱了。

记者：

难道不去研究宇宙，人们就不会出现思想的混乱？

苏格拉底：

与宇宙比较起来，人是小芝麻粒子一个，人连眼皮底下的事情都搞不清楚，更谈不上研究宇宙了。人类应该做一些力所能及的事情，好好把人间的事情做好。

记者：

那人间的事情具体有哪些呢？

苏格拉底：

我在广场上不厌其烦要人们注意的事情，都属于这一类。

记者：

这我知道，你要雅典人不要妄自托大，不要目空一切，而要明白自己的无知。你要雅典人民懂得什么事是虔诚的，什么事不是虔诚的；什么是适当的，什么是不适当的；你要雅典人民懂得什么叫作谦卑的生活。你要雅典人民个个都知道人到底是什么、人将来会成为什么；你要雅典人民知道什么叫作善、什么叫作恶劣、什么叫作正义、什么叫作美德。你要雅典人民明白什么是最理想的国家，你要雅典人民明白什么是最好的政治，你要雅典人民明白什么是最值得过的生活。你要雅典人民知道什么是精神健全的生活，什么是精神不健全的生活；你要雅典人民知道什么是坚韧，什么是懦弱；你要雅典人民知道什么是政治家，什么是合格的政治家，什么是不合格的政治家……这些问题都属于你所说的那些“人间”的问题？

苏格拉底：

是啊，人间问题包括这些问题，但不限于这些，还有很多。

三　“认识你自己”

记者：

你们古代希腊人把智慧、勇敢、自制和正义作为四大美德来弘扬，关于智慧、勇敢和正义比较好理解，我也不想让你解释什么。

苏格拉底：

你想让我说说关于自制的事，是吧？

记者：

是的。何为“自制”？是不是就是自我约束、自我控制、自我抑制的意思？

苏格拉底：

我曾经与周围的朋友们探讨过自制的定义问题，你所说的关于自制的定义仅仅是我们探讨过的若干定义中的一个。

记者：

希望听听你们提出的那些关于自制的定义。

苏格拉底：

关于自制，有五种定义：1. 自制就是有序而平静地做事，就是对长者合乎礼仪的谦逊的举止，恬静的合乎规矩的行动；2. 自制使人感到羞耻，使人谦虚，自制就是谦虚；3. 自制就是管好自己的事情，就是“各人自扫门前雪，莫管他人瓦上霜”，如果插手别人的事就是不自制；4. 自制就是只做好事，不做坏事；5. 自制就是认识自己。就这些。

记者：

你们的探讨好深入，好细致啊。那你倾向于哪个定义呢？

苏格拉底：

哪个定义都有瑕疵，都不完整。但相对而言，我倾向于认为自制就是“认识你自己”。

记者：

解释一下。

苏格拉底：

德尔斐神庙有两句箴言，一句是“认识你自己”，一句是“切勿过度”，如果把这两句话综合起来，就是关于自制非常完整的定义。人类的很多不自制的行为，大多因人类认识不到自己的无知所致。人一旦认识不到自己的无知，就会不谦虚，就会放纵自己，就会藐视一切，傲慢与偏见油然而生。我们人类应该清楚地知道自己知道的事情，而对那些不知道的事情，千万不要装着知道。要让有知识的人去做与之相适应的工作，而不能让那些无知之徒尸位素餐，占着茅坑不拉屎，耽误了国家，这样贻害天下不说，也害了这些人自己。

记者：

言之有理。

苏格拉底：

当然喽，仅仅知道如何去做一件事，还远远不够。人还必须知道什么叫善，什么叫恶。相比之下，关于善恶的知识，比那些关于具体做某些事情的技艺类的知识更加重要。懂得了善恶，再知道如何做到精益求精，就绝对完美了。

四　第一个提出普遍性定义即“理念”的人

记者：

亚里士多德，也就是你学生柏拉图的学生，在其所著《形而上学》中说你关于普遍性定义即“理念”的研究，是你对哲学的一大贡献。你开展这方面的研究，出于什么目的呢？

苏格拉底：

“理念”就是对概念进行准确的定义，我们之所以要对概念进行定义，首先是出于交流的需要。

记者：

交流的需要？

苏格拉底：

在那些智者们看来，所有概念都是约定俗成的，没有确定的意义，如此一来，人们之间的交流便是“公说公有理，婆说婆有理”了。作为一个概念，必须有其确定的内涵与外延，否则概念就没有什么存在的必要性了。

记者：

难道在你那个时代别人没有进行这方面的研究吗？

苏格拉底：

在早期希腊哲学家中，毕达哥拉学派中有人曾就少数东西，如机遇、正义和婚姻下过定义。德谟克利特也在个别事例中探讨过这个问题。但对此进行系统性研究的没有。

记者：

你是如何一步步对概念得出明确定义的呢？

苏格拉底：

归纳法，从部分到全体，从特殊到普遍，一步一步就可以得出概念的定义了。如，作为专门家的航海师是最好的航海师，作为专门家的驾车人是最好的驾车人，作为专门家的政治家是最好的政治家，就可以得出专门家的定义是通晓本行业务最好的人。

记者：

作为构成概念定义的特征到底是一种什么特征？事物的特征形形色色，多种多样，到底哪些特征可以用来定义概念呢？

苏格拉底：

就事物存在的原因来看，有外因，有内因，内因是事物存在的根本原因，事物之所以是此事物，而不是彼事物，那是由事物的内因所决定的。因此，可以用来定义概念的，自然是事物的内因，内因就是事物的本质特征，而非智者们所讲的那些无关痛痒的非本质特征。对概念的定义的过程，就是诉诸理性对事物的本质进行探究的过程。

记者：

你的这个说法我基本赞同，但你的得意门生柏拉图却从另外一个角度提出完全相反的看法。

苏格拉底：

说给我听听，我不知道他有什么高论？

记者：

柏拉图对你关于普遍性定义的研究非常赞赏，但他认为这不能推广到感性事物上，而只能应用在非感性事物上。

苏格拉底：

理由呢？

记者：

非感性东西不会变来变去，而感性事物永远在变，不具有固定性，因此，对这些时刻在变的事物予以定义显然是不可能的，即使勉强定义出来，也是今天符合，明天就变得不符合。

苏格拉底：

与智者们一样，都是彻头彻尾的相对主义。

记者：

虽然你的学生柏拉图不同意你的看法，但柏拉图的学生亚里士多德则非常推崇你对“理念”理论的贡献。他认为这就是一种伟大的科学思维嘛。

苏格拉底：

谢谢亚里士多德！

记者：

再问一个问题：柏拉图说事物的概念是最实在的存在者，它们的存在并不以我们所经验到的特殊事物的存在为前提。而亚里士多德则认为概念离不开具体事物。你同意谁的观点？

苏格拉底：

在这一点上，我赞同柏拉图的说法。虽然我们是通过对具体事物进行归纳得出普遍性的定义，但这种普遍性也是一种实在的东西，这是一种绝对的实在，它才是具体事物得以存在的前提。

记者：

如此说来，如果说柏拉图是“理念”论的发明者，你就是这个理论的鼻祖了。

苏格拉底：

话不能这样说，柏拉图是“理念”论的创始人，我不是。是我独创的东西我当仁不让，不是我独创的我也不贪天之功。

记者：

这种态度值得表扬。你认为在可见世界的背后存在某种绝对的东西，这东西独立存在，并不依赖于看得见摸得着的现实世界？

苏格拉底：

我们这个世界出现在人们面前的是一个“事实世界”。这个世界就是你我都能感觉到的世界，如宇宙，如天地，如山川大河，如翻江倒海，如你，也如我，它是可见的，可以感知的，一句话，它是一种现实的存在。但是……

记者：

接着说。

苏格拉底：

但是，这种存在只是某种特殊的存在，它仅仅具有某种特殊的本质与功能，不是事物的根本。

记者：

那事物的根本是什么？

苏格拉底：

事物的根本不是某种光鲜的外表，而在事物的背后。

记者：

背后？背后在哪？

苏格拉底：

宇宙也罢，山河也罢，你我也罢，看似天壤之间、阴阳之别，其实存在本质上的共同性，那就是目的，就是实现善的目的，就是功能，就是实现善的功能。而这种目的、这种功能，就是可见事物背后的那种秩序，这种秩序是可以理解的，也是可以把握的。由于有了这种目的和功能，我们的宇宙、我们的世界，才得以构成一个和谐的整体。这种特征就构成事物的本质性定义，就是事物的“理念”。

记者：

你是说世界的存在从来就不是偶然的，而是有着明确的目的性，围绕着这种终结性的目的，宇宙万物彼此分工，各司其职，井井有条地运动着，井井有条地变化着。你对事物的普遍性定义，不仅是事物的本质特征，也构成事物得以存在与发展的内在动因和最终目的之所在。它如一个模型，规制了万事万物发展的方向与未来。

苏格拉底：

正是如此。

五　灵魂的本质是理性

记者：

你关心灵魂问题吗？

苏格拉底：

是人，就不可能不关心灵魂问题。

记者：

你相信灵魂不死吗？

苏格拉底：

相信。

记者：

信奉你们那个时代奥菲斯教的诗人们说人的身体是灵魂的坟墓，身体是禁闭灵魂的监狱。他们还说灵魂给身体以指令，身体才会行动，因此，身体就是灵魂的工具。依照这些奥菲斯教诗人的说法，似乎灵魂的地位要远远高于身体，而身体对于灵魂来说，不过是临时性的监狱而已。对这种思想，你如何看？

苏格拉底：

我赞同奥菲斯教的这种思想。我强调人要“认识你自己”，最重要的内容就是这一点。

记者：

是吗？你是说认识到人的本质是灵魂而不是身体，是人类首先应该认识的道理？

苏格拉底：

是的。人由身体和灵魂所构成，灵魂是身体的使用者和统治者，身体不过是由人类指挥实现自己使命的工具而已。如果说人是鞋匠，人的身体不过就是鞋匠用来造鞋的工具；如果说人是演奏竖琴的乐师，人的身体不过就是供乐师演奏的竖琴。

记者：

说来说去一句话，就是人的本质是灵魂，而不是身体，是吗？

苏格拉底：

是的。人可以分为三个东西：灵魂、肉体以及由这二者结合而成的整体。在这个整体中，灵魂是至高无上的统治者。人其实是一个没有实际意义的概念，如果说有人存在，就是说有灵魂存在。人与人对话，其实就是灵魂在与灵魂对话。

记者：

明白你的意思，人的本质是灵魂，那灵魂的本质又是什么呢？

苏格拉底：

灵魂的本质是理智，是理性。理智与理性在灵魂中占据中心位置。理性的作用与人的瞳孔的作用非常相似。

记者：

说说看。

苏格拉底：

眼睛要看到它自己必须通过瞳孔，瞳孔是眼睛能够看到它自己的工具。瞳孔像是一面镜子，眼睛在另一个人的瞳孔中可以看到自己的一切。

记者：

什么意思？不好理解。

苏格拉底：

这就是说眼睛作为眼睛的本质和长处就是在瞳孔里。同样的道理就是，人要认识人自己，或者说灵魂要认识灵魂自己，也只有通过灵魂中的理智部分即理性。人只有通过理性的手段才能认识自己。

记者：

理解你的话真是不容易啊。

苏格拉底：

还有，理性是神圣的，一切神圣的东西都在理性里面。灵魂只能在理性中才能认识自己。就我们人类来说，认识理性就是认识我们人类自己。

记者：

归纳你的话，应该是这个意思：认识自己并不是认识你的外表和身体，而是要认识你的灵魂。而认识你的灵魂，也不是认识灵魂的所有其他方面，而是要认识灵魂的理性方面，这才是灵魂作为灵魂的本质之所在，这才是灵魂最神圣的部分。

苏格拉底：

没错。

记者：

你相信灵魂不死吗？

苏格拉底：

是的。人死后灵魂并不是简单地湮灭，而是继续成为某种东西。灵魂虽然赋予身体以生命，但灵魂本身不会灭亡。

记者：

万物都会因分解而走向灭亡，难道灵魂不会？

苏格拉底：

庸人之见。灵魂在与人的肉体结合之前，是有理智的，灵魂是某种单一的东西，不可分割，永远与自身保持一致。

记者：

在一般人看来，关于灵魂不灭问题的讨论似乎毫无意义。

苏格拉底：

错！一旦我们相信灵魂是不朽的，便会促使我们相信我们的前面有一个无止境的未来，促使我们认真对待道德上的善恶问题。

六　通过理性人可以获得绝对的知识

记者：

猪是猪的名字，狗是狗的名字，苏格拉底是你的名字，李华平是我的名字，请问这些名字到底是怎么来的呢？

苏格拉底：

关于名字的性质，历来有两种针锋相对的意见。一种意见认为：名字是自然的，而不是人为的，不是人们约定以某种声音称呼某个东西；名字有它内在的内容，有其应有的正确性，无论是希腊人还是野蛮人，虽然他们用不同的声音和字母来称呼这个名字，但它的含义都是一样的，它的正确性是一样的……

记者：

另一种意见是什么？

苏格拉底：

另一种意见是：所有名字都是由人们同意而约定俗成的，可以说人们给一个东西起任何名字都是可以的。如果你将一个事物的名字换成另外的名字，这个新的名字也和原有的名字一样正确。正像我们常给奴隶换名字，叫他新名字和叫他老名字一样好。

记者：

如果你是仲裁者，你倾向于支持哪一种意见？

苏格拉底：

我支持第一种意见。如果对任何事物都可以随便称呼一个名字，那么将人叫作“马”或者将马叫作“人”也都是正确的了。因此，名字不是基于人们的同意而约定俗成的，而是自然形成，并不是随便叫什么名字都可以的。

记者：

克拉底鲁是赫拉克利特的忠实粉丝，赫拉克利特说人不能两次踏进同一条河流，克拉底鲁却说人甚至连一次也不能踏进同一条河流。因为一切都在不断地运动变化之中，没有任何一点静止的东西，因此人不能说任何东西，因为当他说到它时它已经不是那个东西了，人只能动动他的手指。

苏格拉底：

克拉底鲁太过极端，也是大错特错。知识作为知识，应该是常驻不变的，如果知识可以随时间地点而变化，那么在此时此地获得的知识到了彼时彼地就不是知识了。同样的知识，在你脑中和在我脑中都是一样的。总之，知识应该是绝对的，所有真正的知识，都不应该随时间地点而变化。

七　知识就是德性

记者：

关于知识与德性的关系问题，应该属于人间的问题吧？

苏格拉底：

毫无疑问。

记者：

你说知识就是德性，我问你，何谓德性？

苏格拉底：

所谓德性，就是一个人规规矩矩地履行自己的义务，使自己的灵魂尽可能地良善。

记者：

德性，就是指一个人持续性地做好事，不做坏事呗？

苏格拉底：

可以这么说。

记者：

那知识是指什么呢？

苏格拉底：

知识是一种能力，如果你拥有这种能力，你就能判断哪些行为是正确的，哪些行为是错误的。如果你能够正确地做出判断，你就不可能去做让你的灵魂堕落的事情。

记者：

所以你说德性与知识是等同的。或许你的观点是对的，对于一个好坏不分的人，你去让他的灵魂不断向善，那就等于期盼一个偷盗成性的人去把捡到的物件送还失主一样是不可能的。那依照你的观点，德性就是说明你知道什么样的行为是好的，什么样的行为是不好的，是不是这个意思？

苏格拉底：

正是。德性就是知识。一旦人们知道什么是善、什么是恶，人自然就会去做积善成德的事情，自然就是一个有德性的人了。

八　人性的基本结构是恒常的

记者：

好多人都认为，人性捉摸不透，因而也一般是恶的，你如何看待这个观点啊？

苏格拉底：

似乎不是这样，你自己是什么看法？

记者：

依我之见，人的本性毫无疑问是恶的。在很多情况下，人做坏事，并不是因为他们不知道这些事是坏的，有时候是恰恰相反，他们越是知道这些事情是坏的，他们越是要去做；有时候，正因为他们知道一些事情是好的，他们越是不去做。所以我说人性恶，人从本质上是不好的，也是如流水、如行云，如满街疯跑的耗子，无法把握，无法认知……

苏格拉底：

你是不是太悲观了？

记者：

真不是。明知故犯的事情比比皆是。

苏格拉底：

这个……不管你怎么说，在我看来，人性基本面是好的，人不会故意去做坏事，那样会损害他的道德，损害他的良知，损害他的人性。一些人被指责在做坏事，千夫所指，其实他是很无辜的，因为他并不知道这样做会导致幸福会付之东流，他们在干着缺德事情的时候，还天真地认为他们在行善，在积德。

九　理智本性和道德本性是同一的

记者：

你关于美德与知识关系的那个命题，你学生的学生——亚里士多德对它非常不满意。

苏格拉底：

就是我说的“美德即知识”这句话呗。我相信你对这句话的意思是清楚的吧。

记者：

差不多吧。色诺芬对此解释，我认为最符合你的原意。

苏格拉底：

色诺芬怎么说？

记者：

《回忆苏格拉底》是色诺芬写的以你为传主的一本书，他是如此描述你的思想的，好似他曾经面对面听过你面授，他说：“苏格拉底说，正义和其他一切美德都是智慧。因为正义的事和一切道德的行为都是美好的；凡认识这些的人绝不会愿意选择别的事情；凡不认识这些的人也绝不可能将它们付诸实践。所以智慧的人总是做美好的事情；愚昧的人则不可能做美好的事情，即使他们试着去做也是要失败的。既然正义和其他美好的事都是美德，很显然正义和其他一切美德都是智慧。”（色诺芬：《回忆苏格拉底》，第三卷第9章第5节，吴永泉译，商务印书馆1984年版）你好好听听，色诺芬的表述与你自己的思想一致不一致？

苏格拉底：

完全一致。

记者：

色诺芬先生还生怕别人误会你的思想，在同一本书中，他还用非常通俗易懂的语言对你的思想进行了解释。

苏格拉底：

我想听听。

记者：

色诺芬是这么解释的：“那些认识自己的人知道什么事对于自己合适，并且能够分辨，自己能做什么，不能做什么，而且由于做自己懂得的事情就得到了自己所需要的东西，从而繁荣昌盛；不做自己不懂得的事情就不至于犯错误，从而避免祸患。而且由于有这种自知之明，他们还能够鉴别他人，通过和别人的交往获得幸福，避免祸患。但是那些不认识自己，对自己的才能有错误估计的人，对于别人和别的人类的事情也就会有同样的情况。他们既不知道自己需要的是什么，不知道自己所做的是什么，也不知道他们与之交往的人是怎样的人；由于他们对这一切没有正确的认识，他们就不但得不到幸福，反而要陷于祸患。”（色诺芬：《回忆苏格拉底》，第四卷第2章第26—28节）

苏格拉底：

我不得不承认这位色诺芬对我思想的把握绝对到位，可惜我没有机会会会这位先生，我应该谢谢他。关于美德与知识的关系，在我这里，是完全同一的。认识自己，认识善和正义的人，不可能为非作歹、祸害他人；不认识自己，不认识善和正义的人，不可能做出什么善事，即便迫于种种外因去做了，也是牛头马面，不伦不类的。

记者：

亚里士多德对你的这个命题，曾经是大加鞭挞的。

苏格拉底：

亚里士多德凭什么要对我的这个观点指手画脚，他能说什么呢？

记者：

亚里士多德对你的批评集中在两个方面：第一点，亚里士多德认为你的观点仅仅适用于理论科学……

苏格拉底：

亚里士多德的说法挺新奇的，请说说。

记者：

亚里士多德说，就理论科学而言，你苏格拉底的观点是对的。在理论科学，如天文学、物理学或者几何学那里，人们所能知道的不外乎这些学科的主题，除此以外，就没有什么别的东西了。因此，懂得了数学，就是数学家；懂得了建筑，就是建筑师。但是，到了伦理学领域，情况就大不一样了。在伦理学中，仅仅知道一些东西，并不等于你就是这方面的专家。如你懂得什么是道德，并不意味着你就是一个道德的人；你懂得正义，并不意味着你就是一个正义的人。也就是说，在伦理学领域，知道与行动之间存在着巨大的鸿沟。伦理学的目标是要把人培养成为正义、道德的君子，但这仅仅让人们知道什么是道德、什么是正义，是远远不够的。人们要成为道德上的君子，还必须知道这些道德知识背后的根源是什么，同时还必须诉诸行动。

苏格拉底：

难道亚里士多德不了解我？为了让雅典的青年们成为道德上的君子，我不仅仅是要他们知道道德与善，我还身体力行，以自己的行动来引导雅典的青年。

记者：

问题是，你的理论并不是这么说的，你的理论就是知即行，行就是知，非常容易让人产生歧义。

苏格拉底：

不扯了，亚里士多德还说什么？

记者：

亚里士多德说，你苏格拉底的理论虽然看到了知识在影响道德上的重要作用，但把这个作用强调到唯一的地位，就出问题了。真理，在很多时候，只要往前多迈出一步，就成为谬误了。决定一个人是不是道德上的好人，其原因是多元化的。欲望、意志、性格、习惯、情感、审美倾向，都具有非同小可的作用。

苏格拉底：

还有吗？

记者：

刚才说的是第二点，就这些。

苏格拉底：

亚里士多德的这些批评，不能说全无道理。但我依然坚持我的观点。懂得善就是善，认识正义就是正义。反之，就是恶，就是非正义。

十　心智决定一切

记者：

色诺芬在他的《回忆苏格拉底》中说你否定自然科学，柏拉图在他的《申辩篇》里说你多次申明你与对自然的思索“没有任何关系”，亚里士多德在他的《形而上学》和《动物的分类学》两本书也是这么说的。

苏格拉底：

这种说法不对，最起码说得不全面。

记者：

不管你如何解释，都无法改变你的观点是错误的这个结论。

苏格拉底：

你为什么会这么认为？

记者：

作为一个哲学家，作为一个思想家，你虽然没有留下任何著作，人们只能通过你的徒弟——柏拉图、色诺芬等人来了解你的思想，但你是我最钦佩的哲学家，你在我心目中的地位，远远胜过那些著作等身的学者们。我之所以无限钦佩你，原因就在于你为拯救处于麻木不仁状态中的雅典人民所做的一切。尽管如此，我也甘愿冒天下之大不韪地说，你的好多观点是错误的，因你的错误，哲学差点走偏了方向。尼采说你导致了雅典哲学的堕落，说你是雅典哲学退化的罪魁祸首。这话虽然有点不尽公平，但在我看来，多多少少还是有一些道理的。

苏格拉底：

道理在哪？

记者：

你强调人们要去研究你所说的那些问题，这没错。但是你反对人们研究自然，反对人们研究宇宙的结构、研究宇宙的规律，你把研究宇宙、研究自然的人称为愚顽不化的人。你这些做法是不对的。人是宇宙和大自然的一部分，宇宙是整体，而个人仅仅是部分；无论是人类的物质部分，还是人类的精神部分，无不是宇宙变化的产物。因此，如果人们搞不清整体，就无法弄清楚个体。离开对大自然和宇宙的研究，人们就根本无法把握人是一种什么东西，更谈不上弄清楚道德、正义、国家这类东西。此外，你的错误还有一点……

苏格拉底：

接着说啊。

记者：

就是你说你之前的那些哲学家们仅仅能看到宇宙和大自然的物质部分，而看不到精神性的存在，看不到内在的原因，其实你错了。或许是因为你太忙于街头的演讲，你对传统的科学门类，诸如物理、化学、生物原理缺乏最基本的了解。不是因为某种子虚乌有的缘分，而是因为你根本就没有能力去研究这些问题。所以你不懂泰勒斯的著作，看不懂毕达哥拉斯的著作，看不懂赫拉克利特的著作，看不懂恩培多克勒的著作，看不懂阿那克萨戈拉的著作，看不懂巴门尼德的著作……既然连这些人的著作你都看不懂，你凭什么断言这些人看不到万物运化背后的精神性原因呢！

苏格拉底：

你不要太过激动，不能只顾自己说话，不让我插嘴，这里面可能有很多误会。

记者：

什么误会？

苏格拉底：

我一开始确实觉得那些自然哲学家习惯于用纯机械的观点考察一切，其实，这是不全面的。阿那克萨戈拉对世界的解释就不是。

记者：

他怎么说？

苏格拉底：

你几十年关注那些哲学家，应该比我清楚吧？

记者：

我怎么看无所谓，关键是你怎么看。

苏格拉底：

建议你去看看柏拉图的《斐多篇》，那里的记载基本客观。我在被执行死刑之前，把我之前的那些哲学家写的东西认真看了看，我发现很多人对宇宙和自然的看法，并不仅仅是机械性的，好多人都是从精神性的角度来研究宇宙、研究自然。我记得最清楚的就是阿那克萨戈拉，他说理智是宇宙和自然之所以发生变化的根本原因，这一点我就很欣赏。看待宇宙，看待自然，不能仅仅从土啊、水啊这些死板东西的角度来看，要看到潜藏在万物变化背后精神性的因素，这才是根本。另外，宇宙万物的存在，绝对不是无缘无故的，而是有着明确的目的的，这种目的最值得我们研究。这就是研究宇宙的价值之所在。

记者：

那你以前为什么对那些哲学家的看法那么不好呢？

苏格拉底：

他们的书我看得很少。

记者：

如果说现代人对古希腊的哲学存在很多误解的话，那是那些哲学家的书很少留存下来，即使有也是经过好多人的一再篡改。而你与这些人，时代是同一个时代，甚至是能进行面对面地交流的。

苏格拉底：

我的事业是在大街上，而不在象牙塔里，我不可能有那么多的时间去研究他们的著作。要不是被关在监狱里，我就永远也不可能对他们的东西有更多的了解。当然，我这人很笨拙，数学不行，物理也不行，尤其是数学，他们的书晦涩难懂，看得让你头疼欲裂。因此，我无法理解他们，也就是说我与物理学和数学没有缘分。

十一　无人自愿为恶

记者：

按照一般人的理解，所谓自由就是指人可以随心所欲地做某些事情。这与善能有什么关系呢？

苏格拉底：

我对善的理解与别人不一样，关于这个问题，我有过若干种类似的表述。例如，我说过，自由对于个人和城邦都是美好的财产，能够做最好的事情即从善，就是自由；反之受到阻碍不能从事善，就是没有自由。这是一种表述。

记者：

还有什么表述？

苏格拉底：

我还说过，凡是不能自制的人也就是没有自由的人。那些不能自制的人，不仅受阻不能去做最好的事，还被迫去做最无耻的事。那些阻挡人去做最好的事，还强迫人去做最坏的事的主人是最坏的主人；而那些受雇最坏主人的奴隶，也就是最坏的奴隶。因此，那些不能自制的人也就是没有自由的人，就是最坏的奴隶。

记者：

你的意思我基本明白。在你这里，受制于他人，就是不自由，而所谓不自由，就是不能去做善事，因而就是恶。而自由，就是不受到别人意志的左右，就会自然地去做对国家和社会有益的事情，因而就是善。

苏格拉底：

智慧就是最大的美德，不能自制就使智慧和人远离，并驱使人走向其相反的方向去。由于不能自制使人对眼前的快乐流连忘返，常常使那些本来能分辨好坏的人感觉迟钝，以至他们不但不去选择较好的事情，反而选择较坏的。所以，健全理智和不能自制这两种行为是恰好相反的。

记者：

我在色诺芬写的《回忆苏格拉底》第 4 卷第 5 章中，看过这些表述。一句话，你将道德自由归到健全的理智，而将善和自由、自制联系在一起。这种解释确实不同于常人。在你这里，自由就是善，而不可能是恶了。而实际上，人往往是在自由的状态才可以为恶。相比之下，处于不同程度的强制之下，则往往不会为恶。无处不在的法律威慑，是犯罪率低的原因，就是一个例子。

苏格拉底：

人根据智慧、遵循理智能够自制，便能够做最好的事情实现善。因此，无人自愿为恶，趋善避恶是人的本性。我认为，如果人宁愿选择有害的事情而不去选择有益的事，这是最坏的。而那种不能自制的人，以为吃、喝、性交、休息、睡眠能带来快乐，并尽量享受、不加节制，结果不仅没有快乐反而带来祸害和不幸。一个不能自制的人，和一个畜生有什么区别呢？因此，只有能节制的人，才能重视生活中最美好的事情，对事物进行甄别，并且通过言语和行动选择好的、避免坏的。

十二　美德是可教的

记者：

关于美德是否可以通过教育来予以培养这个问题，我听说你前前后后看法也是不一致的，是吗？

苏格拉底：

是的。我最早也是认为美德源于天然，因而不可能通过教育和训导来予以培养。但是后来我改变了看法。

记者：

什么原因促使你改变了主张？

苏格拉底：

和大智者普罗泰戈拉有关。

记者：

智者们都是你批判唾骂的对象，普罗泰戈拉的话竟然也能对你产生一些影响？

苏格拉底：

我没有把人家一棍子打死，他们说的错的东西，我自然不会放过，必须痛加批判。但如果他们的思想中，有正确的地方，我就应该予以接受的。干什么事都不能太极端，搞哲学尤其应该如此的。

记者：

不说大道理了，快说说普罗泰戈拉是如何影响你的？

苏格拉底：

普罗泰戈拉是一个很会讲故事的人，他给我讲了这样一个故事：诸神撮合火与土创造了地方的众多动物，又让普罗米修斯和厄庇墨透斯去装备这些动物，以让它们能生存，厄庇墨透斯装备了所有的其他动物……

记者：

他不会把人漏掉吧？

苏格拉底：

被你说对了，厄庇墨透斯恰恰把人漏掉了。

记者：

普罗米修斯从宙斯那里偷来火，于是人便因此有了神性，也有了语言、制造房屋、织布等本领。

记者：

不错嘛。还有呢？

苏格拉底：

这时候，伟大的宙斯开始出手相助了：宙斯发现人类为抵御野兽的袭击而集结群居后，由于人间没有政治技艺，人类彼此之间不时爆发战争，相互屠杀。宙斯担心人类会因为相互屠杀而走向毁灭。

记者：

怎么办？

苏格拉底：

宙斯命令赫尔墨斯给人类带来美德，教会人类认识正义、相互尊重，并教会城邦制定法律，让社会井然有序地存在和发展，于是人类得以和平共处，得以继续存在下去。于是乎，人成了真正的人，国家成了真正的国家。

记者：

普罗泰戈拉给你讲了这么多，他想说明什么道理呢？

苏格拉底：

在人类早期阶段，没有道德，没有法律，是宙斯把道德、正义带给人类，人类于是得以继续存在与发展。可见道德、正义都是外来的，而不是自然而然产生的。这也从而说明，人的道德是可以通过教育来予以培养的。这就是普罗泰戈拉要告诉我的道理。当然，我也是予以接受的。

记者：

普罗泰戈拉是个大家，你向他请教是对的。

苏格拉底：

不过普罗泰戈拉太过强调道德与正义的相对性。在他看来，既然道德是相互约定的产物，也就意味着道德、正义都是相对性的东西，无所谓对错，而在我看来，道德并非相对的。这点我们探讨过了，无须再唠叨。

十三　善是人生的最高目的

记者：

为人在世，当以什么东西为最高追求？

苏格拉底：

善当是人生的最终目的。

记者：

怎么讲？

苏格拉底：

善是我们一切行为的目的，其他的一切事情都是为了善而进行的，并不是为了其他目的而行善。正是为了善，我们才做其他事情，包括追求快乐，而不是为了快乐才行善。

记者：

明白。

苏格拉底：

善不仅是单个人人生的最高目的，而且是全部社会生活的目的。治理城邦和国家的目的，就是要使城邦、国家和公民尽可能成善。善是一切合理行为的目的，也是最高的道德价值。

十四　精神接生法和归纳法

记者：

“助产士”俗称接生婆，你自称是知识的“助产士”，这是从什么意思上讲的呢？

苏格拉底：

“助产士”的工作就是给孕妇生孩子提供帮助的人，我妈妈的职业就是这个。我提出自己是一个知识的助产士，主要是受我妈妈职业的启发。我妈妈为别人生孩子提供帮助，我则帮助别人去获取知识。

记者：

有意思。你通过什么路径去帮助他人获取知识呢？

苏格拉底：

当我与别人探讨知识和德行的时候，我喜欢采用问答法，双方一问一答，通过诘难，使对方陷入矛盾之中，从而承认其无知，逐步修正意见，逐渐接近真理。这种方法就是“精神接生术”。

记者：

有人说，你的“精神接生法”就是归纳法，是吗？

苏格拉底：

没错。我在运用“精神接生法”时，总是使人们原来已经接受了的通常已被认定的一般概念，如关于美、正义、勇敢等，与具体事例发生紊乱、矛盾，并且总是从具体的事例中引申出普遍的原则。所以把这种方法称为归纳法，也没错的。当然啦，也有人把这种方法叫作“辩证法”……

记者：

“辩证法”？

苏格拉底：

是的，“辩证法”这个词源于希腊文“dialektikos”。其含义就是谈话、论辩，就是揭露对方议论中的矛盾并克服这个矛盾以求得真理的方法。我最擅长的“精神接生法”就是如此，这是发现真理最好的方法。

十五　理性就是神，神就是理性

记者：

实事求是地说，你相信神吗？

苏格拉底：

相信。至高无上的神，它主宰宇宙，主宰人的一切。没有什么东西可以逃脱神的主宰。太阳，月亮，你，我，都是如此。

记者：

你真信假信？

苏格拉底：

我经常在家中的公共祭坛上向诸神献祭，就是证明。敬拜神灵，在我们那个时代是一种不成文法，谁也不敢违抗，否则要掉脑袋的。

记者：

我读过赫西俄德的《神谱》，也研究过你们的奥菲斯教，知道你们是多神教，神灵无数。

苏格拉底：

我们是多神教，但常被人们敬奉的神灵主要有两支。

记者：

哪两支？

苏格拉底：

一是“奥林匹斯宗教”，其崇拜居住在希腊北部奥林匹斯上的十二位神灵，包括宙斯、雅典娜、阿波罗等。二是“奥菲斯宗教”，其据说是由阿波罗的儿子奥菲斯所创立，此教尊奉的是酒神狄奥尼索斯。

记者：

你曾经以一种非常辛辣的口吻，对这些神灵予以无情的嘲讽，你说他们相互嫉妒、仇杀、乱伦，没有任何道德规范；你嘲笑人对这些神灵的虔诚，将这种虔诚斥为“人神之间的相互交易”，在你的眼中，无论是神，还是人，都不过是以货易惠的商贾而已。

苏格拉底：

我记不清是否说过这些话，但这些话表达的观点，我是赞同的，没有夸张，很实际的。

记者：

既然如此，你为何还要经常祭拜这些神灵呢？是不是有点太过虚伪了？

苏格拉底：

献祭时，我面对这些神灵，但我是闭着眼的。

记者：

为啥？

苏格拉底：

因为我心目中敬拜的神灵不是这些，他们不在这里。

记者：

那在何方？

苏格拉底：

在那里，宇宙之中，宇宙之上。

记者：

不明白。

苏格拉底：

容我慢慢道来。全智全能的神，至高无上，他存在于宇宙万物之中，人身体中的灵魂可以指挥人的身体，神则可以指挥宇宙间的一切。仰仗神灵的安排，宇宙及其万物得以保持完整无损、纯洁无瑕、永不衰老……

记者：

你是说，就连宇宙也听从神的指挥与安排？

苏格拉底：

是的。宇宙对神的服从，坚决果断，毫无失误。宇宙的秩序，宇宙的和谐，都来自于神的安排。

记者：

作为人，如何去发现这位伟大的神呢？

苏格拉底：

灵魂支配人，人却无法看见灵魂。同样，神支配宇宙万物，人也是无法看到神。神没有可见的形象，光耀夺目的太阳不容人精确窥视，神同样如此。一句话，人只能通过感悟神的伟大去感悟神的存在。

记者：

透过你的话语，感觉你对你们希腊的那些神灵并不感冒。

苏格拉底：

是的。这些神灵不会造福于人，盲目崇拜这些神无补于人世。

记者：

难道你心目中的那些神灵就能造福于人？

苏格拉底：

当然是。神是一种最伟大的存在，聪明仁爱，他愿意万物都能很好地生存下去，神尤其钟爱于人。神创造了人，为人创造了各种器官，给人安置了灵魂，让人比所有动物都高明。

记者：

依你之言，神很为人操心啊！

苏格拉底：

是的。神为人的视力提供光，为人的休息提供黑夜，使人能分辨昼夜时分和月令；为人提供土地和水，让人类能生产食物，为人类提供火使人能为保全生命策划一切有益的事情，提供气使人维持生命和扬帆远航；使太阳运行靠近地球又保持适当的距离，以防止太阳向人类提供的热超过需要而给人类造成伤害。

记者：

你的说法和犹太教《圣经》中说得非常靠近了。

苏格拉底：

神还让其他生物得到很好的生长，以便服务人类。此外，神还赋予人同各种事物相适应的器官，使人能够知道和利用美好的事物。尤其需要说一说的是……

记者：

什么呢？

苏格拉底：

那就是：神在人心里培植语言表达和推理能力，使人能制定法律，管理国家。

记者：

神如此眷念人，真让人类很感动啊！你心目中的神，显然与你们希腊的那些神灵不同，他们相互嫉妒、仇杀、乱伦……而你心目中的神则时时处处为人类的命运而操心啊！

苏格拉底：

是的，这些神灵不仅爱人，还把自己的智慧赋予人类。所有的神都特别自尊，希望得到人的尊敬，不希望人类藐视他们的权威。但是我心目中的神灵与别的神灵不同，我心目中的神灵，希望人们依靠自己的智慧去解决所面临的问题。在这些神灵看来，一个人如果通过发挥自己的聪明智慧就可以完成的事，却要去求神灵帮助解决，这些人简直就是疯子。

记者：

什么意思？

苏格拉底：

神要求人们不要盲目崇拜神灵，而要最大限度培养自己的智慧，去追求属于自己的幸福。

记者：

你心目中的神灵到底是一种什么样的神灵？

苏格拉底：

那就是理性之神，通过理性之神的帮助，人不仅拥有自己的各种器官，还拥有了与神一样的智慧，从此，人的声音就是神的声音，神的声音就是人的声音。

记者：

中国文化中的“天人合一”，在你这里就成了“神人合一”了？

苏格拉底：

也可以这么说啊。

十六　论美的永恒性

记者：

美学也是哲学，在你看来，什么是美呢？

苏格拉底：

我们希腊人所说的美，意义、内涵非常广泛，泛泛地说，优良、美好、精致、完美都可以作为美的意思来予以统摄。美不仅指艺术作品的美，也指生活中的一切精良、美好、完善的东西，如美的人、美的物乃至美的习俗制度，等等。

记者：

同意。

苏格拉底：

不过这种意义上的美，不是我所要探讨的东西。

记者：

你思考的是什么意义上的美呢？

苏格拉底：

正如同使正义的东西成为正义的才是正义自身，使智慧的人成为智慧的才是智慧自身，那么使一切美的东西成为美的东西就是美自身。我认为要予以探讨的就是美自身，事物之美与美自身不是一回事。

记者：

你思考问题的角度总是与众不同。但在很多人看来，美无非就是由视觉和听觉产生的快感而已，说到底美就是一些美的东西，如：漂亮的小姐、美丽的黄金饰品，甚至可以说万贯家财、身体健康、受人尊敬、益寿延年都是美的东西，连为父母举办隆重的葬礼或死后由子女为自己厚葬也是美。

苏格拉底：

这些看法通通错误。

记者：

错在何处呢？

苏格拉底：

美的马、美的琴、美的陶罐都是美，并非只有漂亮的小姐才美。菲狄亚斯雕刻雅典娜神像，不用黄金而用象牙和云石做她的眼睛和手足，也同样很美。无论人还是神，自己葬父母和让子女为自己举行厚葬，有的光荣无限，有的丑陋不堪，并非都是美的。

记者：

你的意思是？

苏格拉底：

我的意思是说：具体事物的美都是相对的。赫拉克利特说得好，最美的猴子和人相比还是丑，学问渊博的人和神相比都不过是猴子；最美的陶罐与小姐比起来都丑，最美的小姐和女神比起来都丑。因此，具体事物总是既可以是美的，也可以是丑的。

记者：

那到底什么才是美呢？

苏格拉底：

只有美自身才是绝对的美，才是真正的美。这种绝对的美只要将自己的理念加到任何事物上，都会使这些事物显得美。

记者：

如果这种所谓绝对的美把自身加到石头、木头、人、神，乃至加到被普通人视为丑的东西上，它也会使这些东西成为美的？

苏格拉底：

自然是的。美自身过去是美，现在是美，将来也是美，永远不变！

记者：

我曾经研究过你的学生柏拉图的著作，感觉你所说的美自身似乎就是他笔下的美的理念。这种意义上的美，超越现象之美，超越感觉之美，这种美的理念是使所有事物成为美的根本原因。

苏格拉底：

差不多，美与善，美与知识，美与道德也是密不可分的。真、善、美的有机结合，便是那绝对的美。

记者：

艺术是一门研究美、创造美、发现美的科学，你关于美的理论应该同样适用于艺术活动，是吧？

苏格拉底：

毫无疑问，美、善、道德是一体的。作为真正的艺术品，应该反映艺术对象背后的道德之美。

记者：

我记得你在与雅典著名画家帕拉西亚对话时曾经说过，绘画的美不在于以色彩表现事物的外形和人的形体，而是要描绘人的灵魂。

苏格拉底：

这话我说过。

记者：

你还说，艺术家要善于表现高尚和宽宏、卑鄙和偏狭、自知和清醒、傲慢和无知，等等。艺术要促使人们热爱、憧憬善和美的可爱性格，仇视丑和恶的可憎形象。

苏格拉底：

这话我说过，一句话，艺术创作要促进形体美和心灵美的统一，而心灵美则更为重要，可以说是艺术的灵魂。

十七　灵感：艺术创作的独特性

记者：

你曾经与一位名字叫伊安的文学家探讨灵感问题，我先问一下：伊安是一个什么样的人啊？

苏格拉底：

我们古希腊的文学作品类型主要是史诗、抒情诗、悲剧和喜剧。剧作一般是诗体，由演员们在剧场予以表现。史诗和抒情诗则由诵诗人在祭典和宴会场合朗诵。在我们那个时候，荷马和赫西俄德是最伟大的两位诗歌创作者，梭伦曾颁布法令要求在雅典的诵诗人应当能背诵全部《伊利亚特》《奥德赛》。后来的诵诗人不仅能背诵这些诗，还能对它们进行别出心裁的解说和评论。伊安就是这样的诵诗人，当然是之一啦。

记者：

这位伊安兄给你提出了什么问题，促使你研究灵感问题呢？

苏格拉底：

伊安告诉我说，他参加了希腊南部埃皮道伦每四年举行一次的医神祭典，并在诵诗比赛中获得头奖。

记者：

这不挺好吗？

苏格拉底：

伊安告诉我说，他是荷马的铁杆粉丝，但他无法说明自己为什么能对荷马的史诗给予透彻的解读，且一谈到荷马顿生情趣，文思源源不断，而对赫西俄德和其他诗人的作品则毫无兴趣，一碰到这些人的作品就会顿生倦意打瞌睡。

记者：

奇了怪了。赫西俄德与荷马都是齐名的大诗人，他们的作品关注的主题也都无非是战争、人神关系等题材。为什么这位伊安兄如此厚此薄彼呢？

苏格拉底：

不奇怪。如果我们不把艺术家视为与其他工匠们一样，不把艺术视为与其他工匠们干的技术活一样，而把艺术视为一种独特的创造性工作，就好理解了。

记者：

快解读一下。

苏格拉底：

第一点，长期以来，我们希腊人把诗歌创作视为一种技艺知识，这种活动与其他工艺，如医术、栽花、养鸟、盖房子一样。诗人的地位也与普通的工匠无异，他们只不过是以一种具体的工艺从事一项具体的技艺活动而已，没有什么特殊可言。

记者：

好多人都是这么看的，怎么啦？难道不对？

苏格拉底：

如果这种看法是正确的话，那么无论是荷马，还是赫西俄德，他们的创作活动都是某种基本相同的技艺活动，诗人之间虽然有些差别，但基本的规律和技术规范是一样的。既如此，我们的这位伊安先生就不应该接触一个人的作品顿生情趣，而接触另外一个人的作品顿生倦意。

记者：

也倒是，你的话合乎逻辑。伊安对赫西俄德的作品没有任何感觉，而一旦接触荷马的作品，他都立即失去常态，失去自主，陷入迷狂，好像身临荷马诗歌所描述的境界，哀怜时，满眼是泪；恐怖时，毛骨悚然。那些听众也是如此，同样如醉如痴，同样疯疯癫癫，同样失去最基本的理智……

苏格拉底：

是的。刚才说的是第一点。我们现在说第二点。

记者：

好的。

苏格拉底：

第二点，刚才的分析告诉我们，要解开伊安兄的奇怪表现，只有从诗歌活动或许并非一项技艺活动来考虑。否则，道理说不通。

记者：

你的意思是说：应该换个角度来看待诗歌活动，否则无法解释伊安为什么面对荷马如痴如醉，而面对赫西俄德则了无兴趣？

苏格拉底：

是的。在我之前，来自西西里的著名诗人品达就发现了这个问题，他的解释是：诗人的活动不是技艺活动，诗人优于工匠，诗人是凭借天生的才智，即某种天赋的灵感和激情进行创作。

记者：

品达的见解比较独特。

苏格拉底：

可惜他只是点到为止，没有展开。

记者：

亮出你的观点吧。

苏格拉底：

伊安先生对《荷马史诗》超凡的解说能力来自于一种神秘的力量，那就是灵感。这种力量，犹如欧里庇得斯所说的神奇的石头……

记者：

也就是我们这些一般人所说的磁石呗？

苏格拉底：

是的。磁石不仅能吸引铁环，还能将吸引力传给铁环，使它们也能像磁石一样吸引其他铁环，从而形成一个长长的锁链，而全部的吸引力都来自磁石。

记者：

比喻很形象。

苏格拉底：

让铁环相互吸引的力量来自于磁石，诗神就像这块磁石，他首先把灵感赋予诗人，然后使其他人分有激情，因而也激发起灵感，形成环环相扣的艺术感染锁链。

记者：

是不是说所有的诗人都是依照灵感来从事自己的创作的呢？

苏格拉底：

是不是所有诗人不好说，最起码说，凡是高明的诗人都是如此。他们因拥有灵感而能创造出伟大的作品，他们的创作活动，不是依靠简单的工艺和技术，而是一切都来自于神圣的灵感。诗人不是诗人自己，他们是神的代言人，唯有修炼到这种境界的诗人，才是伟大的诗人。荷马便是其中最杰出的一个。也正是由于灵感的传递，我们的伊安先生在解说《荷马史诗》的时候也分有了神圣的灵感，各种疯疯癫癫的行为便得到解释了。由于诗歌源于灵感，而个人的灵感无从把握，各不相同，赫西俄德的灵感与荷马或许毫无共同之处，因此，荷马能感染伊安，赫西俄德则不能。

记者：

那能不能说诗歌这类艺术与技艺毫无关系呢？

苏格拉底：

任何一部文学作品都会牵涉到技艺问题，例如《荷马史诗》就牵涉到战争、驾车、医疗等事情，这些事情就属于技艺问题，而对这些技艺如何进行评判，只能依靠各行各业的专业人士去评判，但这些东西绝对不是艺术的本质。

第三章　贤人政体最好

引　子

苏格拉底的政治思想零零散散体现在柏拉图的对话体作品《高尔吉亚篇》和色诺芬的《回忆苏格拉底》中。面对雅典民主制度的衰落，苏格拉底忧心忡忡。他将这种危机归咎于道德精神的沦丧。他希望有德智兼备的政治家来治国平天下。

一　偏离道德的政治不是好政治

记者：

中国儒家学者特别强调道德对于政治的决定性作用，通过研究你的言论，感觉你也是如此。

苏格拉底：

那是必须的。伯里克利是个很有作为的政治家，但在这个问题上，他很糊涂。

记者：

伯里克利怎么啦？

苏格拉底：

伯利克里执政时期，公民的权利得到极大的扩大，雅典的民主政治进入了“黄金时代”。伯利克里在世的时候，民众膺服于他的能力与德行，连野心家和阴谋家也慑于他的伟大。然而，个人的伟力始终是有限的，伯里克利却没有抓住道德建设这个牛鼻子。他死后，直接民主过于泛滥的弊端开始暴露，导致政治腐败、社会动荡，雅典也由盛而衰。

记者：

那政治家应该怎样塑造公民呢？

苏格拉底：

政治家的责任应该是改善人们的灵魂，为国家培养出好的公民，公民好了，国家才会好；公民堕落了，国家就不可能好到哪里去。伯里克利不懂得这一点，他把鼓励人们最大限度追逐物质利益、去实现个人欲望的满足视为政治的根本。雅典社会，人人为自己的利益而战，勾心斗角，尔虞我诈，人人失去了最基本的社会责任感。这样的国家不堕落是不可能的。

记者：

你在雅典街头整天宣讲你的思想，目的是否与此有关？

苏格拉底：

不是有关，这是我唯一的目的。政治是一门艺术，雅典社会没有几个人懂得政治是什么。

记者：

你是懂得的？

苏格拉底：

自然。无论是政治家或是普通的公民，都应该接受这方面的教育。人人都应该时时注意改善自己的灵魂，修炼自己的道德，唯有如此，国家才会有希望。懂吗？

二　政治家本身应受教育

记者：

依你之见，政治家应该是什么样一种类型的人呢？

苏格拉底：

政治家应该是智德兼备的专家。

记者：

就是要德才兼备吧？

苏格拉底：

可以这么说。与所有其他工作比起来，国家治理是一项最伟大的工作，他需要最美妙的本领和最伟大的技艺。那些能够治国平天下的人，是大才，是帝王之才。

记者：

治国之才是天赋，还是可以通过学习予以培养的呢？

苏格拉底：

政治之才，绝非天生养成，并非自然禀赋。任何人都可以通过自我教育来培养自己的政治能力。

记者：

如何培养？

苏格拉底：

作为一个以从政为自己职业取向的人，必须认真学习国防、军事、税务、财政和农业等方面的知识。他还应该学习如何养成自制、正义等美德和吃苦耐劳的精神。他还必须学会管理自己的家庭，只有会管家，才能成为一个合格的政治家。

三　贤人政体最好

记者：

你虽然死于雅典的政治体制，但你似乎依然对这种政治制度抱有独特的好感。

苏格拉底：

政府体现人的本性，好人的政府是好的……

记者：

坏人的政府是坏的？

苏格拉底：

你说的没错。我们雅典人是神的选民，是希腊地区最好的民族，因此，我们的政府也自然是最好的政府。

记者：

根据我的研究，你们雅典的政治体制前前后后也是发生了很多的变化？

苏格拉底：

是的，从历史上看，雅典政府因雅典人本质上是好的，故其本质也是好的，也就是善的。治理城邦是最伟大的工作，但政治技艺绝不是一种自然禀赋，政治家应培养精确深厚的知识和道德素养，其根本任务是改善人们的灵魂，培植好公民，以德教人，以德治人。这就是人们通常所说的贤人政体，或者叫作贵族政体。

记者：

你的很多说法与你之后的很多人的说法有些不同。

苏格拉底：

雅典的统治者最初是世袭的，后来实行民主选举，权力掌握在人民的手里，经过多数公众选举出贤能之士来管理国家，这些贤能之士又将权力委托给那些胜任的智贤双全之人。

记者：

一个好的政府，公正的选举很关键。

苏格拉底：

是的。官员遴选的唯一原则就是统治者必须是既智慧又贤良的人。雅典之所以能够做到这一点，而希腊地区的其他国家，如斯巴达则做不到这一点，其根据在于：所有雅典的公民都是平等的，他们都是城邦所生的子女。这种自然的平等，必然促使人们追求法律上的平等。

记者：

你所说的法律上的平等有什么特殊的含义呢？

苏格拉底：

法律上的平等有其特殊的含义，那就是：公民之间只有美德和智慧上的差异是可以接受的差异，任何别的方面无任何优劣和主奴之分。

记者：

同意你的说法。难道斯巴达不奉行这种法律意义上的平等？

苏格拉底：

是的。斯巴达人天生不平等，一个人不是奴隶主，就是奴隶。正是因为这种不平等，斯巴达的政府也是把不平等奉为至高原则的政府。他们不是搞僭主制，就是搞寡头制。在这种体制下，人人不平等，不是奴隶就是将军，不是将军就是奴隶。一句话，邪恶的人造就邪恶的政府，邪恶的政府培养着邪恶的人民。

第四章　评“小苏格拉底学派”

引　子

苏格拉底逝世以后，他的嫡传弟子柏拉图和再传弟子亚里士多德继承和发展了他的思想，把他的思想一步步发展成为一个庞大的体系，并将整个希腊哲学推进到史无前例的高度。与此同时，苏格拉底哲学还影响了许多哲学家。苏格拉底生前没有建立固定的学派团体，但他汇聚的众多门生形成了种种以阐述苏格拉底哲学为使命的学派。有些人谨守苏格拉底的教诲，专心致志于回忆和整理苏格拉底的对话。有些人则汲取并在某些方面发挥了苏格拉底的思想，或也糅合别的哲学思想，自成学派，且有代代传人，影响持久。他们主要是：麦加拉学派、犬儒学派和居勒尼学派，史称“小苏格拉底学派”。让我们走近苏格拉底，听听他是如何评述这些“小苏格拉底学派”哲学家们的。

一　来自五湖四海

记者：

面对死神的来临，你是那么的坦然，让我钦佩，一般人做不到，最起码我做不到。

苏格拉底：

说句心里话，我对活着还是很期待的，只是既然被国家判处了死刑，我再如何可怜兮兮，也不会改变法官们的决定。既然如此，我还不如从从容容走向死神。再说啦……

记者：

你想说什么？

苏格拉底：

那么多学生围在左右，我对死亡表现出太多的恐惧，也会刺激他们，让他们太过悲伤的。

记者：

说句心里话，后悔吗？

苏格拉底：

心里话，很留恋活着时的生活，但绝不后悔！

记者：

嗯。

苏格拉底：

服从国家的法律而死，我不后悔。70 岁高寿而死，我不后悔。还有，有那么多的学生围在我周围，为我而悲，有这些祖国的未来为我送行，我知足，我不后悔……

记者：

我曾经把你各个学生的简历认真研究了一下，感觉你是桃李满天下，你的学生可以说来自五湖四海啊。

苏格拉底：

也可以这么说，不仅五湖四海，而且是各行各业。

记者：

描述一下。

苏格拉底：

柏拉图是我的学生，你是知道的，最起码是我精神上的学生，他出身于雅典贵族家庭，他的家族甚至拥有王室的血统。

记者：

我知道。

苏格拉底：

克里托是雅典的巨富，他和他的四个儿子都是我的学生。为了救我逃出监牢，要他花多少钱他都愿意。

记者：

有这样的人做学生，知足了。还有谁？

苏格拉底：

埃斯基涅斯是一个，他的父亲是做香肠的，家境非常贫寒，但学习非常用功，他对我也是崇敬有加，他最忠诚，随时随地侍奉在我周围。

记者：

在你离世之后，埃斯基涅斯写了七篇文章，都是记述你与别人的对话，文采斐然。不过有人攻讦他写的那些东西都是从你的遗孀那里抄袭过来的。柏拉图看不起埃斯基涅斯。

苏格拉底：

柏拉图看得上的人不多，我特别喜欢埃斯基涅斯。

记者：

还有谁？

苏格拉底：

西蒙是一位，他是一位工匠，以做皮革为生。

记者：

此人是你活着时第一个用对话体体裁介绍你哲学思想的人。

苏格拉底：

此人很有才智，也很高尚，很纯洁。伯里克利曾经许诺花重金聘请他做事，西蒙毅然决然予以拒绝，他说不愿意为金钱而放弃自由谈论的权利。

记者：

已经说了四位，还有谁？

苏格拉底：

斐多，外邦人，具体说是埃利斯人，不是雅典人，就是你所说的来自五湖四海。此人原来出生在贵族世家，后来他的母邦被灭……

记者：

是被雅典所灭？

苏格拉底：

记不清了。斐多在其母邦被灭后沦为待价而沽的奴隶，此人偷偷与我的学生们联系，我的学生就用钱赎回了他，从此他成为我的弟子。

记者：

关于你的这位弟子，有一个与你有关的传言，不知道是真是假？

苏格拉底：

什么传言？还与我有关？

记者：

据说斐多写过两篇对话，一篇是《佐皮鲁》，一篇是《西蒙》。斐多在《佐皮鲁》中虚构了佐皮鲁这个人物，说此人是个观相家，声称他能根据人的身体、眼睛、脸和前额看出人的本性。

苏格拉底：

斐多可没告诉我还有这样一位人物，如果有，我也请他看看相。

记者：

根据斐多记载，佐皮鲁曾经给你看过相。

苏格拉底：

他是怎么说我的？

记者：

不好意思说，如果你执意要听，我也可以告诉你。

苏格拉底：

说。有啥不好说的？

记者：

佐皮鲁说——当然是根据斐多的记载——苏格拉底没有开放的锁骨，颈部厚实，他断言你做事懒散，贪恋女色……

苏格拉底：

这小子胡说八道，懒散是懒散了一些，无非就是不修边幅呗。说我贪恋女色，这是满口喷粪！我要知道这家伙如此糟蹋我，我早就把他轰走了。

记者：

事实上当时很多人知道斐多的说法，你竟然不知道，可见你也是个糊涂虫。不过你尽可以放心，斐多没有糟蹋你，最终他要说明人可以通过意志的控制和锤炼来控制自己对肉欲的欲望的。你是一个正面的例子。急什么？

苏格拉底：

那还差不多。

记者：

斐多建立了埃利斯学派，基本上是原汁原味宣传你的思想。

苏格拉底：

我还有很多学生是外邦人，西米亚是一位，克贝是一位，他们都来自非洲的底比斯，更是来自五湖四海。

记者：

据说这两人也写过一些对话，无非就是把你的学说与毕达哥拉斯的思想混合在一起编编而已。别的还有吗？

苏格拉底：

太多啦，不好一一列举。

二　欧几里得：最高的善是"一"

记者：

你临走之时，一位名字叫欧几里得的学生一直陪着你。在我的印象中，你的这位学生似乎也是一位数学家，具体说是一位几何学家，他曾经出版过一本数学专著《几何原本》。

苏格拉底：

你百分之百搞错了，我的这位学生可能对数学，包括你说的几何学并不陌生，但你说他出版过一本几何学专著肯定不对。

记者：

或许我记错了，或许是同名，我会核实的。

苏格拉底：

我的这位学生是麦加拉人，不是我们雅典人。他所属的城邦麦加拉一度因支持斯巴达而与我们雅典处于敌对状态。这个人是个哲学迷，甚至可以说是个哲学狂。

记者：

哲学狂？能狂到什么程度呢？

苏格拉底：

刚才我说过，麦加拉与雅典一度处于敌对状态，为了到雅典听我的哲学课，欧几里得常常冒着被处死的危险，穿着女人的衣服乔装打扮潜往雅典。他非常认真地记录我与泰阿泰德等人的对话，并反复与我核对这些对话。

记者：

为了学习哲学，竟然冒着被砍头的危险，真是不可思议啊！

苏格拉底：

可惜我死后，我就没法给他讲课了，后面的情况我也就不可能知道了。

记者：

想知道吗？

苏格拉底：

当然想知道。

记者：

公元前399年你被处决后，你的那些门生如柏拉图等被迫离开雅典避难。他们先是逃往麦加拉，收留他们的就是麦加拉学派的创立者欧几里得。欧几里得将你提出的关于“善”的理论，与爱利亚学派最重要的代表人物，也就是巴门尼德的存在主义理论予以整合，提出了有点自己特色的理论。

苏格拉底：

他到底提出了什么高见呢？

记者：

他的核心观点是：最高的善就是巴门尼德理论中的“存在”和“一”，一切与“善”不相符合的东西都是不存在，都是应该予以否定的。不过，欧几里得并不总是用“善”这个名词，有时他用智慧，有时候他用神，有时他用努斯，不一而足，但核心思想是一致的。

苏格拉底：

我感觉欧几里得是从爱利亚学派的角度对我的哲学进行修正，也算一种发展。

记者：

但也有不少人对欧几里得的做法提出质疑。

苏格拉底：

质疑什么？

记者：

很多人批评欧几里得片面理解巴门尼德的理论，将现象与本质割裂开来，否定一切来自感觉的东西，把感觉斥之为无知和恶的渊薮，没有任何认识价值和道德价值。

苏格拉底：

听你讲讲，我明白了。不过我要告诉你，巴门尼德自己也是将一般与个别、真理与意见绝对对立起来的。欧几里得没有曲解巴门尼德的理论。

三　欧布里德：唯有普遍一般的东西才是绝对真实的存在

记者：

欧布里德，来自米利都的欧布里德，你熟悉不熟悉这个人？

苏格拉底：

我没见过这个人，他不应该是我的学生。

记者：

欧几里得是你的学生，这点没问题吧？

苏格拉底：

是的。

记者：

欧布里德属于欧几里得学派，也就是麦加拉学派的，因此，从理论上说，欧布里德也是你的学生，无非辈分要更低一些。

苏格拉底：

算就算吧，这位欧布里德提出过什么新观点呢？

记者：

欧布里德没有提出过什么新观点，但他提出了几个供人思考和解答的悖论，很有意思。你想不想听听？

苏格拉底：

说给我听听。

记者：

欧布里德提出七个悖论，大体上可以分为四种类型。第一种是为说谎者论辩，即：如果有一个人承认他是在说谎，那么他是在说谎还是在说真话？这就是一个悖论，无论你如何回答，你都会陷入自相矛盾之中。

苏格拉底：

肯定是的，如果说他是在说真话，就是肯定他承认自己在说谎；如果说他是在说谎，就是否定他承认的自己在说谎，他倒是在说真话了。第二个悖论是什么呢？

记者：

第二种是为蒙面人论证，即：你说你认识你的父亲，但是刚才进来的那个头上蒙着布的人是你的父亲，你却不认识他。这个论辩也使人陷入自相矛盾的悖论之中，即你不认识你认识的人。

苏格拉底：

这个悖论一般般。人头上被蒙上布，谁能分辨出是谁啊？

记者：

第三种是谷堆论辩和秃头论辩。谷堆论辩是：一粒谷能否造成一堆？不能。再加一粒呢？还是不能。再加一粒……最后加上一粒成为一堆。秃头论辩与这个差不多。

苏格拉底：

这个悖论还可以，到底是多少粒才能算一堆，确实不好说。

记者：

第四种是关于有角的人的论辩，即：如果你没有丢失某种东西，你便仍旧有它；而你没有丢失角，所以你是有角的人……

苏格拉底：

十足的诡辩！一个东西，你只有先有了它，然后你没有丢失它，才能说你有了这个东西。有没有都没说清楚，怎么能说你就有这个东西呢？

记者：

是的。确实有点诡辩。

苏格拉底：

你给我分析一下：欧布里德提出这么多悖论，想说明什么问题呢？

记者：

欧布里德是要说明：只有普遍一般的东西才是绝对真实的存在，而涉及个别特殊的现象和经验，便会使人的思维陷入难以确定的矛盾之中。这个所谓的普遍一般，或许就是你心目中的善。

苏格拉底：

用心可谓良苦！

四　斯提尔波：根本就没有个体

记者：

斯提尔波，你知道这个人吗？

苏格拉底：

这个人我也不知道，何许人也？

记者：

此人是麦加拉人，有人说他是你学生欧几里得的学生，也有人说他是欧布里德的学生的学生。

苏格拉底：

孙子辈啦！这个人是一个什么样的人啊？

记者：

此人机智无比，善于辞令，当时好多希腊人加入麦加拉派，都是被他的雄辩吸引过来的。此君颇具学者风范，当时占领他家乡麦加拉的埃及君主托勒密计划重金聘请他，要他随其一起到埃及，但都被斯提尔波拒绝了。此外……

苏格拉底：

还有什么？

记者：

此人胆子特别肥，啥话都敢说。斯提尔波特别反传统，特别反宗教。他公然说雅典娜不是宙斯的女儿，不是女神……

苏格拉底：

那他说雅典娜是谁的女儿，莫非是私生女？

记者：

斯提尔波说雅典娜是雕刻家菲狄亚斯创造出来的，所以不是宙斯的女儿。

苏格拉底：

说这种话确实需要一定的勇气，他这么说在我们那个时代会掉脑袋的。他提出了什么新的悖论？

记者：

哈哈！他不是欧布里德，他不喜欢提什么悖论，他喜欢探讨一般与个别的关系。

苏格拉底：

说说他的观点。

记者：

斯提尔波将麦加拉学派所提出的关于存在和善是“一”的主张推到登峰造极的地步。

苏格拉底：

怎么个登峰造极？

记者：

斯提尔波只承认一般和普遍才是绝对独立的真实存在，而完全否定个别的实在性。

苏格拉底：

他具体是怎么说的呢？

记者：

斯提尔波说只能说人的存在，而不能说这个人或那个人。就“白菜”来说也是如此，你不能说这棵白菜或那棵白菜，因为白菜在一万年前就已经存在了，因此，你看到的根本就不是白菜。斯提尔波还说不能用和主词不同的宾词去称谓一个对象……

苏格拉底：

什么意思？神叨叨的。

记者：

斯提尔波主张不能说这个人是好的和这个人是将军，而只能简单地说：人只是人，好只是好，将军只是将军。斯提尔波断言我们不能说一万个武士，而只能说武士只是武士，一万只是一万。

苏格拉底：

在他这里，一切个别都不存在了，一般是硫酸，个别都被彻底消解了。在普遍性面前，特殊性荡然无存，销声匿迹。简直是胡说八道！

五　安提斯泰尼与“犬儒学派”

记者：

安提斯泰尼你知道吧？

苏格拉底：

当然啦。我临死前他可是一直陪着我的，他也是属于五湖四海那类人。

记者：

他不是雅典人？

苏格拉底：

他是雅典人，但他不是纯阿提卡血统的雅典人。他的母亲是色雷斯人，根据雅典法律规定，他是不能获得雅典公民权的。

记者：

那他是靠什么成为雅典公民的？

苏格拉底：

他是靠在公元前 424 年的唐格拉战役建立的功业而获得雅典公民资格的。

记者：

一些资料说安提斯泰尼从骨子里看不惯雅典人？

苏格拉底：

是的，他说土生土长的雅典人太过自负，他说这些土生土长的雅典人并不比土壤中滋生出来的蜗牛和蝗虫强。

记者：

此人怎样？从学术上讲。

苏格拉底：

安提斯泰尼起初是跟高尔吉亚学习修辞学，因此他的对话水平很高，一般人不是他的对手。他是后来才带领他的几个门徒投奔到我的大旗下的。他住在拜里厄斯港，每天长途跋涉，步行到雅典听我讲课。

记者：

此人在你去世以后做了一件非常大的事。

苏格拉底：

什么事？

记者：

安提斯泰尼非常仇恨那些陷害你的人，是他设计使控告你的那个阿尼图斯被流放，美勒托被判刑。

苏格拉底：

我也曾经预言那些人不会有好下场。安提斯泰尼还做了什么大事，你给我说说。

记者：

他创立了一个学派：“犬儒学派”。

苏格拉底：

什么“犬”，什么“儒”，这是一个什么学派啊？

记者：

安提斯泰尼经常在雅典郊外的一个运动场同人谈话教学，这个运动场的名字叫“白犬之地”（Cynosarge），这个词的词根“Cyno”是“狼”的意思，所以他的学派被称为“犬儒学派”（Cynic School），在我们国家的语言中，按照意思便翻译成为“犬儒学派”，当然啦，按照其读音，我们有时候也叫它“昔尼克学派”。

苏格拉底：

“犬儒学派”这个名字有点怪怪的，有什么特殊的意蕴呢？

记者：

这个名字至少有两层含义：一层意思是：这个名字象征一种道德上的警觉性，老是像猎犬似地吠叫，以提醒人们节制欲望；另一层意思是：这个学派的学者们宣扬一种简单粗陋的生活方式，即便如狗一般地活着，也没有什么不好的。狗你是知道的，靠吃人类的剩饭都能活着。因此这派哲学要人们将自己的欲望降低到最低限度，摒弃一切感性的快乐与享受。

苏格拉底：

安提斯泰尼是个好人，但此人有时候太夸张，这点我不喜欢。他说他最喜欢一箪食、一瓢饮的生活，他经常翻开他外衣的破烂部分给人看，矫揉造作，沽名钓誉。不过，看人不应该求全责备，而应该观其大焉。你给我说说他的思想如何？这点很关键。

记者：

总体而论，安提斯泰尼有比较严谨且相对系统一些的哲学思想，而且他的思想与你的思想非常接近。

苏格拉底：

说说看。

记者：

其一，关于普遍性定义，安提斯泰尼同意你关于普遍性定义的意见，但他似乎比你更极端了一些。他提出事物的普遍本质是绝对自身同一的，A 就是 A，不能用任何其他属性去阐述 A。

苏格拉底：

依照他的逻辑，难道我们只能说猪就是猪，狗就是狗，而不能给猪和狗下任何形式的定义？

记者：

是的，安提斯泰尼是这么说的，他认为给任何事物下定义都是根本不可能的。

苏格拉底：

我是特别强调普遍性的存在，但我不否认事物有多样性。他还有什么观点？

记者：

其二，关于理智，他的看法与你也非常类似。

苏格拉底：

类似到什么程度？

记者：

他崇尚理智，他说过如下大概意思的话：智慧是永远不会瓦解和背叛的最可靠的堡垒，捍卫之墙必须建立在我们自身的无坚不克的理论论证之中；对智慧的人来说，没有任何东西是陌生的或不可实践的。他将智慧、善和美德视为一体，认为美德是满足于节制、俭约和自律自足的生活。

苏格拉底：

确实有我理论的影子，而且很浓厚。

记者：

关于道德之善，你对那些一味以感性快乐作为人生目的想法和做法都是持批判态度，安提斯泰尼也是如此。

苏格拉底：

他怎么说？

记者：

安提斯泰尼证明美好的道德是可以通过教育获得的，高尚只属于那些拥有美德的人。他认为美德是自足的，足以保证幸福。他主张美德是一种行为，不需要许多辞藻和学识。他说智慧的人是自足的，因为他拥有一切其他的善的东西。智慧的人在公众活动中，不受人为的法律指导，只受美德指导。在爱情问题上，安提斯泰尼认为为了有孩子，他也要同美丽的女人结婚，他对爱情不回避，他相信只有智慧的人懂得谁值得被爱。

苏格拉底：

这些观点确实与我很靠近。

记者：

还有呢。安提斯泰尼主张哲学家要以扬善去恶、改善灵魂作为自己的使命，主张道德兴邦。他对雅典的社会和民主制度的看法也与你差不多。

苏格拉底：

是吗？他怎么说的？

记者：

安提斯泰尼说，很奇怪，我们从谷物中剔除毒物，在战争中剔除劣者，却不在国家事务中剔除恶人。他认为，如果不能区别好人和坏人，国家就要灭亡。他讥嘲当时雅典的民主选举不能选出真正好的官吏，据说他建议雅典人应当投票赞成驴子就是马。大家说，这是荒谬的。他答道：你们中间那些将军并没有经过训练，不过只是被你们选举出来而已。他根本不信任公意，在他眼中，大多数人都不过是一群跟屁虫而已。

苏格拉底：

此人有点意思，我越来越喜欢他了。

六　第欧根尼：一切文明和技术进步都是邪恶的

记者：

第欧根尼想必你是知道的？

苏格拉底：

知道这个人，不过他肯定不是我的嫡系学生。

记者：

你说对了，他是你的学生安提斯泰尼的学生。此人当属于你后世学派中最奇特的一个人。

苏格拉底：

奇特之处在哪里？

记者：

他的奇特之处甚多，我会慢慢告诉你的。

苏格拉底：

有人曾经说过第欧根尼不是个正派君子。

记者：

情况是这样的：第欧根尼出生于小亚细亚黑海边的辛诺普，他的父亲是当地理财的官员，因在铸造货币时掺假，全家被流放而到了雅典。有人说，铸造假币是第欧根尼本人干的事……

苏格拉底：

不会是空穴来风吧？

记者：

或许是。第欧根尼在雅典一定要拜你的学生安提斯泰尼为师……

苏格拉底：

那就收呗。

记者：

或许是听到了什么传言，安提斯泰尼拒绝接受这位学生，并要用手杖赶走他。但第欧根尼竟然伸出脑袋让人打，坚持不走。

苏格拉底：

结果是？

记者：

精诚所至，金石为开，最终安提斯泰尼被感动，收纳第欧根尼为门徒。

苏格拉底：

他的这种精神还是值得褒扬的。

记者：

第欧根尼的哲学信仰是犬儒主义，他也曾被人称为狗。他建立了一种最粗陋贫穷的生活方式，成为一个名副其实的犬儒……

苏格拉底：

描述一下。

记者：

一根橄榄树枝、一件褴褛外衣、一个讨饭袋、一床夜里当睡窝的被子和一只水杯，这就是他的全部生活家当。他在雅典到处游荡，住在神庙、市场甚至木桶内。

苏格拉底：

活得比我还凄惨啊！

记者：

但第欧根尼从未觉得不幸福，相反他倒觉得他是世界上最幸福的人。他住在狗窝一般的地方，竟然说："雅典人给我造了华丽的住所。"有一次亚历山大大帝站在他的对面说："我是亚历山大，伟大的皇帝。"他回答说："我是第欧根尼，昔尼克派。"有一次，他在晒太阳，亚历山大大帝对他说："你可以向我请求你所要的任何恩赐。"他说："走开，别挡住我的阳光。"

苏格拉底：

真是一个奇人。此人学问如何？

记者：

他写过 14 篇对话和 7 篇悲剧。

苏格拉底：

不错嘛。

记者：

第欧根尼认为，善就是尊崇自然，抑制一切人为的欲望和追求。他认为城邦和一切立法机关，虽然一度有价值，不过，文明已造成人的罪恶和堕落，所以要改造生活，使它返璞归真、恢复自然。

苏格拉底：

看来，第欧根尼对文明的进步不以为然？

记者：

是的。他认为，原始人以智慧征服环境，并不是通向文明的社会，只是通向罪恶和堕落。第欧根尼认为，人类集结群居于城邦，免于外部敌人的侵扰，但在这些城邦中，人们犯有可怕的罪恶。他们构建城邦，就是为了这个罪恶的目的。

苏格拉底：

如何解释？

记者：

第欧根尼认为，在神话中，宙斯因普罗米修斯盗火给人类而惩罚他，乃是因为这是造成奢侈堕落的生活的根本原因。

苏格拉底：

也能自圆其说。

记者：

普罗泰戈拉认为，人的身体柔弱，不像其他动物那样有皮毛、羽翼保护，难以生存，所以需要文明。第欧根尼反对说，青蛙皮肉柔弱也能生存，原始人没有火、皮革、盔甲等，也同样能够生存下来。总之，一切文明和技术进步，实际上已都被用于邪恶。人类只将理智用来追求快乐，而不是促进道德和正义。普罗米修斯是文明和堕落的肇事人，应该被拴在山岩上，让鹰啄食他的肝。

苏格拉底：

他这么说，是不是太极端了？

记者：

在第欧根尼看来，高贵的门第声誉和一切显赫的东西，都是最浮夸的罪恶装饰品，金钱是一切罪恶的渊薮。他的社会理想是，人类应返归自然，同自然连成一体。他说，唯一真实的国家，应像世界一样广阔，他说自己是世界公民。

苏格拉底：

世界公民？

记者：

是的，他还提出，在自然中男女是平等的，甚至号召建立一种妇女不从属于男人、不同她所不赞成的男人结婚的妇女社会，并且主张儿童由社会公有。第欧根尼还特别强调人要以粗陋简朴的生活去磨炼自己。

苏格拉底：

说说他的主张。

记者：

第欧根尼认为，人有灵魂的和肉体的两种磨炼。单有前者，并不完全；肉体的磨炼是更本质的，能保证个人自由和美德行为，恰如体育锻炼，能通向美德。工匠和吹笛手，通过不断地操作，能练出一手超常的技艺。生活处事，只有通过艰苦的锻炼，摒弃一切使人劳烦而无用的东西，才能使人获得幸福；否则，只能给人带来痛苦和不幸。他主张人生活中只有取用自然的东西，才是合理的。因为，一切自然的东西，是智慧的人的财富。音乐、几何、天文等学科，都是无用而不必要的，人应满足于最原始、粗朴的生活。此外……

苏格拉底：

什么？

记者：

第欧根尼同柏拉图特别地不对付。

苏格拉底：

怎么回事？

记者：

第欧根尼嘲笑柏拉图的讲演是浪费时间。柏拉图谈论理念时，谈到桌子的理念、杯子的理念；第欧根尼说，我看到桌子和杯子，却从未看到桌子的理念和杯子的理念。总之，他对柏拉图谈论的理念不屑一顾。

苏格拉底：

互相吵架，也很正常。

七　克拉特斯与希帕基亚：一对“犬儒”男女哲学家

记者：

你知道不知道你的后代弟子中，还有一位女哲学家？

苏格拉底：

不知道，还有这事？

记者：

她的名字叫希帕基亚。不过在介绍这位女哲学家之前，我得先介绍他的男友克拉特斯。

苏格拉底：

你为什么要提他的男友呢？

记者：

她的男友本身就是一位哲学家，她的哲学与她男友的哲学是一体的。

苏格拉底：

那就说说克拉特斯吧。

记者：

克拉特斯，底比斯人，应该是你们希腊的底比斯，而不是非洲的底比斯。他原本不是犬儒学派即昔尼克学派的人，而是属于麦加拉学派的成员，后来他批判麦加拉学派的论辩是玩文字游戏，不能通达美德。后来他就来到雅典成为第欧根尼的弟子。

苏格拉底：

关于第欧根尼，你已经给我介绍过，他是一位名副其实的“犬儒”。你说的这位克拉特斯，既然加入犬儒学派，是不是他的生活方式也必须进行改变啊？

记者：

是的，克拉特斯追随犬儒学派后，就将家产换成钱分送旁人，自己则穿上褴褛外衣，挟起行囊过起流浪的犬儒生活。

苏格拉底：

散尽家财，难道他的家人就不管，任其胡闹？

记者：

他的亲属们纷纷上门劝他返家归正，但都被他用拐杖赶走了。

苏格拉底：

嗨，光说克拉特斯，我们把那位女哲学家忘记了。

记者：

是的，该她登场了。她与克拉特斯是情人关系，这两个人是绝对的奇葩……

苏格拉底：

奇葩到什么程度？

记者：

他们在哲学上都强调要绝对服从自然，在他们看来，人可以毫不羞耻地仿效狗的自然本性而生活，没有任何隐私可言，这就是他们心目中的“自然”和“诚实”。甚至……

苏格拉底：

甚至什么？

记者：

他们不仅未婚同居，而且竟然经常在众目睽睽之下做爱，他们一点都不认为这有什么不好。他们竟然带他们的孩子到妓院去“参观”，现场介绍他们是如何婚配的。

苏格拉底：

如此荒唐！不说这些了，说说他们的哲学吧。

记者：

他们的哲学就是两点：一点刚才已经说过，他们把顺乎自然夸张到畸形的程度。另一点就是他们把斯巴达的政治制度犬儒化了。

苏格拉底：

怎么讲呢？

记者：

他们心目中的理想国叫“帕拉”。“帕拉”坐落在暗沉沉的薄雾之中，美丽富饶而没有财宝。在这个理想的世界里，没有愚蠢，没有马屁精，没有饕餮盛宴，没有奴隶，没有性刺激……

苏格拉底：

那有什么呢？

记者：

在“帕拉”，盛产麝香草、葱头、无花果和面包，人们不再为食物而相互争斗，也不为争夺金钱和名誉而纠集部队。此外，“帕拉”中的人从婴孩起就应该有严格的磨炼，青年要接受军事训练，过严格的禁欲生活，唯有如此，才有美德可言。

苏格拉底：

活脱脱就是斯巴达王国的复制品！我虽然不喜欢雅典的民主制度，但还不至于去欣赏斯巴达的专制独裁。播下的是龙种，收上来的是跳蚤！让我好心寒。

八　阿里斯提波：感觉才是唯一真实的存在

记者：

你反感智者，原因之一就是他们通过给别人讲课收费，这种说法没错吧？

苏格拉底：

是的，这是堕落。

记者：

讲课也是一种劳动，按劳取酬天经地义，在我今天这个时代，给别人讲课收钱，听别人课付钱，再也没有比这更平常的事情了。

苏格拉底：

你说的也有一定道理。我猛烈批评智者们讲课收取费用没错，但当我发现我的一些学生给别人讲课也收费，我也就睁一只眼闭一只眼，不过我绝不干这事。

记者：

明白。据说阿里斯提波就是你的学生中第一个向受教育者收取费用的，对吗？

苏格拉底：

是的，他曾经提出要与我分享这些钱，被我拒绝了。

记者：

阿里斯提波是一个什么样的人？

苏格拉底：

此人也属于五湖四海类型的。他出生于地中海南岸北部非洲的居勒尼。

记者：

非洲？

苏格拉底：

是的，北非洲，是希腊城邦的海外殖民地。在成为我的学生之前，阿里斯提波已经是一位满腹经纶的学者和很有教养的演说家了，他也是一位历史学家，写过一部三卷本的利比亚历史和一部包含二十五篇对话的著作。

记者：

一些史料说此人很独立，经常和你争论得脸红脖子粗的？

苏格拉底：

是的。不过关于阿里斯提波具有哪些成型的理论，我还真不知道，尤其是我死后的情况。你说说如何？

记者：

阿里斯提波是一个非常懂得享受生活的人，他看不上犬儒学派的生活方式，而是主张人们要去寻求现实事物所能给予的快乐，不去费力追求实现不了的快乐。他喜欢寄生在西西里僭主狄奥尼修的宫廷里，享受各种快乐。此人对各种场合和人都能应付自如，任何情况下，都是左右逢源，得心应手。此人还颇具大丈夫气概，为了能得到属于他自己的快乐，也能做到忍辱负重，能屈能伸。

苏格拉底：

我相信，我曾经听有人骂他是“国王的哈巴狗”，是不是就是这个意思？

记者：

是的。为了能在狄奥尼修的王宫里待下去，国王朝他吐唾沫，他也能忍住不发火，还潇洒地说：“渔夫为了捕到一条小鱼不惜让海水溅身，我要捕一条大鱼，有什么不可忍受的？”

苏格拉底：

真有能耐！说说他的理论。

记者：

阿里斯提波建立居勒尼学派，他的哲学本质是一种感觉论。

苏格拉底：

感觉论？

记者：

是的，他主张感觉是标准，只有感觉才是可理解的，不会错的；而引起感觉的事物都不是可理解的，不是确实可靠的。

苏格拉底：

有点相对主义的味道了。

记者：

阿里斯提波说，我们感觉白或甜是一种我们确实无可争辩地陈述的东西，但是，产生这种感觉的对象是白或是甜却是不能断言的。因为个人的感觉状况很不一样，得黄疸病的人看什么都是黄色的，得眼结膜炎的人看什么都是红色的。因此他认为感觉才是唯一真实的存在，透过感觉去判断、探究现实的对象事物的本性是没有意义的。

苏格拉底：

如此说来，他肯定会说，关于判断对象事物，并不存在人类的共同标准了，是不是？

记者：

是的。

苏格拉底：

就是不可知论。最起码说已经有不可知论的思想倾向了。他还有什么观点值得说一说？如伦理学方面的……

记者：

阿里斯提波在伦理学方面的原则是：快乐是善，痛苦是恶。

苏格拉底：

有什么具体内容呢？

记者：

在他看来，感觉是人的身体和灵魂内在体验的两种运动状态，或者说是两种表现形式，快乐是一种，痛苦又是一种；前者是一种和谐而平稳的状态，后者是一种粗糙难受的状态。快乐状态令人惬意，痛苦状态令所有的人反感。

苏格拉底：

身体有快乐和痛苦，灵魂有快乐和痛苦，那到底是身体的快乐重要，还是灵魂的快乐更重要呢？

记者：

在阿里斯提波看来，灵魂的快乐和痛苦是从身体的相应部分来的，所以身体的快乐才是生活的目的。人的本性就是要追求个人的特殊的快乐，人生的幸福就是要达到这种特殊的快乐的目的。我们年轻时即本能地被快乐所吸引，获得快乐并无所求，尽力避免它的反面——痛苦。快乐即善，即使它产生于不易觉察的行为之中，即使行为是不合规范的，也是善的。总之，在他看来作为一种内在的体验，个人的“特殊的快乐”特别是身体的快乐合乎人的本性，这就是善和人生的目的。

苏格拉底：

享乐主义色彩很浓厚啊！

记者：

是，但也不全是。就人生理想来说，阿里斯提波也提出了与犬儒学派不同的主张。

苏格拉底：

我想听听。

记者：

他反对苦修苦练，主张凭借智慧求得快乐。他认为现实生活中痛苦是不可避免的，并不是每个智慧的人都生活快乐，每个愚蠢的人都生活痛苦，只能说大部分是如此。个人只要享受特殊快乐就够了。行为不必注重动机，而要注重效果。即使动机荒谬、不仁慈，只要能求得快乐也是美德，因此美德有时也可实现于愚昧的行为之中。慎重、节俭固然是美德，但也只是因为它们能够获得快乐的效果才是德。人们追求财富并不是为了财富本身，而是因为它能产生快乐。因此贤人虽然也感受痛苦和恐惧等自然情感，但总是努力避免嫉妒、虚情、迷信等空虚的意见，设法摆脱痛苦和恐惧，预见惩罚而不去做错事和恶事。总之，他的理想就是个人追求现实的快乐，避免痛苦乃至社会责任义务而实现个人自由。

苏格拉底：

说起来容易，做起来难啦。

记者：

是的。阿里斯提波只想过一种悠闲怡静的快乐生活，既不愿统治人，也不愿受人治理。因为被人统治要忍苦耐劳，而做统治者如果不能为人民提供必需的东西也要遭受谴责，给自己和别人都带来麻烦。

苏格拉底：

看来此人对政治不感兴趣。

记者：

是的，他认为政治生活愚不可及。他不愿从政，也不愿把自己关闭起来做国家公民，而只愿安逸自由地到处周游做客。他表示：我并不是一个拥护奴隶制的人，但我以为有一条我愿意走的中庸大道，这条道路既不是通过统治也不是通过奴役，而是通过自由获取，这是一条通往幸福的光明大道。

苏格拉底：

其实就是懒虫哲学。

九　赫格西亚：对一切都应当漠不关心

记者：

赫格西亚这个人你知道吗？

苏格拉底：

不知道。

记者：

一些史料说他也是你的学生，最起码是你学生的学生。

苏格拉底：

说说他的思想吧。

记者：

他的核心思想有两条：一条是否定一切道德；一条是规劝人们要对一切持漠不关心的态度。他也因宣扬自己的思想而被托勒密政府禁止讲学。

苏格拉底：

请详细说说。

记者：

关于第一条，赫格西亚是这么论述的。他将痛苦和快乐归于感觉，但他认为感觉不能给人们提供准确的知识，因而感觉是不可靠的。而既然感觉是不可靠的，人们只能做那些看起来是合理的事情。

苏格拉底：

乍听起来，也似乎有些道理，继续。

记者：

赫格西亚说，既然人们不能根据感觉做出精确的判断，从而获得真理，那么任何错误都是可以原谅的，因为无人自愿为错，只是被某种痛苦制约了；我们不应仇恨人，只能将他们教导得好一些。

苏格拉底：

逻辑关系倒挺严密。

记者：

赫格西亚说，既然感觉不能给人确实的真理，痛苦和快乐都是不可避免的，那么二者就没有绝对的分割。对同一对象，有些人感到快乐，而另一些人感到痛苦。贫富同快乐无关，富人或穷人都并不特别享有快乐。奴役和自由、出身高贵和低贱、荣耀和耻辱等等在计算快乐上都一样，没有什么不同。

苏格拉底：

彻头彻尾的相对主义，跟智者没有什么不同。

记者：

或许是吧。赫格西亚认为人的行为都从自身利益出发，并没有伦理的目的和价值。没有所谓感恩、友谊、仁慈之类的东西，一切所谓美德自身并无价值。

苏格拉底：

关于这些观点，我不屑于去批判。继续说他的第二个观点吧。

记者：

好的。赫格西亚对人生采取一种带有悲观色彩的漠不关心的态度，他说幸福是不可能实现的。

苏格拉底：

理由呢？

记者：

赫格西亚这么说的理由是：身体被各种各样的痛苦所侵扰，灵魂也因身体的痛苦而受折磨，没有幸运，只有失望，人只是轮次置身于生和死之间罢了。所以他主张对一切都不必认真对待，取无所谓态度最好，智慧的人的处事态度就是对一切都漠不关心。生活对愚人来说只是有利可图，对智慧的人来说就是漠不关心。

苏格拉底：

漠不关心是什么意思？就是放弃一切利益吗？

记者：

漠不关心并不是不要利益，而是指满足于自己要求的利益，不贪求超过他人的利益。赫格西亚说，智慧的人在一切行为中以他们自身的利益为指导，因为他们不认为别人和自己有同等的价值；如果他们要从旁人那里获取再多的利益，也比不上他给予自己的东西。

苏格拉底：

继续。

记者：

赫格西亚还说：智慧的人在择善避恶中并不比他人有更多的利益，只能以身体和灵魂的快乐、无忧无虑地生活作为自己的目的。对任何产生快乐的对象不加区别，取无所谓的态度，这就是他们自然的利益。一句话，无痛苦、无快乐就是最好的生活。

十　第奥多罗：诸神根本不存在

记者：

最后说说第奥多罗吧。你肯定不知道此人，但他依然属于你理论体系的继承者之一。

苏格拉底：

好的。

记者：

这是一位外交官型哲学家，他在北非的托勒密王朝任职，屡次以外交官身份出访周边邻国。他是一位论辩家，也是一位哲学家。论辩家的身份让他在托勒密王朝从事政治如鱼得水，左右逢源。但作为一位哲学家，其惊世骇俗的哲学观点也让他麻烦缠身。

苏格拉底：

他的观点是什么？

记者：

他嘲笑那些负责祭祀的官员，攻击那些祭司们向未入道之人宣传神意是冒犯神意。

苏格拉底：

这是很危险的。

记者：

他曾经写过一本书，书的名字是《关于诸神》，他曾经说过，既然人可以自称为“人”，那么也可以自称为“神”。

苏格拉底：

我知道他的意思。

记者：

你解读一下。

苏格拉底：

他的意思是说神不存在，所谓的神都不过是人为约定的名字罢了。

记者：

看来此人还真是一个无神论者。他也正是因为不信神而被从他的祖国驱逐到雅典。

苏格拉底：

雅典也不欢迎无神论者，我被判处死刑就与此有关。

记者：

是的，他也因不信神又被雅典当局驱逐出境。

苏格拉底：

第奥多罗的命运也真惨的。

记者：

不过，第奥多罗从来不认为因不信神被发配到雅典有什么不好。

苏格拉底：

原因是啥？

记者：

因为在第奥多罗看来，到了雅典他就可以向你或你的学生学习哲学了。

苏格拉底：

多崇高的理由啊！请你说说此人在哲学上还有什么高见如何？

记者：

好啊。作为以快乐为核心的居勒尼学派哲学家，第奥多罗主张善就是快乐，但他比较多地肯定理智的作用，那就是智慧能产生善，而愚昧则导致恶的产生。此外，人应该是世界公民，而不应该是某个城邦的人，因此，智慧之人不应该死心塌地地去捍卫自己所谓的“祖国”，因为世界才是他真正的祖国。

柏拉图篇

第一章　理念：超越一切的存在

引　子

关于柏拉图和他的哲学，20世纪上半叶英国哲学家怀特海曾经提出过这样一个论断，那就是西方哲学2000多年的发展不过是由对柏拉图的一系列注释所组成。20世纪下半叶德国哲学家海德格尔也明确提出，纵观整个哲学史，柏拉图的思想以其变化的形态始终起着决定性作用。柏拉图对西方哲学的决定性影响，不仅仅体现在具体的观点和论证方法上，更重要的是体现在整个西方哲学的方向、思路、方法等一系列根本问题上。鉴于理念论在柏拉图理论体系中的核心地位，故首先特设专章探讨柏拉图的理念论，然后再逐步研究柏拉图哲学的其他板块。

一　远离政治为哪桩？

记者：

你的老师苏格拉底虽然口口声声说他对政治兴趣不大，但他的所作所为似乎并不是那么回事。

柏拉图：

何以见得？

记者：

苏格拉底在街头一天到晚拉着人，兜售自己的道德哲学，兜售自己的政治主张，据说他还做过议会的主席，这不是政治是什么？

柏拉图：

可以这么说。

记者：

但是，苏格拉底出生于一个极端普通的家庭，父亲是个雕刻师，母亲是个助产士，这对他从政可不是个好条件。

柏拉图：

政治是个家族事业，一般来说，出生于苏格拉底那样家庭的人，是很难在政治上有所作为的。苏格拉底能混到那个样子，已经不错了。不过，我认为苏格拉底的伟大，绝对不是能够用其政治上的作为来判断的，他是我们西方的第一位真正的哲学家，这就是他的价值之所在。我可以说，如果有一个更好的家族的支持，苏格拉底一定能在政治上有更大的作为。

记者：

据说你的家庭出身与苏格拉底完全不一样，那么你为什么不在政治上好好干一把，而把自己的毕生精力用来搞什么哲学呢？值吗？

柏拉图：

你说的话，是对一半，错一半。

记者：

怎么讲？

柏拉图：

我的家族与苏格拉底的家族确实不一样，他出身贫寒，而我的家族，无论是父亲这一支，还是母亲这一支，都非常非常显赫。

记者：

能显赫到什么程度？

柏拉图：

父亲一支，最早可以追溯到雅典的古代君王们，甚至是可以追溯到雅典的神灵。

记者：

哪一位神灵？

柏拉图：

波塞冬神。

记者：

这位神灵是管什么的？

柏拉图：

宙斯你知道吧？

记者：

伟大的宙斯谁不知道啊？

柏拉图：

我的祖先就是宙斯的二哥。

记者：

有意思，说得详细点。

柏拉图：

我曾经对此进行过详细考证，经考证发现，我们家最古老的祖先——波塞冬神，是希腊神话中的海皇，是大地的震撼者。他的威严与大地无穷无尽的生命力及洪水相匹敌，他被称为是大海的宙斯，其地位和力量之高，以至支配力遍及全宇宙，是仅次于天父宙斯的强大掌权者。波塞冬是奥林匹斯十二主神之一，他是第二代神王克洛诺斯和神后瑞亚的儿子，宙斯的二哥，统治一切宇宙海域的最高神。当初波塞冬与兄弟们划分的势力范围：弟弟宙斯获得了天界，大哥哈迪斯屈尊冥界，波塞冬就得到了一切大海和湖泊。波塞冬的坐骑是由白马驾驶的黄金战车，武器则是象征大海统治权的三叉矛。

记者：

非同寻常的家族，那你母亲那一支呢？

柏拉图：

同样非同寻常。

记者：

说出来听一听。

柏拉图：

我母亲名字叫珀里克提俄涅，她的弟弟，也就是我的小舅舅，名字叫查米底斯，当过雅典寡头政府的领导人。她的表哥，也就是我的表舅舅，名字叫克里提亚斯，也与我的小舅舅一样，当过雅典寡头政府的领导人。还有，我继父，也就是我父亲去世后，我母亲再嫁的那个人，名字叫皮里兰佩，他曾经是伯里克利的好朋友。还有，我母亲这一边有一位长辈曾经是雅典的立法者，还有一个远亲甚至还做过雅典的执政官，其执政时间是公元前 644 年左右。

记者：

确实是显赫得不得了。那你为什么不顺水推舟，跻身政治主战场大显身手呢？

柏拉图：

置身于这样的家庭，我对政治有一种本能的爱好，我一开始也是很积极地参与到政治生活来。我相信，只要我不犯那些常识性的错误，飞黄腾达对我来说只是一个时间问题。但是，两件事改变了我的看法。

记者：

哪两件？

柏拉图：

伯罗奔尼撒战争一件，苏格拉底之死一件。

记者：

愿闻其详。

柏拉图：

在这场战争中，我们国家雅典与斯巴达发生战争，雅典失败了，雅典为此付出了惨痛的代价，从此，辉煌的岁月成为永远不可能再次出现的美梦。

记者：

伯罗奔尼撒战争确实是雅典历史的分水岭。

柏拉图：

伯罗奔尼撒战争摧毁了希腊原本繁盛的经济和发达的文明，更破坏了雅典和斯巴达共存的平衡局面，此后整个希腊由盛转衰。在这场战争的后期，雅典政府接连出现重大的决策失误，这些不该发生的失误让我看到，雅典的民主政治是一种扼杀人类智慧的制度。还有，最伤及我敏感脾胃的是……

二　雅典的“原罪”

记者：

你欲言又止，让我心急，不妨竹筒倒豆子，说个痛快吧。

柏拉图：

雅典以一种极端丑陋的形式，诛杀了我的老师苏格拉底，这是一件是可忍孰不可忍的事情。

记者：

此事你是如此评价的？一些资料说，苏格拉底从来就没有承认你是他的学生，你似乎也并没有把苏格拉底看作是你的老师。这些资料还说，当苏格拉底被强迫喝毒酒自尽的时候，你并没有到监狱里去看他，你说你很忙，有这回事吗？

柏拉图：

一半是捕风捉影，一半是道听途说。

记者：

不会吧？

柏拉图：

苏格拉底弥留之际，我确实没有去为他送行，但原因不是我与他没有感情，而是因为我病得很厉害。你必须知道，当那帮民主派审判苏格拉底的时候，我就在法庭上，我为苏格拉底据理力争，我还愿意为苏格拉底的罚金提供担保。如果真如你所说我对苏格拉底没有感情，我会这么做吗？

记者：

倒也是。雅典人不该判处苏格拉底死刑啊。

柏拉图：

苏格拉底谦虚地说自己是祖国的“牛虻”，其实他是雅典的导师，是雅典的指路明灯。雅典人诛杀了苏格拉底，就是挖掉了自己的眼珠子，就是揪掉了自己的两只耳朵，就是砍断了自己的双足，雅典不亡，是不可能的。

记者：

所以你从此就开始脱离政治，不再介入具体的政治事务，优哉游哉，独善其身。

柏拉图：

不过，我虽然脱离政治的角斗场，但我的心一刻也没有离开那里，我终身都在研究政治，我终身都在与那种愚蠢的民主制度做斗争。我不断地写书，不断地写文章，就是要教导雅典未来的领导者走正道，行正义，不以善小而不为，不以恶小而为之。

三　苏格拉底应该是理念论的鼻祖

记者：

理念论在你的哲学体系中居于核心地位，哲学界公认你是理念论的创始人。我想请你系统地说说你的理念论，说句实话，我直到前不久才明白一二。

柏拉图：

你的说法让我很受用，不过实事求是地说，我的老师，也就是伟大的苏格拉底才是理念论的鼻祖。

记者：

你是说苏格拉底是理念论的第一创始人？

柏拉图：

在苏格拉底之前，曾有毕达哥拉斯学派的一些学者企图对个别名词进行定义。德谟克利特在个别事例中也做过尝试。但这些人的工作都无法与苏格拉底相比，小巫见大巫而已，难以望其项背！

记者：

你的学生亚里士多德在他的《形而上学》中盛赞苏格拉底关于理念论的研究是了不起的一大贡献，他还说，苏格拉底关于这个问题的研究成果，是你最终完成理念论的直接思想来源。他的说法对不对？

柏拉图：

亚里士多德的说法完全正确。评价苏格拉底对于理念论的卓越贡献，可以从这样几个层面上着手……

记者：

听你评价苏格拉底是一种享受。

柏拉图：

第一点，苏格拉底是在与智者们提出的相对主义的斗争中一步步提出他的理念论的。智者你是知道的，他们研究任何问题都从其相对主义原则出发，在他们看来，所有概念都是基于众多人的同意而约定俗成，任何概念都不具有任何真理性内容。如此一来，对任何问题的讨论，便是“公说公有理，婆说婆有理”……

记者：

智者们的错误应该是一目了然的。

柏拉图：

苏格拉底是一个颇有抱负的人，他要用自己的思想去拯救雅典，如此一来，他必须把他的思想传播给雅典人民，尤其是雅典的青年，如果所有概念都是相对主义的，都是“公说公有理，婆说婆有理”，他就不可能完成这个历史使命。因此，他必须驳倒智者们在这个问题上的糊涂意见，唯有如此他才能赋予诸如勇敢、自制、虔诚、友爱、正义、美德、美等概念以准确的定义，也正是这一点，促使苏格拉底一步步提出了他的理念理论。

记者：

继续。

柏拉图：

第二点，是苏格拉底开始用理念（idea，eidos）这个范畴，去指称他的定义中的那种普遍本质。

记者：

没有别人这么用过？

柏拉图：

Idea 和 eidos 这两个意义相近的词在诸多希腊作品中，并不是苏格拉底最早使用的。它们的本来意思是“看”和“看到的东西”。荷马用理念来指人的形象（看到的东西），后来才逐渐有了形式、形状、种和类、类型等抽象的意义。德谟克利特也曾用 idea 来指称原子。在德谟克利特的心目中，这个词的意思无非就是形状、形式而已，没有别的更多的蕴意了。

记者：

明白你的意思，你是说只有到了你老师苏格拉底那里，理念才被用来表示某种客观实在的普遍本质。

柏拉图：

正是。第三点，苏格拉底关于理念本质是一种实在的理论，是我最终创立理念论的基础。没有苏格拉底所做的一切，我就不可能建立起我的理念论。关于这一点，我们就不再展开说了。

四　两个世界的划分：理念世界与可感世界

记者：

研究你的理念论，应该从何处说起呢？

柏拉图：

自然应该是从两个世界的划分说起。

记者：

哪两个世界呢？

柏拉图：

一个是理念的世界，一个是可感的世界。

记者：

可否先从可感的世界说起？顾名思义，所谓可感的世界，是不是就是可以诉诸感觉器官来把握的世界？

柏拉图：

是的。可感世界都像赫拉克利特所说的那样，变动不居，瞬息万变，因而都是不真实的。

记者：

如此说来，所谓理念世界，是不是如同巴门尼德笔下的那个"存在"：不动不变，永远如此，万古永恒？

柏拉图：

是的。巴门尼德的存在、苏格拉底的理念或普遍性定义，都是一回事，这些名词所代表的世界就是理念世界。

记者：

可感世界在哪里，谁都清楚。你的理念世界到底存在于何处呢？

柏拉图：

理念世界，并不局限于伦理道德，并不只是内在于人类的心灵之中，而是独立于事物与人心之外的某种实在。

记者：

我想请你再次确认一下，是不是说你的理念世界是一种不依赖于人的主观意识而独立存在的存在？

柏拉图：

我再次告诉你：是的。

五　理念世界与可感世界的对比

记者：

将世界一分为二，将世界分成理念世界和可感世界两个部分，在哲学史上意义重大，自你之后，西方的主流哲学家建构他们的理论体系，都是以你的这个理论为前提的。鉴于此，希望你再原汁原味地解释一下。

柏拉图：

好的。我在我的《理想国》（又译作《国家篇》《共和国》）中曾经如此说过：一方面，我们说有多个东西存在，并且说这些东西是美的、善的，等等；另一方面，我们又说有一个美本身、善本身，等等，相应于每一组这些多个的东西，我们都假定一个单一的理念，假定它是一个统一体而称它为真正的实在。大致如此，或有一些记忆错误，但核心思想不会变。

记者：

高度抽象，有点不好消化，希望细细解读一下。

柏拉图：

解读如下：这里所谓“多个东西”，是指多数的个别的事物；所谓“善本身”“美本身”，是指善的东西、美的东西的理念。

记者：

何为所谓“真正的实在”？

柏拉图：

所谓“真正的实在”，就是理念，就是一类同名东西的定义和本质。一类同名东西只有一个单一的、不可分割的理念，因此，理念是一，具体事物是多。理念是无生无死、不变不动、不可分割、永恒不朽、永远同一的。它不能既是此又是彼，因而是能够明确表达出来的东西。

记者：

那是不是意味着：所谓可感世界和具体事物，是变化无常、变动不居的，可感世界既是这个又是那个，因而不能明确地表达其意义。

柏拉图：

是的。理念世界是完全的、纯粹的、绝对的，是唯一真实的，就是“事物本身”；可感事物则完全反过来，它是不完全的、不纯粹的，不是绝对而是相对的，是不真实的。不仅如此，对于理念世界，人们无法通过感觉去予以把握，而对可感事物则可以通过感觉器官予以把握。

六　理念论的直接缘起

记者：

理念论贯穿于你思想体系的始终，毫无疑问，苏格拉底关于这个问题的思考是你创立理念论的学说渊源。我想知道，除了苏格拉底的元素以外，还有什么别的原因促使你最终创立了理念论。

柏拉图：

这个问题你还问对了，你不问，我也会说的。苏格拉底的思想是促使我完成理念论的基础，但促使我提出理念论的最直接的原因不是苏格拉底，而源于我对数学和道德学说的研究。

记者：

愿闻其详。

柏拉图：

我自小就喜欢数学，长大后我与毕达哥拉斯学派的很多学者都有交往。在我创办的学院中，数学是必修的重要科目，学院门口上写着“不懂几何学的人不许入内”就是证明。

记者：

理念论与数学何关呢？

柏拉图：

当然有关啦！数学上的命题都是绝对确定、永恒不变的。作为数学的对象也具有这种本质特征，这些对象不可能在可感世界中找到。例如几何学上的圆或正方形在自然界中是找不到的，感觉的对象虽然可以无限接近于数学的对象，但永远不能完全达到。

记者：

感觉数学的对象与你提出的理念世界有些相同似的。

柏拉图：

没错。可以说，对数学的喜爱和研究是促使我提出理念论的直接动因之一。

记者：

还有什么别的原因？

柏拉图：

那就是关于道德的思考。

记者：

我知道你想说什么了。在你看来，或许善、恶这些范畴就是你心目中的理念，它们虽然看不见，摸不着，但它们是永恒的，永远不变的，而这些东西则是人在感觉世界无法发现的。

柏拉图：

你是真的走进了我的哲学。我正是在对于数学和道德的思考中，发现了理念的存在，但我不认为理念会仅仅存在于数学和道德之中，我要把它推广到宇宙万物之中，于是理念论便横空出世了。

七　知识与意见

记者：

有人说“知识就是感觉”，你如何评价这个论断？

柏拉图：

这个说法与普罗泰戈拉所说的“人是万物的尺度”的观点是一回事，也与赫拉克利特提出的“流变说”差不多，我在《泰阿泰德篇》中，对这个观点进行了批判。

记者：

介绍一下你是如何批判这个观点的。

柏拉图：

我告诉人们，我们的感官所接触到的事物，并非真实的存在，而不过是理念的影子。

记者：

理念的影子？

柏拉图：

是的。对于同一个事物，如同一种葡萄酒，健康时的苏格拉底与生病时的苏格拉底就会有不同的感觉。面对周围的世界，睡眠中的苏格拉底与醒着时的苏格拉底感觉也不同。

记者：

因此，感觉对人人都是特殊的，因而都是不同的？

柏拉图：

是的。刚才说的苏格拉底的例子足以告诉我们：不同的人对同一对象会有不同的感觉；同一个人在不同的时间内对同一对象也会有不同的感觉。因此，所有基于感觉而得到的知识是不真实的，是不可靠的。如果把感觉和知觉当作知识，那就得承认每个人的感觉都是真的，对任何事物的一切答案都可以是同等正确的，可以说某物可以是这样，也可以说某物不是这样，如此一来，就知识来说，就没有任何客观标准了。

记者：

你的分析有一定道理。那什么样的知识才能算是真正的知识，才能算真理呢？

柏拉图：

真正的知识必须是确实可靠的，必须是真实的。所谓确实可靠，就是不允许有矛盾、有错误，必须能明确表达；所谓真实的，就是永恒不变的，而不是变动不居的。不具有这两个特征的知识，就不能算真正的知识。根据这个标准，知识的对象就不可能是我们的感觉能感觉到的可感世界，因为在可感世界中，事物都是变动不居的，而不是完全真实的。

记者：

符合你所说的标准不容易。

柏拉图：

只有理念世界才是知识的对象，唯有在理念世界里，存在才是永恒不变的，才是真实存在的。而以可感世界为对象的知识，都不过是靠不住的意见而已。这些意见只对感觉者本人来说或许是正确的，而与知识无关，与真理无关。

记者：

能不能从你的论证中，得出这样的结论：知识来源于理念，意见来源于可感世界。

柏拉图：

是的。

记者：

如果诉诸感觉器官获得的只是或许正确、或许错误的意见，那人要获得正确的知识，依靠什么呢？

柏拉图：

那就是理智、理性。

八　两个世界的关系：分有说、模仿说、目的论

记者：

理念世界与可感世界显然属于两个完全不同的世界，一个在天，一个在地，是不是它们之间就没有任何关系呢？

柏拉图：

那倒不是。我曾经从三个不同的角度阐述了理念世界与可感世界之间的关系。

记者：

说说看。

柏拉图：

第一个角度是从分有说（Theory of Sharing，又称分享说）的角度。所谓分有

说，是说个别事物之所以存在，乃是由于它们分有了同类事物的理念。

记者：

举个例子说明一下。

柏拉图：

一个东西之所以是美的，乃是因为它分有了美本身，而美本身就是美的理念。一个东西之所以大，而更大的东西之所以更大，乃是因为这个东西分有了大本身，而大本身就是大的理念。

记者：

顺着你的例子推演下去，那就是：可感世界的万事万物之所以存在，乃是因为这些事物分有了与这些事物对应的理念。那我问你：可感世界的万事万物是采用什么方式区分与之同名、与之对应的理念的呢？

柏拉图：

具体方式我没有研究过。总之我相信：是美的理念使与之对应而同名的事物成为美的。

记者：

不逼你了。说第二个角度吧。

柏拉图：

第二个角度是摹仿说（Theory of Imitation）。所谓摹仿说，是说理念是原型，而可感世界的事物只是模仿原型而产生的，个别事物只是其理念世界不完善的"摹本"或"影子"而已。

记者：

这种说法似乎不新鲜。在我的印象中，毕达哥拉斯学派曾经有人把万物视为"数"的"摹本"，你的说法是不是受毕达哥拉斯的影响所致？

柏拉图：

可以这么说。我们所看到的马，不过是马这个理念的摹本而已。

记者：

难道我此时此刻见到的柏拉图，只是与柏拉图同名的那个柏拉图理念的摹本？

柏拉图：

没错，我眼中的李华平，也不过是与李华平同名的李华平理念的摹本。

记者：

有意思。再举几个例子说说。

柏拉图：

我在《理想国》中曾经举床为例说明这个问题。

记者：

快说说。

柏拉图：

床有三种：一种是神造的床，这是自然的床，这是床的理念；一种是木匠造的床；还有一种是画家画的床。

记者：

说说这三种床的关系。

柏拉图：

神造的床，是床的理念，只能有一个，是唯一的；它是所有床的原型，也是唯一真正实在的床。其他的床，无论是木匠制造的床，还是画家画的床，都是虚幻的。木匠制造的床可以有许多，他是以床的理念为摹本，模仿床的理念才造出床来。

记者：

画家画的床如何呢？我是知道的，画家是以木匠造的床为摹本创造出床来，难道画家画出的床是对木匠造的床的再模仿？

柏拉图：

一点不假，就是如此。画家画的床是对床的理念的模仿，是理念床影像的影像，其真实性隔了两层。

记者：

对你的这个说法，你的学生亚里士多德非常不以为然。

柏拉图：

他如何说？

记者：

亚里士多德说，柏拉图把理念说成是“模型”，事物是“摹仿”或“分有”理念而来，这种说法根本说不通，只不过是说空话，是一种诗的比喻而已。

柏拉图：

这小子信口雌黄，气死我啦。

记者：

别理他。说你的第三个角度吧。

柏拉图：

第三个角度是目的论，意思是说：理念是具体事物所要追求的目的，即具体事物总想要达到理念的要求，但又永远不能达到，因为理念是绝对的、永恒的，而具体事物总是相对的、流逝的。如美的东西是以美的理念为目的，但无论具体事物如何奋斗，它也达不到美的理念的目标。

九　万物必有与之对应的理念

记者：

依照你的理论，各类事物都有各类事物的理念，对同类事物来说，它们所对应的理念是唯一的。就各类事物而言，与之对应的理念很多。

柏拉图：

是的。就各类事物所对应的理念来说，它们显然与巴门尼德笔下的存在不同。

记者：

这点我知道，巴门尼德笔下的存在是唯一的。

柏拉图：

是的。

记者：

是否一切事物都有与之对应的理念？

柏拉图：

是的，造物主按照理念塑造万物，因此万物都必然会有与之对应的理念。

记者：

在我的印象中，你在《巴门尼德篇》中，虽然肯定了数方面、伦理方面的理念的存在，也肯定了一些对立面，如一与多、动与静、前与后、上与下、左与右等理念的存在，但你对人和一些自然物，如水、火是否有与之对应的理念则犹豫不决，对人造物是否有与之对应的理念则避而不谈。而你对头发、污泥、秽物等一些无价值的事物，则干脆否定有与之对应的理念。你能记得你说过这些吗？

柏拉图：

我记得说过这些话。不过，我觉得还是以《蒂迈欧篇》和《理想国》中说的为准，那就是：万物必有与之对应的理念。

记者：

明白。

柏拉图：

理念世界也是一个系统，它包括如下几大类，那就是：具体事物的理念，如桌子、椅子、石头、床、马等，这是最低层次的理念。数学的或科学的概念或范畴等，如方、圆、一、二、大于、小于、等于、动、静、同、异等，这是较高一级的理念。伦理道德对应的理念，如美、勇敢、节制等，这是更高一个层次的理念。在所有理念之上的最高的理念就是善。

十 善是最高的理念

记者：

你说诸理念之中，善是最高层次的理念，如何理解呢？

柏拉图：

这个思想源于苏格拉底。

记者：

我也记得苏格拉底说过类似的话，如他说善是最高的道德范畴，是人生的最终目标。

柏拉图：

我们说善之所以是最高的理念，原因在于：所有其他一切事物只有通过对善的使用，才能成为有用的和有益的。如果不知道善这个最高端的理念，那么拥有再多的知识也是没有任何益处的。对于善的理解和追求，人类的灵魂不会仅仅满足于对作为可感世界善的把握，而是会把对实在世界的善，即理念层面的善作为自己的最终追求。

记者：

人们习惯于把勇敢、自制、正义和美都称为善。

柏拉图：

但在我这里，勇敢、自制与正义不能算善，它们作为理念，其层次当在善之下，唯有善才是最高层次的理念。我再强调一下。

十一　善是统治理念世界的王，是理性之神

记者：

在你的哲学中，善是一个最高层次的范畴，它高于具体事物的理念，高于数学和科学的理念，高于美、勇敢、节制、正义这些理念。那到底什么是善？

柏拉图：

关于善的概念，素来就有很多种说法。

记者：

一些人，如某些智者和小苏格拉底学派中居勒尼派的一些学者，提出快乐就是善，善就是快乐。

柏拉图：

错。

记者：

也有一些人说，善就是知识。

柏拉图：

也错，这种说法太过简单。善是知识，但善不是一般的知识，而是使知识成为知识，即使知识得以可能的东西。

记者：

那到底善是什么？

柏拉图：

给善下定义是一件很难的事情，善是最高的理念，善是最高的哲学范畴，我

无法用形式逻辑的语言来直截了当地告诉你什么叫善，但我可以通过比喻的方法来告诉你善的定义，那就是：善是统治理念世界的王，善是理性之神。

记者：

希望你把你的比喻好好介绍一下，否则我还无法理解善的准确内涵。

柏拉图：

你听着：人看东西时，要有眼睛的视觉能力，也要有被看的对象……

记者：

所谓被看的对象，也就是覆盖在被看对象上的颜色呗？

柏拉图：

是的。此外，人要看东西，还必须要有“第三种东西”。

记者：

“第三种东西”是什么呢？我很好奇喔。

柏拉图：

这“第三种东西”就是光的存在。

记者：

光？

柏拉图：

是的。光来自太阳，太阳光像一条纽带将视觉和对象两者连接起来，视觉力便成为一种射流，如此才能看得见对象。

记者：

如此说来，太阳似乎才是可感世界之所以可感的根本原因了？

柏拉图：

不是似乎，就是如此。太阳虽然不是视觉，但因眼睛的视觉能力作为一种流射，直接取自于太阳所放出的流射，因而太阳便是眼睛视觉能力的原因。

记者：

太阳是视觉能力的来源，太阳又是视觉对象得以产生、成长并获得能量的源泉。自然，我们就可以说，在可感世界中，太阳是无可争议、至高无上的统治者。

柏拉图：

你说对了，太阳是统治可感世界的王。而与之相对应的，善便是统治理念世界的王。

记者：

第一个王你已经说得很多了，快说说第二个王，也就是你反复强调的善吧。

柏拉图：

太阳是善在可感世界中所产生的“儿子”，太阳好比善。所以，反过来，善就好像理念世界中的太阳。而人的灵魂的理智能力和它的认知对象即理念世界，就好比人的眼睛的视觉能力和它的感知对象。在可感世界中太阳跟视觉和可见事物的关系，也正好像在理念世界中，善本身跟理智和理念世界中可知事物的关系一样。

记者：

从逻辑上看，可以做这种类比。

柏拉图：

这种类比可以继续下去，那就是：可感世界中的光就好比理念世界中的真理和善。人的灵魂就好像眼睛。当灵魂注视被真理和善所照耀的对象时，就能认知它们，从而获得知识，显然也就有了理智。但当灵魂转而去看暗淡的可感世界时，它所得到的就只能是“意见”了，也就没有了理智。

记者：

说了这么多，你的结论是？

柏拉图：

如果说太阳是视觉能力和视觉对象的原因的话，那么善就是理智、理性和所有理念的原因了。就是说，善使人的灵魂具有理智和理性，使理念世界的实在性成为可知，自然便可以为灵魂所认识。

记者：

依照你的逻辑，善便成为知识和真理的源泉，并从终极意义上超过知识和真理。

柏拉图：

是的，善在地位和力量上都高于一切理念。如果说太阳是统治可感世界的王的话，那么善就是统治理念世界的王了。

记者：

太阳是一个王，善是一个王，这两个王是平起平坐的吗？

柏拉图：

肯定不是。我们说太阳是善的儿子，它只是比喻意义上的王，而唯有善才是真正的绝对意义上的王或统治者。善是超乎一切之上的，善位居理念世界的最高点，善是一切可感知世界事物的原因。更为重要的是，善也是所有理念得以真实存在以及得以被认知的原因。总之，善是万物之源，是终极真理，是最高真理。

记者：

冒昧问一句：善是一种精神力量还是一种物质力量呢？

柏拉图：

明知故问了。如果善是某种物质，怎么能有如此神奇的力量呢？毫无疑问，它是一种独立的、绝对的、决定一切的力量。它就是理性之神。

第二章　论辩证法

引　子

国家的优秀统治者唯有通过高端教育才能培养出来。在柏拉图为此设计的教学课程中，体育、音乐与技艺方面的学习属于最初等的教育，数学、几何、天文学和谐音学等方面的学习属于高等教育，而辩证法的学习才是最面向终极存在和第一原理的教育。在柏拉图看来，国家的统治者和军人阶层唯有把辩证法和国家治理经验有机地结合起来，国家的统治才算达到了“哲学王”治理的理想国境界。让我们走近柏拉图，与他一起探讨辩证法。

一　初等教育远远不够

记者：

你是一位政治学家、哲学家，这一点似乎没有什么不同的看法。但也有人说，你的《理想国》与其说是一部政治学和哲学著作，还不如说是一部教育学著作。

柏拉图：

也可以这么说。在我的著作，尤其在《理想国》中，关于教育问题的研究占有非常大的比重，我也可以毫不谦虚地告诉你，我对教育问题的研究从来就不是零零星星进行的，而是极具系统化的。我的理论体系说到底就是教育论、理念论、政治学。

记者：

在教育问题上投入如此大的精力，是出于何种考量？

柏拉图：

一个国家的长治久安，离不开统治精英和军人集团。对这两个集团，必须进行系统的教育。如果没有系统的教育，他们就不可能成熟为称职的统治者和武装力量。

记者：

据说，你把教育分为若干个层次，依据是什么呢？

柏拉图：

在我这里，教育分为初等教育、高等教育和最高等教育。

记者：

先说说初等教育如何？

柏拉图：

初等教育包括体育、音乐和技艺等方面的教育。体育事关人们身体的健康与否、强弱与否等，与体育有关的都是人们看得见、摸得着的身体方面的事情，因此，也可以说体育关注的属于变幻无常的可感世界。

记者：

同意。

柏拉图：

音乐与人的精神有关，音乐教育帮助人保持精神优雅得体，并获得良好之语言表达能力。

记者：

是这样，技艺呢？

柏拉图：

技艺，也就是工艺、手艺，这些东西需要学，但相对来说，它们上不了台面，难登大雅之堂……

记者：

什么意思？

柏拉图：

技艺是普通劳动者们，也就是低端人口干的事，高端人士不屑于干这事，这些东西是机械性的事情，因而也是低贱的。再说了，无论是体育、音乐还是技艺，它们都不涉及理念世界，只是一些可感世界的东西。因此，这方面的教育是初等教育。作为一位统治者，作为一名军人，仅仅接受初等教育，远远不够，必须接受高级教育。

二　算术：为了真理与那终结的存在

记者：

高等教育包括什么内容呢？

柏拉图：

数理知识方面的教育、自然科学方面的教育属于高等教育。

记者：

你把算术列为高等教育课程，出于一种什么样的考虑呢？

柏拉图：

算术，包括数数和计算，它的作用，人人都知道。任何技艺和学问，都有一个共同的基础，这个基础就是算术。

记者：

你说的没错，算术用途很大。

柏拉图：

战争需要算术，军人必须懂得算术，这对于他指挥战争非常有用。即便是普通人也需要懂得算术，买东西付款就需要会数数和计算，否则，连基本的生活都无法正常进行了。

记者：

因为算术有用，所以你把它列为高等教育课程？

柏拉图：

不是这个原因。

记者：

那原因是什么？

柏拉图：

我把算术列入高等教育课程，原因不在于算术对统治者、军人、普通人或其他技艺人有什么用处。原因在于：算术能够提高人的思想水平，能够将人的灵魂引向实在。

记者：

这你说得太玄乎了吧？

柏拉图：

一点都不玄乎。算术的作用，并不仅仅是用来计算那些看得见、摸得着的事物的数目。

记者：

嗯。

柏拉图：

一些事物并不同时会引起相反的感觉，我们的感官就能做出明确的判断，不需要求助于算术。但有的可感事物同时引起相反的感觉，如：有的东西是硬的，也或许是软的；是重的，也或许是轻的；是大的，也或许是小的。面对这种情况，我们的感官就无法做出明确的判断，就需要求助于数学之类理性工具的思考。

记者：

通俗一点。

柏拉图：

在后一种情况下，棘手的问题就出现了：我们面前的这些事物究竟是什么？它们到底是“一”，还是无限的“多”？正是这种研究，促使我们的灵魂去关注事物内部的存在，并引导我们对那种隐藏在可见事物背后的实在性或者说真理性进行研究。

记者：

你刚才说的话虽然有点拗口，但大概意思我还是明白的。你要人们学习算术，就能够引导人们去研究在这些可见世界的背后存在的东西。也就是说，让人们去研究这些看得见、摸得着的数目的背后到底是什么？

柏拉图：

没错。数的本质就是理性，人们学习数学，不是为了做买卖，而是为了把握灵魂自身。让人们通过对那些看得见、摸得着的数目的研究，逐渐提升自己的认识水平，逐步掌握数的本质，通过数的本质的研究进而掌握真理本身。

记者：

你所说的真理，就是你的理念论呗？

柏拉图：

也可以这么说。这就是我强调让人们学习数学的动机所在。

三　几何学：关于永恒存在的知识

记者：

你让人们学习算术，实用功能是第二位的，最根本的是驱使人们去关注终极的存在，也就是你所讲的理念。那么，你要求人们学习几何学的目的何在呢？

柏拉图：

与算术一样，几何学无疑具有很多实用价值，如在战争中用于安营扎寨、排列队伍等。此外，把几何学学好了，对学习其他课程也有一定的好处。

记者：

看来，算术与几何的价值是差不多的。

柏拉图：

也可以这么说。但是，这些实用的好处都只是附带的，而不是根本的。几何学的知识是永恒的知识，而不是变幻无常、变来变去的知识，它是一种纯粹的知识。人们通过学习几何学，就可以把握我所讲的理念的存在，从而促使人们不再把自己的注意力集中在眼前的可感世界上，而把自己的灵魂转向永恒真理的探讨。

记者：

你对所有课程的设计，都是为了帮助人们去掌握那永恒不变的理念。

柏拉图：

可以这么说。算术是这样，几何学也是这样。与算术相比，几何学更复杂。

记者：

复杂在什么地方呢？

柏拉图：

几何学本身就比算术复杂。几何学不仅包括平面几何，还包括立体几何。平面几何已经够难的了，立体几何就更难了。在我们这个时代，没有几个人去研究立体几何。但这个东西的价值太大太大，如果你有条件的话，建议你去研究研究，一定会有意想不到的收获。

四　天文学可帮助人们擦亮灵魂的眼睛

记者：

让人们学习数学和几何学，是为了帮助人们去接近那最终极的真理、去接近你所讲的理念世界。你让人们学习天文学，意图是不是也是这样呢？

柏拉图：

一样的。懂得天文学意味着人们对年、月、季节有较好的理解，无疑对航海、农业、军事等都有用。但是，这些看得见、摸得着的所谓的用处，并非我要强调的。

记者：

我相信你会这么说。

柏拉图：

每个人的内心都有灵魂的眼睛，这些眼睛是知识的器官，胜过一万只眼睛。

记者：

这些眼睛的用途是什么呢？

柏拉图：

这些眼睛的价值是能够看得见真实的存在，能够看得见、触摸到那永恒的理念世界。

记者：

既然有这些眼睛，那何苦还让人们学习天文学呢？

柏拉图：

这些眼睛经常会被损坏，或者黯淡无光。一旦人们学习天文学，就可以使这些眼睛变得纯净而明亮起来。学习天文学能够帮助人们擦亮灵魂的眼睛，去看那些不可感知的真实世界。

记者：

这些真实的世界不就是那些美丽的星星和它们的运动吗？

柏拉图：

你说的不对。在天空中有无数的星星，这些物体虽然是可见事物中最美丽、最灿烂的东西；但是，这些东西属于可感世界，而并非真实的存在。如果人们只看到这些可见事物，即使你的眼睛向上看，你所看到的也不是真实的存在……

记者：

那我们看到的是什么？

柏拉图：

我们看到的只是虚幻的东西。在这些星星的背后，存在真正的数和几何图形，以及因运动速度的快慢而形成的彼此之间的关系，这个东西才是永恒的知识，这才是我所讲的理念世界的东西，这才是我们需要去学习和掌握的。我要人们研究天文学，不是让人们去看那美丽的星球；我要的是让人们去研究这些美丽星球的背后存在的那些永恒的真理，并据此提出问题、解决问题。

五　研究谐音学，是为了寻求美与善

记者：

你还主张人们要学习谐音学，谐音学是一门什么样的学科？

柏拉图：

谐音学是一门与天文学相对应的兄弟学科。天文学研究眼睛观察到的运动，而谐音学则是研究耳朵听到的运动。

记者：

这个名称我以前闻所未闻，这个学科的创始人是谁啊？

柏拉图：

是毕达哥拉斯学派的学者们，但是……

记者：

但是什么？

柏拉图：

他们的研究仅止步于可感事物，他们宁愿使用耳朵而不愿意使用心灵。

记者：

此话怎讲？

柏拉图：

毕达哥拉斯学派的研究，致力于寻求可听到的音调之间的数量关系，而不再去研究什么样的数具有内在的、固有的和谐性，什么样的数不具有内在的、固有的和谐性，以及它们为什么会是和谐的或是不和谐的。所以我说他们仅仅停留在对可感事物的研究上，所以我说他们宁愿使用耳朵而不愿意使用心灵。这个毛病与那些只使用肉眼而不用心灵的天文学家的毛病完全一样。

记者：

我明白你的意思，你主张人们去学习谐音学，目的也不是为了研究可感世界的事情，而是为了促使人们去研究你的理念世界。我相信任何一门学科实际存在的价值都不是你所要强调的。你主张人们学习的所有学科，其目的都是要帮助人们去认识那终极的真理。

柏拉图：

没错，可以这么讲。教育不应该以实用主义为最高的价值取向，它的目标是认识真理、认识理念。这一点我永远不会改变的。

六　辩证法是最高等级的知识

记者：

当人们学习和掌握了算术、平面几何、立体几何、天文学和谐音学之后，是不是说明人们已经通过了你所设计的高等教育了？

柏拉图：

可以这么说。

记者：

那是不是说这些接受教育的人离你所说的“哲学王”不远了？

柏拉图：

那倒不是。算术、几何、天文学和谐音学，虽然是科学的基础，也是当时科学的前沿，但在我看来，与最重要的课程相比，这些课程仅仅是一些预备性科目，仅仅相当于法律“正文”前面的一个“序言”而已。打一个比方说，这些学科相当于一首乐曲的前奏曲。

记者：

那真正的“正文”和主旋律是什么呢？

柏拉图：

真正的“正文”和主旋律是辩证法，辩证法才是最高等级的认识和知识。

记者：

你把辩证法做如此高大上的定位，希望你解释一下。

柏拉图：

一切科学，如我们刚才提到的算术、几何、天文学和谐音学，都或多或少与人造物或自然物存在这样或那样的关系。

记者：

无论是人造物，还是自然物，都应该属于看得见、摸得着的可见世界，而与你心目中的理念世界完全不同。

柏拉图：

肯定是。这些与可感世界发生联系的科学，虽然对我的理念世界有一定的认识，但只是梦幻般地感知实在。这些所谓的科学都不是严格意义上的知识。

记者：

这些科学不算知识，那算什么？

柏拉图：

这些东西介乎知识与意见之间，与知识比较起来，似乎模糊了一些，而与意见比较起来则稍微明确一些。

记者：

辩证法呢？

柏拉图：

只有辩证法才完全摆脱一切感性事物，只与理念有关，只与纯粹的思想有关，这才是真正的知识。

记者：

所以你把辩证法看作最高的学问、最高等级的科目？

柏拉图：

是的，在我设计的教育体制中，辩证法像墙顶的石头一样，高高居于教育体制的最上头。统治者和军人们一旦能把辩证法与国家的管理结合在一起，国家的管理就进入了“哲学王”统治的境界。

七　辩证法：探讨理念之间的关系、建构理念体系的方法

记者：

在与你交流之前，我曾经与你的老师沟通过架构理论体系的方法，你所强调的辩证法是不是也是在苏格拉底所提出的“精神接生术”的基础上提出来的呢？

柏拉图：

是的。但与苏格拉底提出的“精神接生法”比起来，我所提出的辩证法的特点还是非常明显的。

记者：

说说看。

柏拉图：

在苏格拉底那里，“精神接生术”主要是一种辩论工具，尤其是，苏格拉底在运用“精神接生术”的时候，总是脱离不了感性世界，理性水平说实话比较低……

记者：

你批评你老师理性水平比较低？

柏拉图：

苏格拉底在与别人辩论的时候，总是从周围的感性事物入手，而一旦超越不

了感性的时候，就很难进行系统化的理论架构。而我提出的辩证法则不一样。

记者：

难道辩证法完全超越感性事物？

柏拉图：

是的。

记者：

解释一下。

柏拉图：

辩证法的最大特点是：完全撇开感性，只运用纯粹的理性能力，通过推理去进行逻辑论证。

记者：

也就是超越感性事物，从理念到理念？

柏拉图：

这么说没什么错。我们的辩证法就是从理念出发，完全依据理念，进而分析和论证各种理念之间的联系和关系，并建立起系统化的理念体系。

记者：

辩证法与其他类方法的区别在哪里？

柏拉图：

差别非常明显。

记者：

说说看。

柏拉图：

其他方法必须借助假设才能构筑自己的体系，而辩证法则不需要借助假设。借助于辩证法，人们完全可以不通过感官和知觉的帮助，而诉诸推理，从而发现绝对、理解绝对，进而达到理念世界的顶峰，从而达到第一原理。

记者：

从事学说研究，人们总会自觉不自觉地受到感性世界的影响。

柏拉图：

没错。一旦如此，人的眼睛就会陷入无知的沼泽，人的灵魂就会堕落。而一旦得到辩证法的帮助，人的灵魂就会被拉到真理的一边，才会向上升华，而不会再继续往下坠落；加之有了算术、几何、天文学等的帮助，人的灵魂就会实现自身的华丽翻转。

记者：

后世哲学家黑格尔曾经如此评价你的辩证法，不知道他的说法对不对？

柏拉图：

黑格尔如何说？

记者：

黑格尔在其《哲学史讲演录》中说："柏拉图的研究完全集中在纯粹思想里，对纯粹思想本身的考察他就叫辩证法。"

柏拉图：

他的说法没错。

八　辩证法与诡辩

记者：

你的辩证法让很多人感到头疼，不好懂，绕来绕去，与诡辩简直毫无区别。

柏拉图：

这是天大的误解。运用辩证法构筑理念体系的时候，一定要处理好两大问题。

记者：

哪两大问题？

柏拉图：

运用辩证法，一定要借此弄清楚存在与非存在的关系……

记者：

怎么讲？

柏拉图：

哲学研究必须弄清楚何谓存在，何谓非存在；还要弄清楚非存在是否是真的存在，也就是说运用辩证法必须就非存在做出准确的解释。

记者：

这是你说的第一个问题，那第二个问题是什么？

柏拉图：

那就是不能把辩证法变成诡辩。

记者：

希望你详细说说，何谓辩证法？何谓诡辩？

柏拉图：

我之所以提出辩证法，目的是研究事物的本质。即便是用于讨论问题和进行辩论，也是建立在绝对主义基础上的，而绝不是要弄相对主义的小伎俩。

记者：

这个定位很好，辩证法不能变成诡辩法，否则就失去了存在的价值。

柏拉图：

是的，使用辩证法一定要做到定名明确，概念恰当。譬如，说在某种意义上不同的事物是相同的，相同的事物是不同的，那就必须准确地说明在什么意义上、在什么方面可以这样说。

记者：

那倒是，不能用一些似是而非的语言胡说。

柏拉图：

如果仅仅用一些模糊的方式说同就是异、异就是同，或者说高就是矮、矮就是高，或者说相似就是不相似、不相似就是相似，不断地在论证中展示这些矛盾，以此为乐，这就不是真正的辩证法，而是变戏法了。

记者：

说实话，很多人这样做。

柏拉图：

这不是真正的论证，简直都是一些初次接触真实事物的小孩子干的事情。

九　综合与划分：辩证法的两种方法

记者：

辩证法被你抬升到非常神圣的地位，似乎唯有诉诸辩证法，才能走向第一原理。

柏拉图：

本是如此。

记者：

从具体操作角度，辩证法到底如何操作呢？

柏拉图：

这个问题你不问，我也会说的。具体说来，辩证法包括两种方法。

记者：

哪两种？

柏拉图：

一种是综合，一种是划分。所谓综合，就是将纷繁复杂而又相互关联的个别事物置于一个理念之下，以便从整体上加以把握，从而使被研究和叙述的主题脱颖而出，并能被准确地予以定义。

记者：

有点拗口。

柏拉图：

例如我们在谈论爱情时，综合就是把各种各样的爱情置于爱情这个理念之下，从而给爱情做出定义。

记者：

那划分是一种什么方法？

柏拉图：

所谓划分，就是按照“自然的关节”，将整体划分为部分。

记者：

“自然的关节”，什么意思？

柏拉图：

就是根据事物的内在本性，而不是主观任意地进行分割，例如……

记者：

请讲。

柏拉图：

一些笨拙的屠夫不了解动物的结构，胡乱动刀，结果肉不像肉，皮不像皮，好端端一块肉被糟蹋得一塌糊涂。

记者：

我们中国有一个成语叫“庖丁解牛”，说有一个名叫丁的厨师替一位叫梁惠王的国王宰牛，丁的手所接触的地方，肩所靠着的地方，脚所踩着的地方，膝所顶着的地方，都发出皮骨相离声，刀子刺进去时响声更大，这些声音没有不合乎音律的。它竟然同《桑林》《经首》两首乐曲伴奏的舞蹈节奏合拍。

柏拉图：

划分法就是这个意思。

记者：

你毫无疑问是一位辩证法高手，对这两种方法的应用应该也是游刃有余吧。

柏拉图：

我自己是综合法和划分法的热爱者，无论是写作还是与人辩论，这两种方法对我都帮助甚大。凭借辩证法，我获得了说话与思想的巨大力量，所向披靡，战无不胜！

十　离开研究事物的本性，辩证法将毫无价值

记者：

据说你非常讨厌的智者们也特别注重使用辩证法？

柏拉图：

他们使用的方法叫“修辞术”，不叫辩证法。

记者：

有什么不同？

柏拉图：

智者们追求的就是口舌之胜，他们完全不管真理。一句话，只要有人信，他们不管真话假话、真理歪理。而我则强调运用辩证法必须建立在研究事物的本性的基础上，否则，辩证法就与智者们所用的那一套东西就没有任何区别了。

记者：

明白你的意思，那就是：辩证法是好方法，但必须建立在研究事物的本性的基础上，否则，辩证法就会变味，就失去意义。是吗？

柏拉图：

是的。辩证法是一种伟大的技艺，而伟大的技艺必须要与对事物本性的研究结合起来。技艺家必须拥有很高的文化修养，他们唯有追求真理，善于思辨，才能获得精神上的升华，并让自己的技艺获得应有的效果。

十一　辩证法是逻辑学，也是本体论

记者：

你曾经提出过“辩证法家”这个名词，我想知道在你的心目中，什么样的人物能够称得上“辩证法家”这个称号？

柏拉图：

那些能够达到每一个事物本质的人，就是“辩证法家”。

记者：

用我们今天的话来说，那些能够达到事物本质的人，就是能够掌握真理的人，那么你心目中的那些“辩证法家”就是能够发现和掌握真理的人。反之，那些无法把握事物的真实存在，无法把握真理的人，就不配称作“辩证法家”。

柏拉图：

是的。换个说法，也可以这么说。

记者：

怎么讲？

柏拉图：

在理念体系之中，善至高无上，唯有对善这个理念有准确把握者，才算得上是“辩证法家”。如果一个人不能通过论证而给善下准确的定义，并把善与其他事物区别开；如果他不具有用实在而不是用意见考察一切事物的能力，也不能按照正确的方式将论证进行到底，那么他就不可能真正知道善的本身和任何具体的善。

记者：

你的意思我明白。

柏拉图：

还有，一个人，如果只是抓住善的摹本，那么他对善只有意见而不会有知识，这样的人，离“辩证法家”十万八千里，一辈子只能待在梦中和瞌睡中，他们往往是还没有苏醒就死掉了。

十二　全部教育必须“公有”

记者：

你对教育课程的设置非常周密而系统，问题是，如何把你的这套计划付诸实施呢？

柏拉图：

只要把国家的全部教育纳入“公有”体制，我的那套规划就能落地。

记者：

难道你们那个时候的教育不是“公有”的吗？

柏拉图：

你是明知故问。我们那个时候的教育完全被“智者”们所控制，国家和城邦完全不管教育，教育是典型的“私学”。

记者：

采访苏格拉底的时候，我就知道这些情况了。

柏拉图：

这些智者教人们如何争权夺利，教人们如何获得口舌之胜，并以此谋取暴利。

记者：

难道国家对教育完全不管？

柏拉图：

是的。教什么、如何教、用什么教材，国家完全是放任自流，智者们想教什么就教什么，想怎么教，就怎么教。

记者：

如果还是这种教育体制，你的那套设想就没有用武之地了。

柏拉图：

是的，教育必须由国家来办，由国家来掌管。否则，一切都无从谈起。

十三　贵在落实

记者：

如果你获得国家的授权，你将如何落实你的教育规划呢？

柏拉图：

如果获得国家的授权，我将按照如下步骤实施我的教育规划。

记者：

请细细说说。

柏拉图：

首先是严格筛选教育对象。

记者：

你定的标准是什么？

柏拉图：

受教育者当具有最坚定、最勇敢的品质，当最有风度，当具有接受教育的天赋……

记者：

什么天赋？

柏拉图：

如热爱学习、博闻强记、勤奋努力、百折不挠等。

记者：

还有什么要求？

柏拉图：

主要就这些，归结起来就是“身心健全”“德智兼备”。

记者：

你定的这些标准，说起来没问题，但真正做起来不容易啊。

柏拉图：

没错。在筛选教育对象的时候，一定要认真把关，不能让一些滥竽充数者混入其中。

记者：

那倒是。

柏拉图：

无论是灵魂的节制、勇敢、宽宏大量，还是其他的美德都有真假之分，都有赝品和假货。

记者：

选好了教育对象，下一步该进入具体实施阶段了。

柏拉图：

是的，所有 10 岁以上有公民身份的孩子都要送到乡下去……

记者：

让他们下乡挂职锻炼？

柏拉图：

那倒不是。这些孩子都是在城市里长大的，个个都是拉着老爹老娘的衣襟长大的，娇生惯养者居多。安排这些孩子到乡下去接受初等教育……

记者：

也就是安排他们学习音乐和体育呗？

柏拉图：

是的，通过下乡锻炼，以消除他们遗传自父母的各种不好的习惯和品性，并用国家制定的法律和习俗对他们进行培养。

记者：

下乡锻炼大约需要安排多长时间？

柏拉图：

七八年差不多。

记者：

然后呢？

柏拉图：

然后，根据这些孩子在艰苦锻炼和应对战争恐怖中表现出来的品质和能力，从中选出优秀青年，优中选优，安排他们从 20 岁起开始学习数理科学，实施高等教育。

记者：

这就进入高等教育阶段了。

柏拉图：

是的，这个阶段的教育，需要强调两点：第一，这种学习不能采用强迫的方式，被迫而勉强进行的学习是不能在心灵上生根的，要让这些学员们保持心灵的自由……

记者：

如何才能做到呢？

柏拉图：

可以用游戏的方法，通过做游戏，也可以更好地了解他们每个人的天性，以便为对他们进行因材施教做好准备。

记者：

你说了第一点，第二点是什么呢？

柏拉图：

第二，要求他们把以前分散学习的各种课程内容加以综合，研究它们相互间的联系以及事物的本质，这是考察他们有无辩证法天赋的重要标准。

记者：

这是为选择一批人进入最高等级的学习做铺垫？

柏拉图：

综合的心灵是辩证的，能在事物的相互联系中认识事物的人就是一个辩证法家，不然就不是一个辩证法家。

记者：

如果通过测试，是不是就可以安排他们接受最高等级的教育了？

柏拉图：

考核不仅仅是知识方面的，还要考核他们在学习、军事行动和履行其他义务中表现得是否坚定不移。当他们年满 30 岁时，就可以把他们选拔出来，给予荣誉，用辩证法考验他们，看他们能否不用眼睛和其他感官，而去发现真理，感悟那绝对的存在本身。

记者：

辩证法是最高等级的教育，应该是最关键的。

柏拉图：

学习辩证法要小心谨慎，坚持不懈，专心致志，正确完整，是为要寻求真理而不是耍嘴皮子或娱乐。辩证法往往与辩论、辩驳相伴，把握不好会成诡辩。所以苏格拉底强调，学习辩证法不要从太年轻时就开始。

记者：

那应该从什么时候开始呢？

柏拉图：

年轻人好玩心强，容易把辩论变成一种玩耍娱乐，损害哲学的声誉。

记者：

是的。

柏拉图：

年纪大一点的人就不会这样，他们比较有理性，有节制，有分寸，性格适度而稳定。

记者：

辩证法训练需要安排多长时间？

柏拉图：

学习辩证法阶段的时间要长于体育训练，得要 5 年。

记者：

然后呢？

柏拉图：

之后，还要将他们派送到“地洞”里去，迫使他们指挥军事行动或从事其他适合年轻人干的公务，这样的实践锻炼需要15年。

记者：

到了这个阶段，你的学员们都快50岁了。

柏拉图：

是的，他们已是50岁以上的年长者，处于人一生中最成熟的年龄段。

记者：

该让他们去治理国家了吧？

柏拉图：

是的，从上面的教育对象中进行选拔，就可以选出在工作和知识学习的一切方面最优秀者，来担任国家的统治者、保卫者。

记者：

你的教育规划很具体，这项规划适合妇女吗？

柏拉图：

适合，只要她们也具备必要的天赋即可。

第三章　论灵魂

引　子

灵魂学说是柏拉图哲学思想的重要组成部分。总体看来，柏拉图关于灵魂的理论确实程度不同地具有宗教和神秘主义的成分，甚至是带有浓厚的神话色彩。但是对于柏拉图灵魂学说的理解，如果仅仅局限于这种层面，那就大大贬低了其价值。在柏拉图那里，灵魂学说更具有形而上和心理学的学说定位。

在这里，灵魂被看作是超越时空而永恒不朽的实体性的东西或某种力量，灵魂与理念具有相同的品性，灵魂的理性力量起着导向作用。正是通过灵魂，人们才能认识和论证理性的存在。完全可以这样说，没有灵魂学说就没有理念论，灵魂学说是柏拉图哲学之本体论、知识论和其社会哲学的重要理论依据。让我们走近柏拉图，与他一起探讨他那兼具神话色彩和形而上价值的灵魂学说。

一　死亡即灵魂和肉体的分离

记者：

面对死亡，你的老师苏格拉底脸不变色心不跳，他的底气何在呢？

柏拉图：

因为他看穿了死亡，所有能够看穿死亡的人，都不会畏惧死亡。

记者：

你也是？

柏拉图：

当然是。

记者：

那什么是死亡呢？

柏拉图：

死亡就是灵魂和肉体的分离……

记者：

死亡就是灵魂和肉体的分离？

柏拉图：

是的，灵魂从肉体中解放出来，自己单独存在，肉体也离开灵魂而单独存在，死亡不过是如此而已。

记者：

这种说法很古老，你们希腊神话是这么说的，世界上许多地方的神话也是这么说的。你的这种说法似乎没有多少新意。

柏拉图：

有没有新意另当别论。一个哲学家，一个真正的哲学家是不关心饮食、男女之乐的，他们对于漂亮的衣饰以及一切别的肉体享受的所谓快乐，不仅不重视，反而予以蔑视。

记者：

依照你这说法推演下去，哲学家自然就不关心肉体，而是尽可能专心致志于灵魂。所以在哲学家看来，只有当他的灵魂和肉体脱离开，他才能最大程度地离开物质享乐了。哲学家们的幸福不在肉体，而在灵魂。

柏拉图：

是的，但在普通人看来，这种毫不追求肉体享受的人是不值得活着的，几乎可以说是死掉的人。我们这些哲学家的看法完全与之相反，那就是在我们看来，肉体享乐是卑下的，只有精神上的善才是最高的幸福。

二　灵魂只有脱离肉体才能获得真理

记者：

死亡的本质是灵魂与肉体的分离，那我问你：就知识的来源来说，肉体究竟是起帮助还是起阻碍作用？

柏拉图：

肉体所起的作用是副作用，不能帮助人们去认识真理。视觉和听觉都不准确，别的感觉更低于它们，当然就更不能带来真理。

记者：

很显然，你是藐视肉体的作用的。

柏拉图：

灵魂和肉体在一起时只能遭受欺骗，只有纯粹的思想才能得到幸福。所以只有当视觉、听觉、快乐、痛苦等不再扰乱灵魂，灵魂离开肉体越远时，才越能认识真理，如果还和肉体在一起，就不可能达到真正的实在。

记者：

一句话，灵魂唯有摆脱感觉，远离感觉，才能帮助人们去获取真理性的认识。如此说来，对于诸如正义自身、美自身、善自身等，都是任何感觉器官所无法把握的。那是不是意味着只有当灵魂完全摆脱肉体的干扰时，才能获得真正的智慧？

柏拉图：

是的，我们必须从肉体中解放出来。只有灵魂单独存在，才能认识真正的实在，因此只有死亡才能得到我们想要的智慧。灵魂和肉体混杂在一起时是不纯粹的，不纯粹的灵魂不可能得到纯粹的知识；只有在死后，当灵魂已经和肉体分离而独立存在的时候才能得到它。

记者：

作为以获取智慧为职业的哲学家，应该避开肉体的干扰，以保持自己灵魂的纯洁；一旦死亡来临我们便达到了目的。是吗？

柏拉图：

是的。哲学家如果害怕死亡便是愚蠢的，他应该乐于死亡，从此才可以得到真正的智慧。也只有哲学家才能做到这一点。

三 回忆说与灵魂不灭

记者：

为了让人们相信灵魂不灭这个道理，你还从回忆学说的角度进行反复论证。

柏拉图：

是的，回忆学说的原创者是我的老师——苏格拉底。

记者：

你的《美诺篇》说的就是这事，快说说吧。

柏拉图：

我先从什么是回忆说起吧。

记者：

好！从基础概念说好理解。

柏拉图：

回忆就是说当一个人回想起某一事物时，他必然是在某个时候就已经先知道了这个事物，回忆是以被回忆的内容业已存在为前提的。当一个人看到、听到或以别的方式知觉到某一事物时，他不仅知道了这个事物，而且也知道了某一其他事物，而关于它的知识是和前一事物不同的。这就是说他回忆起那个他想到的事物了。

记者：

有点拗口，不好理解。

柏拉图：

说几个例子，你就会明白。

记者：

好。

柏拉图：

其一，关于人的知识和关于乐器的知识是不同的，但是当一个人看到他所爱的弦琴、衣服或别的事物时，立刻会想起这张弦琴的主人的样子来。其二，如果有人看到克贝和西米亚这两个朋友，当他看到西米亚时便会想起克贝。其三，回忆更经常发生在我们已经有一段时间没有看到从而已经忘却的时候，所以当看到一匹马或一张琴的图像时会想起那个人，所有这些回忆都是由相似的或不相似的对象引起来的。明白了吗？

记者：

撇开回忆说本身不说，这个理论与你所强调的灵魂不灭有什么逻辑联系呢？

柏拉图：

一目了然嘛。学习不过就是回忆。因为现在回忆起来的东西必然是在此以前已经学习过的，所以除非是灵魂在生前已经存在，否则便不可能回忆，这可以证明灵魂不灭。

四　灵魂因永恒运动而不朽

记者：

你反复强调灵魂的运动本性，这是什么意思？

柏拉图：

我强调灵魂的运动本性，目的在于强化论证灵魂的不朽性。

记者：

从何说起呢？

柏拉图：

事物的运动有两种形式：一种是被动的运动，也就是这些事物必须借助其他事物的推动才能运动，一旦其他事物的推动停止，这些事物的运动也会停止，它们的生命也会戛然而止。灵魂的运动显然不属于这种类型。

记者：

那灵魂的运动属于哪一种类型的运动？

柏拉图：

另一种运动——主动的运动……

记者：

主动的运动是什么样的运动呢？

柏拉图：

这些事物运动的动力不是来自于外力，而是来自于内部。这种力量既不能被创造，也不能被消灭，否则的话，我们的宇宙就会毁灭。所有源于自身的运动，都是有生命、有灵魂的运动，以这种方式运动的东西都是不朽的。

记者：

灵魂的运动就是如此？

柏拉图：

是的，所以我说灵魂是不朽的，当然啦，此处的灵魂，不仅包括人的灵魂，也包括神的灵魂。

五　灵魂轮回与因果报应

记者：

灵魂简直酷似一位神仙，它可以自由在地在天空飞来飞去。

柏拉图：

一般来说是这样，但灵魂在整个宇宙中的飞行也不是一帆风顺的。

记者：

怎么回事？

柏拉图：

如果灵魂完善，羽翼丰满，它就在高空飞行，主宰全世界；如果灵魂失去羽翼，就向下落，与肉体结合，成为可朽的生灵。

记者：

可朽，就是容易腐败吧？

柏拉图：

是的。灵魂坠落人间，投生为人，共分为九等：一是爱智慧者、爱美者或缪斯女神的追随者；二是守法的君王、武士或统治者；三是政治家、理财者或商人；四是体育教练或治疗身体的人；五是预言家或秘仪祭司；六是最适合成为诗人或其他模仿性的艺术家；七是工匠或农民；八是智者或蛊惑者；九是僭主。

记者：

你实际上把地上的人分成了自上而下九个等级，这九个灵魂等级的区分难道永远不可变更吗？

柏拉图：

那倒不是！在灵魂投生肉体的过程中，凡依照正义生活的会获得较好的命运，而不依正义生活的命运较差。每个灵魂要用一万年才能回到它原来的出发地，但如果灵魂在千年一度的运行中连续三次选择了真诚地追求智慧的哲学生活，那么到三千年结束时这样的灵魂就可恢复羽翼，高飞而去。其他的灵魂则在第一生终了时接受审判，或下地狱受罚，或因正义上天。到一千年终了时这两批灵魂都要回来选择下一辈子的生活。这时人与兽类可以相互转换，只有见过真理的灵魂才能投生为人。

记者：

在你说的九类人中，哪一类人的灵魂最容易上天呢？

柏拉图：

第一类。

六　感觉：仅作为知识的“提醒者”而有价值

记者：

关于感觉在认识过程中的作用问题，感觉你在《斐多篇》中的说法有点矛盾。

柏拉图：

说给我听听，看看矛盾在哪里。

记者：

开始时你提出哲学家要使灵魂和肉体区别开，因为肉体的感觉妨碍我们认识真理。

柏拉图：

是这么说的。

记者：

而到后来你的说法又有一百八十度大转弯，你又说只有通过感觉认识具体事物的理念才能认识真理自身，并明确地说除非通过视觉、触觉或其他感觉系统，否则就不可能感知到相等的可感事物。这是不是很矛盾啊？

柏拉图：

不矛盾，可感事物在这里起了“提醒者”或启发的作用……

记者：

感觉在这里起到诱因、启发的作用？

柏拉图：

是的。比如，看到一幅图画，就能想起一个人；看到相同的木头或相同的石头或其他相同的东西，就可以获得相同的观念；人们看到他们所爱的人的乐器、衣服或其他物品，就会在心里想起这些东西的主人。

记者：

未必是一定相等，即便是相似的物体，也能达到这种效果。

柏拉图：

由可感物回忆起原型，从而获得知识。感觉所起的作用不是直接的，而是间接的。

七 灵魂净化说

记者：

很显然，人们感觉到的事物启发人们获得对事物的正确认识。我关心的是：作为被感觉的事物与通过回忆获得的事物本身是不是相同的东西呢？

柏拉图：

不一样，根本不同。前者是相对的、变化的，后者是绝对的、永恒不变的。

记者：

你的意思是说，虽然人们是通过感觉去获得关于事物的知识，但知识与感觉毕竟还不是一回事，是吗？

柏拉图：

是的。感觉终究是肉体，是欲望，它们会引发各种冲突，玷污灵魂，阻碍灵魂去获得正确的认识。因此，要想获得认识，灵魂必须摆脱感觉和肉体，唯有这样，灵魂才能进行最好的思考。这就是灵魂的净化。

记者：

我记得毕达哥拉斯、恩培多克勒也说过类似的话。

柏拉图：

是的，我的灵魂净化说就是对他们理论的继承和发展。

八 对先验论的修正："蜡版说"与"鸟笼说"

记者：

你的理念论企图告诉人们，理念才是知识的唯一来源，而感觉只会阻碍人们去获取真理性的认识，我的理解应该没错吧？

柏拉图：

是这样，为说明这个问题，我可是殚精竭虑，费尽心机啊。不过任何理论都不会是一成不变的，到了后期，我对这个理论也做了一些修正。

记者：

说说看。

柏拉图：

在《理想国》中，我把不变的理念看作唯一真实的原本，把变化的事物看作理念的摹本和消极的产物。如此说来，感性事物只不过是变幻不定的影子，人们只有摆脱这些影子，走出洞穴，以思想力求真理，不依赖感官之辅助，日求进益，才会获得永久不变之真理。

记者：

是这样，你后来是如何修正你的理论的呢？

柏拉图：

在《泰阿泰德篇》中，我对理念的来源问题做了一些修正，"蜡版"比喻与"鸟笼"比喻就是用来说明这个问题的。

记者：

请好好解释一下。

柏拉图：

“蜡版”之喻，是假定人人心里有一块蜡版，各人心中蜡版的大小不一，蜡版的构成有的纯些、有的杂些，有的软些、有的硬些，有的则正好适宜。人们将看到、听到、感觉到和意识到的东西印在蜡版上，留下印记，就好像盖印一般，这样印下的东西我们都能记住，只要印记保存着，我们就能知道它，如果印记被磨去，或者没有被成功留下，我们就会忘记，而不知道了。“鸟笼”之喻，是把每个人的心灵比作包含着各种鸟类的笼子，鸟则喻为知识。人在婴儿时期，鸟笼是空的，后来他得到知识，便将他们意志之鸟放入笼中，他便学到了或发现了知识。拥有这些知识之鸟，就是知道。从笼子里取出知识，传播出去，就是“教”，而别人从笼子里得到知识，就是“学习”。如果一个人本来想要这只鸟，结果却误捉了另一只，就是犯了错误，而不可能获得正确的知识。如果方法得当，捉到了他想要的鸟，他就是获得了正确的认识。

记者：

有点意思。在这里，显然你已经把外部世界也视为知识的来源之一了，与你的理念论则并不一样。

柏拉图：

知识来源的多元化，最起码说二元化或许是对的。

九　灵魂三分说：理智、激情和欲望

记者：

你的灵魂“三分说”是你学说中最具经典性的理论之一。请你介绍一下你的灵魂“三分说”。

柏拉图：

我是在《理想国》中提出这个理论的。

记者：

具体内容是？

柏拉图：

人的灵魂除了理性之外，还有非理性的部分，具体是包含着支配人的行为的三个原则，即：理智、激情和欲望。

记者：

逐一解释一下。

柏拉图：

理智就是理性，理智能进行思考和推理，控制思想活动；欲望的本性是贪婪，是非理性的，人们依靠这种本性来感受爱、饿、渴等物欲，欲望与各种满足和快乐相伴……

记者：

激情呢？

柏拉图：

所谓激情是介乎理智和欲望之间的第三者。

记者：

第三者？如何理解？

柏拉图：

一方面，激情是人们用来感受愤怒的，它是理智的天然辅助者，因而激情是理智的盟友，当灵魂内部出现分歧时激情愿意站在理智一边，但如果激情一旦被不良教育所败坏……

记者：

会咋样？

柏拉图：

激情一旦被坏教育所败坏，它就反对理智，而倒向欲望，与欲望结盟。

记者：

十足的骑墙派！如何处理好这三个原则的关系呢？

柏拉图：

问得好。在这三者之中，理智是最高的，应该由它起领导作用，让激情服从它、协助它，两者一起去监管欲望。

记者：

欲望最难监管。

柏拉图：

是的，欲望占据着人的灵魂的大部分，必须加以控制，以防止欲望因充满了所谓的肉体快乐而变得日益强大，不再恪守本分，企图去支配那些它所不应该支配的部分，从而毁了人的整个生命。

记者：

你在《理想国》中曾经说，一旦按照你所讲的这么做了，人间正义也就得到实现了。

柏拉图：

是的，就人的灵魂的三个部分来说，理智应当起到领导和统治作用，激情和欲望应当赞同由理智领导和管理，绝不能背叛理智。如此一来，三者就能做到各司其职，人间正义就会得到实现。

十 灵魂的本性是理性

记者：

根据你的哲学，人的灵魂包含着理性与非理性两大部分，这两大部分随时都处在相互斗争之中。我想请你告诉我，灵魂的本性到底是理性的，还是非理性的呢？

柏拉图：

这个问题问得好。我虽然承认理性内部结构的二元性，但我放弃关于灵魂本质上是理性的这个统一性的主张。

记者：

明白，你关于灵魂的“马车”比喻说的似乎就是这个意思，是吗？

柏拉图：

是的。我在对话《斐德罗篇》详细描述了这个比喻，我把人的灵魂比作两匹马……

记者：

一匹是驯马，也就是好马，另一匹是劣马。一驾马车就是一个灵魂，它是有两匹马与一位驾驭者的组合。驾驭者是不是代表着理智？驯马代表着激情，劣马代表着欲望？是不是？

柏拉图：

说得对。当驾驭者看到他所爱的人时，整个灵魂顿时就充满着情欲，驯马知道仁义廉耻，颇具耻辱感，不去贸然行动，而劣马则不然……

记者：

定会蠢蠢欲动，跃跃欲试，本性使然。

柏拉图：

是的，这匹劣马乱蹦乱跳，拖着马车奔向目标，也就是那个被爱者，或是一个美男子，或是一个美少女，或是某个非常具体的好东西。

记者：

理智应该发挥作用了吧？

柏拉图：

是的。当接近并看到被爱者时，驾驭者的脑海里回忆起美与善的理念，同时他也回忆起节制的理念与美的理念并肩而行。于是他开始发挥自己的主导作用了……

记者：

他该行动了，但如何做呢？

柏拉图：

驾驭者采用种种手段去约束劣马，致使劣马栽倒在地，疼痛不已，经过多次反复，劣马终于丢掉野性，俯首帖耳地听从驾驭者的使唤。

记者：

于是驾驭者带着两匹马离开了被爱者？

柏拉图：

那倒不是！

记者：

那往下如何行动？

柏拉图：

爱慕者的灵魂带着肃静和畏惧去追随他的爱人，被爱的人就像神一样受到各种侍奉，同时也发自内心仁慈地对待真心伺候他的爱人。

记者：

这个比喻到底说明了什么道理？

柏拉图：

一方面说明：人的灵魂内部存在理智与欲望之间的冲突和斗争，理智必须战胜、制服欲望，灵魂才是高尚的，才能有真正的爱，才能认识到美和善本身；另一方面也说明：人的灵魂支配着身体的活动，身体对灵魂的影响也是通过灵魂内部的欲望的作用才发生的。

记者：

灵魂的三个部分都各有其价值，一个都不能少，但最本质的是理智。

十一　“洞穴比喻”与“灵魂转向或转换”

记者：

你赋予灵魂以巨大的力量，似乎唯有灵魂才能帮助人们走出黑暗，而迈向光明。

柏拉图：

可以这么说。人一旦被裹挟于眼前的可见世界，被失控的肉欲所主宰，而对本该认识的可知世界视而不见，这样的人就沦落为一个失去了自由的人。

记者：

如何才能成为一个自由的人呢？

柏拉图：

那就是诉诸灵魂的转向或转换。

记者：

什么意思？

柏拉图：

具体意思就是：借助灵魂的力量，超越于变动不居的可见世界和肉欲世界，而转向那永恒不变的可知世界，也就是转向那永恒而神圣的理念世界。

记者：

希望很好地解释一下，最好举例说明，打个比喻也好。

柏拉图：

现成的比喻，那就是“洞穴比喻”。在这里，世界被我一分为二：一个是真正存在的世界，一个是假象与幻影的世界；一个是原本的世界，一个是摹本的世界……

记者：

听得懂，继续吧。

柏拉图：

我把一个专注于可见世界、把可感事物看作是真实存在的人，比作一个被捆绑、束缚在洞穴中的囚徒。

记者：

这个囚徒会咋样？

柏拉图：

这个被囚禁在洞穴中的老兄，他只能看到凭借火光照在洞壁上的影子。

记者：

如此一来，是不是意味着他会把那影子看作是真实的事物？

柏拉图：

必然是。

记者：

那如何才能让这个囚徒去认识真正的世界呢？

柏拉图：

路径很简单，过程很漫长。

记者：

说说看。

柏拉图：

解除对这个人的囚禁，让他获得自由，就是这路径。但，一旦解除束缚，他回过头来看到火光，会因眩目而分不清哪些是实物，哪些是影子。

记者：

应该是这样，如果让他看到太阳，眼睛会更加什么都看不见的。

柏拉图：

你说得对。如果他走出洞穴看到真实的太阳，就更会眼花缭乱，而看不清任何真实的事物。

记者：

那如何才能让他看到真实的事物呢？

柏拉图：

为了让这个囚徒看清楚太阳照耀下的实物，要给他一个逐渐习惯的过程……

记者：

什么意思？

柏拉图：

就是先让他看水中的影子，再看实物本身；先看夜里空中的星星和月亮，再看太阳本身。

记者：

结合你对世界的划分，再深度解读一下。

柏拉图：

如果说洞穴世界好比可见世界的话，那么阳光下的世界就好比那可知世界。一个人如果总是待在洞穴里，他就只能看到影像和幻觉。

记者：

唯有走出洞穴，来到阳光之下，才能见到那真实的存在。问题是只有很少的人才能走出洞穴啊。

柏拉图：

你说得没错。只有极少数的人才能有机会摆脱束缚而进入阳光世界。不能摆脱束缚，就意味着永远生活在洞穴之中，而把那些影像和幻觉误以为是实物和真相。从洞穴世界转向太阳世界，这就是灵魂的转向和转换。也意味着人们逐步摆脱感觉的左右，而逐渐置身于理性和理智的支配之下。

记者：

当一个人从洞穴世界转向太阳世界的时候，要经历很多痛苦的过程，你说这些意味着什么呢？

柏拉图：

这个过程就是教育。唯有通过教育让人们一步步超越感觉世界，而进入理性主义的光明大道。

第四章　宇宙生成论

引　子

早期希腊哲学以自然哲学为主，自从智者和苏格拉底提出哲学应该转向研究人和社会以后，有关宇宙和自然的问题在哲学文献中便较少出现。柏拉图也在很长时间内只专注于理念论即本体论、认识论和伦理学等方面的研究，一直到晚年他才尝试用理性来解释宇宙、自然和人的生成等问题。在《蒂迈欧篇》中柏拉图提出了与以前的自然哲学根本不同的宇宙论，它的主要特征就是强调宇宙是由理性有意安排而成的。

《蒂迈欧篇》是柏拉图对话中影响和作用最大的作品，亚里士多德对这篇对话引用的次数也最多。新柏拉图学派的主要思想家如普罗提诺所讲的“太一”学说，显然是从《蒂迈欧篇》中引申出来的。新兴的基督教哲学也明显接受《蒂迈欧篇》中“创造者”创造宇宙的思想。一直到公元12世纪，西方基督教世界接受的仍然是《蒂迈欧篇》的思想。

近代开始，由于自然科学的发展将研究建立在经验事实的基础上，要和宗教目的论区别开来，人们对《蒂迈欧篇》大加指责，《蒂迈欧篇》的地位一落千丈。但是到了现代，有些科学家对柏拉图的这篇对话中提出的世界几何结构理论重新发生兴趣，如一贯贬低和反对柏拉图的波普尔也认为这种几何结构理论是从哥白尼和开普勒经过牛顿到爱因斯坦的现代宇宙论的基础；海森堡则认为现代物理学的倾向与其说是接近德谟克利特的，不如说更接近《蒂迈欧篇》。让我们一起走近柏拉图，与他一起研究他的宇宙生成论。

一　我的思想我做主

记者：

《蒂迈欧篇》是你唯一的阐述你自然哲学思想的著作，你的学生亚里士多德对它非常看重。

柏拉图：

看重到什么程度呢？

记者：

亚里士多德在著作中引用你的作品《蒂迈欧篇》最多。不仅如此，亚里士多德还多次以“柏拉图在《蒂迈欧篇》中说”这种方式宣传你的思想，足见他对此篇对话的重视。

柏拉图：

谢谢亚里士多德！他是我最喜欢的学生，这也说明他最懂得我的哲学。

记者：

你的意思是说，《蒂迈欧篇》表述的是你自己的哲学，而不是别人的思想？

柏拉图：

是啊！

记者：

亚里士多德不仅把《蒂迈欧篇》看作是你阐述自己思想的作品，而且认为是你最重要的作品。这没问题的。问题是：并非所有人都这么认为。

柏拉图：

什么意思？

记者：

后代有一位学者，名字叫泰勒，他出版过一本书，书名叫《柏拉图“蒂迈欧篇”校释》。他在这本书中说你在《蒂迈欧篇》中所阐述的思想，根本不是你的，而是属于蒂迈欧的。他还有鼻子有眼地说，蒂迈欧生于公元前500年左右，此人是毕达哥拉斯的再传弟子，他宣传的思想其实就是毕达哥拉斯学派的自然哲学理论，根本不是你柏拉图的思想。这种说法对吗？

柏拉图：

关于你说的这个问题，我有解释。

记者：

请说。

柏拉图：

蒂迈欧这个人确有其人，他是意大利的洛克利人，此人无论是在财产上还是在等级上，都不是一般人。他在政府中曾经担任过高官，享有很高的荣誉，在哲学上，此人也造诣非凡。但是，我以蒂迈欧之口阐述的思想却并非蒂迈欧的思想。

记者：

谁的？

柏拉图：

我自己的。

记者：

那你为何要以别人之口说你自己的思想呢？

柏拉图：

我的作品绝大部分是对话，我就喜欢用这种方式来阐述自己的思想。我们那个时代意大利的洛克利，是毕达哥拉斯主义的重镇，我对毕达哥拉斯主义情有独钟，尤其对他们关于数学和科学的思想更是如此。我以意大利洛克利人之口，阐述我对毕达哥拉斯主义的研究心得，是再顺当不过的了。至于是用蒂迈欧的名义，还是用其他别的名字，都不过是随机的选择而已。

二　圆我老师的梦，也圆了我自己的梦

记者：

你的老师一向反对人们把自己的精力太多地浪费在对自然科学的研究上，而你却撰写出自然哲学专著，也就是《蒂迈欧篇》，并提出了系统的自然哲学体系。

柏拉图：

我的老师确实主张哲学家应该把主要的精力放到对人与社会的研究上，但是他并不是完全排斥对自然哲学的研究，只是他对那些自然哲学家关于宇宙世界内

在机理的解释不以为然。

记者：

怎么讲？

柏拉图：

你应当知道阿那克萨戈拉是古希腊最著名的自然哲学家之一，我的老师对此人就不反感。

记者：

原因何在呢？

柏拉图：

别的自然哲学家习惯于用机械的原理去解释万物进化的机制，而阿那克萨戈拉则喜欢从“努斯”，也就是“心灵”的角度去解释万物运动的原因。我的老师对阿那克萨戈拉所做的努力非常欣赏，可惜阿那克萨戈拉并没有把他的思想贯彻到底，有的地方他坚持“努斯”理论，在有的地方则又回到机械主义那里去了。

记者：

所以你要把阿那克萨戈拉没有贯彻到底的事情接着做下去？

柏拉图：

可以这么说。

记者：

说说你的研究路径。

柏拉图：

我虽然知道老师心中的那份遗憾，但我在很长一段时间也没有去研究“努斯”理论，只是到了晚年，才有足够的时间去思考这个问题。《蒂迈欧篇》的写成，是圆了老师的梦，可惜他不可能知道了。我老师逝世时，我没有去送他，原因即使有一万条，都无法抹去我心中的悔恨。

记者：

你很感恩，如苏格拉底在天有灵，他会很高兴的。

柏拉图：

当然，通过这种研究，我也是圆了自己的梦。

三　宇宙问题不解决，人间问题则说不清

记者：

看你的《蒂迈欧篇》，总会让人感到有点困惑。

柏拉图：

困惑什么？

记者：

看你这篇对话的开头部分，谁都会觉得你的这本书探讨的问题与你的《理想国》相似。你讨论如何将城邦建设好，提出在工匠和农民以外要有专门保卫城邦的阶级，他们必须接受良好的教育，不能有私有财产，还说妇女可以和男人一样担任公职，以及孩子由公众抚养，只有天赋好的孩子才能接受教育，等等。这些都可以说是政治学问题。

柏拉图：

你说的没错啊，这些问题就是政治学问题啊。

记者：

问题是你们并没有沿着政治学的思路往下走，而是一会儿说你们拥有九千年历史的雅典城，是如何打败外来侵略者大西岛人；一会儿又大谈特谈大西岛如何如何发生大洪水和地震而沉入海底，而你们雅典则如何如何在废墟上浴火重生；一会儿又大谈特谈宇宙问题。一本书扯这么多问题，风马牛不相及，东一榔头西一棒槌的……

柏拉图：

你不该说这样的话，具体的道理我不说，我只想告诉你无论是国家问题和历史问题，还是宇宙问题，从本质上都是相通的。尤其是，我要告诉你，唯有彻底弄清楚宇宙的来龙去脉，才可能彻底弄清楚人间问题。

记者：

如果这样理解，我就知道你为什么把政治问题、历史问题和宇宙问题放在一起了。

柏拉图：

理解万岁！让我们谈宇宙吧。

四　宇宙研究三原则

记者：

关于研究宇宙问题对于研究人间问题的极端重要性，我高度认同你的说法，我也曾经出版过专著《宇宙是活的》来探讨这个问题。

柏拉图：

好。研究宇宙到底是天然而永恒存在，还是由他者创造出来，这不是小问题，这是大问题。要把这个问题搞清楚，必须坚持三大原则……

记者：

哪三大原则？

柏拉图：

第一个原则是：必须区分那存在而不变动的东西和变动而非存在的东西；凡是由理性和逻各斯认知的东西总是自己同一存在的，即永恒存在而保持自我的内在同一；凡是由意见借助于感觉认识的事物总是会变化消失的……

记者：

第二个原则是什么？

柏拉图：

第二个原则是：一切变动的东西总是由某种原因作用于它才能变化生成，没有原因就不能生成。第三个原则是：创造者在构造事物的形状和性质时，必须以不变的东西为原型，才能造出美好的东西，如果以变化的事物为原型，造出来的东西便不是好的。

记者：

你就是根据这三条原则就宇宙的形成进行了深入研究？可否先把你的研究结论介绍一下？

柏拉图：

基本的结论有三：第一，宇宙是我们感觉得到的，是生成的事物。第二，凡是生成的事物总有生成的原因，这原因便是创造者，但很难认识和说明。第三，创造者要以某种东西为模型，宇宙的原型是永恒的只有理性才能认识的东西；宇宙只是像它的摹本。宇宙生成的只是摹本，有它的原型，那才是永恒的。

记者：

可否详细解释解释？

柏拉图：

自然会的。

五　德谟革：神、父亲或宇宙的创造者

记者：

你曾经说过，“德谟革”（Demiurge）是宇宙的创立者，我想问一下，到底什么是“德谟革”？

柏拉图：

这是我提出的一个名词，意思就是神、父亲或创造者。

记者：

宇宙本身就很神秘，它的创造者是一种什么样的大仙？

柏拉图：

宇宙的创造者是很难发现和认识的，即使发现了也很难将他告诉别人。但关于他，有几点还是可以说一说的。

记者：

哪几点？

柏拉图：

他是善的，没有丝毫嫉妒，希望万物都像他自己一样只有善没有恶……

记者：

你是说创造者是一种有着明确意志和目的的行动，想将万物造得最好？

柏拉图：

是的。他将混乱无秩序的运动安排得有秩序，因为这样是最好的，这也就是宇宙的创造……

记者：

你是说创造者创造宇宙并不是从无到有凭空创造，只是将本来无秩序的东西安排得有秩序？

柏拉图：

是的。此外，他看到理性比非理性好，所以他将理性放入灵魂，将灵魂放入躯体，他将宇宙造成一个带有理性和灵魂的生物。

记者：

宇宙的创造被你说成是一种理性化的活动，而不是某种随心所欲的事情。

柏拉图：

是的。

记者：

如此说来，你所说的创造者的行为和基督教的创世主是不同的，因为在基督教那里，创世主是随心所欲从无创造一切的。而在你那里，创造者是以理性即努斯为最高原则，并根据理性创造宇宙，从而将理性赋予宇宙，使之成为有理性有灵魂的生物。

柏拉图：

你的理解完全到位。

六　创造者创造宇宙的模型是“理念”

记者：

宇宙是创造者创造出来的，那我问你：创造者是按照怎样的模型才创造出今天这样的宇宙的呢？

柏拉图：

你我看得见、摸得着的宇宙，是一个摹本，摹本是按照模型被创造出来的。既然被创造的宇宙是有理智、有灵魂的生物，那么模型也必定是一个有理智的生物，而且是最好、最完善的且理智的生物，是把其他一切理智的生物都作为其部分包括在内的整体。宇宙作为其摹本则是一个可见的生物，它也将其他一切和它类似的可见的生物作为其部分包含在内，也是一个整体。

记者：

这个原型究竟是什么？

柏拉图：

就是理念，理念是永恒的、非生成的、不可毁灭的，不能被感知，只能通过理智的沉思来确认。

七　关于宇宙的躯体

记者：

宇宙已经被创造出来了，可否描述一下宇宙到底是一种什么样子？

柏拉图：

我们先说说宇宙的躯体情况吧。

记者：

好。

柏拉图：

宇宙是有形体的……

记者：

有形体就意味着可见、可触摸？

柏拉图：

是的，有形体，也还有火、有固体，而有固体就得有土。因此，神创造宇宙一开始就用火和土构筑宇宙的躯体。

记者：

记得你说过宇宙由四种元素组成，哪四种元素呢？

柏拉图：

土、火已经说过，还有水和气，水和气被置于火和土之间，这四种元素按相同比例结合起来，形成了宇宙。这四种元素都具有友爱精神，自身协调融洽，因此，除了建构宇宙的创造者之外，没有如何力量可以使它们消解。

记者：

那宇宙的运动轨迹是什么样子的呢？

柏拉图：

圆形运动是最好的运动形式，因此宇宙是在同一地点永远做圆形旋转运动。创造者在宇宙中心安置了灵魂，灵魂从中心扩散到整个宇宙，又包围在整个宇宙的外表。这样，宇宙就成为一个完整而又十分完善的圆球，自足自在，卓越无比，而成了一个有福的神了。

八　宇宙或世界的灵魂

记者：

说完了身体之后，我们该说说宇宙的灵魂了。

柏拉图：

是的。

记者：

你先说身体后说灵魂，是不是意味着身体的作用要超过灵魂的作用？

柏拉图：

创造者把灵魂置于躯体之中，绝不意味着灵魂的作用不如物体；相反，灵魂在生成和优越性上都先于和优于躯体，灵魂才是躯体的统治者和主宰。

记者：

灵魂到底是一种什么样的东西？

柏拉图：

灵魂与理念或原型不同，原型不可分，且永远保持自身同一。

记者：

明白。

柏拉图：

灵魂与具体事物，如宇宙的躯体不同，躯体是变化的、可分的。

记者：

那灵魂到底是一种什么东西呢？

柏拉图：

灵魂是以理念所代表的内部统一性、以具体事物代表的内部相异性之外的第三种。

记者：

令人费解。

柏拉图：

慢慢听你就会明白的。

记者：

但愿。

柏拉图：

灵魂作为一个整体，是可以划分为许多部分的，而每一个部分也是内部同一性、内部相异性和存在的结合。灵魂的划分是按照数的关系（比例、和谐）进行的。

记者：

灵魂从何而来呢？

柏拉图：

是创造者按自己意愿造就的。

记者：

喔。

柏拉图：

灵魂被创造出来之后，就在灵魂之中塑造了有形体的宇宙，并把两者放在一起，中心对中心。灵魂从宇宙中心扩散到各处，充塞着整个宇宙，而且从外缘包裹宇宙；灵魂自身则不断运转，一种神圣的、永恒的、无休止的理智的生活就从此开始。

记者：

灵魂能看得见吗？

柏拉图：

宇宙的形体是可见的。但灵魂是不可见的，它分为理性与和谐，它是由最卓越的和永恒的东西所构造出来的事物中最好的事物。

记者：

依照你的说法，灵魂中包含着理性的成分，因而灵魂也就能对理念世界予以正确的反应啦？

柏拉图：

自然，灵魂由理念、具体物质和存在所构成，三者按照一定比例结合，加之自身又在不断旋转之中，所以灵魂一接触任何存在事物，就能做出判断。同样，当涉及可感事物时，它就会产生意见和信念。当涉及理性事物时，它就产生理性和知识。

记者：

有点晦涩难懂，可否具体说明？

柏拉图：

理念就是神圣而万能的太阳光，具体事物就是看得见、摸得着的大地，那么，灵魂就是既能融于阳光之中，也能包裹大地、融入大地的空气。空气既能感受阳光，说明理论能够感知理念世界，能产生理性和知识；空气能感知大地，说明灵魂能产生具体的意见和认识、信念。仅此而已。

九　时间论

记者：

时间问题是一个人人都知道、但人人都说不清的问题。你是如何看待时间的呢？

柏拉图：

首先时间不是自然存在的东西，它是创造者创造出来的东西，与宇宙万物一样，都是被创造物。

记者：

创造者为什么要创造出时间这个东西呢？

柏拉图：

创造者之所以要创造出时间这个东西，目的只有一个，那就是确保他所创造出来的宇宙更像或最大限度像它的原型。

记者：

怎么理解？

柏拉图：

宇宙是生成的。既然是生成的，就是有开始，也有结束，开始一个样子，结束一个样子，因而也就不可能具有像它的原型一样的永恒性。

记者：

可以理解。

柏拉图：

为了便于评估和观察宇宙，以让它所创造的宇宙在永恒性上更像它的原型，创造者就制造了一个按照数不断运动着的摹本，也可以叫作影像……

记者：

这个摹本或影像是不是就是时间？

柏拉图：

是的。宇宙在时间中永远不断地运动，也就具有了永恒性。

记者：

永恒性？与理念世界一样的永恒性？

柏拉图：

这种永恒性只是它的原型的永恒性的摹本，是时间中的永恒，而原型则是超越时间的永恒。

记者：

既然是时间中的永恒，自然就是某种相对性的永恒了？

柏拉图：

是的，永恒也就有了“过去”形式的永恒、“现在”形式的永恒、“将来”形式的永恒了，宇宙和时间一起被创造，同时生成；如果解体的话，也同时分解。

记者：

有意思。那宇宙中的万物与时间的关系是不是也是这样？

柏拉图：

是的。在创造时间和宇宙的同时，创造者也很辛苦，他还创造了太阳、月亮、金星和水星等五颗行星，用星球的运动来计算时间；然后，又把星球安置在相异的轨道上，各个星球在各自的轨道上既有“同”的运动，又有“异”的运动，星辰生成以后就在太空中旋转运动，根据星球的旋转来测量时间。

记者：

你是说创造者创造出时间，是为了对时间予以测量？

柏拉图：

正是，万物便成为时间测量的参照系了。

十　论人类的由来和他们的灵魂

记者：

你说所有动物的灵魂都是由造物主统一调制的，那是不是说所有的灵魂都是一样的呢？

柏拉图：

不是的。人的灵魂就与宇宙的灵魂不一样。

记者：

不一样体现在什么地方？

柏拉图：

人的灵魂实际上是由创造主，即最高神，调制好交给天上诸神的。人的灵魂较之宇宙灵魂，纯洁度要差，其中除了理性外，还有感觉、欲望、情绪、情感等非理性成分。如果灵魂能够征服这些非理性的情绪，那就可以过正义的生活；反之，如果灵魂被它们所征服，生活就是不正义的。

记者：

似乎人的灵魂具有某种轮回？

柏拉图：

一点不假。好人会回到原来的星球上居住，过幸福的生活；如果他不好，第二次便降生为女人，倘若还不停止作恶，转世时就会变成野兽。

记者：

面对这种轮回，难道人就一点办法也没有？

柏拉图：

那倒不是，教育就是一种非常好的救济。

记者：

怎么讲？

柏拉图：

人的肉体是诸神从宇宙中借取一定比例的火、土、水、气结合而成的。在灵魂被植入肉体时，这四种元素的无序运动，造成强大的感觉运动，扰乱了灵魂的理性运动，使灵魂失去了控制和统驭能力，因此，灵魂在被装进可朽的肉体时开始是没有理智的。

记者：

那人的理性从何而来？

柏拉图：

后来随着无序运动的减弱，灵魂逐渐平静下来而进入正轨，能用正确的名字称呼相同的和相异的，于是它又有了理性。这样，灵魂的拥有者成为理性的存在物。如果有正确的教育，他就会成为健康完善的人，能避免各种疾病中最大的病患；如果忽视教育他将终身残疾，没有开化、没有理解力而回归冥府。人的灵魂所固有的理性能力需要通过教育才能得以恢复和发展，教育不是从外面向灵魂灌输的，而是唤醒、启发灵魂中已有的理性。

记者：

在创造者的创造物中，人显然享有非常特殊的地位。

柏拉图：

是的。人是创造者特别用心的创造物，诸神在创造人时，模仿宇宙的圆球形状，将人的头造成最完善的形状即圆球形，头是灵魂的器官，负责理性。头是人身上最神圣的部分，也是其他一切部分的主宰。头长在上面，以便支配一切，看得远，看得全面。诸神创造身躯和四肢做头的仆从，在人的头的前部安上一张面孔，在面孔上设置一些器官，使之按灵魂的意愿管理事物。

记者：

你说眼睛最重要，是吗？

柏拉图：

视觉是我们最大利益的源泉，如果我们从未见过星辰、太阳、月亮，那么我们关于宇宙就无话可说。我们正是看到了白天和黑夜、月和年、春分和秋分和夏至、冬至，才有数的创造，并给予我们时间观念和对宇宙本性的研究，哲学才会出现。

记者：

还有什么器官最重要呢？

柏拉图：

说话器官和听力器官也是神为了同样的目的而赐给我们的礼物。说话对达到该目的的贡献最大，听觉是为了听到和谐的声音。

记者：

还有什么器官值得说一说呢？

柏拉图：

人的灵魂中，除了不朽的理性外，还有可朽的部分即情绪、情感、欲望和感觉。灵魂的神圣部分即不朽的理性在头脑中，而灵魂的可朽部分则被安置在身体的胸腔部位，以免玷污了神的灵魂。可朽的灵魂也有高低之分，两者安在胸腔的不同部位，中间由膈膜分开。高贵的部分具有勇敢和激情，居于膈膜和颈脖之间靠近头部的地方，它们能听到理性的谈论，当欲望不服从理性的命令时，它们会听从理性对欲望进行约束和控制。低下的部分被安放在膈膜和肚脐之间，像是身体营养的管理者，这部分灵魂就像一只野兽被束缚在这里，人要想存活必须喂养它。这里离灵魂的最高部分（理性）较远，可以尽量少地发生喧闹和骚乱，使理性可以更安静地思考。心肺和肝脏都是适应可朽灵魂的两个部分而制造出来的。在人类的身体构造中，脊髓非常重要。

记者：

知道。

柏拉图：

生命的纽带牢牢地维系在髓上，它将灵魂和肉体联结起来。髓是人类的根基，而髓本身是神以几何图形塑造火、水、气、土，又按适当比例结合而成的。髓也是各种可朽生物的种了，神将不同的灵魂即灵魂的不同部分植入其中，髓也就有了不同的种类。

记者：

有意思。

柏拉图：

神以髓为本，用不同的方式调和四大元素，制造出人体的各个部位，其中都贯穿着神的目的。神也同样创造出另一类生物，如树木、植物和种子，它们有生命、有灵魂，但这种灵魂没有意见或理智，也没有运动能力，只有快乐或痛苦的感觉和食欲。

十一　论必然性与空间

记者：

研究你关于宇宙和人的生成理论，有一种非常强烈的感觉。

柏拉图：

什么强烈的感觉？

记者：

一切都是在强烈的目的性的指导下进行的。

柏拉图：

在我所构建的宇宙论中，理性是那永恒的指路明灯，一切的一切都离不开理性的指导。

记者：

目的性显然是一种主观的东西，在宇宙万物创制过程中，除了这强烈的目的性原因即理性外，是不是还有着某种别的原因呢？

柏拉图：

有的，那就是必然性。比较起来，以理性为代表的目的性原因是第一位的原因，是主导性原因，永远不变。而必然性原因则是第二位的原因，是次要的原因，是变化不居的。宇宙万物都是这两种原因结合起来的结果。

记者：

说得有点抽象，可否再解释解释。

柏拉图：

下面我们说说空间问题，顺带着说说必然性吧，如何？

记者：

当然可以，嘴巴在你身上，你做主。

柏拉图：

宇宙生成过程有三类东西：一个是“模型”，属于有理智的、始终不变的实在；一个是原型的“摹本”，即生成变化的、可见的事物；一个是“接受者”，像保姆那样接受一切生成变化的事物。换一种说法是这样三类：第一类是生成变化者；第二类是生成在其中进行的接收器；第三类是被生成的事物所模仿的模型。

记者：

感觉你所说的“接受者”与空间的概念有点相似似的？

柏拉图：

正是。可以将接收器比作母亲，将模型比作父亲，将生成者比作他们的子女。

记者：

空间为宇宙万物的创造提供场所。

柏拉图：

是的。

记者：

那空间从何而来呢？

柏拉图：

时间、空间在宇宙生成之前就已存在。时间和空间是宇宙生成中不可缺少的要素，没有时间与空间，宇宙万物就无法产生。

记者：

这个好理解。我关心的是：空间从何而来？

柏拉图：

时间是创造主创造的，因此时间有开始而没有终结，它的原型永恒存在，它是摹本，并非真正的永恒的存在，是我们计算运动的尺度，而空间则不同……

记者：

不同在哪里？

柏拉图：

空间不是造物主所造，它无始无终，是一种永恒的存在，是生成事物运动的场所。

记者：

难道空间与理念都是某种终极的存在？

柏拉图：

空间与理性不是一回事，空间是与理性相对立又相结合的必然性的基础。除此以外，四元素的生成转化也归属于必然性。两者相比，空间更为根本和本原，毕竟四大元素的流传变化就是在接受者之中进行的，而对于宇宙的生成四元素必不可少。你不要再追问了，我只能说到这里。

十二 “四元素说”源于对恩培多克勒“四根说”之改造

记者：

研究你提出的“四元素说”，我总会想到你们希腊早期哲学家恩培多克勒提出的“四根说”。

柏拉图：

实事求是地说，火、土、水、气“四元素说”并非我的创造，早期希腊哲学家恩培多克勒的“四根说”是“四元素说”的源泉。

记者：

你是一位大思想家，我坚信你绝对不会简单地套用任何一位前辈的研究成果。

柏拉图：

那倒是。猴子般的模仿，乃学术之大忌，我不会犯这种低级错误的。

记者：

说说“四元素说”的独特之处。

柏拉图：

在我这里，四种元素不是简单的、自然的存在，而是经过神的改造与完善。

严格来说，此四元素已非彼四元素。

记者：

具体说说。

柏拉图：

在宇宙被创造成有秩序之前，四元素处于没有比例或没有尺度、没有理性的状态，正是神以形状和数来塑造它们，使它们具有独特的形态和结构，经过神的“包装”和打磨，四种元素因此成为最完善的四种物体。

记者：

那神是如何“包装”和打磨这些元素的呢？

柏拉图：

神首先用不同的形状来改造这些元素，他所选择的是两种三角形：一种是等腰直角三角形，即将正方形分成两半；另一种是将等边三角形分成两半的不等腰直角三角形。由不等腰三角形构造出四面体、八面体、二十面体，分别指派给火、气、水；由等腰三角形构造出正立方体，指派给土。神还用第五种复合而成的十二面体，用于整个宇宙，来制造某种类型的动物形象。

记者：

太抽象了！

柏拉图：

所有体的单个体积都太小，看不见，摸不着。唯有聚集成团才能看到，但它们的数目、运动和一般能力都由神按比例来调节。四元素的生成、四元素之间的相互转化，都是由于两类三角形的不同形状及由此而形成的各种多面体的形状和数目的不同所造成的。

记者：

但愿你能自圆其说。

柏拉图：

依照这个理论，很多问题都能得到解释，如运动和静止。

记者：

那运动和静止是怎么回事呢？

柏拉图：

运动者和被运动者两者不可缺一，而且两者不能是同质体，必须是异质体，同质体之间只能是静止；不均等是异质体的原因，四元素由于具有不同的几何结构和形状，总是存在着不均等，是异质体，因而这些元素永远处在不断的运动之中。

记者：

牵强得很。我不想就这个问题再说下去了。你的观点说到底就是四大元素无论就其存在，还是就其相互关系，都是由神所安排的。这或许就是你的“四元素说”与古希腊哲学家的类似学说的根本区别吧。

柏拉图：

是的。任何事物的运动都是在神的理性主导下进行的，四大元素自然也不例外。当然，神以几何图形塑造四元素及元素间的相互转化是在“接受者”即空间内进行的，因而要受必然性的制约。在宇宙生成过程中神或理性的创造当然起主导作用，但这种创造作用不是为所欲为的，而是受到必然性的制约的。

十三　从宇宙论角度看人类生老病死之缘由

记者：

关于宇宙的问题，我们已经说得够多了。

柏拉图：

宇宙的原理搞清楚了，人间的问题也就好说多了。

记者：

那我们开始说人间问题如何？

柏拉图：

你问我答。

记者：

生老病死的成因如何解释？

柏拉图：

构成人身体的基本几何图形——即三角形——如果是新鲜而年轻的，人自然就会年轻；如果这些几何图形因长期使用变得老化，衰老就会来临。当人的骨髓中连接三角形的纽带松弛，灵魂在自然的过程中得到解脱，高兴地飞走，这是顺乎自然的去世，是快乐的死亡；反之，因疾病或创伤而去世则是痛苦的。

记者：

疾病的成因是什么？

柏拉图：

疾病的发生，概而言之，或由于构成身体的四元素非自然地过量或不足，或由于它们自己恰当位置的变化，或由于违背了既定的元素构成比例，如此等等。

记者：

灵魂的疾病是不是与身体的疾病一样？

柏拉图：

与身体的失序造成疾病一样，灵魂的失序也引起发疾病，它有两种情况：疯狂和痴呆。过度的快乐或痛苦会使人发疯，不能正确地看或听，不能正确地推理，这是与灵魂相关的最严重的疾病。灵魂的疾病与身体的疾病或缺陷有关，它也是受到不良教育的结果。

记者：

那如何治疗身体和灵魂的疾病，保持身体和心灵的健康？

柏拉图：

凡善的事物都是美的，而美的事物必定是合乎比例的。

记者：

明白。

柏拉图：

就健康与疾病、善与恶而言，最重要的是，灵魂与肉体之间是否保持均衡即是否合乎比例。

记者：

什么意思？

柏拉图：

强大的灵魂与弱小的身体结合或强壮的身体与弱小的灵魂结合，都会导致身体和灵魂的疾病。

记者：

不理解。

柏拉图：

人生来自然的就有两种欲望：求食物，为身体，是一种；求智慧，为思想，是另一种。身体太强大而灵魂弱小的人，强者的运动越来越占据优势，力量越来越强，会使灵魂变得越来越迟钝、糊涂和健忘，因此产生最坏的痴呆。灵魂与身体不均衡就不会是美的，两者均衡合乎比例才是最美、最可爱的。

记者：

如何处理好这个矛盾？

柏拉图：

为了防止灵魂和身体之间的不均衡，就不要只使用灵魂而不使用身体，也不要只使用身体而不使用灵魂，只有均衡使用二者才能保持健康。

记者：

有无具体的措施？

柏拉图：

数学家或其他从事理智学科的人必须参加体育锻炼，而醉心于健体的人必须培育心灵，接受教育。身体的锻炼要模仿宇宙的养母和保姆，保持运动状态。而最好的运动是事物自身产生的运动，因为这种运动与思想运动和宇宙运动最为相似；由他物引起的运动是低下的；最坏的运动则是身体躺着不动，由外力推动身体的若干部分运动。

记者：

如何进行灵魂的保健呢？

柏拉图：

与身体一样，灵魂也需要不断地运动。

记者：

如何运动？

柏拉图：

灵魂有三种形式，各有其自身的运动，必须让它们保持一定的比例。人的灵魂的最高形式是神给予的，它位于人体顶部，使我们的躯体直立向上。

记者：

这是思想层面的修炼。

柏拉图：

如果一个人沉溺于欲望，他的思想不可能不朽；热爱知识和真正的智慧，使用理智于首位，就必定会具有神圣的不朽的思想。

记者：

什么样的运动最适合灵魂的健康呢？

柏拉图：

与我们体内神圣部分自然相符的运动是宇宙的旋转，每个人都要通过学习宇宙的和谐运动，来矫正我们头脑中在出生时被搅乱的运动，如此一来，灵魂就会处于和谐状态，就健康无病了。

记者：

说到底，与宇宙相一致的运动，最利于身体和灵魂的健康。

第五章　理想国与哲学王

引　子

柏拉图是一位大哲学家，同时也是一位决心献身于政治实践的人物。三次不辞辛苦远赴西西里，表明他已经深深卷入政治漩涡之中。柏拉图对雅典的现实政治感到失望，期盼在叙拉古大展宏图又惨遭失败，理想与现实的深刻矛盾，促使他不得不退隐江湖，著书立说。古希腊少了一位玩弄权术的政治人物，却为人类孕育了一位系统探讨如何才能治理好国家的学问的大思想家。柏拉图是西方政治思想史中第一个系统对政治哲学予以研究和著述的人。

柏拉图的政治思想集中见于《理想国》《政治家篇》和《法律篇》之中，而《理想国》和《法律篇》是他写得最长的两篇对话，几乎占其全部著作的四分之一以上，足见政治思想在他整个思想体系中占有多么重要的地位。不认真而系统地研究柏拉图的政治哲学，就等于没研究柏拉图。让我们走近柏拉图，走近他的政治哲学。

一　城邦政治与直接民主

记者：

绝大多数人都认为你是西方政治哲学第一人，请你分析一下，是哪些因素成就了你这一盛名？

柏拉图：

关于我是不是西方政治哲学第一人，我们暂且不谈。我想先与你谈谈西方政治哲学产生的历史背景，这个问题说清楚了，其他问题就好说多了。

记者：

好啊。关于这个问题，在与你对话之前，我是做了一些功课的。

柏拉图：

有何心得和发现？

记者：

很多资料都说，你们西方人的政治哲学起源于希腊政治哲学，而你们希腊的政治哲学则是希腊城邦制度的产儿。这个说法对吗？

柏拉图：

对的。

记者：

请详细解释一下。

柏拉图：

我们希腊最初的国家，诞生于公元前 3000 年的克里特，这个时代的国家是以宫廷为中心。到公元前 2000 年左右，以宫廷为中心的国家逐步走向瓦解。公元前 8 世纪，城邦制度逐渐兴起，城邦成了最大的政治单位。

记者：

你说的这些与政治哲学的产生有什么关系呢？

柏拉图：

在以宫廷为中心的国家形态下，君主拥有至高无上的权力，国家的所有政策完全取决于君主的绝对意志，于是乎，任何形式的政治思考便成为多余。

记者：

你的意思是说，君主国没有政治学，而一旦以王宫为核心的君主国被你所讲的城邦国家所取代，政治思考才会出现。我很好奇，在城邦国家与政治思考之间到底有什么因果关系呢？

柏拉图：

刚才已经说过，城邦制度是在公元前 8 世纪兴起的，这些城邦国家脱胎于王国，不可避免带有专制国家的烙印，但其独特性越来越明显。

记者：

有哪些独特性呢？

柏拉图：

第一个特征是数量多。城邦国家遍布地中海地区，大大小小上千个；第二个特征是面积小。有的面积不过几十平方千米……

记者：

几十平方千米，名副其实的袖珍之国啊。

柏拉图：

第三个特征是人口少，小国寡民。

记者：

人口少到什么程度呢？

柏拉图：

举个例子说吧。公元前479年，希腊各个城邦与波斯在普拉提亚大决战，这是一次事关希腊世界生死存亡的历史性战役，所以各个城邦都是倾其所有，投入这场大决战。根据历史学家希罗多德的记载，参与战役的希腊城邦共有20个，其中重装步兵人数超过3000人的仅有5个，1000人以下的有12个，甚至有不足200人的。

记者：

根据希罗多德记载，可以推断出当时希腊各个城邦的人口确实很少。小国寡民，名副其实。接着讲吧。

柏拉图：

往下都是需要特别强调的几点了。沿着刚才的顺序，该是第四个特征了，那就是基于直接民主基础上的集体治理。第五个特征就是多元化的政治体制和利益冲突……

记者：

先说第四点吧。

柏拉图：

城邦国家因其小国寡民，故能够实行主权在民而不在君主的直接民主制度。在这里，公民成为城邦的主人，公民就是城邦，城邦就是公民，离开了公民，城邦便不复存在。

记者：

袖珍民主！

柏拉图：

在直接民主体制下，城邦或者说国家的最高统治权寄托于公民集体，公民直接参与国家管理，它的直接表现形式就是公民大会成为国家的最高权力机关。

记者：

据说雅典在这方面做得最彻底。

柏拉图：

是的。在雅典，公民大会几乎决定着国家的所有政策，公民大会直接就许多具体问题通过决议，牢牢把握住雅典国家的前进方向。即便在实行寡头政体的斯巴达，公民大会的权力也不可小觑。

记者：

直接民主还包含哪些内容呢？

柏拉图：

直接民主意味着要让尽可能多的公民参与国家的管理，城邦几乎所有的官职都是集体职务。

记者：

集体职务是什么意思？

柏拉图：

比如，以雅典为例，它的执政官有 9 人，议事会议员有 500 人，市场监督有 10 人，港口监督有 10 人。即便是最需要集中统一指挥的军队，其军官也是集体职务，共有 10 名将军。而至于陪审法官，则有 6000 人之多。再以斯巴达为例，斯巴达搞的是寡头政体，即便如此，它的国王也是由两人担任，而且权力平等。长老会和监察官也是由多人出任。总结起来一句话，在城邦国家，官职都属于集体职务，且有明确的任期，一般比较短。

记者：

直接民主制度会让更多的人有参与城邦和国家管理的权力。还有什么内容？

柏拉图：

非常讲究公民之间的平等，非常强调公民的权力，强调依法治国都是应有之义。值得一提的是公民兵制度。

记者：

公民兵制度是一种什么制度？

柏拉图：

公民兵制度是这样一种军事制度：军队的主力是由公民充任的重装兵，平时他们是生产者，战时则自备武装和给养，在将军的指挥下参加战斗。所以军队属于业余性质。在伯罗奔尼撒战争之前，战争一般在每年的夏初即农活相对清闲时进行，时间相对短暂，往往一战定输赢。所得的战利品，除奉献给神灵的份额外，或者由参战士兵分配，或者归于城邦，城邦再以各种形式返还公民。

记者：

这种军事制度有什么特殊的意义呢？

柏拉图：

依照这种军事制度建立起来的军事力量，主要用于防御外敌，而不是用于镇压公民。由于这种设计，国家对公民的内部强制力量被大大削弱，城邦的内部凝聚力也远远不如君主时代。如何最大限度保护公民的权力并维护城邦的统一，便作为一个严肃的问题暴露出来了。

记者：

政治思考由此而产生？

柏拉图：

那倒不是。政治思考的真正出现源于多元化的利益冲突与多元化的政治体制，放到后面再谈吧。

二　政体多元化催生政治思考

记者：

希腊城邦是一个民主社会，人人享有平等的权利，应该是很和谐的啊。

柏拉图：

尽管如此，也很难掩盖城邦存在的内部利益冲突。

记者：

利益冲突到什么程度呢？

柏拉图：

从荷马时代开始，城邦内部就出现了贵族与平民的分野。在希腊人开拓的殖民地中，虽然最初的土地分配大体平等，但经过数代人的经营后，最初的定居者之间也出现了分化，极贫极富之间相差悬殊。有些殖民地为壮大自己的实力，进一步吸引外来移民加入，新老移民之间的冲突愈发加剧。在希腊本土城邦内部，财富分配本来就不平等，主流民族多里安人与非多里安人之间的不平衡也日益严重。此外，公民与包括妇女、奴隶在内的非公民之间的矛盾也随时会爆发……

记者：

民主应该是化解纠纷、处理矛盾的最好手段。

柏拉图：

这话得分两方面说，一方面，民主是一种集体解决机制，其结果容易得到多数人的认可，这对化解矛盾，确实有其好的一面。另一方面，这种机制下，看似人人都高兴，实际可能人人都不高兴，在化解矛盾的时候，经常也是掩盖了更大的矛盾。每次投票，往往都是矛盾的总爆发。很多城邦之间或城邦内部各个利益集团之间，往往都在投票结束之后就发生战争，相互大打出手。

记者：

难怪后来一些政治学者说，古希腊的民主政治，是一种基于冲突而非一致达成多数人决定的体制。民主就是冲突，就是零和博弈，在一种相互透明、面对面剑拔弩张、彼此对骂的体制下，每次重大决策的投票，都是一次大决战，都会面临擦枪走火的危险。

柏拉图：

是的。民主机制，尤其是直接民主机制，极其不稳定，每一次选举，就可能是一次革命。在这种体制下，往往是你方唱罢我登台，板凳没坐热就得走人。

三　我并非政治哲学第一人

记者：

后代学者都认为你是政治哲学第一人，甚至有人断言，一部哲学史不过就是对你哲学著作的注释史而已，当然这也包含着政治哲学啦。

柏拉图：

评价太高，我受之有愧。说句心里话，我真不是政治哲学第一人。在我之前，已经有很多人对此做了非常深入的思考。没有这些人给我留下的资料，我是不可能系统提出我的政治哲学的。

记者：

愿闻其详。

柏拉图：

促使人们进行政治思考的根本原因，是城邦内部存在的利益的多元化问题。而其最直接的原因，当是希腊城邦政体的多样性，以及不同政体的施政倾向。

记者：

那在你之前，有哪些人对政治问题已经做过程度不同的思考呢？

柏拉图：

不一而足，诗人、历史学家、智者派和老寡头政客们，具体包括荷马、赫西俄德、梭伦、修昔底德等人，当然我还必须提到苏格拉底……这些人部分通过自己的作品，部分通过自己的演说，表达国家应当如何治理的观念。此外还有一些人对现实政治很绝望，也通过自己的作品开始构建自己心目中的理想政体。

记者：

明白。

柏拉图：

归纳起来一句话，正是希腊城邦政体的多样性，以及不同阶级进入政治生活的实际，刺激希腊人思考城邦的治理及其与公民的关系。希腊人的政治哲学，毫无疑问是城邦制度的产儿。我只是若干思考政治的人士之一。

记者：

可否一一介绍一下？

柏拉图：

说来话长，容我慢慢道来。

四　全体公民的最大幸福是国家的目标

记者：

在以王宫为中心的政治体制下，国家存在的目的就是保护君主们的利益。那在城邦体制下，情况是不是有所不同？

柏拉图：

建立城邦国家，其目标不是为了某个阶级的幸福，或者为了某个阶层的利益，而是为了全体公民的最大幸福，使国家作为一个整体得到幸福。

记者：

这个区别颇具根本性的不同。

柏拉图：

是的，我心目中的城邦个个都是"幸福城邦"，这种城邦的价值不是为了少数人，而是为整体的国家利益，是为了整个国家得到和谐发展和良好治理，各个等级的人得到自然赋予他们的那份幸福。

五　正义：各种美德的统摄

记者：

你说城邦拥有四大美德，这四大美德有哪些？

柏拉图：

智慧，勇敢，节制，正义。

记者：

智慧的含义是什么？智慧就是知识呗？

柏拉图：

智慧当然与知识相联，但并不是指与制造木器、铜器或生产谷物的知识一样的知识。

记者：

那是什么样的一种知识呢？

柏拉图：

真正的智慧，是谋划、治理整个城邦的知识，这种知识不是用来考虑城邦的具体事情，而是用来考虑整个城邦的大事，改进城邦的对内、对外关系。

记者：

谁才能拥有这些知识呢？

柏拉图：

只有起领导和统治作用的人数最少的那部分人，即治国安邦之人才具有这样的知识。

记者：

勇敢的含义是什么？天不怕，地不怕呗？

柏拉图：

勇敢是指一种理智的信念，就是在任何情况下都坚持那些法律通过教育所建立起来的关于任何可怕事物——即什么样的事物应当害怕——的信念，坚持关于可怕事物和不可怕事物的符合法律而又正确的信念。

记者：

你把勇敢与法律联系在了一起。

柏拉图：

是的，勇敢就是通过法律与教育培养而成的理智的英勇，决非如兽类或奴隶的凶猛表现。

记者：

节制的含义呢？

柏拉图：

所谓节制是指对某些快乐和欲望的调节或控制，是做自己的主人。

记者：

怎么讲？

柏拉图：

就人而言，节制是指一个人的灵魂中的天性好的部分控制坏的部分，反之，则是无节制和做自己的奴隶。

记者：

就国家来说，如何理解？

柏拉图：

就城邦国家而言，节制就是为数众多的下等人的欲望被少数优秀者的欲望和智慧所统治。城邦是自己快乐和欲望的主人，城邦的统治者和被统治者在由谁来统治的问题上有一致的信念。

记者：

你的意思是说让素质高的人去领导和统治素质低的人？

柏拉图：

是的，这就是和谐。

记者：

正义的含义是？

柏拉图：

四种德性之中正义最重要。何为正义？把上述关于智慧、勇敢和节制的定义统摄在一起，就是正义。唯有正义才最能使国家获得善。

六 正义：做自己分内的事，不干涉别人分内的事

记者：

你把正义视为对智慧、勇敢、节制三种美德含义之统摄，但并没有正面地对正义的内涵予以阐述，我想请你做个名词解释。

柏拉图：

当然可以，所谓正义，就是这样一种美德，它是指每个人必须在国家里做最适合他天性的工作。

记者：

你的意思是说，正义的含义就是让每个人干他自己分内的事，而不干涉别人分内的事。是吗？

柏拉图：

是的。正义就是做自己分内的事，拥有属于自己的东西。反之，违背这个原则，就是不正义，就会危害国家。

记者：

何以见得呢？

柏拉图：

我举个例子，你就明白了。

记者：

请讲。

柏拉图：

如果一个人生来就是工匠或商人，由于有财富或身强力壮或有众多拥护者或其他类似的优势而又受到蛊惑怂恿，企图爬上军人等级；或者一个军人企图爬上他们不配的立法者和护国者等级；或者几种人相互交换工具和地位；或者同一个人同时执行所有这些职务，那么，这种交换和干涉就意味着国家的毁灭，也就是不正义。

记者：

如果大家都不安于自己的既定位置，那确实是有问题的。

柏拉图：

不同等级的人相互干涉、相互替代，对国家是最大的危害，是最坏的事。相反，当各等级的人在国家里各做各的事而互不干扰时，社会和国家才会长治久安。

记者：

国家有国家的正义，个人是不是也应该有个人的正义？

柏拉图：

当然是。

记者：

那何谓个人的正义呢？

柏拉图：

个人的正义指的是人的灵魂，真实的正义不仅是指人外在的各做各的事，而且是指人内在的各做各的事。

记者：

如何理解？

柏拉图：

正义的人不允许自己灵魂的各部分相互干涉，做其他部分该做的事。他应当真正安排好自己的事，首先达到自己主宰自己，自己内部秩序井然，使灵魂的三个部分相互协调，仿佛将高音、中音、低音以及其间的各音阶合在一起加以协调，使之成为一个有节制的、和谐的整体。

记者：

自圆其说吧。

柏拉图：

不正义就是灵魂的三部分之间的争斗，相互管闲事和相互干涉，一部分起而反对整个灵魂，企图在内部取得生来就不属于它的统治地位。总之，一切的邪恶，正就是由于这三者的混淆与迷失而引起的。

七　社会分工：国家的自然基础

记者：

你的社会分工理论非常惹人注意，你为什么非常看重分工理论呢？

柏拉图：

社会分工是国家之所以建立和发展的自然基础，作用这么大，我不可能不予以高度重视。

记者：

详细解读一下。

柏拉图：

国家与城邦起源于人类生存的需要，首先是衣食住的需要。人生存的需要是很多的，不能单靠自己达到自足，人们需要相互帮助，相互提供自己的产品。大家住在一起，形成一个聚居区，这就是城邦，或者叫作国家。

记者：

这个我知道，这与社会分工的关系怎样？

柏拉图：

每个人受时间、精力、技艺的限制，加之生存要讲时节，所以必须要有社会分工，要有农夫、瓦匠、纺织工、鞋匠、木匠、铁匠等。这就是社会分工的由来。

记者：

从逻辑上讲应该是这样。

柏拉图：

每个人都应该干一行专一行，以使手艺更好，使产品又多又好。产品交换和分享产品必然导致产生市场、货币，产生商人，他们不仅仅在城邦内而且在城邦间，甚至到海外做生意。

记者：

这就是市场经济，这是人的本性。

柏拉图：

社会分工是为了满足人们物质生活的需要，但这并非人的本性，人的本性是品德与智慧。

记者：

你是说社会分工与人的本性相矛盾？

柏拉图：

错，社会分工以满足人的需要为目的，但也应该以人的本性为基础，每个人在适当的时候从事与他品性相适应的工作。例如，有些为我们服务的人，智力不行，但有足够的力气可以干体力活，他们以出卖劳动力换取工资为生。这种分工天然合理，无可厚非。

八　“护卫者”的出现

记者：

毫无疑问，国家的出现是为了满足人的基本生存需要，但人的需要是多层次的，除了这些基本的需要外，还有更高层次的需要，这种需求如何才能得到满足呢？

柏拉图：

你的这个问题问得好！一个仅仅把满足人的最基本需求作为目标的国家和城邦，其水平是低下的，这不是一个高层次的国家。

记者：

高层次的国家是一个什么样的国家？

柏拉图：

以满足人的基本需求为目标建立起来的国家是一个“猪的城邦”。人们总有更高、更多的需求，希望生活更好些，因此城邦要成长发展为更加高端、更加繁荣的城邦。

记者：

是的。

柏拉图：

这样的城邦，就物质生活而言，不仅要有生活的基本必需品，还要有较为高档的生活消费品，金子、象牙一类的装饰品，奶妈、保姆、理发师、厨师等提供的生活服务；就精神生活而言，必须要有各种艺人、艺术家提供文化艺术生活。更重要的是，由于生活需求的不断提高和发展、从事非生产活动人数的增多，原先供养居民的土地变得不够，为了获得足够的耕地和牧场，就得从邻国那里抢夺土地；而邻邦由于同样的原因也要与我们争夺土地，于是就“走向战争”。这就导致城邦的“护卫者”也就是军人的出现……

记者：

你说的护卫者就是军人？

柏拉图：

是的。军人抵抗和驱逐入侵之敌，保卫城邦居民的生命和财产。

记者：

什么样子的人才可以担任护卫者？

柏拉图：

护卫者必须具有勇敢的品质，他们的灵魂必须充满着高昂的精神，对自己人温和，对敌人凶狠，把爱、智慧、刚烈、敏捷、有力这些品质结合起来。

记者：

如何培养护卫者？

柏拉图：

一方面，要按天赋（本性）安排城邦公民的职业，对护卫者的选择更要讲究具有适合于这一行的天赋；另一方面，护卫者要用体育训练身体，从童年起就进行终其一生的严格训练；用音乐、文学、诗歌来培养他们的灵魂。此外，要求护卫者放弃一切其他技艺，专心致志于维护城邦的自由大业，不做与此无关的事，不参与或模仿别的任何事情。如果要模仿的话，应该从小就模仿与他们的职业相适应的人物，即那些勇敢、节制、虔诚、自由的人。凡与自由不符合的都不能参与或模仿，更不要说其他丑恶的事了。

九　从“护卫者”到“统治者”

记者：

你的思想我已经研究不少年，但真正把护卫者与军人挂起钩还是第一次。

柏拉图：

你这人研究的面太广，因而深度自然不够，这也不怪你。

记者：

谈完了护卫者，下面是不是该谈谈“哲学王”问题了？

柏拉图：

谈完护卫者，下面应该谈谈介于“护卫者”与“哲学王”之间的中间阶层，那就是统治者。

记者：

统治者是一类什么样的人？

柏拉图：

统治者当然是城邦的最高层次的治理者，他们是从护卫者中选拔出来的最优秀者，是最完全意义上的护卫者。

记者：

作为统治者，应该具备什么素质呢？

柏拉图：

统治者既要有护卫国家的智慧和能力，又必须真正关心国家利益，能坚持在任何时候都为国家利益服务的原则。

记者：

如何才能培养出合格的统治者？

柏拉图：

做统治者要有天赋，但天赋并非是统治者天生就有的，而是必须经过后天的训练和培养才能拥有，而且主张要从小开始选择和锻炼，要使这些人劳筋骨，苦心志，见贤思齐。如果一个人在童年、青年、成年各个时期都经受住了考验，无懈可击，那么，我们就必须把他立为国家的统治者。这样成长起来的统治者对外警惕敌人，对内关注朋友，以至朋友不愿、敌人不敢危害城邦。对于这样的统治者，当他生的时候应该给予荣誉，死后给他举行公葬和其他纪念活动。

记者：

在你所设计的城邦国家中，社会成员分为三个等级。首先最高的是统治者或称治国者；其次是军人护卫者，他们是统治者的“辅助者或助手”，执行统治者的法令；最后是农工劳动者、商人及其他服务人员。当然还有大量的奴隶。

柏拉图：

是的，社会成员本来都是在大地母亲的怀中孕育、铸造而成的，他们都是一土所生，彼此都是兄弟。但神在铸造他们的时候，在有些人的身上加入了黄金，这些人因而是最珍贵的，是统治者；在另一些人的身上加入了白银，这些人成为辅助者即军人；再在一些人身上加入了铁和铜，这些人成为农夫和其他手艺人。

记者：

希腊版的种姓制度。

柏拉图：

然而，由于他们渊源相同，虽然父子天赋相承，但有时不免金父生银子，银父生金子，还有其他类似的互生的情况。所以，神给统治者的命令首要的一条就是要他们做好后代的保护者，保护同族的纯洁性，注意后代灵魂深处所混合的究竟是哪一种金属。如果他们的孩子心灵里混入了一些废铜烂铁，他们绝不能稍存姑息，应当把他们放到与他们的本性相对应的位置上去，安置于农民、工人之间。

记者：

如果在低级阶层中发现优秀的人士怎么办？

柏拉图：

如果农民、工人的后辈中间发现其天赋有金、有银者，就要重视他们，把他们提升到护卫者或辅助者中间去。

十　对军人必须实行财产公有制

记者：

在你的著作中，你特别重视军人和统治者这两个阶级的品质的重要性，你还提出对这两个阶层要实行财产公有制。说说你的考虑。

柏拉图：

我先打个比喻：统治者就是牧羊人，军人就是帮助牧羊人放羊的牧犬。这些牧犬如果随心所欲，或因无管束、或因遭受饥饿、或因别的原因反而去攻击和伤害羊群，那么，这些军人就变成豺狼而不是牧犬了。

记者：

那如何才能确保军人不至于变成豺狼呢？

柏拉图：

要确保军人阶层不至于变成祸害人民的豺狼，就要对他们进行必要的教育，也要给他们提供住所和其他物品。当然了，最核心的一点就是，要对军人实行财产公有制。

记者：

如何理解你所说的财产公有制呢？

柏拉图：

我所讲的财产公有制包括这几个方面的内容：第一点，除了绝对的必需品以外，任何军人不得有任何私产；第二点，作为军人，任何人不应该有不是大家所公有的房屋或仓库。

记者：

那军人吃的食粮由谁来解决呢？

柏拉图：

军人吃的食粮应该由其他公民供应，这是一种报酬，是对军人打仗勇敢的报酬。按照需要，每年定量分给，既不能给得太多，也不能让他们感到饥饿。所有军人必须同住同吃，像士兵在战场上一样。

记者：

在现代许多国家似乎都是这么做的，难道在你所在的那个时代，就已经这样做了吗？

柏拉图：

那倒不是。在我们所在的那个时代，一旦发生战争，各种粮食、肉，乃至各种兵器，都是各个城邦自己准备的。我们那时不存在常备性的军队。

记者：

明白。我顺便问一个问题：你说对军人要实行财产公有制，这一点是否适用于统治者？

柏拉图：

这是必然的。无论是军人，还是统治者，他们都不能拥有土地、房屋和金钱。一旦他们拥有这些东西，他们就会去搞农业、做买卖，就不会一心一意搞政治、做护卫者了，他们就从公民的盟友蜕变为公民的敌人和暴君。而如此一来，他们会生活在仇恨和被仇恨、打倒和被打倒之中；他们就会在恐惧中度日，他们会惧怕人民超过惧怕国外的敌人。一旦这些人处于这种状态，他们就会和国家一起走向毁灭。所以，必须对他们实行财产公有制。

十一　论男女平等

记者：

世界上许多民族都存在重男轻女的传统，直到今天这个传统在许多地方还在延续。

柏拉图：

确实是个陋习。

记者：

你是公元前出生的人，在那么早的时代，你就提出了男女平等的思想，非常了不起。

柏拉图：

男女平等的思想包括两方面内容；第一，女子和男子应享有同等的受教育权；第二，男女都可以担任与自己天赋或天性相称的职务，女子也可以和男子一样以军人身份保家卫国。

记者：

有无一些具体的措施，来确保男女平等的原则得到落实呢？

柏拉图：

如果我们要女子和男子承担同样的职责，那么我们必须对她们进行同样的教育，我们用音乐和体育来教育男子，同样我们也必须用这两门课来教育女子，我们还要对她们进行军事训练，甚至包括进行裸体操练。

记者：

从天赋的角度看，女子似乎不适合去打仗。

柏拉图：

错，经过同样的教育和训练，女子也可以参加战争，管理国家事务。因为没有哪一项管理国家的工作是专属于男性或女性的。男女性别差异、生理上的差异并不等于天赋才能的差异；相反，同样的性别，会有不同的天赋，适于担任不同的职业。而不同的性别，会有同样的天赋。如果因生理差别而不让女人参加战争保家卫国，那就好比根据人有无头发来判定人是否有权利做鞋匠那样可笑。

记者：

你的观点确实很前卫，国家应该为女子参与社会生活提供便利。

柏拉图：

最核心的一点就是以法律的形式予以规定，这样做很难，但必须如此。这样做，不仅是可行的，而且是有益的。

十二　一切都是为了消除统治阶层的私有观念

记者：

你提出的男女平等思想得到越来越多人的认可，但你提出的反对一夫一妻制、主张妇女和子女公有的思想则很少有人点赞。你为什么提出这个看似有点荒唐的思想？如果真的按照你所说的那样办的话，国家不就乱套了吗？

柏拉图：

你先让我解释一下再做评论。

记者：

好啊。

柏拉图：

妇女和子女公有，仅限于统治者、军人集团内部，绝不是指城邦全部公民和非公民统统取消家庭，实行共妻共子。

记者：

你所讲的共妻共子制度仅限于上层阶级，而并非要施行于全体社会，是吗？

柏拉图：

是的，在统治者和军人群体内，这些女人应当归这些男人共有，没有一对男女可以单独组成家庭。同样的，儿童也都共有，父母不知道谁是自己的子女，子女也不知道谁是自己的父母。

记者：

具体如何实施呢？

柏拉图：

具体实施办法是：由立法者选出一些男女，让他们同吃同住，没有任何私产；彼此在一起，共同锻炼，天性的需要导致两性的结合。

记者：

乱不乱啊？

柏拉图：

这种婚姻制度绝不允许两性行为的杂乱或其他行为的无序。在一个幸福的国家里，杂乱无章的行为，如私生子是不合法的、亵渎神明的，是统治者绝不会容许的。相反，婚姻应尽量安排得庄严神圣。按规定，合法生下的孩子由管理的官员（男女）带到托儿所交保姆抚养，母亲可以前去喂奶，但不知道谁是自己的孩子。这样，父母和子女就无法相互辨认。

记者：

有意思。

柏拉图：

按规定：男子可以将所有在他结婚后第十个月或第七个月生的男女孩子看作自己的儿子、女儿，这些孩子称他为父亲；而且他还可以将这些儿女所生的子女称作孙子、孙女，他们则称他和他的同辈为祖父、祖母；同一生育期间出生的所有孩子相互之间都称为兄弟姐妹。

记者：

如此设计的动机是什么？

柏拉图：

第一，为了确保城邦统治阶层成员的“优”和“纯”，使他们在体质和精神方面都成为优秀者，达到长治久安的目的。为此，要尽量让最好的男人与最好的女人结合在一起，而最差的男人与最差的女人要尽量少结合在一起。最好者的下一代必须培养成长，最差者的下一代则不予养育。男女必须在身心两方面都强健旺盛的青壮年时期生育，男子为25岁至55岁，女子为20岁至40岁。战争中表现卓越的年轻人，要给予更多的机会，让他们与妇女结合，这样就可以获得更多的优秀后代。为了确保人种的优秀和护卫者的品种纯洁，非优秀者的孩子或其他人生下来的先天有缺陷的孩子由管理的官员秘密处理。与这种婚姻制度相关，统治者要根据战争、疾病和其他因素控制结婚人数和人口数，使城邦不至于过大或过小。

记者：

你所讲的这些话带有明显的人种优越论的色彩，难怪有些人拿出你的理论作为依据，做出不少屠杀民众的事情。

柏拉图：

这不是我的本意。第二点，这种公有制是与我们政治制度的其余部分相一致的，而且是最好的做法。既然财产公有，那为什么就不能共妻共子呢？

记者：

婚姻制度是国家稳定的基础，你所提出的共妻共子制度极易导致社会的混乱。不知道你提出如此设计的深层次原因是什么？

柏拉图：

这些社会制度会遭到非议、怀疑，会引起激烈的争论，会像浪头一样冲击人们，但对城邦国家却有极大的益处，因而会得到理解，是可行的。因为一旦如此安排，将彻底打破私有观念，而私有观念一旦不存在，国家就会长治久安。

记者：

愿闻其详。

柏拉图：

统治阶层成员的私有观念是城邦国家分裂、衰落的根源。团结是国家的最大的善，分裂是国家的最大的恶，国家的立法者必须分清至善与至恶，以至善为追求目标。治理得最好的国家最像各部分痛痒相关的有机体，在这样的国家里，应该有福同享，有难同当。而统治者、军人的妻子儿女的公有制和财产的公有制是产生同甘共苦情感的主要原因，是一个国家的最大的善，因为人们之间的纠纷都是由财产、子女与亲属的私有造成的……

记者：

也有一定的道理。

柏拉图：

反之，一切公有，统治者一身之外别无长物，他们之间就不会发生纠纷。只要他们内部没有纷争，就不怕城邦的其他人搞分裂和闹纠纷，国家就会长治久安了。

十三　要正确处理不同性质的矛盾

记者：

在你所生活的那个时代，你们希腊不同城邦之间经常发生战争，同时希腊外的城邦也与你们希腊各个城邦进行战争。这两类战争的性质有什么不同呢？

柏拉图：

关于这个问题，我在我的著作中说得很清楚。战争有两种形态：一种是希腊人和希腊人之间的战争，一种是希腊人与入侵的蛮族之间的战争。

记者：

在你看来，如何评价这两类战争呢？

柏拉图：

就第一类战争来说，发生在希腊人和希腊人之间。同是希腊人，他们本是血脉相连，按本性是朋友、是亲属、是一家人。他们虽然因各种原因发生了战争，但这是兄弟之间的事情，是兄弟之间的不和。这是一种内部的冲突，因此，可以称之为“内讧”。

记者：

那如何看第二类战争呢？

柏拉图：

第二类是希腊人与其他入侵的野蛮民族之间的战争。这些人与我们希腊人不是同一种族，因此，他们按本性来讲是敌人。这种冲突是真正的“战争”。

记者：

你把战争分成这样截然不同的两种形态，你的态度似乎也一目了然。

柏拉图：

没错。我在我的作品中，多次倡导希腊人要团结，只有团结才能对抗外来入侵。否则，希腊将死无葬身之地。同时……

记者：

我相信你肯定是反对希腊人之间的战争。

柏拉图：

没错。一旦发生内讧，希腊就会分裂，不同的亲人之间就会互相蹂躏，焚烧房屋，双方都不是爱国者，这种荒谬行为应当受到诅咒和谴责。

记者：

我看过很多希腊历史方面的著作，我发现在那个时候，希腊人征服别的希腊城邦是一件司空见惯的事情。

柏拉图：

没错。许多希腊城邦去征服同属一个民族的其他城邦，他们把同一种族的人降为奴隶，这是不合公平正义的。如果希腊人不团结，相互伤害，那么，我们这个民族就有被其他野蛮民族征服的危险。

记者：

你说的道理，大家都明白。但问题是，处于这种情况中的人们，即便是你们希腊同一种族的人，会听你的吗？

柏拉图：

你说的没错。很多人为了自己狭隘的利益，置自己种族于不顾，动辄诉诸暴力。这种内战，对希腊人是非常危险的。在我看来，即使是希腊人之间发生的内战，也与和其他民族的战争应该有所不同。

记者：

有哪些不同呢？说说你的看法。

柏拉图：

即使是希腊人之间发生了内战，也应当行为节制，胜利者只限于把对方当年收获的粮食带走，不能恶意地奴役和毁灭对方，只要对方知错悔改就可以了。

记者：

你的想法太天真。实际上，你们希腊人之间发生战争，彼此之间毁灭的程度丝毫不亚于与其他民族的战争。

柏拉图：

没错，希腊人或许真的堕落了。希腊同一种族的人之间一旦发生战争，相互抢夺尸体，还把缴获的武器作为祭品送到神庙里去，这是亵渎神灵。很多得胜者野蛮地蹂躏土地，焚烧房屋，这同样为神灵所不允许。

记者：

希腊民族在你之后的若干年就被别的民族征服了，或许与他们自己内部不团结有关系。

柏拉图：

百分之百是这样。希腊人之间能团结好，就能够战无不胜，好处多多；相反，如果内讧不断，相互毁灭，那希腊被别的民族所征服必然不会需要太多的时间。我相信这一点。

十四　没有哲学王，一切都无从谈起

记者：

经过前一阶段的探讨，你系统地提出了改革社会的政治主张。

柏拉图：

没错。我的主张是基于我所提出的“正义论”。也就是说，我所提出的对国家与社会的设计，符合我的“正义论”。

记者：

理论是理论，如果某种理论永远停留在思辨这个层面，即便这个理论再怎么符合正义，这样的理论也没有多少价值。

柏拉图：

话不能这么说。寻求理想的人，去把被理性所证实的治国方案予以实施，毫无疑问要更有价值得多。

记者：

不知道你找没找出实践你政治主张的方法？

柏拉图：

当然，我找出来了。

记者：

说说看。

柏拉图：

实践我所提出的政治主张，并非是从无到有，也并非是从零开始。

记者：

那从何入手呢？

柏拉图：

最现实的路径是，通过改革现有的城邦制度。

记者：

如何改革呢？

柏拉图：

现行的城邦制度存在很多障碍，存在很多弊端，这些制度与我所提出的治国方案相距甚远。唯有对这些阻碍我所提出的各种治国理政方案实施的东西进行改革，我们的改革目标才能实现。

记者：

具体的措施是什么？

柏拉图：

简言之，就是我所提出的“哲学王计划”。

记者：

这个名词我听得太多了。请你详细地解释一下，你所提出的“哲学王计划”包括什么。

柏拉图：

要想使我所提出的治国计划得到实施，必须让哲学家成为我们这些国家的国王，或者是要让目前这些称为国王或者说统治者的那些人，能够严肃、认真地去研究哲学，使政治权力和哲学智慧结合在一起，只有这样，我所提出的那些方案，才能得到实施。

记者：

你是不是太过强调哲学的作用了？

柏拉图：

一点都不。要想把国家治理好，不把那些只搞政治而不研究哲学，或者说只研究哲学而不搞政治的碌碌无为之辈驱赶出去，我们的国家就得不到安宁，全人类也不能免于灾难。如果这两种人盘踞在政治舞台，我们提出的所有理论都不可能得到实施，国家长治久安无从谈起，公众的信任也无从谈起。

十五 真正的哲学智慧乃是对理念论的准确把握

记者：

你的观点非常明确，就是说，要想使你设计的那一套思想得到实现，唯有依赖“哲学王”的出现，才能成功。

柏拉图：

没错。

记者：

你说“哲学王”便是将哲学智慧和政治权力集于一身的那个人，也可以说是一个统治集团。在这里，政治权力谁都明白是怎么回事，那你所讲的哲学智慧是什么呢？

柏拉图：

我对哲学智慧的理解与别人不一样。在我这里，所谓的哲学智慧就是对我所提出的那个“理念”的把握和领会。

记者：

你的意思是不是说，只有掌握了你所创造的关于“理念”的那套理论，才能算把握了哲学智慧，否则啥也不算？

柏拉图：

可以这么讲。在我的“理念”理论中，我提出，在我们看得见、摸得着的现象世界之外，有一个永恒的东西存在。这个东西，就是“理念”。在各种“理念”中，正义、美、节制这些东西，是“理念”中的“理念”，是绝对真理，是绝对的善。作为一个政治家，作为一个真正懂哲学的人，他应该把他的理想瞄准绝对的彼岸世界的那个“理念”，并用这个“理念”来改造现实世界，而绝对不能满足于当下的一些东西。

记者：

听你这么一解释，我现在终于明白了，为什么一些人把你的那本著作称为《理想国》。在你这里，所谓的理想，就是你所强调的那个高高在上的“理念”，那个以正义、美、节制等为核心的“理念”。你要求作为人间的统治者，必须以整个至高无上的“理念”为治国安邦的理想和目标，并以这个目标为标准来改造当下的世界。唯有如此，一个真正好的世界，才会出现。

柏拉图：

在我所在的这个世界里，真正能够懂得哲学智慧，又懂得政治权力的人，真是少之又少。懂得哲学的人，对政治一窍不通，是个书呆子；掌握政治权力的人，不懂得我所讲的哲学，往往又是混世魔王。一些人虽然既懂得哲学智慧，又懂得政治权力，但是他们所面临的政治环境太过恶劣。这些人就像被丢在野兽群中，既不愿作恶，又不能单枪匹马地对付野兽，只能保持沉默。

记者：

你的思想仅仅是个理想。在你所在的那个世界，看不到实现的可能，因而难免会流为乌托邦。

柏拉图：

是这样。

十六　有什么样的人性就有什么样的政体

记者：

研究你的政治学理论，发现你总是喜欢把政治问题与伦理和人性问题结合在一起，你为什么要这么做呢？

柏拉图：

这是必然的。任何政治体制的设计，必须与人的幸福联系起来进行考察。一种制度，如果不能让品行最好的人获得最大的幸福，就不是好制度。同样，一种制度，如果不能让最坏的人得到最大程度的报应，也同样不是好制度。

记者：

政治体制与人性的关系是什么样子的呢？

柏拉图：

不同类型的政治体制来源于不同的人的品性。有多少种不同的人性，就有多少种不同的政治制度。当然啦，制度不同对人性的塑造也会有不同的影响。

记者：

怎么讲？

柏拉图：

好的政治制度可以让坏人变好，让好人变得更好，而坏的制度则可以让好人变坏，让坏人变得更坏。

十七　理想中的“贤人政治”

记者：

对政治体制的研究，是你政治哲学的核心内容。首先，我想问一下，什么样的政体是你心目中最好的政体？

柏拉图：

我心目中的政体是贤人（希腊文“aristokaratia”，英文“aristocracy”）政体。这个词的意思是“出身好的人”，在我心目中由出身好的人进行统治是最好的政体。

记者：

这种贤人政体具有什么具体特征呢？

柏拉图：

贤人政体是以我提出的“理念论”为指导思想，以正义为根本原则，以智慧、勇敢、节制为伦理基础，以善为最高目标。在这里，国家由一批身心健全、德才兼备、有知识、有政治智慧，且富有潜能的哲学王来掌控。在这个统治集团内部实行财产公有、妇女和子女共有，男女平等，清正廉洁，这些都是贤人政体的特征。

记者：

根据你的研究，你认为你所在的那个时代，哪个国家是贤人政体呢？

柏拉图：

贤人政体只是我心目中理想的政治体制，在这个世界上还从未出现过。至于说将来是否能出现，还不好说。总之，它是一种理想，是所有政治体制都应该学习的榜样。

记者：

在这里，我似乎感觉你心目中理想的贤人政体或许又是理念层面的东西，而现实生活中的各种政治体制都不过是这种贤人政体的模仿品而已。

柏拉图：

你说的基本正确，无非是在现实生活中有的模仿得好一些，有的模仿得差一些，有的简直是不伦不类，与我心目中理想的政治完全是风马牛不相及。

十八　从贤人政体向荣誉政体的嬗变

记者：

你在你的著作中提出四种政治体制，它们是：荣誉政体、寡头政体、民主政体和僭主政体。我先问你一个问题，这种从荣誉政体到僭主政体的顺序，有什么讲究呢？

柏拉图：

这四种政治体制排列的顺序，不是随意的。我是按照它们相对的优劣而排列的，其优的次序依次递减，劣的程度是依次递增。

记者：

那你具体排序的优劣标准是什么？

柏拉图：

是从伦理道德的角度来看的，也就是说，是从伦理道德的本性及其执政者的相应的道德品质的角度来看的。当然了，最核心的标准是以正义和非正义为原则。

记者：

如此一来，能不能说按照正义这个原则来说，从荣誉政体到寡头政体，到民主政体，再到僭主政体，是一种体制不如一种体制？

柏拉图：

没错。这是一种退化型的演变，而不是进化型的演变。

记者：

那我就明白了。再问一个问题，刚才我们已经谈过，贤人政体被你认为是一种理想的政体。依照你的排序，荣誉政体很显然是一种离贤人政体最近的体制。我想了解一下，荣誉政体是如何一步一步地从贤人政体过渡而来的呢？

柏拉图：

在分析这个问题之前，我必须说明的是，我对政治体制的排序研究，是基于逻辑学的角度而进行的，至于实际情况是按什么顺序则与此无关。

记者：

你的哲学重理论、重逻辑、重理性分析，这点我知道。你还是说说荣誉政体是如何从贤人政体过渡而来的吧。

柏拉图：

没问题的。根据我的研究，在现实生活中与我所谈的荣誉政体相符合的典型代表是斯巴达所奉行的政治体制。

记者：

在后人看来，斯巴达所奉行的是一种独裁型的政体，而你却认为它是一种荣誉政体。

柏拉图：

是的。贤人政体毫无疑问是最好的政体。但是，即便贤人政体是多么的好，也无法保证它所培养出来的统治者永远都能做出正确的判断。

记者：

你是说，在贤人政体下，统治者虽然都是有智慧的哲学家，也不能保证这种体制培养出来的统治者永远都能做出正确的决策。

柏拉图：

没错。例如，在生育问题上，根据毕达哥拉斯的数论传统，优生还是劣生的决定性因素是几何数。但是，有的统治者不懂这种几何数，他们选择了错误的生育时间，不合时宜地让适龄男女结婚，他们生出来的子女，就不可能是优秀或幸运的。当他们掌权时，原有的那一套制度，就会被破坏。年轻人缺乏教养，统治者丧失了分辨金种、银种、铜种和铁种的能力。金和银、铜和铁相互混杂，从而产生了不平衡、不一致、不和谐。

记者：

如此下去，必然导致战争和仇恨。

柏拉图：

没错。铜铁集团趋向于私利，兼并土地、房屋，聚敛金银财宝；而金银集团由于其自身心灵拥有真正的财富，则趋向于美德和传统的秩序。两者相互斗争。由于铜铁集团已经混杂于统治集团，因此金银集团就无法制服铜铁集团。在这种情况下，双方只能达成妥协，将公有的土地、房屋进行分配，据为己有；将原先的自由民和供养人，变成了他们的奴隶和臣民。

记者：

贤人政体的退化，看来真要开始了。

柏拉图：

没错。血统的混杂使得财产从公有变成私有，是政治体制发生演变的根本原因。到了荣誉政体下，智慧者不再掌握政权；而那些单纯而勇敢的人则成为国家的统治者。这些人不适合和平时期，而更适合于战争，他们崇尚战略战术，大部分时间都是在从事战争。

记者：

斯巴达确实如此。

柏拉图：

在荣誉政体下，统治者贪图财富，热衷于搜刮金银财宝；他们争强好胜，推崇荣誉，凡事都容易自作主张而缺乏文化。他们在奴隶面前颐指气使，面对长官俯首帖耳；他们爱掌权，爱虚荣。总之，到了荣誉政体下，国家的统治者已经不再是哲学王，而是那些傲慢的、爱荣誉的军人阶层。政治政体从贤人政体向荣誉政体的退化型演变，就这么形成了。

十九　寡头政体：根据财产多少确定掌权资格

记者：

因决策的失误，导致贤人政体演变为荣誉政体，那荣誉政体是如何一步一步地嬗变为寡头政体的呢？

柏拉图：

荣誉政体是一种很不错的政治体制，但是，私有财产制度破坏了这个体制。在荣誉政体下，统治者拥有大量财富，他们挥霍浪费、违法乱纪、无恶不作，发了财就更加看重钱财，发了财就更加看不起美德。

记者：

应该是这样。财富与美德，好像是天平的两端：一边往下沉，另一边就必然往上翘。

柏拉图：

你说的没错。当荣誉政体嬗变为寡头政体的时候，好胜爱荣誉的人，就变成了爱钱财的人，他们就歌颂富人、鄙视穷人，他们让富人掌握国家政权。你知道富人是城邦的少数人，这少数人掌权，国家的政治体制就变成了寡头政体。

记者：

我明白你的意思。一个社会一旦以钱财的多少来确定掌权资格，就必然蜕变为寡头政体。

柏拉图：

没错，寡头政体就是根据财产多少来确定从政资格的一种体制。这种资格得到法律的认可，只有财产达到一定的数目，才有资格从政；反之，财产达不到规定的标准，就没有资格参与政治。如此一来，国家的政治权力就必然掌握在少数的富人手里，而绝大多数的穷人，就不可能有参政的资格。

记者：

在现实生活中，由少数的富人掌握政权的体制不在少数。

柏拉图：

这种体制，潜藏着巨大的危险性。

记者：

它的危险性表现在什么地方呢？

柏拉图：

一个人是否拥有财产，和他是否拥有治国的能力不是一回事。财产标准，不等于治国能力的标准。好比根据财产标准选择舵手一样：一个富有航海技术的穷人，却当不上舵手；而一个不懂航海技术的富人，则当上舵手，其危险性可想而知。

记者：

你说的有一定的道理。这种体制还有什么弊端呢？

柏拉图：

这种寡头政体必然使城邦一分为二：一个是富人的城邦，一个是穷人的城邦，他们相互算计、相互争斗。一旦城邦与入侵者发生冲突，国家要组织人们保家卫国都会成为严重的问题。

记者：

此话从何说起？

柏拉图：

在寡头政体下，统治者是孤家寡人，要打仗就得武装民众，但这些极少数统治者害怕民众甚于害怕敌人。在这种体制下，一个人必然会从事多种职业，例如，有的人既是农民又是商人，有时还会是士兵。如此一来，他们什么工作都不可能做好，一旦发生战争，这样的国家必败无疑。

记者：

从理论上讲，你说的有一定道理。

柏拉图：

此外，寡头政体允许产业的买卖，社会财富的兼并会达到无以复加的程度。一方面，有很多人的家产被兼并，他们沦为乞丐，甚至成为小偷、扒手、盗贼或其他为非作歹的坏人；另一方面，一些人通过兼并而成为少数巨富，他们虽然有资格做统治者，但他们实际上并没有领导和治理国家的能力，他们只懂得奢侈、消费。这两类人，都是国家的祸害，他们都是只会消费不会生产的雄蜂。从某种意义上讲，他们比雄蜂还可怕。

记者：

怎么讲呢？

柏拉图：

天然的雄蜂没有刺，而人类的雄蜂则有的有刺，有的没刺，没刺的成为乞丐，有刺的成为坏蛋和罪犯。

记者：

寡头政体在你看来真是几乎没有什么好处。

柏拉图：

没错。从统治寡头国家的人来说，这些统治者，他们从人格上来讲，是分裂的、是双重性格的人，他们的心灵难以达到和谐一致。

记者：

这是为什么呢？

柏拉图：

寡头政体的统治者的后代起初准备效仿他们的父亲，后来看到他们的父亲在政治上触了礁，人财两空，灵魂里的廉洁心和好胜心立即动摇，转向聚集财富，从争强好胜转为贪财取利。在这些人的眼中，欲望和爱财被奉为神圣，理性只被用来计算如何才能赚钱，激情只用来赞美财富和富人。当然了，这些人为集聚他们的财富，也特别地勤俭节约，他们往往也不过分浪费他们的财产和财富。但总体讲，他们缺乏文化的教育。

记者：

难道这种体制一点点好处都没有了吗？

柏拉图：

如果说这种体制还有一点好处的话，那就是他们为了保全自己的财富，有时候还会对自己心中邪恶的欲望进行一些必要的遏制，这或许是唯一的“优点”吧。

二十　评民主政体

记者：

寡头政体是从荣誉政体演化过来的，那按照你所讲的顺序，寡头政体往下继续退化将是民主政体。在你的政治体制理论中荣誉政体最好，寡头政体次之，民主政体排了第三？

柏拉图：

是这样。民主政体与荣誉政体不可比，它也不如寡头政体。

记者：

希望你详细地分析一下。寡头政体在什么样的情况下会蜕变成民主政体呢？

柏拉图：

在寡头政体中，所有人都以贫富的多寡而分成两极的两类人，富者越富，贫者越贫。他们虽然同居一座城市，但是彼此相互嫉恨，都希望发动革命打压对方。那些富人们一门心思想着赚钱，别的什么都不考虑。无论是富人还是平民，他们对德性都不关心。面对这种情况，统治者无可奈何，也无法制定法律来处置这种事情。此时的国家，就像不健康的身体一样，稍有风吹草动，国家就会发生内乱。一个派别从寡头政体的国家引进盟友，另一个派别从民主政体的国家引进盟友，于是发生了内战。内战的结果是，如果平民取得了胜利，他们就将贵族中的一些人处死，另一些人流放国外，但给予其他公民享有同等的公民权和担任公职的机会。这样，就建立了民主政体。

记者：

民主政体具有什么特点呢？

柏拉图：

民主政体的特点是自由和宽容。

记者：

这不是很好嘛！

柏拉图：

错。这恰恰是民主政体的弊端。

记者：

从何谈起？

柏拉图：

在民主政体下，每个人都享有广泛的行动自由和言论自由，人的个性犹如五彩缤纷的锦绣衣服。民主政体包容各种类型的政治，国家的治理者可以自由选择自己喜欢的模式。但它的缺陷是：做什么事都随自己的心愿，有资格掌权的人可以不掌权，国家的法律、命令可以不服从。甚至一些被判了刑的人，在大街上走来走去，像没事的一样。这样的自由有什么好处呢？还有，社会有一定的分工，才能有条不紊地继续进行下去。而民主政体却宽容那些超越社会分工的行为，让人们为所欲为。民主政体还不加区分地把平等原则给予一切人，而不管他们实际上是不是该平等。因此，民主政体表面上令人喜欢，优点很多，实际上是一种无政府的混乱状态。尤其是……

记者：

民主政体还有什么弊端呢？

柏拉图：

在民主政体下，社会的发展没有基本的原则可以遵循，人的性格也变得复杂多样。在这种体制下，各种不必要的欲望占据着人的心灵。人的心灵空无一物，没有理想、没有学问、没有事业心。虚假的、狂妄的理论畅通无阻，人的心灵中的美德被扫除干净，傲慢、放纵、奢侈、无耻统治人类的心灵。各种丑恶的道德被戴上花冠：傲慢被误认为彬彬有礼，放纵被美化为自由，奢侈无度被称为慷慨，无耻则被称为勇敢。这种体制一旦长期主宰一个国家，人的心灵会蜕化变质，人会被各种没必要、无用的欲望所支配；人会沉溺于各种各样的享乐之中，生活没有秩序、没有节制；人的性格都是多重的、分裂的。这就是民主政体的弊端。

二十一　僭主政体：一种源于极端自由的极端奴役

记者：

我们探讨了寡头政体，也研究了民主政体，下面是不是该研究你所列举的僭主政体了？我想知道的是，这僭主政体是从何演变而来的呢？

柏拉图：

寡头政体把财富视为善，它本身就是以财富为基础建立起来的政治体制；寡头政体失败的原因，恰恰在于它过度地追求财富。

记者：

民主政体崩溃的原因是什么呢？

柏拉图：

民主政体把自由作为善，它本身就是以自由为基础而建立起来的。但是，不顾一切地追求自由，必然破坏民主政体的基础，从而导致民主政体土崩瓦解，进而便导致集权专制的出现。这个时候的政体，便由民主政体演变为僭主政体。

记者：

根据你的意思，当民主政体被所谓的自由过分破坏之后，就会导致集权专制的出现，这种集权专制是不是你所提出的僭主政体呢？

柏拉图：

正是。自由是个好东西，你也喜欢，我也喜欢。但是，当自由发展到极端，无政府主义便会渗透到家庭，乃至整个社会，乃至动物之中。例如，儿子与父亲平起平坐，无公民权的公民与本邦的公民平起平坐，教师开始害怕学生、不得不去迎合学生，年轻人与老一辈分庭抗礼，奴隶与主人同样自由自在，就连驯养的家畜也要比别的城邦自由得多。

记者：

据说，在你那个时代，在大街上，家中养的狗也与女主人一样，很尊崇；牛和马也自由地在大街上行走。

柏拉图：

确实是这种情况。如果有人想拦住这些牛和马，就有可能被它们踩倒。总之，在民主政体下，万事万物都充满了自由精神，公民的灵魂变得非常敏感，稍微受一点约束，就觉得难以忍受。整个社会是一种彻底的无政府状态，所有法律都被弃置一边。

记者：

确实是走向了另一个极端。我知道有一个道理，叫物极必反。当自由走向极端的时候，我相信它也会走向另一个极端。

柏拉图：

没错。物极必反是个规律，是个真理，天气、动物、植物都遵循这个规律。极端的自由必然会走向极端的奴役，僭主政体从民主政体脱胎而来，就是例证。

记者：

请你详细地说一说。

柏拉图：

民主制国家从其人员构成来说，可以分成三个部分。

记者：

哪三个部分？

柏拉图：

这三个部分是：掌权的强人阶层；富人阶层；自食其力、安分守己、没有多少财产的大多数平民。在这三个阶层中，平民阶层一旦结合起来，力量是非常强大的。

记者：

那僭主政体到底是如何产生出来的呢？

柏拉图：

民主政体充斥着各种矛盾和斗争，我刚才所讲的三部分社会阶层，如果相互争斗，形成党派，人数众多的平民通常总要选举一个人出来领头，做他们的保护人。

记者：

这个所谓的保护人是不是就是僭主呢？

柏拉图：

正是。僭主就是从保护平民这个目的而产生的，他正是通过控制轻信无知的民众，以平民的保护人、以平民的领袖身份出现的。

记者：

如果僭主能够保护好平民的利益，那也无可厚非嘛。

柏拉图：

僭主的早期形态确确实实是平民的保护人，他对保护民众的利益确实起到一定的作用。但是，一旦他通过玩弄阴谋诡计，诬告、谋害人命，通过流放、判刑、掠夺财产、瓜分土地等手段来镇压别人，他就发生了变异。这时的保护人就变成了豺狼，僭主就是这样的人。

记者：

研究希腊的历史，我发现很多僭主也经常被别人所杀害，他们也时刻处于危险之中。

柏拉图：

你说的没错。僭主从保护人发展而来，在这个过程中，他也可能被他的政敌谋杀，或被驱逐、流放。但是，他有办法来保护自己，他通过建立警卫队，把反对者和政敌打倒，最终攫取了国家的最高权力，变成一个十足的独裁者。为了讨好民众，他一开始就采取豁免穷人债务、分配土地给民众等办法来笼络民心；而一旦他的统治稳定下来，就压制自由、清除反对者、消灭异己、扩充保卫他的警卫部队，以确保他的政治固若金汤。

记者：

人民原指望这些人来保护他们的权利，结果倒给自己找来了一个高高在上的统治者。

柏拉图：

没错。僭主就是野兽，就是虐待作为他父亲的人民的野兽。他利用人民的轻信攫取了国家政权，但最终又把人民变成了奴隶。人民发现自己跳出油锅又入火炕，人民原指望在僭主的领导下成为国家的主人，但最终却落入了最残暴、最痛苦的奴役之中。

记者：

那人民可以推翻僭主嘛！

柏拉图：

从理论上可以这么讲，但在现实中谈何容易呀！

二十二　现代弗洛伊德学说的理论先驱

记者：

你对僭主政体的研究可以说是入木三分，尤其是你对僭主性格的分析，颇具现代色彩。为此我想请你把对僭主的心理分析再系统地表述一下。

柏拉图：

当然可以。首先我要声明，我对僭主的分析并不仅仅适用于僭主，对你对我或许都适用。

记者：

请你讲吧。

柏拉图：

我们每个人的心中，都存在着一些强烈的、可怕的违反法律的欲望。

记者：

你是说，每个人都如此？

柏拉图：

是的。这些欲望往往在睡梦中活跃起来、表现出来。你要知道，人在清醒的时候，他的理性能力是很强的。但一旦进入梦中，理性部分就懈怠了，失去了控制。

记者：

人的欲望一旦失去了控制，那将一发不可收拾。

柏拉图：

肯定是的。这些欲望是兽性的、野性的，由于它们摆脱了人的理智的约束，也摆脱了人的羞耻心的约束，从而没有什么愚昧无耻的事是它们所不敢想的，诸如乱伦、谋杀、吃不该吃的东西等。

记者：

我相信大多数人是能够控制好这些东西的。

柏拉图：

从理论上讲是如此。一个人身心健康、充满智慧，那么在入睡前他会唤醒理性，使之具有清醒的自我意识，从而能够控制好灵魂的欲望和激情，使欲望和激情这两部分安静下来。在这种状况下，人是有可能掌握真理的，他的梦境不可能是非法的。

记者：

我相信僭主肯定是那种控制不了自己非法欲望的人。

柏拉图：

是的。僭主们的灵魂是不健康的，他们的灵魂充斥着各种欲望，在他们的灵魂中起主宰作用的激情不仅保护而且刺激那些欲望，而把身上的节制等美德一扫而空。也正是在这些欲望的主宰之下，这些僭主变成了醉汉、色鬼、放荡不羁者、铺张浪费者；也正是在这些欲望和激情的支配之下，这些僭主成了暴君，无法无天、无恶不作，这些人视天下所有人为敌人，他们没有真正的朋友，他们不是别人的主人便是别人的奴隶。可以说，所谓的僭主是即使在醒着的时候也能够干出睡梦中的那些龌龊的事情的那些人。他们是天底下最邪恶的人，是无信之人，是把自己的幸福完全建立在别人痛苦之上的人。

记者：

我在你的书中看到，你曾经说过，僭主也是天底下最不幸的人，这从何说起呢？

柏拉图：

这话我确确实实说过。天底下最恶的人，也是天底下最不幸的人。为什么呢？因为这些人的心灵被疯狂的欲望所驱使、所主宰，永远不能满足；他们的心灵是受奴役的、不自由的，他们不能控制自己却要控制别人。

记者：

既然如此，他们必然是每天都生活在战战兢兢之中。

柏拉图：

是的，这些僭主时刻担心别人起来推翻、消灭他们。好比一个富有的奴隶主及其家人和奴隶，被神明送到一个无人救助的偏僻地方，奴隶主会害怕自己和家人被奴隶杀死。

记者：

所以，你说他们的生活也充满着不幸？

柏拉图：

是的。僭主们的处境就如同身处充满着各种各样的恐惧和欲望的禁闭所。他们是这个城邦里唯一不能出国旅行或者参加普通公民爱看的节日庆典的人。这些人虽然大权在握、为所欲为，但权力使他们成为充满着妒忌、无信、无义、背弃朋友、不敬神灵的人。他们的家、皇宫都是藏污纳垢的场所，是各种恶行的温床。所以，他们是天底下最不幸的人，进而使他们周边的人都成为不幸的人。

记者：

僭主在你的眼中简直就是个恶棍。一个国家一旦落入僭主的统治，那就陷入万劫不复的境地。

柏拉图：

正是如此！

第六章　法治与“第二理想国”

引　子

除了晚年很短的时间，柏拉图一直都是一位典型的道德至上主义者，在他的心目中，哲学王对国家的统治是最符合其理念主义思想的理想政治。但是我们的主人公从来就不是一个满足于永远待在象牙塔中的书生，屡屡受挫的政治活动让他不得不在晚年修改了自己对于人治与法治的看法。正是在其最后一部作品，也是最长的一篇对话《法律篇》中，柏拉图系统提出了他的法治思想，那就是法治即便不是最好的政治，也是最具现实价值的“第二理想国”。让我们走近柏拉图，与他一起对人治与法治的利弊得失进行分析交流。

一　法律的价值：打赢两大“战争”

记者：

希腊人习惯于将立法的功劳归功于某位神灵，是吧？

柏拉图：

是的，克里特人说他们的法律是宙斯制定的，斯巴达人说他们的法律是阿波罗制定的，雅典人也是如此。在很长一段时间里，人们虽然明知法律是由立法者制定的，但人们又会自觉不自觉地把他们的法律与某种神意挂起钩来。似乎法律不是人制定的，而是由某个至高无上的神灵赋予人类的。

记者：

希腊人，如克里特人，总习惯于将他们的锻炼公民身体的方法、军事装备制度，乃至要求公民们必须集体进餐的制度，以法律的形式固定下来，这种做法很奇特。

柏拉图：

没有什么奇特之处，我研究过若干个古老的国家，最早的国家治理者都习惯于这么做，我相信，在你们那个国家不应该是例外。

记者：

我们中国最早的文化就是《周礼》。《周礼》就是一整套严密的法律、规范、礼仪、习俗。不过建议不谈我们的，还是谈希腊，谈谈立法的功能，谈谈法律的价值，继续以克里特为例。

柏拉图：

好啊。法律的价值，说复杂也复杂，说简单也简单。

记者：

简单点如何说？

柏拉图：

简单地说，立法或者说法律的价值，就是要确保国家，或者说城邦，在两大战争中都能取得胜利……

记者：

哪两大战争？

柏拉图：

一个是对外战争，一个是对内战争。

记者：

先说对外战争。对外战争就是抗御外敌入侵，保家卫国呗。

柏拉图：

是的。克里特的法律，规定人们必须经受跑步训练，必须学会使用弓箭，同时还规定在整个战役过程中，所有参战者必须共同进餐，在共同进餐时，由长官和士兵轮流放哨，担任警卫，为什么要这样做？是为了防范敌人发起突然袭击，以确保在对敌战争中取得胜利，而不被敌人打败。

记者：

战争时如此，和平时难道也要这样？

柏拉图：

也必须如此。

记者：

为啥？这不是劳民伤财吗？

柏拉图：

不是这么回事。大多数人所说的“和平”，都是幻想，在实际生活中，每一个国家凭其本性都会不宣而战的。在战争中，如果你不能取得胜利，你所拥有的一切财物都不是你的，而是你的敌人的。战败者的一切都是人家的。

记者：

明白你的意思。国家制定法律，最重要的一个目的就是通过法律强化国家的管理，提高国家的组织化水平，以确保国家在对外战争中取得胜利。

柏拉图：

你归纳得很到位。国家制定法律的另一个目的，是确保国家在对内战争中也能取得彻底胜利。

记者：

对内战争，什么意思？

柏拉图：

就一个个体的人来说，他经常会面临着自己与自己的战争。有的人意志力无比强大，在自己与自己的战争中，他总能战胜自己，而不被各种邪念所征服，进而取得自我内部战争的胜利；有的人意志极端薄弱，在自己与自己的战争中，他总是屈服于各种邪恶的意志，自己被自己打倒，自己成为自己的手下败将，自己成为自己的奴隶……

记者：

你的意思我明白，你所讲的内部战争，无非就是某个机构或组织内部各种善的、恶的力量之间的冲突。如果能确保善的方面的东西战胜恶的方面的东西，就意味着这个组织取得了自己对自己的胜利；反之，就是失败。

柏拉图：

是这个意思。就一个国家来说，各个阶级内部、各阶层之间无时无刻不在进行着各种看得见、看不见的战争。如果能够让比较优秀的人征服比较低劣的人，我们就说这个国家自己成了自己的征服者，这个就是其内部战争的胜利者；反之，如果这个国家被内部比较低劣的人所把持，而那些比较优秀的人则靠边站，坐冷板凳，我们就说这个国家是个失败国家，自己成为内部战争的失败者。如何确保国家不被自己打败，便成为国家立法活动的第二个价值追求。

二　整体美德优于单一美德

记者：

你说任何一位立法者，都应该把至善作为自己制定法律的首要原则，如何理解至善这个规则呢？

柏拉图：

至善者，乃善的最高级，乃最大的善物，乃最大的好东西。

记者：

就其内容来说，至善包括什么呢？

柏拉图：

至善，既不是赢得对外战争的胜利，也不是赢得对内战争的胜利，而是实现人与人之间的和平与善意，并进而促进国家或城邦全体公民的全面发展。

记者：

全面发展？

柏拉图：

如果一个人仅仅拥有航海方面的知识，但却胆小如鼠，就算不上一个得到全面发展的人。一个人虽然拥有指挥打仗的技能，但缺乏从全局考虑问题的视野，同样也不算一个得到全面发展的人……

记者：

就一个国家或城邦的公民来说，一个全面发展的人应该是一个什么样子的人呢？

柏拉图：

这样的人，不仅应该拥有能够服务社会的基本技能，还应该是一个道德上的完人。

记者：

道德上的完人？

柏拉图：

一个人虽然拥有航海的技能，但却胆小如鼠，这样的人算不上一个得到全面发展的航海家；一个人虽然能够指挥打仗，但心胸狭窄，缺乏大局观念，这样的人显然也算不上得到全面发展的军事家；一个人虽然懂得一些政治技巧，但是心灵龌龊不堪，这样的人显然算不上一个得到全面发展的政治家。

记者：

这个我明白。

柏拉图：

对于一个公民来说，在修炼自己道德的时候，不能仅仅立足于某一方面德行的培养，顾此失彼，东一榔头西一棒槌，而应该在勇敢、正义、自制、明智等方面全面培养自己。唯有如此，人的修炼才能走上全面发展的轨道。

记者：

我明白你的意思。你是建议国家的立法者在立法的时候，也要把促进公民在道德上的全面发展作为目标，而不是仅仅抓住某一方面。要着眼于整体美德，而不能着眼于某一方面。

柏拉图：

是的。

三　法律、教育与德性

记者：

你对教育高度重视，你是比我早出生两千多年的人，在你看来，何谓教育？

柏拉图：

教育的含义是多元化的。首先，教育是培养人们适应未来生活，成为某一行业佼佼者的一种手段。

记者：

怎么讲？

柏拉图：

一个打算在某个具体行业成为佼佼者的人必须从小开始实践，在工作和玩耍中，他必须处于一个被专门的“行业工具”包围的环境……

记者：

“专业工具”具体指什么？可否举例说明？

柏拉图：

比如，打算做好农夫的人必须玩种地的游戏，种地的那些工具就是“专业工具”；打算做好建筑工的人必须用他的玩耍时间制造一座玩具房子，那些盖房子用的工具，就是“专业工具”……

记者：

明白。

柏拉图：

在各种情况下，老师都会把比真工具小一号的工具给他们使用。尤其是，在初级阶段，他们须学会那些重要的基本技艺。比如，木匠必须在玩耍中学会使用直尺和吊线，士兵必须学会骑马。我们应当试着使用儿童游戏来引导他们的兴趣和爱好，使他们在成年以后可以去从事这些职业。一旦在他的灵魂中培养对他将来所要从事的职业的热爱，等他长大了，他就能够成为这一行的佼佼者。

记者：

游戏也成为教育了？

柏拉图：

是的。

记者：

教育还包括哪些内容呢？

柏拉图：

教育还是培养完善公民，使之能够按照正义要求成为合格统治者和被统治者的手段。

记者：

你是不是赋予了教育太多的功能？

柏拉图：

一点都不。

记者：

说说看。

柏拉图：

如刚才所言，教育是对公民进行职业培训的手段，但这种教育是一种低层次的教育，因为它教给人们的无非是如何赚钱、如何使自己的筋骨硬朗起来，这种教育与你我现在谈论的德性方面的训练完全不在一个层次。

记者：

你确实看重德性方面的教育。

柏拉图：

我心里想的教育是从儿童开始的德性方面的教育。这是一种训练，旨在让儿童产生一种强烈的愿望，长大以后要成为一名完善的公民，知道如何按照正义的要求去统治别人和被别人统治。唯有当教育和伟大的美德相结合的时候，教育才是无价之宝。

记者：

在关于人的德性的教育和培养中，法律扮演着一种什么样的角色？

柏拉图：

法律帮助人们分辨是非、评估善恶，其作用非常大。

记者：

请分析之。

柏拉图：

我们每个人身上都有一对愚蠢的、相互敌对的顾问，我们称之为快乐与痛苦。除了这两个顾问以外，还有关于未来的看法，这些看法的一般名称是“期待”。具体说来，对痛苦的预见被称作“恐惧”，预见痛苦的对立面被称作“自信”。在这些东西之上我们有“算计”，通过算计，我们判断痛苦和快乐各自的功绩，当这些判断被表达为城邦的公共决定，就得到了“法律”这个头衔。

记者：

“算计”这个词怪怪的。

柏拉图：

用什么词关系不大，说到底，法律就是一种标准、一种尺度，它在人的德性的训练和教育中，扮演着牵引者的角色。

记者：

基本道理没有错。

柏拉图：

我们每个人都是众神的玩偶……

记者：

玩偶？

柏拉图：

是的，无论我们被造出来仅供他们玩耍，还是有某种重要的原因，我们不得而知，无法猜测，但有一点我们肯定是知道的……

记者：

哪一点？

柏拉图：

那就是：我们身上有了这些情感，这些情感就像引木偶的线一样起作用，它们之间是相互对立的，把我们拉向不同的方向，我们这一来一回就超越了善恶交会的界限。按照我们的论证，这些牵引力中有一种需要我们持续地服从，我们必须响应这种力，去要去的地方，我们也必须抗拒其他的线。

记者：

这根线应该就是你讲的法律吧？

柏拉图：

是的。这线是神圣的，是黄金做成的，传输着“算计”的力量，在城邦里这种力量被称作公共法律。由于它是黄金做成的，所以它像黄金一样柔软。

记者：

很有意思的比喻。

柏拉图：

法律的力量是卓越的，人必须与法律合作，有了法律作为底线和约束，就可以保证我们身上的黄金成分能超过其他基质。久而久之，完善的人就会应运而生，完善的统治者和被统治者就会应运而生。

四　用法律规范音乐与体育活动

记者：

音乐与体育，是两项非常常见的运动，娱乐与健身而已，而你却主张要用法律来对这两项活动予以规范。这是出于什么考虑呢？

柏拉图：

要回答这个问题，得先从音乐和体育的起源说起。

记者：

请说说音乐与体育从何而来。

柏拉图：

婴儿时期的儿童最先得到的感觉是关于快乐和痛苦的，这就是美德或邪恶最初进入灵魂的路线。

记者：

挺拗口的，什么意思？

柏拉图：

意思是说：人在最初的阶段能感觉到的就是快感和痛感，国家与社会对儿童的教育就是通过对这两种情感的约束和控制来引导儿童沿着符合社会需要的方向去成长。人与动物相比，动物没有有序的感念和节奏感、旋律感，只有人才有节奏感和旋律感。

记者：

为什么呢？

柏拉图：

因为众神赋予人类音乐与体育，有了音乐和体育，人类才得以拥有了节奏感和旋律感，才得以对各种快感和痛感进行必要的管控。而对各种快感和痛感进行必要的管控，让人类爱其所该爱，恨其所该恨，这才是人类灵魂得以健康进化的关键。

记者：

你对音乐与体育的看法确实另类，一种非常普通的运动被你提升到灵魂进化的层级。

柏拉图：

音乐和体育是一种模仿，管控好，可以促使人趋向善；反之则可以使人变坏，人们常说靡靡之音可以让人丧失斗志就是这个意思。好的立法，可以最大限度调度音乐与体育在培养人类善良意志方面的价值，反之，则促进人类的堕落。

记者：

所以你提出要对音乐与体育进行必要的立法？

柏拉图：

是的。

五　原始共产主义社会

记者：

据说你对人类的历史也进行过非常深入的研究。

柏拉图：

一般般吧。

记者：

我问你，我们人类在这个地球上到底存在了多长时间？

柏拉图：

人类存在的时间长得令人难以置信，而且是一茬接一茬的。

记者：

你的意思是说，在我们现在的人类之前还有若干茬人类？

柏拉图：

没错。在人类很早的时期，有过和我们现在一样的文明。那时候的人口数量大得惊人，国家数量多得惊人。有时候小的国家变成大的国家，有时候大的国家变成小的国家；有时候好的国家变成坏的国家，有时候坏的国家变成好的国家。

记者：

这个情况在我们现在这个时代也是如此。

柏拉图：

由于自然环境的变化，我们人类生活的地球经常遭受洪水、瘟疫以及其他灾难。人类中只有极少数人能够幸存下来，绝大多数人曾经被灭绝。

记者：

关于人类因种种原因例如被大洪水灭绝的情况，我们在《圣经》中就看到了。

柏拉图：

我没有看过你所讲的《圣经》，但是根据我的研究，人类被大洪水灭绝的情况确确实实存在。在我所处的时代大约9000年前，古国亚特兰蒂斯就突然发生地震和大洪水而遭到毁灭，我在《蒂迈欧篇》《克里底亚篇》中都有记载。大洪水周期性地毁灭人类的文明，周期性地让人类从最原始的状态再次发展起来。

记者：

请描述一下。

柏拉图：

一旦发生了毁灭性的大洪水和瘟疫，正如刚才我所讲的，绝大多数人都灭绝了，只有一部分人得以幸存下来。你知道什么样的人才能够得以幸存呢？

记者：

如果是因洪水而遭殃，那么只有那些逃到山顶上的人才有可能得以幸存，才可能成为人类仅有的一点种子保存下来。

柏拉图：

没错。由于他们所有的东西都被毁灭，任何有用的知识也难以保存下来，这些幸存下来的人一般说来肯定没有掌握什么技艺，不懂什么人情世故，不懂那些城里人使用的技巧，也不明白城里人相互之间的勾心斗角、阴谋诡计。

记者：

这或许是一种想象吧。

柏拉图：

这些人生活在荒无人烟的环境中，但是，他们仍然可能有大量肥沃的土地可以耕种。尽管动物都灭绝了，但仍有一些牛幸存下来，再加上一些山羊，这些牲畜虽然非常少，但是，足够为那个时期少数的牧人提供吃的和喝的。

记者：

在这种极端落后的情况下，如现代的国家政治制度、法律是不可能存在的。

柏拉图：

没错。在这种极端落后的社会，我们今天的所有东西，如国家、政治制度、技艺、法律、犯罪、各种惯常的道德规范都不存在。

记者：

没有了国家、法律，人们之间必然出现相互打斗的情况，是不是？

柏拉图：

那倒不是。首先人们普遍感到孤独，这促使他们相互珍视和热爱。由于拥有一些肥沃的土地，他们不必为了获取食物而争吵。虽然有少数人在最初的某个阶段可能会有短缺，但那个时代的大多数人不会缺乏牲畜。他们总能得到奶和肉的供应，还能通过打猎来添加一些优质的肉食，他们还有充足的衣服、房屋、烹饪和其他用途的器皿。于是乎，在这种看似极端原始的社会，人们并非处于无法忍受的煎熬之中，也不会由于贫困而相互发生战争。而一个既不贫困又不富裕的共同体，通常会产生优秀的品性。

记者：

此话怎讲？

柏拉图：

在这个原始的社会，人们既不贫困又不富裕，各种暴力和犯罪的倾向、嫉妒的情感都还没有产生，大多数人们非常天真：人们说某种东西好，那是因为真的好；他们说某种东西坏，那是因为他们认为那种东西真的坏，而不像现代人老于世故、玩世不恭。

记者：

从政治的角度看，在你所描述的极端落后的原始社会，国家和法律是不是一点基础都没有呢？

柏拉图：

在那既不富裕又不极端贫穷的原始社会，人们必定是未开化的、无知的、没有掌握什么技巧的，尤其是对那些在陆上或海上使用的军事技术，他们也必定不懂得。此外，这些人也不知道如何组建政党，参与政治；他们也不知道如何雇用律师，参与诉讼；他们也不知道如何使用各种诡计、各种阴谋，去相互伤害。绝大多数人能够做到自治，也非常正直。在这种社会里，人们也不认为有制定法律的必要性；在这个时代，法律还不是一种普遍的东西，人们所遵守的都是一些习俗和祖先的法。

记者：

你所描述的这个社会，我感觉就是与马克思、恩格斯所描述的原始共产主义社会差不多。

柏拉图：

我不知道谁是马克思，谁是恩格斯。但我所研究的那个人类最早的时代就是这样。

六　政治体制的演变

记者：

刚才我们谈论了原始共产主义的一些情况，是不是说在那种原始社会里面，就没有任何政治问题了？

柏拉图：

错。在那种社会中，也存在着一定的政治体制。

记者：

那在原始的共产主义社会实行的是一种什么样的政治体制呢？

柏拉图：

独裁体制是那个社会的唯一的选择。

记者：

那这种独裁体制是如何体现出来的呢？

柏拉图：

在原始的共产主义社会，没有议事会，也没有法律。所有的人居住在挺拔的山峰之间，或者是住在阴森幽暗的山洞。男人们管束自己的妻子儿女，而不关心其他邻居的事情。

记者：

是这样。

柏拉图：

经历大灾难之后，所有人都是以家庭为单位，分散在各处住居，每个人都拥有自己的住宅。在这样的体制中，最年长的成员，凭借从他父母那里继承下来的权力进行统治，其他成员则服从他的领导，从而形成一个个群体，就像鸟儿一样。这些成员服从的权柄，就是他们的家长制，他们实际上受到所有形式的王权中最公正的王权形式的统治。

记者：

你把原始共产主义社会的那种家长制，也称为某种最公正的王权政治？

柏拉图：

也可以这么打比方。

记者：

随着人们生活的转变，社会的治理结构也必然发生变化，这种独裁式的家长制，是不是也会发生相应的变化呢？

柏拉图：

当然了。下一步必然是若干个家庭聚集在一起，他们形成了较大的共同体，他们开始把注意力转向农业。他们起初在山坡上种植，建造了石头围墙，用来防范野兽，保护自己。久而久之，就形成了一种统一体，就形成了一种共同的家园。随着这些最初相对较小的家庭形成较大的家庭，每个家庭都在他们自己的统治者也就是最年长的成员的领导下生活。每个家庭都遵循他们自己在与其他家庭相互隔离的时代产生的习俗，人们必须逐步习惯各种城邦的和宗教的标准，反映着他们的祖先所教诲的偏爱。祖先越拘谨或越冒险，他的后代也会越拘谨或者越冒险。因此，如我所说，每个群体的成员逐渐进入了一个较大的有着专门法律的共同体，准备用他们自己的偏好影响他们的子女，以及他们子女的子女。

记者：

明白你的意思。随着不同的家庭走到一起来，人们也开始过着逐步走上相互适应不同的家庭习惯和规则的生活。在这种生活中，每个群体都不可避免地喜欢自己的规则，而不太喜欢其他群体的规则。为了确保共同体很好地生活下去，就需要立法来协调彼此的关系，也进而逐步形成一种更好的管理体制。

柏拉图：

不管怎么说，下一步必然是在这个联合体中选择一种代表来考察所有家族的体制，公开向这些民众的领袖或首领建议，采取某种普遍的规则，这些代表就是所谓的立法者。任命首领作为官员，作为独裁政体中分离的一种贵族政体，也可以叫作“王政”。

记者：

在独裁体制和贵族体制之后，应该是一种什么样的体制呢？

柏拉图：

政治体制的变化归根结底是由生存环境而引起的。当人们从高山上来到美丽的平原和海边的时候，他们发现，这些地方最适合于建立城市。久而久之，人们就在平原、就在河边建起了城市，他们不再担心大洪水随时过来冲毁这些建筑物，时间一长，人们自然就没了这些记忆。

记者：

在城邦政治下，会是什么样的一种政治体制呢？

柏拉图：

城邦政治下，人们实行的是一种君主体制。君主必须向所有人发誓：为所有人服务，并忠诚于所有人。同样，所有同时代的人，也向君主发誓：如果有人试图夺取君主的宝座，他们就会提供帮助。城邦时代的政治就是君主政治，这种体制采用法律来规范权力的使用，并且要求所有人服从法律。国王必须宣誓：只要国家能够延续，绝不胡作非为。其他人则承诺：除非统治者提出过分的要求，否则绝不推翻王权，也不宽恕其他人类似的企图。一句话，如果受到侵犯，国王会帮助民众，民众也会帮助国王。

记者：

根据我的研究，城邦都是一个一个很小的城市，为了对付外来的侵略者，他们要建立联盟。那是不是意味着在联盟政治下，国家的政治体制又会有新的特点？

柏拉图：

当然是了。联盟的结合，是依赖各个联盟相互配合才得以成立。在这个时候，如果权力的行使违背了基本的规则，联盟就会解体，就会给国家带来灾难。在这种体制下，国家对权力的制衡，就是一个非常重要的事情。

记者：

那如何来对这些权力进行制衡呢？或者说有些什么基本的规则呢？

柏拉图：

把更多的权力授予更多的人，这是防止权力被滥用的最好的方法。

记者：

请细细解读一下。

柏拉图：

如果我们无视适当的比例，而对任何事物过多地给予，好比把过大的风帆给一条小船，把过多的食物给予一个很小的身体，把过多的权力给予一个无力掌握它的灵魂，其结果会怎么样？

记者：

那一定是灾难性的：身体会变得肥胖，灵魂会变得专横；身体会很快得病，灵魂会趋向于做坏事。

柏拉图：

你还真是说到点子上去了。真正的立法者就要有比例意识，也就是说把权力按比例进行分配。只有这样，才能防止个别人拥有太大的权力。

记者：

这个道理没问题。你们那个时代具体是如何做的呢？

柏拉图：

在我们那个时代，人们根据国家的王权两个部分，同时设立两个国王，而不是一位，从而使国王拥有的权力更加合乎比例。一些更英明的人发现，即便如此也很难防止个别人为所欲为，他们就提出设立 28 位长老来处理政务，拥有和国王同等的权力。还通过抽签的方法来选择检察官，让这些检察官对那些拥有行政权的人进行必要的监督，对那些利用权力攫取财富、为所欲为的人予以惩处。此外，国家还设立宣誓制度，用这些制度来约束那些年轻人。

记者：

为什么单单提到年轻人呢？

柏拉图：

年轻人精力充沛，一旦掌握权力，往往会独裁。所以，需要采取一定的特殊的手段来予以制止。

记者：

根据我们刚才的交流，已经有若干种体制应运而生了。我想问你，你认为什么样的体制最好？什么样的体制最不好？

柏拉图：

这个问题很难一句话说清楚。城邦应当是自由、明智、和谐的一个团体。立法好不好、政治体制好不好，就取决于它在多大程度上是自由的、明智的、和谐的。能满足这种要求，我们就说这种体制是好的；如果不能满足这种要求，我们就说这种体制是不好的。

记者：

具体说说。

柏拉图：

在所有体制中，有两种体制是最基本的：一种是君主制，一种是民主制。这两种体制很难说谁好谁不好。只有把这两种体制有机地结合起来，才能使我们的国家充满着自由、充满着友谊、充满着智慧、充满着和谐。

记者：

你的原则就是平衡原则，你不偏向于一种体制，你倾向于保持平衡，唯有平衡才是最好的体制。

柏拉图：

可以这么说。但是，有些基本的东西还是不能违背的。

记者：

什么呢？

柏拉图：

这一点我必须强调，那就是，在任何国家管理体制中，统治者绝对不能极度专权，民众也不能被极度管束。否则，就会出问题，这个基础不能违背。

记者：

你专门就这个问题提出来，可否详细地解读一下？

柏拉图：

这个问题是我对波斯人的政治体制进行考察而得出的一点感想。

记者：

请讲。

柏拉图：

波斯王国本来是一个很好的一个王国，但是它年复一年地走向衰落，原因就在于民众的自由太少，君主的权力太大。久而久之，他们的民族情感和公共精神就荡然无存。由于民族情感和公共精神荡然无存，权贵们关心的不再是他们臣民的共同利益，而是他们自己的地位。只要他们认为对自己有一丁点的好处，他们就会把国家的臣民和城市投入烈火之中，使之荒无人烟。于是，人们相互仇视，心怀敌意。

记者：

一旦统治者不尊重民众，我相信民众也不可能尊重统治者。

柏拉图：

没错。当统治者需要民众组成军队保护自己时，他们在民众中找不到忠诚者，也没有人愿意在战场上为他们冒险。理论上他们的军队成千上万，但实际上人数再多，也不起作用。为了挽救他们灭亡的命运，他们就不得不招募雇佣军和外国人来打仗，让这些人来救自己的命。结果如何呢？土崩瓦解、一命呜呼。所以，我要说，尊重民众、防止统治者极度专权，这是一个不能逾过的红线。

七　商贸立法“金规则”

记者：

商业和贸易对于任何国家和城邦来说，都具有举足轻重的作用。任何一位立法者和法学家都不能不重视这方面的立法。

柏拉图：

毫无疑问。

记者：

你关于商贸方面的立法，涉及财产买卖、商品买卖、信誉立法、假冒商品打击、遗嘱继承等内容，因这些内容太过琐碎，我们暂不探讨有关立法的具体内容，我只关心最重要的东西。

柏拉图：

什么最重要？

记者：

原则，基本原则，也就是左右你制定商贸立法的指导思想。

柏拉图：

你说对了，这个原则，或曰指导思想就是：“未经我的许可，无人可以动用我的财产或把它分给别人；如果我是通情达理的，那么我也要用同样的方式对待别人的财产。”

记者：

这个原则听起来非常有道理，我们今天称之为产权制度，现代经济学就是建立在这个制度基础上的。请你结合你当时的情况，再解释一下。

柏拉图：

好，埋在地下的宝藏可以拿来作为第一个实例：某人的祖先把为自己和后代积聚的财宝埋入地下，但我一定不能祈求神灵让我找到这些财宝。如果碰巧发现了财宝，我一定不能动用，也不能把这件事告诉占卜者，因为他们一定会建议我去动用这些埋藏在地下的财宝。如果动用了，那么我得到的好处肯定会与我的德性增长形成更加尖锐的对立，而不去动用那些宝藏才是对的。

记者：

据说在你们那个时代，有一句格言叫“不得碰不可移动之物”，是吗？

柏拉图：

是的，这样的财宝并不能给子孙后代带来幸福。如果不关心后代，不愿聆听立法者的声音，未经埋藏者的许可就私自动用了既不属于他自己又不属于他自己祖先埋在地下的财宝，那就违反了我们最重要的法律之一，就应该受到法律的严厉制裁。

记者：

据说在你们那个时代，有一位著名人物曾经说过“别捡你没有扔下的东西”，这句话今天听起来也很经典。

柏拉图：

是的。如果有人把自己的物品留在路边某个地方，无论他是有意的还是无意的，见到物品的人都不能动它。要把这样的物品当作有野外精灵保护的东西，在法律中，这样的物品被视为神圣不可侵犯。任何人动用这样的物品，把它拿回家，那么他就违反了法律。如果动用这种物品的人是一名奴隶，而物品又不值钱，那么任何不小于三十岁的人看见了，都可以狠狠地打他一顿。如果动用这种物品的是一名自由人，那么要指责他是不遵守法律的财迷，他还必须向物品所有者支付十倍于物品价钱的罚金。

八　一切都要依法而行之

记者：

认真拜读你12卷本的《法律篇》后，我对你的看法发生了颠覆性改变。

柏拉图：

怎么个改变法，是变好还是变坏？

记者：

无所谓变好，无所谓变坏。

柏拉图：

什么意思？

记者：

以前我一直认为你是一位彻底的道德治国主义者，但弄了半天，你最终的定位竟然是一位彻底的法治主义者。在《法律篇》中，你不再讨厌民主制度，而是把民主制度视为国家的灵魂……

柏拉图：

是的，民主制度的主要特点就是自由二字，而自由则是国家的最高原则和目的，既然如此，我有什么理由讨厌它呢？

记者：

在《法律篇》中，你不再强调道德治国，而是一再强调依法治国。

柏拉图：

是这样。治理国家，不能靠理想主义，而要从现实出发。依法治国才是最好的方法。

记者：

这个转变真是不小啊！

柏拉图：

依法治国的内涵相当广泛，它除了包含我们已经谈过的关于音乐与体育的立法外，还包括很多内容。

记者：

详细说说。

柏拉图：

如建构新的殖民城邦，应该为之立法。城市是整个国家的中心，卫城是整个城市的中心。

记者：

这方面的立法包括什么具体内容？

柏拉图：

具体内容是：首先为城市选址，以卫城为中心，画出 12 条放射线，把整个城市分为 12 个区。把整个乡村也分为 12 个部分，构成整个国家。然后，立法者划出 5040 块份地。该城邦由 5040 位公民组成，由城邦给他分配土地和住宅，份地和住宅不得买卖。私人不得拥有金银，只能拥有日常流通的硬币，公民不得私藏外币。城邦制定贫穷和富裕的标准，公民不得过于贫穷，也不能过于富裕。

记者：

规定得很细啊。

柏拉图：

城邦设立职位，任命行政官员，应该立法，通过立法确定适当的职位和任用方法。选举任命 37 名执政官，组成一个执政集团，负责执法和财产登记；选举任命将军、副将、骑兵指挥官。选举产生 360 人组成的议事会，每个财产等级的公民选举 90 人。每个月选派 30 人组成轮值委员会，处理日常事务。世袭的或新选的祭司负责管理神庙和圣地。选举或抽签产生市政官 3 人，负责管理城市的街道和建筑物。选举或抽签产生市场专员5人，专门负责管理市场。从每个部落中挑选5名乡村巡视员或卫队长，任期2年，各自挑选12名年轻人组成巡逻队，负责地区巡逻。任命负责文化事务和体育训练事务的督察。设立教育总监，负责教育事务。要为教育立法。从胎教、婴幼儿教育抓起，由妇幼总管主持对儿童的管教。人们生来就处于某种法律体系之下，这种体系应当长期保持稳定。寻求不同的体制、法律、生活方式会带来严重后果，要认真防范。目光敏锐、忠于职守的教育总监指点年轻人走上正道，使他们成为善良、守法的公民。年轻绅士还有三门课程要学习：算术、几何和天文。要为节庆和历法立法，赋予它们法律的权威。

记者：

还有什么？

柏拉图：

要为刑事案件立法。最主要的刑事案件有盗窃圣物、杀人和伤害，详细说明每一种罪行要接受什么样的惩罚，由什么样的法庭审判。尊敬长者、孝敬父母也被上升到法律的高度，成为公民必须遵守的法律。要为军事和外交活动立法。军事立法的原则在于使全体军人习惯共同战斗，成为一个坚不可摧的团体。对战场纪律、逃兵的处置，和平时期的军事训练要做具体规定。要选拔优秀人士为代表，参加宗教与和平集会，为城邦增光添彩，使国家扬名世界。总之，一切都要纳入依法治理的轨道。尤其是……

记者：

尤其是什么？

柏拉图：

尤其是，作为统治者必须认识到无论什么样的统治者都应当受法律的约束。只有法律的权力高于统治者的权力时，国家的治理才能走上正确的轨道。

亚里士多德篇

第一章　哲学：一项自由的事业

引　子

亚里士多德是最具影响力的西方哲学家之一，他为真理而生，也为真理而死。在亚里士多德之前，所谓的哲学还只是一门包罗万象的学问；只有在亚里士多德之后，哲学作为一门独立的学科，才真正登上历史舞台。让我们一步步走近亚里士多德的逻辑学、自然哲学、形而上学，以及他的政治学、伦理学、艺术哲学……

一　希腊的衰落

记者：

在与你谈论哲学之前，我想先与你谈谈你生活的那个时代。因为你生活的时代就是你的哲学，你的哲学就是你生活的那个时代。

亚里士多德：

你说得很有道理。我所生活的是一个非常特殊的时代，与柏拉图、苏格拉底不一样，他们都生活在一个希腊世界越来越走向辉煌的时代，而我所生活的则是希腊面临衰亡的特殊时期。

记者：

请你谈谈希腊走向衰亡的基本情况。

亚里士多德：

在谈希腊走向衰亡之前，我们首先要知道希腊是一个什么地方，并看看它是如何走向顶峰的，再看看它是如何一步一步地走向衰败的。

记者：

当然应该谈这些。

亚里士多德：

希腊城邦都是由一个中心城市连同周围不大的一片乡村区域组成的一个又一个独立的主权国家。这些城邦的疆域不大，其中，最大的雅典也只有1000平方英里的土地面积。

记者：

1000平方英里？也就大概相当于我们中国的一个县了。

亚里士多德：

或许是吧。一般的城邦都只有几百甚至几十平方英里的面积，城邦的人口也非常少。在伯罗奔尼撒战争前夕，雅典有15万到17万公民，有3.5万到4万外邦人和8万到12万奴隶；斯巴达则有不到2.5万公民统治者、大约20倍以上的外邦人。

记者：

据说，你认为人口既不能太多，也不能太少？

亚里士多德：

是这样。从政治制度来看，希腊城邦实行着两种不同的政治体制：一种是以斯巴达为代表，它实行的是独裁政体；雅典则代表另一种体制，那就是民主制。总体来讲，凡是地处海滨、交通方便、经济比较发达的城邦，大多采用民主制；而那些交通不便、以封闭的自然经济为主的城邦，则大多采用各种形式的贵族或寡头政治体制。

记者：

我关心的是，雅典鼎盛时期是什么时候？

亚里士多德：

公元前492年到公元前449年间，发生了著名的希波战争。在这场战争中，雅典和斯巴达领导希腊各个城邦，战胜了波斯帝国。可以说，到这个时候，希腊的城邦走到了其鼎盛时期。公元前461年到公元前429年，伯里克利统治雅典时期，是雅典最辉煌的时期。

记者：

那希腊的衰败是从什么时候开始的？

亚里士多德：

公元前 431 年到公元前 404 年，希腊世界发生了著名的伯罗奔尼撒战争，雅典和斯巴达两个希腊城邦，为争夺霸主地位展开战争，大打出手。希腊各个城邦都被席卷进来。这场战争以雅典失败而告终，雅典帝国遭到毁灭性的破坏，斯巴达取得了胜利。

记者：

不管是雅典取得胜利，还是斯巴达取得胜利，最终都是希腊占据当时的领导地位嘛。

亚里士多德：

话可以这么说。但是，我们也应该看到，斯巴达虽然取得了战争的胜利，但是长期的战争毕竟使它的农业受到致命的破坏，国内的贫富分化也日益严重。总体来讲，经过伯罗奔尼撒战争之后，斯巴达也一蹶不振了。与此同时，希腊和波斯之间的战争并没有停止，双方打打停停，连年不断。常年的战争使希腊世界普遍遭到严重的破坏，开始出现衰落的势头。

记者：

我也同意你的看法。希腊世界自伯罗奔尼撒战争之后，就走上了衰败的道路，一年不如一年，一天不如一天了。

亚里士多德：

可以这么说。

二 马其顿的崛起

记者：

地球人都把你视为希腊哲学家，实际上你是马其顿王国的人，你身处希腊城邦走向衰败的时刻，是你的祖国马其顿征服了雅典和斯巴达。我想了解一下，你所属的马其顿王国是一个什么样的国家？它又是如何一步一步壮大起来，最终征服希腊的呢？

亚里士多德：

容我慢慢地说。马其顿是希腊人的王国，也就是说，它的国民从种族上来说是希腊人，但并非是雅典人，也不是斯巴达人。马其顿地处巴尔干半岛中部，在希腊各城邦以北。它的早期的疆域大体上南至奥林匹斯山与希腊北部的帖撒利为邻，东至斯特里蒙河与色雷斯接壤，西方和北方是伊利里亚和伊奥尼亚，领土之广几乎和全部希腊本土差不多。其中下马其顿是平原，上马其顿是山区，森林是它财富的主要来源。从居民来说，大体上是希腊人种，主要有希腊人（多利安人）、色雷斯人、伊利里亚人。

记者：

从文化上讲，马其顿人与希腊人不是同一个水平的吧？

亚里士多德：

没错。马其顿文化的发展，与希腊比起来，迟缓得多。他们的文化主要受希腊影响，南部居民逐渐采用希腊文字，马其顿方言接近帖撒利语。

记者：

雅典奉行民主制，斯巴达奉行寡头政体。不知道马其顿实行什么样的社会政治制度？

亚里士多德：

公元前 5 世纪，马其顿的社会政治制度还保存许多荷马时代的痕迹。

记者：

是什么样子呢？

亚里士多德：

国家以王为首，他依靠军事贵族支持，管理国家的机构有贵族会议和人民大会。早期马其顿是独立发展起来的，很少受迈锡尼文化的影响。

记者：

我看过英国历史学家汤因比研究马其顿的一些成果，汤因比说，马其顿的社会政治制度和希腊的社会政治制度截然不同。他说，马其顿人虽然是希腊人，不过他们始终没有能够希腊化，没有成为希腊城邦国家的公民。因此，他们对希腊人搞的那些政治制度尤其是对雅典搞的民主制度一无所知，一直是门外汉。

亚里士多德：

这位汤因比先生说得差不多。

记者：

在伯罗奔尼撒战争之前，希腊处于其历史的巅峰。我想了解一下，马其顿是在什么情况下崛起的呢？

亚里士多德：

伯罗奔尼撒战争是希腊各个城邦尤其是雅典和斯巴达走向衰落的开始。与之相对应，马其顿的崛起则是从伯罗奔尼撒战争开始的。

记者：

请描述一下。

亚里士多德：

公元前413年到公元前399年，马其顿在阿凯劳斯一世的统治之下。在这个时候，马其顿在巴尔干和希腊诸国中已占显著地位。阿凯劳斯这个人对希腊文化极端地感兴趣，他对希腊文化了如指掌，也非常愿意保护希腊文化。雅典著名悲剧诗人欧里庇得斯曾在阿凯劳斯的宫廷作客，并写了一部悲剧《阿凯劳斯》献给他。但是，马其顿真正的强大是从腓力二世开始的。腓力二世统治马其顿的时间是公元前359年到公元前336年。这位腓力二世对马其顿的军事制度和货币制度进行了彻底的改革，使马其顿迅速强盛起来。

记者：

据说，赫赫有名的“马其顿方阵”就是这位腓力二世创造的。

亚里士多德：

没错，腓力二世创造了著名的“马其顿方阵”。所谓“马其顿方阵”，就是以多达20排的重装步兵构成方阵纵队，军士配备长至两米的长矛，轻装步兵和骑兵则捍卫在方阵两旁。这些不同的兵种以优良的技术装备结合起来，临阵时以排山倒海之势压向敌军，势不可当。腓力二世和他的儿子亚历山大正是率领了这样一支所向无敌的军队征服整个希腊，远征欧、亚、非三洲，建立起庞大的马其顿帝国。

记者：

刚才你说过，腓力二世还实行过币制改革，这是什么情况呢？

亚里士多德：

腓力二世所实行的币制改革，是将银本位货币和金本位货币并用。

记者：

这有什么好处呢？

亚里士多德：

当时世界通行的是希腊银币，而波斯帝国则采用金币。腓力占据了沿海产金的矿区以后，他实行金银两种货币并用的制度，这必然降低了金币的价值，对以后战败波斯起了巨大的作用。

记者：

在马其顿的崛起中，腓力二世毫无疑问是一个关键性的人物。

亚里士多德：

没错。腓力二世在很短时间便占领了色雷斯沿岸地带的希腊殖民城邦和安菲波利等沿海重要城市，在马其顿的君王地位进一步加强，氏族贵族的力量被削弱。

记者：

腓力二世确确实实是一个了不起的政治家。那请问马其顿是在什么时候正式成为巴尔干的霸主的呢？

亚里士多德：

公元前355年到公元前346年，福基斯人和底比斯人为争夺德尔斐神庙的控制权而引起“圣战”。在这场混战中，马其顿、雅典和斯巴达等都参加了，战争结束以后，腓力二世胜出，因而成为北部和中部希腊的霸主。从此，雅典和斯巴达逐步退出历史的舞台，而马其顿则成为巴尔干至高无上的统治者。

三　马其顿宫廷中成长起来的哲学家

记者：

谈完了希腊的衰落，谈完了马其顿的崛起，我感觉你确确实实生活在一个非常独特的年代。

亚里士多德：

是的。

记者：

谈完这些，下面应该谈谈你自己的了。有人说，你虽然不是雅典的公民，也不是斯巴达的公民，但你是希腊伊奥尼亚人的后裔。对吗？

亚里士多德：

也可以这么说。谈起我，首先得谈谈我的出生地。

记者：

好呀。

亚里士多德：

根据我自己的考证，我出生的时间大约是在公元前384年或公元前383年；我的出生地是希腊北部的斯塔吉拉，这个城市位于卡尔西乃西半岛的东北角，面对斯特里蒙海湾，距离爱琴海仅3英里。

记者：

我知道了。我只要知道你的故乡离爱琴海大约3英里，就知道大概是在什么地方了。

亚里士多德：

是的，抓住重点就好。

记者：

听说，你小时候说话有点咬舌头。

亚里士多德：

谁说的？

记者：

是后来哲学史家第欧根尼·拉尔修说的。他说，你小时候说话有点咬舌头；他说，你的小腿细长，你是小眼睛。在当时，你也经常以你的衣着、耳环和修剪得体的头发而引人注目。

亚里士多德：

这些我都不知道。

记者：

一些资料说，你出生在医生世家，小时候，你是在马其顿国王的宫廷里长大的。这是怎么回事？

亚里士多德：

我曾经考察过我的家庭。我的父亲名叫尼各马科，他一生从事医生这门职业。我的祖先和我们家族的职业，一直可以追溯到医神阿斯克勒普的儿子玛卡翁。

记者：

你的祖先这么厉害！在我的印象中《荷马史诗》多次提到医神阿斯克勒普这个人。荷马说此人是希腊神话中的医神，他的雕像酷似宙斯，手里拄着一根绕着蛇的拐杖。希腊人一般将医生说成是阿斯克勒普的后裔。

亚里士多德：

或许是吧。在我们那里，医生这门职业是世袭的，医生只将医术传给自己的儿子和曾宣誓受约束的门徒们，而绝不会传给其他人。

记者：

听说你的父亲是御医？

亚里士多德：

没错。我的父亲尼各马科是当时马其顿国王阿敏塔斯三世的御医和朋友。

记者：

阿敏塔斯是什么年代的国王？

亚里士多德：

阿敏塔斯是阿凯劳斯二世的儿子，即后来的腓力二世的父亲，是亚历山大大帝的祖父。你知道了吧？

记者：

知道了。

亚里士多德：

我的父亲和阿敏塔斯的关系非常好，是他的亲密朋友，也是他政治上的顾问。我跟随我的父亲在马其顿宫廷中生活，也因此接受了良好的教育。我后来之所以能成为亚历山大的老师，就是因为我与亚历山大的父亲腓力二世是非常好的朋友，我仅比腓力二世大两岁。

记者：

由于你的父亲是医生，据说你从小就接受了医学方面的教育和训练。蒂迈欧和伊壁鸠鲁都曾经说过，你后来到雅典时，还曾经当过一段时间的医生。在后来流行的你的著作的目录中，也有关于医学方面的著作，可惜丢了，我没看见。

亚里士多德：

在我们的那个时代，由于医学与人类生活休戚相关，因此，从事医学的人的地位都很高。我当没当过医生，我记不清楚了。但每当谈起医学方面的事情，我都非常感兴趣。

记者：

毫无疑问，你在医学方面的造诣很深。你在你的著作中，多次谈到恩培多克勒，多次谈到希波克拉底，这些人都是著名的医生。

亚里士多德：

或许是这样。如果不是小时候接触那么多医学方面的著作，我是不可能知道这么多医学知识的。

记者：

据说在马其顿的宫廷里，你还受到了德谟克利特哲学方面的教育？

亚里士多德：

没错。我的家乡斯塔吉拉和德谟克利特的故乡阿布德拉相距仅百余英里，我能够轻而易举地获得德谟克利特的著作。

记者：

在之前的谈话中，对德谟克利特的很多思想，如他的“运动”的学说、“虚空”的学说，你似乎都不以为然。

亚里士多德：

你误会了。总体讲，我对德谟克利特还是非常尊重的。没有这些哲人，我是不可能创造出那么多的哲学来的。

四　吾爱吾师，吾尤爱真理

记者：

我看过一些关于你的传记，这些传记说，你曾经追随过苏格拉底，甚至长达3年之久。这种说法对吗？

亚里士多德：

这种说法不可信。

记者：

为什么？

亚里士多德：

因为在我出生前 15 年，苏格拉底就去世了。

记者：

哈哈，真是闹了个大笑话。为什么会闹出这么大的笑话呢？

亚里士多德：

原因或许不难理解。我曾经在伊索克拉底开办的修辞学学校里面学习修辞学，因此，说我是伊索克拉底的学生，一点都不为过，我曾经跟随过伊索克拉底学习了三年的修辞学。你注意一下，伊索克拉底（Isocrates）与苏格拉底（Socrates）这两个名字相差仅一个字母，那些把我说成是苏格拉底学生的人，可能是把伊索克拉底和苏格拉底这两个名字搞混了。

记者：

原来如此。那问你一下，你是什么时候进入柏拉图创办的学校里学习的呢？

亚里士多德：

这点我记得很清楚，我是在公元前 367 年也就是我 17 岁的那年来到雅典进入柏拉图学园，我在学园一直跟随柏拉图长达 20 年之久，直到公元前 347 年柏拉图去世，我才离开学园。

记者：

你离开故乡来到柏拉图学园学习，我相信一定是仰慕柏拉图的盛名，是吗？

亚里士多德：

毫无疑问，雅典是当时世界文化的中心。我来到柏拉图学园时，这个学园已经发展成为雅典乃至全世界的文化中心，当时的一些有理想、有抱负的青年人都会选择柏拉图学园的。

记者：

我查阅过很多资料，遗憾的是，记载你在学园活动的资料少得可怜，只有一些资料说，你在学园里面担任过修辞学的教师。可否请你介绍一下学园的生活？

亚里士多德：

我知道你会问这个问题。柏拉图学园是一所真正的大学，在这里各门学科之间彼此不分，柏拉图学园的负责人柏拉图本人就是一位博学的人。在这里，你可以同时学习哲学、伦理学、物理学、美学、自然哲学、修辞学、天文学、动植物学，等等，只要你拥有广泛的兴趣，你就有学不完的知识。

记者：

你能成为一个大百科全书式的人物，应该说与在柏拉图学园的这段经历肯定有关。

亚里士多德：

毫无疑问。柏拉图学园是一个思想自由的大学，在这里，即便是对柏拉图本人提出的理论，人们也可以进行充分而自由的讨论，而不会受到不公正的对待。

记者：

据说，你在柏拉图学园学习期间，就对柏拉图的“理念论”提出了批评？

亚里士多德：

这个或许有点夸张。在柏拉图学园学习期间，我的思想基本上还是柏拉图思想，我对柏拉图的“理念论”还是认可的，对他的理论提出批评是后面的事情。

记者：

关于你与柏拉图之间的师生关系，从古代开始就流传种种说法，有些说法非常不好听。

亚里士多德：

我们都是搞哲学的，有什么好听不好听的话呢？不妨说说看。

记者：

哲学史家第欧根尼·拉尔修记载说，柏拉图曾经说过，亚里士多德就像小驹踢着养育它的母马那样踢他。言外之意就是说，你没有一丝一毫的报恩之情，经常批评柏拉图。一些人说，你开始挥霍家产，后来去从军又没有成功，只能去卖药谋生，最后才避难到柏拉图学园中。还有人说，你喜欢华丽的服装，你的骄傲自大和嘲弄人的态度，经常让柏拉图很反感。还有人说，你经常煽动校园里的内斗，把你所不喜欢的老师赶走。

亚里士多德：

关于你所讲的我的各种不好的说法，我是这么看的。

记者：

你说说看。

亚里士多德：

那些传言说，我不尊重我的老师，经常对我老师的理论提出批评。这一点，我不得不承认，这是真的。你要知道，我们这些人来柏拉图学园，是为学习而来，是为研究哲学而来，是为自由思想而来，我们应当尊重我们的老师，但并不是说我们对老师所说的每一句话都要顶礼膜拜，也就是说，我们应当尊重真理，而不应该盲目地崇拜权威。

记者：

你说的这些话，也有一定的道理。在我的人生中，我从未觉得有哪位老师的话是不能予以讨论、不能予以批判的。

亚里士多德：

君子所见略同。我明确告诉你，我热爱我的老师，我也热爱我所有的朋友。但是我更大的朋友是真理，我更崇拜的是真理，唯有在真理面前，才能让我低头，这有什么不对的呢？至于传言中其他的事情，我只能告诉你，那统统是胡说八道！

记者：

明白啦。有一个问题，我想请你再确认一下，你的著作很多，哪一些是在学园写的，哪一些是离开学园后写的？

亚里士多德：

有一个标准，你不妨试试，那就是：凡是标有“我们柏拉图主义者”的，这就表明是我在学园中所写；凡是把这句话去掉，而改称“他们柏拉图主义者”的，这就表明是我离开柏拉图学园之后写的。这个标准你不妨试试，基本是靠谱的。

五　哲学应该为改良社会做贡献

记者：

有一件事情，我一直想问你。

亚里士多德：

随便问。

记者：

你在柏拉图学园学习非常好，方方面面都不错。但我不明白你突然于公元前347年离开了雅典，从此以后，有12年时间到处游荡。人们把这12年称为你的漫游时期。我想请你解释一下，这背后的原因是什么？

亚里士多德：

我离开雅典，原因很多。首先一个原因就是，在这一年柏拉图去世了，学园由斯彪西波掌管。斯彪西波当时60岁，我是37岁。斯彪西波德高望重，人是没问题的，但是，我们在学术观点上存在着重大的分歧，道不同就不可能走到一起。这是我决定在柏拉图去世以后离开雅典的主要原因之一。

记者：

还有什么原因呢？

亚里士多德：

促使我离开雅典，除了学术原因之外，还有政治方面的原因。

记者：

请说一说政治方面的原因是什么。

亚里士多德：

你是知道的，我的家族和马其顿王室关系非常密切。或许是一种巧合，就在柏拉图去世的那段时间，雅典反马其顿党势力强劲，他们对我进行猛烈批判，让我无法在雅典立足。这让我不胜其烦，也是我离开雅典的重要原因之一。

记者：

除了刚才你讲的学术原因和政治原因之外，还有什么别的原因吗？

亚里士多德：

还有一个重要的原因，就是走出雅典，实践柏拉图的遗愿，用自己的哲学改良社会。

记者：

听起来很高尚嘛！可否说说细节？

亚里士多德：

我的老师柏拉图并非是一个纯粹的学者，也不是一个书呆子，他多次教导我们，要我们把学到的知识运用到社会中去。柏拉图去世后，我接受曾是柏拉图学园学生的赫尔米亚的邀请，到他主政的小亚细亚北部的阿塔纽斯去帮助他们制定法律、管理城邦。

记者：

赫尔米亚邀请你去小亚细亚，我想了解此君是一个什么样的人？

亚里士多德：

赫尔米亚是一个僭主，关于他有各种各样的议论，有的人说赫尔米亚出身卑微，有人说他是靠财富获得对城邦的管理大权。但不管怎样，他愿意邀请我们这些柏拉图学园的学生，去帮助他管理国家，我相信这是好事情。所以，我答应了他的邀请。

记者：

效果如何？有人说赫尔米亚是个独裁者，他能听你的吗？

亚里士多德：

你还别说，在我们的帮助下，赫尔米亚推行的独裁政治转变成了宪政。

记者：

一些资料说，阿塔纽斯政治体制的转变，是在你到了之前就发生的，与你关系不大。

亚里士多德：

话不能这么说。阿塔纽斯政治体制的变化是一个渐进的过程，是在我们共同的帮助下才发生的。

记者：

在这 12 年的漫游期间，你人生中最有意义的事情还有哪些？

亚里士多德：

有两点。第一点，那就是我给腓力二世的王子亚历山大担任教师，前后历时 8 年。

记者：

给王子当老师可不简单。据说，亚历山大是一个桀骜不驯的家伙，他能听你的吗？

亚里士多德：

他是帝王之子，不可能完全听命于某一个老师。但是，此人还是很好学的，加上他对科学事业非常支持，我对他为科学所做的支持，还是认可的。

记者：

据说，你们之间经常发生冲突？

亚里士多德：

矛盾无处不在，无时不有。谁跟谁都会发生矛盾，太过正常。

记者：

还有什么有意义的事呢？

亚里士多德：

那就是在这12年中，我对动物学进行了深入的研究，写出了我的《动物志》。

记者：

很多人通过考证说，你的这本书是建立在大量的观察基础之上，说你还做了无数的试验。许多人把这本书视为你与柏拉图在学术研究上具有最重大的分水岭意义的著作。

亚里士多德：

也可以这么说。柏拉图研究世界、研究宇宙，更多的是从思辨的角度出发，很少诉诸实验，《蒂迈欧篇》就是最好的例证。这本书虽然说是一本研究宇宙自然的著作，但通篇没有任何经验理论资料，大多是一个理论假设套着一个理论假设。而我的《动物志》却不是如此，总体讲，《动物志》就是一部科学实验报告。你把我这本书视为在方法论上与柏拉图不同的标志性著作，不为过。

六 吕克昂学园：最大的骄傲

记者：

你在外漂泊多年，后来是什么时候又回到雅典的呢？

亚里士多德：

我回雅典的时间大概是公元前335—前334年。

记者：

你为何选择这个时间点回雅典？是不是与你的学生成为雅典的统治者有关？

亚里士多德：

实事求是地讲，与此有关。就在我返回雅典的前一年，马其顿王腓力二世被暗杀，他的儿子也就是我的学生亚历山大继承王位。亚历山大是一位了不起的君主，他迅速平定希腊等地的叛乱之后，立即挥师东下进行了史无前例的远征，成为当时世界无可争议的霸主。

记者：

据说，你回到雅典的时候，雅典人民对你是歌功颂德，你也因此享有盛誉。原因是什么？

亚里士多德：

你说的没错。雅典人公开投票，要给我树碑立传，他们认为是我劝说亚历山大大帝，从而使雅典免遭马其顿的毁灭性的打击。

记者：

是这样吗？你真的劝亚历山大大帝不要对雅典采取过分的打击措施吗？

亚里士多德：

是的，我确实劝我的学生不要对世界文化中心的雅典造成重创。

记者：

看来，你的这位学生并不仅仅是一位将军，还是一位对文化很有感情的政治家。

亚里士多德：

平心而论，我不得不承认，亚历山大大帝在支持科学文化研究方面无人能及。我创立的吕克昂学园就是由亚历山大大帝提供巨额资金而创立起来的，如果没有他给我提供那么多的钱，我不可能盖那么多的房子，也不可能招收那么多的学生从事哲学研究。

记者：

一些资料说，亚历山大在东征期间，曾经命令他的部下到处收集文化资料、收集植物标本并寄到雅典交给你。有这事吗？

亚里士多德：

有这事。否则，身处雅典，我不可能了解印度大象的那些生活信息。亚历山大还给我提供资金，让我得以有条件派遣学生到希腊各个城邦收集各种各样的宪法文件。没有他的支持，我也写不出《雅典政制》这样的法律著作。

记者：

据说，你派往希腊各个城邦的人收集的各种政治制度有158种之多？

亚里士多德：

差不多。

记者：

最后，问一个与吕克昂学园有关系的问题：人们为什么把你的学派称为“漫步学派”？难道与散步有关系吗？

亚里士多德：

当然是。我所创立的大学叫吕克昂学园，我们那时的教学并没有固定的教室，既没有固定的大纲、固定的教材，也没有固定的教学制度。我经常和学生们一边散步，一边讨论哲学问题，因此好多人就把我们的学派称为“漫步学派”，这是一种形象的比喻。这样，“漫步学派”的由来，你应该明白了吧？

七　绝不能让雅典第二次对哲学犯罪

记者：

史料说，公元前323年亚历山大大帝去世，你离开了雅典。我想问一下，你这是第二次离开雅典，你是去了什么地方呢？

亚里士多德：

这一次，我去了我母亲的故乡优卑亚岛的卡尔塞斯，我在那里住了一年左右时间，第二年我就去世了。

记者：

你前后两次离开雅典，前后的原因应该有所不同吧？

亚里士多德：

这是当然，第一次离开雅典，我已经说过了。第二次离开雅典与第一次的原因略有不同。

记者：

有一些资料说，你曾经用毒药害死了马其顿的守护人，也就是大将安提帕特。一些资料说得有鼻子有眼，他们说，是你利用安提帕特生病之际，为他配了毒药，从而把他送上西天。你怕别人追究你的责任，所以逃之夭夭。

亚里士多德：

这些说法，虽然听起来有鼻子有眼，实际上都是空穴来风，是胡说八道。

记者：

那你第二次离开雅典究竟是因为什么呢？

亚里士多德：

因为哲学。

记者：

听不懂。你离开雅典，与哲学有什么关系？

亚里士多德：

我虽然参与了马其顿内部的政治斗争，一些人也想置我于死地，但这些都不是我离开雅典的根本原因。

记者：

根本原因是什么？

亚里士多德：

亚历山大大帝去世以后，马其顿的势力受到重创。当时的亚历山大是在出征途中死掉的，他去世的消息传到雅典后，雅典以德谟斯提尼为首的反马其顿党人立即发起和雅典首相安提帕特的战斗，以解放希腊。

记者：

他们反对安提帕特，与你何关？你与安提帕特也不是一路人。

亚里士多德：

话可以这么说。但在雅典人看来，我与安提帕特都是马其顿集团的，他们根本不会在乎我们之间的矛盾。他们将矛头指向安提帕特的同时，也把矛头指向我。由祭司欧律米顿出面，借口说我将暴君赫尔米亚和希腊的诸神并列，从而犯了渎职罪，对我提出控诉，要置我于死地。

记者：

所以，你决定离开雅典。

亚里士多德：

是这样。雅典因处死苏格拉底臭名远扬，如果他们再把我处死，那雅典就是第二次对哲学犯罪，是冒天下之大不韪。所以，我决定第二次离开雅典，去我母亲的家乡卡尔塞斯，以逃避反马其顿党人的迫害和攻击。

记者：

如愿了吗？

亚里士多德：

我让我的学生塞奥弗拉斯特留在雅典继续主持吕克昂学园，我到了我母亲的故乡卡尔塞斯。感谢我的母亲，她为我留下的房产成为我最后的栖息之所，我也正是在那里寿终正寝。当然啦，我的寿限不长，只有 63 岁。

八　哲学产生于惊奇

记者：

你曾经说过，人们是由于惊奇才开始研究哲学，过去是这样，现在也是这样。

亚里士多德：

没错，我说过这样的话。同时，我还特别强调，要想搞出真正的哲学，必须具备三个条件。

记者：

哪三个条件？

亚里士多德：

这三个条件是惊奇、闲暇和自由。这三个条件，对搞哲学来说，一个都不能少。

记者：

那请你谈谈惊奇对哲学的重要性。

亚里士多德：

与物理学不同，与化学也不同，哲学并不是一门生产性的知识。这一点，过去如此，现在如此，将来也是如此。也就是说，哲学不是某种实用性的知识。

记者：

你的意思是不是说，哲学是没有用处的东西？

亚里士多德：

不是这个意思。我是说，哲学并不是一门生产性的知识。

记者：

那哲学的用途是什么？

亚里士多德：

解决人们的无知，这便是哲学的最大用处。

记者：

怎么讲？

亚里士多德：

人们生活在这个世界上，有些事情人们自己心里很清楚；总有很多事情为什么要这样，人们则不太清楚。既然不清楚，人们必然会对这些事情感到奇怪。例如，木偶为什么会自己动？太阳到了冬至和夏至为什么会往回移动？正方形的对角线为什么会与边不能通约？人们之所以会对这些事情感到惊奇，是因为人们不知道这些事情的原因，不知道原因，人们自然就会感到困惑。为了解决这些困惑，人们必然会进行思考；而要进行思考，必然要诉诸智慧。如此一来，哲学便应运而生。

记者：

你的意思很明显：哲学的价值不是生产性的，而是用于摆脱人们的无知。当人们通过哲学、通过智慧来认识世界产生和发展的原因后，人们便不再感到惊奇，就会摆脱无知。这就是哲学的价值所在。

亚里士多德：

是这样。

记者：

你的老师似乎也说过这样的话。我记得柏拉图曾经说过：惊奇是哲学家的感觉，哲学始于惊奇。

亚里士多德：

我的老师确实这么说过。

九 闲暇与哲学

记者：

你刚才说闲暇对于哲学的意义非常重要。我曾经读过一篇由当代哲学家罗素写的《闲暇颂》，在这篇文章中，罗素表达了这样的意思，他说：对于文明的发展来说，闲暇是重要的；在过去，闲暇是少数人的，只有靠多数人的劳动才能提供；而多数人的劳动价值很大，并不是因为劳动本身是有益的，而是因为闲暇是有益的。

亚里士多德：

你是如何理解罗素这段话的？

记者：

罗素的意思是：少数人的闲暇是建立在多数人的辛苦的基础之上的；多数人的劳动之所以有价值，那是因为他们能够为少数人拥有闲暇提供某种可能性，而让少数人去从事推动社会进步、文明发展方面的事情。

亚里士多德：

我不知道罗素是一个什么样的人。但是，我对他讲的这段话，还是高度认可的。对哲学尤其如此。

记者：

从何说起呢？

亚里士多德：

哲学研究具有这样几个特征，一个特征就是哲学是一门最神圣、最可贵的学科……

记者：

为什么这么说？

亚里士多德：

神是万物的原因，而哲学正是研究神的科学，因而，哲学最神圣、最高贵，与其他学科相比，哲学是最有可能为神所拥有的学科。

记者：

你把哲学美化得过分了吧？

亚里士多德：

一点都不。人们或许需要科学超过哲学，但任何一门学科也不具有哲学的优越性。当然啦，与其他学科比起来，哲学也是最无用的科学……

记者：

什么意思？

亚里士多德：

哲学这门学问不产生任何物质利益，不仅如此，搞哲学研究还要搭进去金钱。

记者：

哲学确实不能给人们带来实际利益，在很多务实者看来，哲学除了供人们饭后闲聊外，确实毫无用处。

亚里士多德：

哲学研究很难得到一般人的赞助，如果哲学家本人没有闲暇，就不可能搞哲学研究。只有在全部生活必需品都已具备，人们拥有自由的时间，无须为自己解决衣食住行的时候，哲学才有可能产生。

记者：

通过对柏拉图和您的哲学生涯的研究，我相信这一点。

亚里士多德：

从事哲学研究，研究者必须具有充足的时间，又没有生活必需品的后顾之忧，还必须没有任何精神负担。否则，即便是具有了一个哲学家的天赋和条件，即便是他拥有天大的好奇心，他也是一筹莫展、无能为力。所以说，有闲暇、有财富和精神快乐，对于哲学家来说是缺一不可的。一个有钱的人，如果整天忙于其他事情，不能脱身，也无法研究哲学；既有钱，又有闲暇，但思想上没有闲暇，精神负担很重，也研究不了哲学。

记者：

你的意思很明确，哲学的产生必须有闲暇；但是不是说，有了闲暇，就一定能产生哲学。

亚里士多德：

那倒不是。埃及的祭司、僧侣们有的是闲暇。但他们的闲暇只可能产生数学、几何学、天文学、神学，永远不能产生哲学。

记者：

什么原因呢？

亚里士多德：

古埃及、巴比伦的祭司们是国家的统治者，要钱有钱，要闲暇有闲暇，但他们自认为充当着神的代言人，自以为是神的使者，他们不想，也不敢去想神灵以外的事情。所以这些地方，虽然存在着拥有巨大财富和非常多闲暇的特权阶层，但却产生不了哲学。

十　自由与哲学

记者：

在我的印象中，你好像说过哲学是一门自由的学问，应该也是这个意思吧？

亚里士多德：

是的。我们经常说一个自由的人是为自己活着，不是为伺候别人而活着。哲学也是一样，它是唯一的一门自由的学问，哲学只是为它自己而存在。

记者：

你对哲学的看法，我以前是闻所未闻。既然哲学是唯一为它自己而服务的学问，而作为一个哲学家，也应该是唯一为自己服务的一个群体。

亚里士多德：

没错。要想成为一个哲学家，首先必须是一个自由人。而自由人必须是既具有身体上自由，还表现在意志上的自由。奴隶即使思想再自由，但因为不具有身体上的自由和闲暇，不可能创造出哲学。同样，仅有身体自由，而没有思想自由，也同样产生不出哲学。一个不自由的人，一个摆脱不了权威和权力的人，一个不能自由处置自己思想的人，即使是天才，即使完全具备哲学家的天赋素质，他也成不了哲学家。所以，我说哲学是一门自由的科学。

记者：

一提到哲学，人们必然会想起希腊。

亚里士多德：

不会吧？我不相信除了希腊，别的地方就没有哲学。

记者：

与你们希腊具有同样文化厚度的民族，不止一个。远一点的有巴比伦、埃及，更近一点的有斯巴达。

亚里士多德：

难道你说的这几个地方都没有哲学？

记者：

你们希腊的近邻有一个地方叫巴比伦，巴比伦在公元前3500年至公元前2000年就进入了帝国时代，文化事业相当可观，特别是数学和天文学，但就是没有哲学。

亚里士多德：

巴比伦的文化事业可观到什么程度呢？

记者：

巴比伦建立了收藏历史记录、叙事文学和印章的图书库，在天文学方面就有了太阳历，能辨别恒星与行星，能测定星座、确定闰月。

亚里士多德：

如果是这样的话，他们的文化先进程度超过我们希腊了。

记者：

在数学方面，巴比伦创造了十进位和六十进位计数法，能够解有三个未知数的方程式。还有，公元前9世纪至公元前7世纪，巴比伦人已经将铁器广泛用于农业和战争；在巴比伦古都发现的王宫文库里面，藏有大量的关于宗教、文学、天文学、医学和辞典的泥板文书。

亚里士多德：

他们的科学文化如此发达，哲学也应该很发达。是不是？

记者：

还真不是。当你们希腊人把哲学搞得如火如荼的时候，巴比伦人还不知道哲学为何物。

亚里士多德：

埃及的情况如何呢？

记者：

埃及与巴比伦情况非常类似。公元前 3500 年，古埃及已步入文明时代；公元前 2700 年，他们就形成了统一的帝国。埃及人早已创造了先进的文化，埃及人在数学和天文学方面的成就非常了不起。

亚里士多德：

他们也没有哲学？

记者：

是的。

亚里士多德：

刚才，你提到的斯巴达，也是我们古希腊的一个地区啊，你说他们也没有哲学？这是什么情况呢？

记者：

哲学产生在古希腊，具体来说产生在你所在的伊奥尼亚地区，但你们伊奥尼亚地区相距甚近的斯巴达没有哲学，这确确实实是一个非常奇怪的现象。

亚里士多德：

你说说斯巴达的情况。我还真不知道他们没有哲学。

记者：

没错的。斯巴达地区在军事上、社会组织上与人民的素质上，都远远优于你所在的伊奥尼亚这个哲学发源地。但恰恰是，一方面伊奥尼亚在哲学上红红火火，另一方面斯巴达地区在哲学上默默无闻。

亚里士多德：

原来是这样。

记者：

由此可见，并不简单地是只要经济发达了、文化发达了，就一定会有哲学。哲学的产生，肯定是需要特定的条件。作为第一代哲学的创造者，你认为哲学的产生，需要什么样的条件呢？

亚里士多德：

你提的这个问题，确实是个很有意思的事情。从我们哲学家的个人角度来说，我认为哲学的产生，至少需要三个条件，那就是：经济、闲暇与自由。

第二章　泰勒斯：对物质性的偏爱

引　子

我们的主人公泰勒斯被公认为西方哲学史上第一位哲学家，也被誉为西方哲学的开拓者，但后人对泰勒斯哲学思想的了解，主要是通过亚里士多德对他的论述得到的。亚里士多德对泰勒斯关于水是万物本原的命题予以高度评价，但对泰勒斯过分偏爱物质性也持有一种明显的保留态度。让我们走近亚里士多德，与他一起谈论和评点泰勒斯的哲学。

一　泰勒斯是否写过书不得而知

记者：

泰勒斯被人们公认为是西方哲学史第一位哲学家，也被誉为西方哲学的开拓者，但是，记载他的有关资料确实是寥寥无几。后人对泰勒斯哲学思想的了解，主要是通过你对他的论述得到的。

亚里士多德：

原来是这样！

记者：

你对泰勒斯的了解超过任何人。有一个问题我想问一下，你是否看过泰勒斯的著作？

亚里士多德：

你说这话是什么意思？

记者：

关于泰勒斯是否有著作，有种种不同的说法。辛普里丘在对《物理学》的注释中说："人们认为，除了所谓的《航海星象学》外，他（泰勒斯）没有留下任何成文形式的著作。"（辛普里丘：《〈物理学〉注释》，第23页）第欧根尼·拉尔修则认为，人们认为他（泰勒斯）没有留下任何著作，因为一般归于他的《航海星象学》实际上是萨摩斯人福利斯的作品。第欧根尼·拉尔修又说："有些人说他（泰勒斯）写过两部著作，一部《论冬至夏至》，一部《论春分秋分》。"（参见第欧根尼·拉尔修：《名哲言行录》，第1册，马永翔等译，吉林人民出版社2011版，第23页）辞书《苏达》说："他（泰勒斯）用叙事诗体写下了关于天的著作，关于春分秋分以及别的著作。"（《苏达》是公元10世纪末编定的辞书，其中收入有关希腊学术文化的重要记载）根据这些说法，有的人说泰勒斯写过书，也有人说即便他写过书也与哲学无关。请你确认一下，泰勒斯写没写过有关哲学方面的书？

亚里士多德：

关于泰勒斯是否写过书，说句实话，我也不好表态。对此确确实实有若干种不同的说法。但有一点，我可以明确地告诉你，我本人没有读过泰勒斯的书。

二　泰勒斯：永远的希腊"七贤"之一

记者：

我经常听到希腊"七贤"这几个字，我不了解到底哪几个人是"七贤"呢？

亚里士多德：

这里面有很多版本。我所知道的一个版本是，这七个人包括泰勒斯（Thales of Miletus）、梭伦（Solon of Athens）、佩里安德（Periander of Corinth）、克留勃拉（Cleobulus of Lindos）、奇伦（Chilon of Sparta）、毕阿斯（Bias of Priene）、庇塔库斯（Pittacus of Mytilene）。当然了，也有很多人提出别的七人的名单。但有一点是毫无疑问的。

记者：

你说的是哪一点？

亚里士多德：

那就是在所有的版本中，泰勒斯是不可或缺的人选。

记者：

这足以说明泰勒斯在当时希腊的思想界的影响是无人能比的。

亚里士多德：

可以这么讲。这些人之所以被称为希腊“七贤”，是因为他们个个都是天才。

记者：

表现在什么地方呢？

亚里士多德：

从为人的角度来看，他们都是道德君子；从思想的角度来看，他们提出的许多思想具有非常普遍的意义。例如，梭伦说，“法律有如蛛网，小的被它捉住，大的把它扯破”；他还说，“语言是行为的影像”。奇伦说，“替人担保，灾祸不远”；克留勃拉说，“节制是最好的”；还有一个人说，“不必过度”，等等。这些格言得到人们广泛的认可，起到了重要的规范作用，对指导当时人们的社会行为作用很大。

记者：

据说，他们当中的好几位就是国家的立法者？

亚里士多德：

没错。“七贤”中有几位本身就是政治家，是国家的立法者，他们的好多见解经常被以法律、法规的形式规定下来，用来规范希腊公民的行为。例如，梭伦就是这样的。

记者：

还有什么原因？

亚里士多德：

这些大师本身就是哲学家，他们的语言具有概括性、抽象性和理论性。可以说，他们的思想就是哲学。例如，泰勒斯就说过“水是最好的”等这类言论。

记者：

我基本明白了，被列为希腊“七贤”的人，不是哲学家，就是政治家；不是以自己的行动作为表率引领社会前进，就是以自己的思想去引领社会的发展。所以，他们被列为“七贤”。

亚里士多德：

可以这么讲。

记者：

“七贤”之中，你应该最佩服泰勒斯是吧？

亚里士多德：

是的。我终生与哲学为伴，我自然最钦佩哲学家。

记者：

“七贤”中为什么只有泰勒斯是哲学家？

亚里士多德：

好多人太迷恋政治，不搞科学，自然成不了哲学家。泰勒斯搞了一辈子科学，到了晚年修炼成哲学家，本在情理之中。

三　赚钱不需要多大的智慧

记者：

泰勒斯是一位科学家，据说他在科学上的成就主要表现在天文学方面。

亚里士多德：

没错。泰勒斯在天文学上的成就是米利都和伊奥尼亚的骄傲，其主要表现在他预言了公元前585年的那次日食。

记者：

在公元前585年就能预言日食，这确实是一件了不起的事。

亚里士多德：

泰勒斯在天文学上还发现，太阳在冬至点到夏至点之间的运行，并不总是一致的。他是第一个测定太阳从冬至点到夏至点运行历程的人。泰勒斯已经知道将一年分成三百六十五天，一个月分成三十天。还有，泰勒斯还发现了小熊星座。

记者：

据说，泰勒斯整天仰望天空，研究天文学，经常闹出很多笑话？

亚里士多德：

没错。泰勒斯是一位了不起的科学家，他整天关心天上的事情。也正因为他把所有的精力用于观察天体，所以看不到在脚下发生的事，从而引起人们的嘲笑。

记者：

还有这事？

亚里士多德：

没错。泰勒斯有个聪明伶俐的色雷斯女奴，当泰勒斯仰观星空失足掉进井里的时候，她嘲笑他只热衷于认识天上发生的事情，却看不到在脚下发生的是什么。

记者：

据说泰勒斯生活很贫困。我们中国有一句古话是：文人多贫穷。像泰勒斯这样，着迷于天文学，整天沉迷于思考，肯定是穷得要死。

亚里士多德：

未必如此。

记者：

怎么讲？

亚里士多德：

泰勒斯确实家里很贫困，也被很多人看不起。好多人也因此认为哲学毫无用处。

记者：

实际上情况如何呢？

亚里士多德：

这是对哲学家的误会。哲学家只要把他们的智慧用于赚钱，肯定会成为富翁。

记者：

不可能吧？

亚里士多德：

泰勒斯就曾经有过用自己的智慧赚取大量钱财的事情。

记者：

愿闻其详。

亚里士多德：

某年的冬天，泰勒斯以占星学也就是天文学预测第二年油橄榄将大获丰收，他将有限的资金交给开俄斯和米利都的各个油坊，他租用了所有的榨油设备，因为没有人和他竞争，租金特别低。

记者：

结果如何呢？泰勒斯发财了吗？

亚里士多德：

当收获季节来临时，油橄榄大获丰收，需要榨油的人苦于没有榨油机，只好照付泰勒斯索要的高价租金，因此，泰勒斯获得大量金钱。

记者：

你是想说明哲学家拥有智慧，如果想赚钱，是很容易的事情。哲学家之所以贫困，那是因为他们的抱负并不在此。是不是这个道理？

亚里士多德：

正是这样。哲学虽然好像没什么用处，但是，有了哲学就有了智慧，有了智慧，人间的很多问题都可以迎刃而解。泰勒斯不仅曾经用他的智慧获取大量金钱，他还曾经用他的智慧帮当时的吕底亚国王克洛伊索斯解决军事上的难题。由此可见，哲学不仅有用，而且用处是大大的。

记者：

泰勒斯是如何帮助克洛伊索斯解决军事上的难题的呢？

亚里士多德：

在克洛伊索斯和波斯国王居鲁士发生战争期间，克洛伊索斯的军队能否渡过哈吕斯河，是关系到克洛伊索斯能否在这场战争取得胜利的关键。正当克洛伊索斯不知如何使自己的军队渡过河时，在他营内的泰勒斯告诉他，他可以把河水分开，使在军营左面流的水转向右面流。他的计划是这样实现的：从阵地上不远的地方起，挖一道新月式的深沟，这样河水就离开原来的河道，沿沟通过营地后方，再经过营地旁边流入从前的河道。如此一来，河水被分成两股，人便都可以徒步涉过了。这样克洛伊索斯就可以率领他的部队顺利地渡过哈吕斯河，从而打败居鲁士。这些事例足以说明，科学和哲学不仅能够帮人们赚钱，而且还有军事上的价值，绝对不能小看它。

四　作为几何学家的泰勒斯

记者：

毫无疑问，泰勒斯是一位天文学家，据说他也是一位数学家？

亚里士多德：

你说的没错。但他在数学上的主要成就是几何学。

记者：

泰勒斯有没有提出过成熟的几何原理或几何定理呢？

亚里士多德：

当然有啦。

记者：

说说看。

亚里士多德：

泰勒斯提出过的几何原理，归纳起来有五个：1. 圆周被直径等分；2. 等腰三角形的两底角相等；3. 两直线相交时，对顶角相等；4. 如两三角形的一边和两邻角彼此相应和相等，则这两三角形完全相等。

记者：

还有什么？

亚里士多德：

第五个几何定理是：内切半圆周的三角形是直角三角形。就这些。

五　哲学思考第一步：本原、原因、元素

记者：

与其他学科比起来，哲学所探讨的问题都是一些带有根本性的问题，也可以说，都是一些高大上的问题。

亚里士多德：

也可以这么讲。哲学必须探讨万物的本原，本原问题研究好了，其他问题就

有了解释的基础。如果本原问题解决不好，其他问题就说不清楚。

记者：

看你的《形而上学》第五卷，就万物的本原，你一会儿说本原，一会儿说是原因，一会儿又说是元素。我不了解这几个词是什么意思？如此复杂，不好理解。

亚里士多德：

我在我的《形而上学》第五卷中，对本原、原因、元素这三个词做过明确的解释，你细细看，就会明白。

记者：

还是说说吧。

亚里士多德：

可以。所谓本原（arche)，它包括六个方面的含义。

记者：

如此玄乎，还是请你说说。

亚里士多德：

本原六个方面的含义是：1. 起点，如一条路、一条线的起点；2. 开头，如学习从头开始；3. 首要部分，如房子的地基，人的心和脑；4. 缘由，如事物生成的来源，打架的缘由；5. 为首，如城邦中国王或僭主是首脑，技艺中师傅为首脑；6. 起源或本原，万物所从出而又复归于它的元素、形式、目的等叫本原。

记者：

看来，本原这个词很复杂，它已经把元素、原因的含义包括进去了。

亚里士多德：

也可以这么说，但侧重点不同。

记者：

那什么是原因呢？

亚里士多德：

所谓原因（cause)，它的主要含义就是质料因、形式因、动力因和目的因。此外，日常说话有几种用法，如同一事物可以有几种原因；还有互为原因，如健康与锻炼。

记者：

原因这个概念好理解，元素这个概念怎么理解呢？

亚里士多德：

元素指事物内部不可再分的基本成分，如字母是语言的元素；或者是分下去仍然是同样成分的东西，如水的部分还是水。此外，有人把种属称作元素，因为它是多中之一，是最普遍的。

记者：

你不愧是个大家，但你这么一细分，让对哲学只有一般了解的人真是感到一头雾水啊！

亚里士多德：

其实，人们大可不必在乎这几个词的含义，大同小异地理解就可以了。总的来说，它们的意思都是事物的存在、产生以及被认知的起点，都可以作为事物的根源，这就是本原的含义，也可以说是原因和元素的含义，大概就是可以这样理解。

记者：

根据你的解释，泰勒斯作为第一代哲学家，他所思考的问题，是不是你刚才所讲的这些问题呢？

亚里士多德：

没错。作为第一代哲学家，泰勒斯的哲学说到底就是探讨万物由什么元素所构成，以及万物又回归什么元素，以及万事万物是怎么产生的这方面的哲学。确实，不管是泰勒斯还是别的哲学家，他们所探讨的问题，都是万变不离其宗，都是这些问题。

六 泰勒斯：对物质性本原的偏爱

记者：

一谈起你的哲学，没有人不知道你的“四因说”。

亚里士多德：

那可是我理论中最重要的一个部分，也是我评价一切理论的依据，也是我解释世界的理论基础。

记者：

明白。那你如何看待泰勒斯最早关于世界本原的思考呢？

亚里士多德：

在我的理论体系中，万物的根源也就是本原，不是唯一的，而应该是四个，即：质料因、形式因、动力因和目的因。

记者：

平心而论，对你的“四因说”，我还是非常认可的。我们现代人关于宇宙世界的理解，也越来越从简单的物质性的解释而转向从物质性和精神性统一的角度来进行解释。

亚里士多德：

那咱们可以有更多进行交流的东西。

记者：

那你是如何看待泰勒斯对这个问题的思考的呢？

亚里士多德：

古希腊的许多哲学家，尤其是像泰勒斯这样由科学家转变而来的哲学家，他们更多的是看到物质性的东西，而很少看到精神性的东西对于事物发展的推进作用。

记者：

似乎你对此有不同看法？

亚里士多德：

事物变化的原因既有物质性的，也有精神性的。如果你仅从物质性的角度来解释，那肯定不全面。无论是泰勒斯，还是阿那克西美尼或阿那克西曼德，他们多多少少都存在着这种对物质性的偏爱。

记者：

什么意思呢？

亚里士多德：

好在这些人也不是完全拘泥于物质性，他们也看到精神性的作用。

记者：

此话从何说起？

亚里士多德：

泰勒斯是个科学家，他曾经观察到磁石的推动作用，因此他推断出磁石有灵魂，灵魂是一种引起运动的能力。

记者：

那是不是说，泰勒斯在强调物质性本原的同时，也强调精神性的作用？

亚里士多德：

也可以这么说吧。泰勒斯所提出的万物充满着神灵的思想，也包含着灵魂可以作为一种精神性的力量，可以对事物的发展起到根本性的作用。

七　思想源于理性，也离不开感觉和观察

记者：

泰勒斯被公认为西方第一位哲学家，他提出“水是万物的本原”这个命题。我想请你分析一下，哪些方面的原因促使或者帮助泰勒斯提出了这个观点？

亚里士多德：

泰勒斯是一位科学家，具有极强的理性思考的能力，他之所以能提出这个观点，首先得益于他非凡的智慧和理性思考的能力。当然了……

记者：

还有什么原因呢？

亚里士多德：

那就是离不开观察，离不开感觉经验。

记者：

请详细说一说。

亚里士多德：

泰勒斯是一位科学家，我相信他肯定对万物做过详细的观察。通过观察，人

们会发现万物都是以湿的东西为滋养物，植物如此，动物如此，人类也如此。甚至说岩石和泥土也都是如此。尤其是，就我们人类来说，人类的存在和生长一刻都离不开水，都是以水为基础的。此外，从水的对立面——热来观察，热本身也是从湿气中产生的，并靠潮湿来维持。我可以得出这样的一个结论，泰勒斯正是通过这些现象的观察，才得出“水是万物的本原”这个命题。

记者：

思想离不开理性，也离不开感觉。这两大因素，一个都不能少。

亚里士多德：

可以这么说。泰勒斯提出“水是万物的本原”这个命题，还有一个重要的原因，那就是：米利都、伊奥尼亚，以至整个希腊世界，它们都在地中海的周围，深受海洋的影响，人们的生活和生产活动，无论是工业、农业还是海外贸易，时时处处都和水发生着密不可分的关系。尤其是，希腊的那些小岛，被水所包围，很容易让人相信，这些土地是悬在水上的。种种因素也促成泰勒斯提出“水是万物的本原”这个哲学命题。

记者：

还有什么原因呢？

亚里士多德：

泰勒斯关于“水是万物的本原”的思想，除了受到他所特有的理性思维能力的影响，除了受到他善于观察的影响，也或许与希腊神话世界中人们把与水有关的神灵奉为至高无上的东西有关。

记者：

愿闻其详。

亚里士多德：

在古希腊的神话宇宙观中，很多学者也认为“水是万物的本原”，只不过他们是用神话的形式表现出来的，而泰勒斯是用语言的形式来表达的。

记者：

请继续讲。

亚里士多德：

荷马的《伊利亚特》和赫西俄德的《神谱》中曾经说过，海洋之神俄刻阿诺神和海洋女神泰西斯都是万物的祖先。正是这些与水有关系的神灵创造了万物。我相信古希腊神话中的这些说法，肯定对泰勒斯提出“水是万物的本原”有很大的影响。

八　小结

记者：

关于泰勒斯，我们已经说了很多。请你做个小结。

亚里士多德：

应该的。关于泰勒斯的小结有三点：第一，在西方的知识分子中，泰勒斯是第一个具有系统化理性思维的人，说他是西方哲学第一人，一点都不过。第二，作为米利都学派哲学家的代表人物，泰勒斯特别重视对世界本原的物质性的研究……

记者：

还有呢？

亚里士多德：

还有就是泰勒斯的哲学是非常初级而原始的，他虽然提出了“水是万物的本原”这个命题，但对水具体是怎样产生万物的这个问题，则没有交代……

记者：

你不是说过，泰勒斯说水通过凝结产生固体物质，通过疏散而产生液体。怎么能说他没有说过这个问题呢？

亚里士多德：

那是我的推测，不是泰勒斯直接说的。另外，泰勒斯虽然可能说过大地是浮在水上的，但对土是如何从水中长出来，为什么能从水中产生出土，同样没有研究过。

记者：

还有什么评价？

亚里士多德：

那就是第四点啦：就宇宙万物产生的原因，应该是既有物质性的原因，也有精神性的原因；既有内容方面的原因，也有形式方面的原因。但泰勒斯仅仅研究了质料方面的原因，而对精神性的原因、形式性的原因，实在是没有什么建树。因此，当我们把泰勒斯作为哲学鼻祖予以景仰的同时，必须知道泰勒斯也仅仅代表了哲学的最原始的形态。

第三章 “阿派朗”：一种似是而非的本原

引　子

阿那克西曼德生于公元前611年，比泰勒斯小几岁，在米利都学派的三位哲学家中，哲学史家们都把他排第二。亚里士多德的《形而上学》被公认为最早的西方哲学史著作，亚里士多德用“四因说”考察了先前所有的哲学家们，唯独对阿那克西曼德只字没提。仔细阅读亚里士多德的著作，不难发现，亚里士多德虽然不否认阿那克西曼德是位哲学家，但对阿那克西曼德关于“阿派朗”乃世界本原的说法不屑一顾。让我们走近亚里士多德，看看他是如何评价阿那克西曼德的哲学及其宇宙观的。

一　一位了不起的自然科学家

记者：

研究你的著作，发现你对阿那克西曼德很不以为然，你似乎根本就不承认他是一位哲学家。

亚里士多德：

撇开阿那克西曼德是不是一位哲学家不说，我们先来看看，他到底是什么样的人。

记者：

那在你看来，阿那克西曼德是什么样的人呢？

亚里士多德：

我对阿那克西曼德的研究比较少，但是有一个感觉绝对不会错，那就是：阿那克西曼德是一位了不起的自然科学家，他有不少的创造和发明。

记者：

据你了解，阿那克西曼德有哪些创造和发明呢？

亚里士多德：

根据我掌握的资料，阿那克西曼德发明了日晷的指针。他把这个指针安装在日晷上，来测定冬至、夏至和昼夜平分点，并且在此基础上造出了计时器。

记者：

这个情况我了解。

亚里士多德：

阿那克西曼德还第一次描绘了海陆的轮廓，并且造了地球仪。

记者：

这个，我也了解。在那个落后的原始年代，他描绘了海陆的轮廓，并且造出了地球仪。确确实实了不得。

亚里士多德：

不仅如此，阿那克西曼德还对人类起源问题进行了思考，提出了人是从鱼变来的思想，这个思想非常了不得。在他之前，可没有人提出过这类问题呀！

记者：

关于阿那克西曼德提出的“人是从鱼变化而来”的思想，后人非常重视。学者达尔文的进化论思想，就与阿那克西曼德有关。此外，我很钦佩的一位德国思想家恩格斯对阿那克西曼德也给予了很高的评价。

亚里士多德：

恩格斯是如何评价阿那克西曼德这个思想的呢？

记者：

恩格斯给予了高度的评价：“伊奥尼亚哲学家阿那克西曼德还在公元前6世纪就提出了人是从鱼发展而来的观点，大家知道现代进化论的观点也是如此。”（《马克思恩格斯全集》，第21卷，人民出版社2016年版，第563页）

二 阿那克西曼德的哲学贡献

记者：

在你眼中，阿那克西曼德似乎仅仅是一位科学家，而算不上哲学家，是吗？

亚里士多德：

何以见得？

记者：

你的著作《形而上学》被公认为最早的西方哲学史著作，当你用你那著名的“四因说”去评判希腊各位哲学家时，你似乎根本就没有提到阿那克西曼德。你是一个思维特别缜密的人，如果你认为阿那克西曼德是一位哲学家，就不可能不提到他的。

亚里士多德：

你们这些人太敏感了。我的《形而上学》并非一本哲学史著作。一本哲学史著作，必须对所有，最起码是最重要的哲学家的哲学予以介绍；不仅如此，在介绍这些哲学家的哲学思想时，还必须做到客观全面，不能遗漏。按照这个标准，我的《形而上学》不能算一本严肃的哲学史著作，而是一本哲学史论著。作为一部哲学史论著，中间提到谁不提到谁，就具有很大的随意性。因此，即便我的《形而上学》没有提到阿那克西曼德，也得不出我否认阿那克西曼德也是一位哲学家的结论。再说啦……

记者：

你想说什么？

亚里士多德：

我在《形而上学》中是用我的“四因说”去对各位哲学家的思想进行评判，能够与我的“四因说”挂上钩的我就会提到，反之与“四因说”八竿子打不着的，我自然就不会提到。阿那克西曼德的思想就属于后者，我自然就不会提到。

记者：

你解释这么多，你的意思是说你并不否认阿那克西曼德也是一位哲学家。

亚里士多德：

是的。我在我的《物理学》第一章中明确肯定阿那克西曼德是某一派哲学的代表人物。

记者：

详细说一下。

亚里士多德：

我在《物理学》第一章中是这样写的："自然哲学家们的说法则有两种方式。一种方式主张存在的基础是单一物体——或者是三种（指水、气、火这三种物体。——引者注）之一，或者是比火更稠密比气更稀薄的某物——通过凝集和疏散，从它生成万物，造成众多。稠密和稀薄是对立的，一般而言就叫盈余与缺欠，就像柏拉图所说的大和小。当然，他把大和小当成质料，单一是形式，而那些人却把单一当作基础质料，对立则是属差和形式。另一种方式主张对立是在单一之中，是从它分出来的，犹如阿那克西曼德所说；那些断言存在既是单一又是众多的人也是如此，就像恩培多克勒和阿那克萨戈拉。因为他们主张他物是从混合体中分离出来的。"（苗力田主编：《亚里士多德全集》，第二卷，中国人民大学出版社 2016 年版，第 11—12 页）

记者：

明白了。你不仅承认阿那克西曼德是一位科学家，也承认他是一位哲学家，并且把他树立为某一个哲学流派的代表性人物。

亚里士多德：

正是。

三　把"阿派朗"视为万物本原并非阿那克西曼德所特有

记者：

阿那克西曼德认为，宇宙万物的本原是一种没有固定形态或固定性质的原始物，他称之为"无定形"，在我们中国的语言中，音译为"阿派朗"（apeiron），其意思是：无规定、无限制、无界定……

亚里士多德：

看来你对阿那克西曼德还真有些研究。接着说……

记者：

阿那克西曼德认为，“阿派朗”本身是不生不灭、无穷无尽、无边无际的。倘若“阿派朗”具有某种固定的性质或形态，有生有灭，有穷有尽，有边有际，那就成了有规定者，有种种限制，就不能解释许多自然现象，也就不被称为本原了。

亚里士多德：

见你如此津津有味地谈论着阿那克西曼德的“阿派朗”，我真不忍心打断你。

记者：

什么意思？难道我说错啦？

亚里士多德：

错倒是没错，我只是想让你知道：把“阿派朗”看作是万物的本原，并非是阿那克西曼德所特有的……

记者：

什么意思？

亚里士多德：

柏拉图和几乎所有的自然哲学家都持这个观点。

记者：

不会吧。

亚里士多德：

怎么不可能？毕达哥拉斯学派和柏拉图将“阿派朗”这种本原看作是自在的本体，不是事物的属性；毕达哥拉斯学派认为“阿派朗”就是偶数，柏拉图却认为有两个“阿派朗”，一个是大，一个是小。所有的自然哲学家们，包括泰勒斯、阿那克西美尼、赫拉克利特、恩培多克勒也都认为，虽然元素水、气、火、土本身不是“阿派朗”，但“阿派朗”却是这些元素不可分割的属性……

记者：

你这种看法，我第一次听说。

亚里士多德：

其实，无论是阿那克萨戈拉的“种子”说，还是留基伯和德谟克利特的“原子”说，都主张“阿派朗”构成万物和世界的本原。

记者：

你的观点越来越明确了，那就是并非只有阿那克西曼德才主张“阿派朗”是世界的本原，包括柏拉图和几乎所有的自然哲学家都坚持这个观点。

亚里士多德：

正是。不过，阿那克西曼德的看法与其他哲学家的看法还是有些不同的。

记者：

不同点表现在什么地方呢？

亚里士多德：

阿那克西曼德只是在性质上同意大多数自然哲学家对“阿派朗”的看法，即“阿派朗”是神圣的东西，是不朽的，又是不灭的。但他不愿意把“阿派朗”与某一种可以感觉到的具体元素联系起来。

四　牵强附会的佐证

记者：

那么多的哲学家都坚持“阿派朗”是万物的本原，在你看来他们如此认为的理由是什么呢？

亚里士多德：

这些哲学家之所以把“阿派朗”看成是本原，或把本原看成是“阿派朗”，有两个理由：一是说，任何一个可感觉的事物，要么自己是本原，要么是由本原生成的，如果有两个以上的本原，本原就不可能是“阿派朗”，因为互相会受到限制；二是说，作为本原，就不会有生成和毁灭，因为有了生成和毁灭，就有了起点和终点，因而也就没有“阿派朗”。所以，“阿派朗”本身就是本原，“阿派朗”本身没有其他的本原。

记者：

你的这些论证似乎都是循环论证。

亚里士多德：

我是从那些哲学家的角度来进行论证的。事实上我并不赞同他们的那些论证。

五 脱离感觉事物的"阿派朗"并不存在

记者：

如你所言，阿那克西曼德在认同"阿派朗"作为万物本原的同时，却坚决拒绝把"阿派朗"与某种具体的物体画上等号，据说你对此不以为然。

亚里士多德：

这是我最反感的。

记者：

理由是什么？

亚里士多德：

如果说"阿派朗"是一个与具体的感觉事物相分离而自身存在的实体，那它就不是某种物质累计体量在广延上的扩张，也不是数量本身集合的不断扩大……

记者：

从逻辑上讲确实是如此，这意味着什么呢？

亚里士多德：

既然"阿派朗"不是某种物质累计体量在广延上的扩张，也不是数量本身集合的不断扩大，那么"阿派朗"就是不可分的。而一旦"阿派朗"不可分，它就不可能是什么无边无际，不可能是什么无限的不确定性。

记者：

从逻辑上讲是如此。

亚里士多德：

一个事物如果要具备"阿派朗"那样的无限性，就必须具备数量、累积量和数目方面的可分性，而阿那克西曼德又说"阿派朗"与某种具体物质无关，事实上又否定了它的可分性。很显然，这种所谓的可以脱离具体事物而存在的"阿派朗"纯属子虚乌有，是不可能存在的。

六　如“阿派朗”为某种具体物质，无论是复合还是单一，都不可能具备“阿派朗”的那些特征

记者：

刚才你从逻辑上证明“阿派朗”不可能是脱离某种具体物质而单独存在的东西。我想问一下：如果假定“阿派朗”是某种看得见、摸得着的物体，那将意味着什么呢？

亚里士多德：

那将意味着“阿派朗”不可能具备阿那克西曼德所赋予“阿派朗”的那些性质，如不确定性、无边无际性等。

记者：

此话如何解释？如此说来，那“阿派朗”还是所谓的“阿派朗”吗？

亚里士多德：

我的说法不会错的。

记者：

我信，你说。

亚里士多德：

如果这个可感觉的物体是复合的，说明它是由不同的元素所构成，毫无疑问这些元素的数目是有限的，而不是“阿派朗”概念所讲的无限性、无止无境性。一句话，由有限数量所构成的感觉物体，也必然是有限的。

记者：

组成感觉物体的一些元素或许有一部分是无限的，那又怎么讲呢？

亚里士多德：

构成感觉物体的那些不同的元素，不可能都具有无限的性质，其中可能有的有限，有的无限，如此一来，无限的元素就会压制并消灭有限的元素，其原因在于无限的元素必定要向每一个方向无穷尽地扩展，因而也决定了这种复合体不可能存在。

记者：

如果这个感觉物体是单一的，那将怎么讲呢？

亚里士多德：

如果“阿派朗”是某种单一的物体，要么是水，要么是火，要么是土，要么是气，一旦具体化，就不可能是无限的了，由它组成的物质世界，自然也不可能是如“阿派朗”一样性质的东西了。

七　“阿派朗”：无他，混沌而已

记者：

你的种种说法，都表明你对阿那克西曼德口中的“阿派朗”非常不以为然，请你再说说，在你看来，“阿派朗”到底是一种什么东西？

亚里士多德：

对阿那克西曼德所提出的那个“阿派朗”我是不认同的，这个概念太粗糙，就其来源来说，估计与赫西俄德《神谱》中提到的那个代表混沌的神灵卡俄斯有关，这个神灵是出现在太空中的一团粗陋、无形的块状物。这种东西出现在宇宙诞生之前，并创造了世界万物。

八　阿氏“地心说”宇宙观：说法巧妙，但不真实

记者：

阿那克西曼德的宇宙观认为大地处在宇宙的中心，且必然保持静止。你对此如何评价？

亚里士多德：

对他的这个说法我没有太多的看法，但对他关于“地心说”的解释我不敢苟同。

记者：

细细说说。

亚里士多德：

阿那克西曼德主张大地处在宇宙的中心，唯一的理由是大地通向四周各个边缘点的距离相等。他的这个说法虽然很巧妙，但不真实。

记者：

你的看法是？

亚里士多德：

土地处于宇宙的中心，是由土地的性质所决定的，火之所以不断地向边缘移动，也同样是由火的性质所决定的。土地自然往中心移动的本性决定了它必然处于宇宙的中心，并且必然处于一种静止状态。

九　小结

记者：

谈了这么多，该请你就阿那克西曼德和他的哲学与思想做个总结了。

亚里士多德：

必须的。首先，阿那克西曼德毫无疑问是一位不错的科学家，尤其值得一提的是，他所提出的人从鱼发展而来的思想，更具有特殊的价值。其次，作为一位哲学家，他的所谓“阿派朗”理论，意义不大。他撇开具体的物质元素，把某种抽象的属性作为万物的本原，实属牵强附会，难以自圆其说……

记者：

嗯，还有什么？

亚里士多德：

最后，最为关键的是，依照我的“四因说”，事物发展变化的原因包括物质的、精神的、内容的、形式的四大方面，而阿那克西曼德所提出的“阿派朗”，不过是某种粗糙不堪、神秘兮兮的混沌状态而已，对于解释宇宙万物的缘起与变化发展意义不大。我之所以在我的《形而上学》著作中懒得提及阿那克西曼德，原因就在这里。

第四章　“气”：粗陋的本原与最早的物活论

引　子

阿那克西美尼是米利都学派的第三位代表，亚里士多德之所以把泰勒斯、阿那克西曼德、阿那克西美尼这三杰称作米利都学派，绝对不是因为他们三人都在米利都这个地方从事科学研究和哲学活动，主要是因为他们的哲学观念相似。他们的共同点是都将某种玄而又玄的“阿派朗”视为万物的本原，无非是有的人把“阿派朗”具体化为水，有的人则具体化为气。在亚里士多德的眼中，无论是把“阿派朗”视为万物的本原，还是把某种具体的事物作为万物的本原，都是粗糙的，都是难以自圆其说的。让我们走近亚里士多德，与他一起评论阿那克西美尼和他的“气”论。

一　米利都学派的第三位代表

记者：

阿那克西美尼与泰勒斯、阿那克西曼德一样，都是米利都学派的代表性人物，你对他了解比较多，希望你介绍一下。

亚里士多德：

阿那克西美尼是土生土长的米利都人，他的父亲是欧律司特拉托。阿那克西美尼是阿那克西曼德的学生，泰勒斯算是他爷爷辈的老师了。

记者：

似乎也有人提出不同的意见，有人说阿那克西美尼并非阿那克西曼德严格意义上的学生，而是一般意义上的学生。通俗地说，就是普通意义上的学生、朋友、熟人、继承人等。还有人说阿那克西美尼是爱利亚学派的巴门尼德的学生。对这些说法，你如何看？

亚里士多德：

或有可能，但说他是巴门尼德的学生，绝对错误。年代上对接不起来，他们的思想也没有什么关系。

记者：

据说阿那克西美尼是一位政治家，对政治情有独钟，是吗？

亚里士多德：

阿那克西美尼的家乡是米利都。米利都和伊奥尼亚等城邦，都处在东方入侵者的威胁之下。面对外来侵略者，泰勒斯、阿那克西曼德、阿那克西美尼等人都呼吁国民支持城邦的僭主们，团结一心，坚决抗拒外来侵略者。如果说阿那克西美尼是一位政治家的话，据我了解，就是这方面的意思。阿那克西美尼没有担任过什么像样的行政职务。

记者：

第欧根尼·拉尔修在《名哲言行录》中说，阿那克西美尼习惯于用“简单而纯朴的伊奥尼亚方言”写作，我想了解一下，这里所说的“伊奥尼亚方言”是一种什么样的语言？

亚里士多德：

说到底就是一种日常用的散文语言。

记者：

难道此前的那些作家写作时用的不是这种语言？

亚里士多德：

不要说别人，就连阿那克西美尼的老师阿那克西曼德写作时用的语言都不是。他的语言很优美，很华丽，很诗意，但不好懂，有时候，甚至非常晦涩难懂。对普通人来说，那简直就是天书。

二　阿那克西美尼的“气”与泰勒斯的“水”

记者：

根据你的《形而上学》记载，似乎并非只有阿那克西美尼一人提出“气”

是万物的本原。

亚里士多德：

是的，根据我的考证，阿波罗尼亚的自然哲学家第欧根尼也是这个观点。此外……

记者：

还有什么新发现？

亚里士多德：

阿那克西美尼的说法新意有限。

记者：

怎么讲？

亚里士多德：

首先，阿那克西美尼提出的“气”与泰勒斯提出的“水”，属于同一类的事物。

记者：

这倒是。

亚里士多德：

“气”“水”“土”都是某种具体性的物质。很显然，用某种非常具体的、单一的物质作为万物的本原，很难自圆其说。其次，阿那克西美尼提出的“气”，与阿那克西曼德所提出的“阿派朗”也非常类似……

记者：

怎么讲？

亚里士多德：

“阿派朗”是某种粗糙的混沌状态，性质极端不确定。阿那克西美尼的“气”也是如此，气虽然相对有形有体，但基本上也是缺乏明确的边界和界限。

记者：

是的，气，也是一种虚无缥缈的东西，看不见摸不着，很难把握的。

亚里士多德：

是的，与“阿派朗”有一拚。

记者：

据说在阿那克西美尼那里，表达“气”概念的希腊文字与“阿派朗”是一回事，是吗？

亚里士多德：

是这样。

记者：

阿那克西美尼的“气”似乎介乎“阿派朗”与具体物质之间，或这或那，飘移不定。

亚里士多德：

你的感觉就是我的感觉。

记者：

在我的印象中，无论是用某种粗糙的混沌状态“阿派朗”，还是用某种具体的物质，如水、气、土等，来作为万物的本原，你都不感冒？

亚里士多德：

是这样，哪一种说法都难以站得住脚，我都看不上。

三　凝聚与稀散：关于万物产生机理的初步解释

记者：

你对米利都三位哲学家的理论，总体上评价都不高。在三位哲学家中，哪位的理论最具特色？

亚里士多德：

相对而言，阿那克西美尼的理论最具特色。

记者：

具体体现是？

亚里士多德：

在三位米利都哲学家中，阿那克西美尼是第一个用自己的理论对万物的由来进行比较系统解释的哲学家。

记者：

难道泰勒斯和阿那克西曼德没有这样做？

亚里士多德：

是的。泰勒斯认为万物的本原是水，但他对万物是如何从水这个本原演化而来的，几乎没有谈及。

记者：

嗯。阿那克西曼德呢？

亚里士多德：

阿那克西曼德提出了万物由本原产生，最后又复归于本原，但这种产生与复归是如何进行的，他除了提出由阿派朗“分离”或“分散”出冷和热等对立外，也没有其他具体的说明。

记者：

那请你介绍一下阿那克西美尼是如何说的。我知道，即便阿那克西美尼的解释非常有特色，你也是不以为然的。

亚里士多德：

也不能说得这么绝对。阿那克西美尼的解释是：万物由气的凝聚或稀散所致。具体来说就是，使物体凝聚和浓缩的是冷，使它稀薄和松弛的是热。

记者：

应该更具体些。

亚里士多德：

根据阿那克西美尼的理论，气由于变得更加浓厚或稀薄，就有了不同的外观……

记者：

外观？

亚里士多德：

当气变得稀薄时，就变为火；当它变得更加浓厚时，就会变成风，然后就会变成看得见的云彩。

记者：

还有呢？

亚里士多德：

当气变得更加浓厚时，就会产生水，再浓厚一些，就会产生土，最浓厚时就会导致石头的出现。一切事物都由于气在数量上的差别所致。由于气在不同程度上的浓厚化或稀薄化，所以才出现了不同的物体。简言之，正是由于凝聚和稀散这些永恒的运动，才造就了天下万物。

四　“气”的精神性与最早的物活论

记者：

阿那克西美尼曾经在气与呼吸、生命、灵魂，甚至和神之间画上等号。

亚里士多德：

这样做的并非阿那克西美尼一个人，第欧根尼也是如此。

记者：

第欧根尼怎么说？

亚里士多德：

我看过第欧根尼的几个著作残篇，其中一个残篇说：“人和其他动物都是以吸进气而活着的，气对他们说来，既是灵魂又是心灵。这是很容易证明的；如果（他们）没有气，也就没有心灵。”（参见汪子嵩等：《希腊哲学史》，第一卷，人民出版社 2014 年版，第 193 页）另一个残篇说：“……气本身和心灵有许多不同的形式：有的热一点，有的冷一点，有的干一点，有的湿一点，有的运动得慢一点，有的运动得快一点；还有许多内在的不同，它们的气味和颜色也是很不一样的。但是，所有动物的灵魂却是一样的，就是气，它比在我们身外的气要热一点，却比靠近太阳的气要冷得多。”（参见汪子嵩等：《希腊哲学史》，第一卷，第 194—195 页）

记者：

这两个残篇我也看过，请你解读一下。

亚里士多德：

概括起来就是一句话：气是万物的本原，气不仅能产生自然界中的万事万物，而且生命、灵魂和神也是由气所产生的。

记者：

他们何以能得出这个观点？

亚里士多德：

无他，得之于常识而已。

记者：

什么常识？

亚里士多德：

人类和动物吸进去的和呼出来的都是气，一旦停止了呼吸，生命也就不存在了，人活着有灵魂，人死了灵魂也就没有了。所以气是生命，是灵魂，换句话说，气产生了生命，也产生了灵魂。

记者：

如此说来，既然万物都是来源于气，而气本身也是灵魂，那是不是说，万物也都有灵魂呢？

亚里士多德：

从逻辑的角度来说，不能不同意你的这个推论。

五　驳大地扁平说

记者：

据说阿那克西美尼用他的凝聚和稀散理论，论证大地是扁平的，且是静止不动的。你如何看？

亚里士多德：

阿那克西美尼认为，大地是由气凝聚到一定的程度而产生的，形状是扁平的，一旦大地形成了，它就像一个盖子覆盖着下面的气，气因为有巨大的压力而不能运动，所以大地也就只能保持静止不变。

记者：

对他的这个论证，你如何看？

亚里士多德：

他说地球是静止的，或许没错。不过他说地球之所以是静止的，那是因为地球是扁平的。这倒不一定对。

记者：

理由是？

亚里士多德：

地球之所以是静止的，那是因为地球的体积足够大，而不是因为地球的形状是扁平的。换句话说，即便地球是圆形的，它也会是静止的。

六　小结

记者：

说了这么多，该请你就阿那克西美尼和他的哲学做个小结了。

亚里士多德：

阿那克西美尼把气作为万物本原的理论，不过是把某一种物质作为万物本原的若干种理论之一，从哲学的角度来看，价值一般。不过他比其他学者更多地看到万物本原的精神性，这一点我最为欣赏。我在用我的“四因说”理论评点古希腊哲学家时，之所以提到阿那克西美尼，原因就在这里。

第五章　数：
毕达哥拉斯学派的“上帝”

引　子

继米利都学派以后，毕达哥拉斯学派应运而生。米利都学派从某种具有固定形体的东西、特殊的东西中寻求世界的统一性，即使是阿那克西曼德的“阿派朗”，虽然他不愿给它以任何规定性，但仍然属于这种“有固定形体”的范畴，依然是一种物质性的实体。用物质性的东西说明世界的统一性，符合传统唯物主义“世界的统一性在于它的物质性”原理。

但在多样性的世界中，不只是存在着具有固定形体的特殊的东西，还存在着许多不具有固定形体的东西。如何解释？毕达哥拉斯学派另辟蹊径，独树一帜，他们找到的便是“数”。世界万物无论其是否具有某种形体，无不具有数的规定性，多样性的世界皆统一于数，数便是万物的本原。需要特别说明的是，毕达哥拉斯和他的学派是亚里士多德最为看重的研究对象之一。让我们走近亚里士多德，与他一起评论毕达哥拉斯和他的学派。

一　柏拉图学派与毕达哥拉斯学派

记者：

你是一个不会轻易看上什么人的人，米利都学派的几位哲学家在你们西方哲学史上的地位基本为举世所公认，而在你的眼中，似乎都是一般般，不值得费太多笔墨去评论。

亚里士多德：

他们的学说太简单，尤其是他们骨子里的那种对于物质性畸形的偏爱，导致他们无法逃脱低级唯物主义的窠臼。幸亏阿那克西美尼稍好一些。

记者：

如果把毕达哥拉斯学派与米利都学派放在一起比一比，你会得出什么结论？

亚里士多德：

天壤之别，不可比。

记者：

据说你的老师柏拉图也特别欣赏毕达哥拉斯学派的学说？

亚里士多德：

无论是就继承而论，还是就批判而论，我老师的学说与毕达哥拉斯学派的学说之间存在着某种神秘的联系。这在学术界，几乎没有争议。

记者：

说来听听。

亚里士多德：

很多资料说明，柏拉图与毕达哥拉斯学派的代表人物之一——阿契塔有过直接的交往。有人认为，柏拉图在对话《斐多篇》中讨论灵魂不灭学说时所批判的学说可能来自毕达哥拉斯学派的另一位代表人物——菲洛劳斯。更有甚者……

记者：

有什么需要特别说明的？

亚里士多德：

我的学生阿里斯托塞诺斯曾经告诉我说，根据他的考证，柏拉图的《蒂迈欧篇》是直接从菲洛劳斯的三篇文章中剽窃过来的。

记者：

关于柏拉图学派与毕达哥拉斯学派的关系，还有什么需要补充说明的？

亚里士多德：

柏拉图学园的继承人斯彪西波等人一直企图将柏拉图的理念论与毕达哥拉斯的数论结合起来——

记者：

说得直白一点就是，柏拉图的理念论也是源自于毕达哥拉斯关于数的理论，是不是？

亚里士多德：

也可以这么说吧。

记者：

但很多对柏拉图的对话进行过认真研究的人说，柏拉图在自己的作品中，很少提到毕达哥拉斯和毕达哥拉斯学派。

亚里士多德：

这个说法符合事实，我可以作证。但有一点也是事实，那就是：柏拉图虽然只在屈指可数的地方提到毕达哥拉斯，但那几处都是要点。如果不是浸染在毕达哥拉斯的学说中，柏拉图也不会那么说的。

记者：

可否指点一下，柏拉图在其对话中具体是在哪些地方提到毕达哥拉斯的？

亚里士多德：

一时也回忆不起来，你去查柏拉图的对话吧。

二　毕达哥拉斯就是毕达哥拉斯学派，毕达哥拉斯学派就是毕达哥拉斯

记者：

你对毕达哥拉斯和毕达哥拉斯学派非常看重，是不是与你的老师特别重视毕达哥拉斯学派的学说有关？

亚里士多德：

或许有这方面的原因。我在我的《形而上学》《物理学》《论天》《论灵魂》等著作中，对毕达哥拉斯学派的学说进行了认真而深入的研究。我还就毕达哥拉斯学派撰写过专著。

记者：

现代人只能看到一些残篇，片言只语，鸡零狗碎的，好可惜啊！

亚里士多德：

这个我就不知道怎么回事了。

记者：

在你的著作中，你很少直接提到毕达哥拉斯本人，在我的印象中，你直接提到毕达哥拉斯的地方只有两处，而且是无足轻重地一带而过，这是什么原因呢？

亚里士多德：

原因很简单：毕达哥拉斯学派是一个特殊的团体，在这里，毕达哥拉斯就是毕达哥拉斯学派，毕达哥拉斯学派就是毕达哥拉斯，人们很难将二者分开来。

三　远离政治，让自己成为知识的巨人

记者：

关于毕达哥拉斯和他的学派，当代思想家罗素的点评最精彩，也最让人觉得不好理解。

亚里士多德：

说给我听听，我给你解读一下。

记者：

罗素的原话是："毕达哥拉斯是历史上最有趣味而又最难理解的人物之一。不仅关于他的传说几乎是一堆难分难解的真理与荒诞的混合，而且即使是在这些传说的最单纯最少争论的形式里，它们也向我们提供了一种最奇特的心理学。简单地说来，可以把他描写成一种爱因斯坦与艾地夫人的结合。他建立了一种宗教，主要的教义是灵魂的轮回和吃豆子的罪恶性。他的宗教体现为一种宗教团体，这一教团到处取得了对于国家的控制权并建立起一套圣人的统治。但是未经改过自新的人渴望着吃豆子，于是就迟早都反叛起来了。"（参见罗素：《西方哲学史》，商务印书馆 2010 年版，第 57 页）请你解读一下。

亚里士多德：

如果不了解毕达哥拉斯学派的来龙去脉，还真的不好理解罗素先生的这段话。不过，如果能厘清毕达哥拉斯学派的历史，理解罗素所讲的这些话，就非常容易了。

记者：

请说说看。

亚里士多德：

毕达哥拉斯生于公元前 570 年左右，他的出生地是小亚细亚沿海的萨摩斯岛，其父是一位指环雕刻匠……

记者：

也有一些史料说，他是一个富二代，其父是一位非常富裕的大商人。

亚里士多德：

姑且听之吧。

记者：

据说萨摩斯是当时希腊世界主要的政治、经济和文化中心？

亚里士多德：

是的。我给你介绍一下萨摩斯。

记者：

多谢啦！

亚里士多德：

萨摩斯是伊奥尼亚人建立的殖民城邦，和米利都、爱菲索等城邦隔海相望。萨摩斯的位置非常好，地处海上交通要道，和小亚细亚腹地、埃及、黑海地区，以及居勒尼、科林斯等地有着广泛的贸易往来……

记者：

如此不错的一个地方！

亚里士多德：

是的。自公元前 7 世纪，萨摩斯就是当时地中海地区主要的和最富裕的城邦之一。而到了毕达哥拉斯活动的时期，大约是在公元前 532 年到前 529 年，萨摩斯更是达到其发展的顶峰。

记者：

能“顶峰”到什么程度？

亚里士多德：

我给你介绍一下，你就知道了。到了毕达哥拉斯所在的时代，萨摩斯由一位名字叫波吕克拉底的僭主统治着……

记者：

在我的印象中，凡被称为僭主的，十之八九不是好东西。在僭主统治下，萨摩斯怎么能发展起来呢？

亚里士多德：

你还真的说错啦。在著名历史学家希罗多德的眼中，统治希腊各城邦的僭主中，除了叙拉古的僭主外，没有任何一位僭主其伟大程度能与波吕克拉底相比。

记者：

这位僭主能把萨摩斯治理到什么程度呢？

亚里士多德：

在波吕克拉底的统治下，萨摩斯击败了当时该地区的海上强国米利都与列斯堡的联盟，一度成为伊奥尼亚地区的霸主。与此同时，萨摩斯还缔造了当时希腊的三项伟大的工程……

记者：

哪三大工程？

亚里士多德：

一是大隧道，二是大神庙，三是海港防波堤。

记者：

真是了不起，不过据说此位僭主贪财、骄傲、狂妄自大。

亚里士多德：

人非圣贤，孰能无过！

记者：

生逢这么好的一个时代，毕达哥拉斯可以大展宏图了。

亚里士多德：

不。

记者：

他在干什么？

亚里士多德：

毕达哥拉斯远离政治，心无旁骛，认真钻研学术，研究各种宗教教义和宗教仪式。特别值得一提的是，毕达哥拉斯到过希腊各地，还游学埃及，广泛学习古埃及的宗教、算术、几何，历经磨炼，不出几年，就让自己迅速成长为一位大学者、大宗教家。

四　不能说毕达哥拉斯反对民主制度

记者：

后来呢？

亚里士多德：

毕达哥拉斯从埃及等地回来后，就离开了家乡萨摩斯。

记者：

那他去哪了？

亚里士多德：

他后来乘船到意大利的克罗顿去了，并在那里定居下来了。

记者：

原因是啥？

亚里士多德：

毕达哥拉斯之所以离开萨摩斯，大概与和僭主波吕克拉底的关系不好有关。

记者：

根据你的介绍，萨摩斯的僭主是一位奋发有为的统治者，另外据说这位僭主依托的力量也主要是当地的民主派，而不是那些高高在上的贵族。一些人据此推断说，毕达哥拉斯是一个对民主制度很反感的人……

亚里士多德：

毕达哥拉斯是因为反对民主制度而与僭主闹翻，还是因为别的原因，我也一下子说不清。根据我的了解，波吕克拉底这个人贪污图利，骄傲蛮横，刚愎自用，毕达哥拉斯讨厌僭主、离开萨摩斯或许与这些原因有关。因毕达哥拉斯与僭主闹翻，就说毕达哥拉斯反对民主制度，太过牵强。

五　毕达哥拉斯学派让克罗顿强大

记者：

毕达哥拉斯移居的克罗顿是一个什么样的地方？

亚里士多德：

克罗顿是意大利南部的一个城邦，是由希腊的阿该亚人建立的殖民城邦。这个地方原本强盛富裕得很，但在毕达哥拉斯移居此地的时候，克罗顿由于在萨迦拉战役中被邻邦洛克里战败，而走上衰败之路。

记者：

据说毕达哥拉斯让克罗顿旧貌变新颜？

亚里士多德：

是的。毕达哥拉斯来到克罗顿以后，凭借自己的学术影响与政治才能，很快就吸引了一大批门徒。他组建了毕达哥拉斯学派的盟会，这个盟会既是一个宗教信仰和研究科学的团体，也是一个强大的政治组织。也正是在毕达哥拉斯学派盟会的领导下，克罗顿重新建立起了秩序、自由、文明和法律，恢复了真正的贵族政治。克罗顿从此得以走上复兴之路，它击败若干个地区性竞争对手，而崛起成为该地区最强大的城邦。

六　克罗顿的“神”

记者：

毕达哥拉斯让克罗顿再次强大，他也因此赢得人们的景仰和崇拜。

亚里士多德：

没错。在克罗顿人民的心目中，毕达哥拉斯不仅是一位深谙治国之道的政治家，也是一位能给人们指明道德进化方向的心灵导师。

记者：

真的假的？

亚里士多德：

在克罗顿，毕达哥拉斯以他的教导收编了众多门徒，他赢得了 600 名以上的公民的支持，这些公民不仅热衷于他所传授的哲学，而且还成为毕达哥拉斯学派盟会的会员。

记者：

有意思。

亚里士多德：

这些盟会会员按照毕达哥拉斯的教导，过共同的生活。根据资料，还有许多号称“信条派”的听众，他们是毕达哥拉斯到意大利做第一次讲演时就成为他的门徒的。还有 2000 名以上的听众，也被他的讲演说动，衷心信服，以至不再回家，和他们的妻子儿女一起建立了一个宏大的毕达哥拉斯学派的听众之家，被称为“大希腊城”。

记者：

不会是走火入魔吧？

亚里士多德：

绝对不是，这些人对毕达哥拉斯的服从，是发自灵魂深处的服从。

记者：

是吗？

亚里士多德：

他们从毕达哥拉斯那里接受教导和法规，当作神圣的盟约那样遵循。他们几乎将毕达哥拉斯看成一个神，好像他原来就是一个有善心的精灵。

记者：

毕达哥拉斯真的成了人间神灵了！

亚里士多德：

有些人称毕达哥拉斯为“皮提亚的阿波罗”，有些人称他为“许佩玻瑞的阿波罗”，有些人称他为“医药之神的阿波罗”，有人认为他是居于月亮中的一个“精灵”，有人甚至说他是另一个人形的“奥林匹斯神”。

记者：

“奥林匹斯神”？

亚里士多德：

是的。这位伟大的“奥林匹斯神”，向同时代人显灵，给世俗带来有益的新生活。他的降临，把幸福的火花和哲学带给人类，作为神的礼物，而这些东西是过去不曾有过的，也不能有的更大的善了……

七　贵族派与民主派的共同敌人

记者：

任何一个事物，都会有一个从产生、发展到灭亡的历史。我相信毕达哥拉斯学派也是如此。

亚里士多德：

关于毕达哥拉斯学派盟会被消灭，也是一个有不同看法的问题。

记者：

具体说说有哪几种不同的说法。

亚里士多德：

毕达哥拉斯和他的门徒们在克罗顿等城邦掌权，达二十年之久。他们的影响遍及南意大利各地，直至西西里岛。大约在公元前500年，他们遭到了打击。根据我的研究，毕达哥拉斯学派盟会遭到两股不同政治力量的反对……

记者：

哪两股？

亚里士多德：

一股是以库隆（Cylon）为代表的上层贵族，一股是以尼农（Ninon）为代表的民主派。

记者：

贵族派反对他们，民主派也反对他们，不灭亡是不可能的。那毕达哥拉斯是如何死的呢？

亚里士多德：

也有许多种不同说法。

记者：

快说。

亚里士多德：

一种说法是：有一天，毕达哥拉斯和门徒们在米罗（Milo）家里，有一个人因为没有被收为门徒而心怀不满，放火将房子烧了。也有人将这个罪行归于克罗顿人，说他们害怕毕达哥拉斯会成为僭主。毕达哥拉斯是在逃走时被抓住的，他逃到一块豆子地时就停住了，说他宁可被捕也不穿过它，宁可被杀也不能糟蹋他的学说；这样，他就被割断了喉管，一命呜呼。

记者：

还有什么说法呢？

亚里士多德：

也有人说，毕达哥拉斯是在逃亡到墨塔蓬通（Metapontum）的摩西神庙四十天以后活活饿死的。也有人说，当毕达哥拉斯在提洛埋葬了菲勒塞德斯（Pherecydes）以后，回到意大利，发现克罗顿的库隆大摆奢侈的筵席，就隐退到墨塔蓬通，不愿活下去而饿死的。

记者：

还有别的说法吗？

亚里士多德：

还有人说，当阿格里根特人和叙拉古人作战时，毕达哥拉斯和他的学生站在阿格里根特部队的前锋，他们转变战线时，毕达哥拉斯试图避开豆子地，结果被叙拉古人杀死了……

记者：

一个人的死，竟然有这么多种说法，真有意思！那是不是说，当毕达哥拉斯死后，他的学派也就跟着灰飞烟灭了呢？

亚里士多德：

那倒不是。上述那一次打击，并没有能够摧毁毕达哥拉斯盟会和学派，他们的著名代表阿尔基波（Archippus）、吕西斯（Lysis）等人都逃掉了。他们只是遭到了暂时的挫折，后来还继续存在了四五十年。可能是在公元前460年左右，毕达哥拉斯学派遭到毁灭性的打击。这一次反毕达哥拉斯学派的运动，蔓延到整个南意大利。他们在各地聚会的场所纷纷被捣毁，在各城邦的领导人也被杀掉。

八　灵魂不灭与灵魂轮回

记者：

关于毕达哥拉斯，我听过一个非常奇葩的故事，想向你求证一下，看看是真是假。

亚里士多德：

说说看。

记者：

据说，当一只遭到痛打的狗从毕达哥拉斯面前穿过时，毕达哥拉斯充满怜悯地喊叫道："住手！不要打它。它是我一个朋友的灵魂；我听到它的吠声时就认出了他。"有这个故事吗？

亚里士多德：

有这个故事。

记者：

如何解读呢？

亚里士多德：

这个故事说明，在毕达哥拉斯的心目中，其一，灵魂是不朽的；其二，灵魂能够移居到其他生物体中去，而且循环反复出现，以至没有一件绝对新的东西；最后，因此可以说一切有生命的东西都是血缘相通的。

记者：

这似乎可以归结为三句话，一句话是灵魂不灭，一句话是灵魂轮回，一句话是灵魂转世。

亚里士多德：

是的，可以这么归纳。

记者：

毕达哥拉斯的这些思想是不是他的学派自己创造出来的？

亚里士多德：

毕达哥拉斯的这些思想显然不是他或他的学派自己创造出来的。根据希罗多德在《历史》中的记载，古代埃及早就认为人的灵魂是不灭的。肉体死亡以后，人的灵魂还要投生到其他生物中去，经过陆地、海洋和空中的一切生物以后，再投生到人体中来。整个一次循环大约要三千年才能完成。

记者：

一些资料说，波菲利在其所著《毕达哥拉斯传》中说，毕达哥拉斯似乎是第一个将这些信仰传进希腊的人，是这样吗？

亚里士多德：

只是“似乎”而已。

记者：

怎么讲？

亚里士多德：

关于这个问题，在学者中也有争议。一种说法是，在毕达哥拉斯的学说开始流行的时候，在南意大利，奥菲斯教派已经相当盛行，如果这个说法成立的话……

记者：

说明什么？

亚里士多德：

奥菲斯教派比毕达哥拉斯学派更古老些，说明刚才我们说到的那些观点，首创者显然不是毕达哥拉斯学派。因为奥菲斯教派在相信灵魂不朽、轮回转世，以及凭借神秘的入教仪式而使灵魂得救这一系列主张上，与毕达哥拉斯学派是一致的。

记者：

明白。

亚里士多德：

不过，这些观点也不是奥菲斯教派所独创。

记者：

什么意思？

亚里士多德：

这些观点大约也是当时宗教的共同看法，即认为灵魂之降生人寰，是作为一种惩罚，而被羁绊在肉体中的。通过入教和净化等宗教仪式，当肉体死亡以后，灵魂可以避免在阴间遭受惩罚，享受福祉。

记者：

毕达哥拉斯曾经回忆起他自己四次前生转世轮回的情况，真的假的？

亚里士多德：

有可能。毕达哥拉斯认为一切生物都是血缘相通，属于同一族类的，他经常发表这方面的回忆性言论，非常正常。

九　稀奇古怪的“禁忌”

记者：

据说毕达哥拉斯学派有很多禁忌，是吗？

亚里士多德：

是的，如他们不仅禁忌生物，而且也不会接近屠夫和猎人，并且还禁食动物的心脏和豆子，禁食红鱼和黑尾鱼。毕达哥拉斯在愤怒时既不惩罚奴隶，也不惩罚自由民。献祭时，他只用没有生命的东西作祭品，即使不得不用一些活物，也只是用公鸡、小猪，从来不用羔羊献祭……

记者：

这些说明什么？

亚里士多德：

应该无须解释。既然灵魂不灭，灵魂轮回，说明所有的生物都是亲戚，既然是亲戚，既然是一家人，怎么能相互蚕食、相互欺凌呢？

记者：

他们还有哪些禁忌？

亚里士多德：

他们的禁忌还有：

> 当你到神庙去时，首先是礼拜，除了有关你日常生活的事外，既不要说，也不要做任何别的事情。

在旅行中，即使你穿过许多门，也不要进入神庙，根本不要礼拜。

献祭和礼拜时不要穿鞋子。

避开大道，要走在小路上。

追随神，最要紧的是要约束你的舌头……

不要用铁去拨火……

帮助负重的人，不要帮助不负重的人。

穿鞋子要从右脚开始；洗脚则先洗左脚。

不要在日光下面谈论毕泰戈拉（毕达哥拉斯）学派的事情。

不要跨过横杆。

当你离开家时，不要回头去看，因为富里斯（Furies，复仇女神）跟在你的后面……

饲养公鸡，但不要以它奉祭，因为它是献给月亮和大阳的。

不要坐在量斗上……

不要让燕子在你的屋顶下做窝。

不要戴戒指……

不要在灯边照镜子。

不要不相信关于神和宗教信条的奇迹。

不要被压制不住的欢乐所摆布。

在献祭时不要剪指甲……

当你从床上起来时，要铺好床单，平整你睡过的地方。

要藐视整理头发和指甲……

不要抹掉罐子上的灰……

禁吃豆子……

禁吃活的东西。

（参见汪子嵩等：《希腊哲学史》，第一卷，第218—219页）

十　灵魂：精神性抑或物质性

记者：

在毕达哥拉斯学派那里，人的灵魂在肉体死亡以后继续存在，如此说来，人的灵魂显然是与肉体完全不同的东西，自然也就是精神性的东西：看不见，摸不着，无形体，永恒存在，是这样吧？

亚里士多德：

实际上，在毕达哥拉斯学派那里，很难说灵魂就一定是精神性的，有时候，他们也认为灵魂是某种物质性的东西。

记者：

是吗？

亚里士多德：

例如，他们有时候说灵魂是由身体中的热气所产生的，有时候干脆说灵魂就是空气中的尘埃，有时候又说灵魂是一种和谐、谐音……

记者：

你的意思是说灵魂到底是某种精神性的存在，还是某种物质性的存在，在毕达哥拉斯学派那里，并没有前后一致的结论？

亚里士多德：

正是。

十一　毕达哥拉斯的数学发现

记者：

一提到毕达哥拉斯，就会想到著名的数学定理，即直角三角形中斜边的平方等于另外两个直角边平方之和的“毕达哥拉斯定理”。我想了解一下，毕达哥拉斯时代的数学是不是也只是包括算数和几何呢？

亚里士多德：

如果你们这个时代的数学只包括算术和几何的话，那毕达哥拉斯时代的数学与你们这个时代的数学还真不一样。

记者：

说说看。

亚里士多德：

古希腊时代，“数学”（mathematikos）的含义比较广泛……

记者：

广泛到什么程度？

亚里士多德：

包括数学和其他自然科学，至少包括算术、天文学、谐音学等。

记者：

据说毕达哥拉斯学派在数学方面颇有建树？

亚里士多德：

是的。几何学上的勾股定理——直角三角形斜边的平方等于两直角边平方之和——一直被称为毕达哥拉斯定理。毕达哥拉斯因为发现了这条定理，曾举行百牛大祭。

记者：

还有呢？

亚里士多德：

“数学”这个词也是毕达哥拉斯学派最先使用的，他们将数学研究分为两种，共四个方面：一种是研究多少的，即研究不连续的量，其中研究绝对不连续量的是算术，研究相对不连续量的是音乐；第二种是研究大小的，即研究连续的量，其中研究静止的连续量的是几何学，研究运动的连续量的是天文学。

记者：

厉害。

亚里士多德：

毕达哥拉斯学派发现了三角形的内角之和等于两个直角的定理，并提供了证明；还发现了正立方体的作图法。此外还有许多数学上的发现，也都被归功于毕达哥拉斯学派。比如说毕达哥拉斯学派曾经提出一个法则，循此能求出可排成直角三角形三边的三元数组，至今人们还把表示直角三角形三条边的三个整数所构成的任何集合都称为毕达哥拉斯三元数组。此外，他们研究了质数、递进数列，发现了算术的、几何的、音乐的比例关系。他们还探讨了可公度比……

记者：

听不懂。

亚里士多德：

可公度比是指相比的两个量，可以用公共度量单位约尽（整除），不可公度比是指不可用公共度量单位约尽。毕达哥拉斯学派还用归谬法证明正方形的对角线与其一边是不能公约的。此外，毕达哥拉斯学派还发现了一些关于三角形、平行线、多边形、圆、球和正多面体的一些定理；还研究了面积应用等一类问题。（参见［美］莫里斯·克莱因：《古今数学思想》，第一册，张理京等译，上海科学技术出版社 2014 年版，第 33—39 页）

十二　数是万物的本原

记者：

毕达哥拉斯学派提出“数”才是万物的本原这个命题，感觉你对这个命题很欣赏，是不是？

亚里士多德：

可以这么说。

记者：

可否解读一下？

亚里士多德：

第一点，毕达哥拉斯的这个命题是建立在这一理论前提基础之上的，那就是：一切存在的和生成的事物，与其说它们和火、土、水等相似，不如说它们和数有更多的相似之处。

记者：

既然万物与其说与火、土、水更相似，还不如说与数更相似，那必然会得出用数来解释万物，要比用某几种物质元素来解释万物更好的结论。

亚里士多德：

你的推论是对的。与其用火、土、水来解释万物的生成和存在，说火、土、水是万物的本原，自然不如用数来解释，因此我们也就必然承认数才是万物的本原。

记者：

你的解读显然暴露出你对米利都学派的不满，他们喜欢用水、气、土等某些看得见、摸得着的物质来解释万物，我的感觉不会错吧？

亚里士多德：

不会错，我喜欢毕达哥拉斯学派的解释。无论是米利都学派，还是伊奥尼亚学派，他们对万物本原的解释明显是错误的。

记者：

问题是，毕达哥拉斯学派凭什么说数比水、火、土更接近万物的本原呢？如果这个前提不成立，毕达哥拉斯的做法也就不能成立，请你解释一下。

亚里士多德：

现在我们说第二点了，第二点也是对第一点的解释。

记者：

好啊。

亚里士多德：

第二点要解释的是：毕达哥拉斯学派所认为的万物，已经不仅是在世界上实际存在的具体事物，如动物、植物等了。

记者：

难道万物还包括别的什么东西？

亚里士多德：

是的，除了这些实际事物之外，还有一些也是存在的东西，如正义、理性、灵魂、机会等。

记者：

你说在毕达哥拉斯那里，万物除了包括如动物、植物、人这类看得见、摸得着的有形物体外，还包括如正义、理性、灵魂、机会等这类抽象的东西。

亚里士多德：

是的。一旦如此理解万物，用水、土、火就不能解释正义、理性、灵魂等；而只有用数，才既能解释像动植物这类具体的事物，又能解释像正义、理性等抽象的东西。所以说万物与数更为相似。

记者：

基本说得过去。

十三　万物之中皆存在某种数量关系

记者：

据说毕达哥拉斯在一个铁匠铺那里发现了数学上的大道理，是吗？

亚里士多德：

是的，这是一个很美丽且特别有价值的传奇。

记者：

愿闻其详。

亚里士多德：

故事是这样的：毕达哥拉斯有一次路过铁匠铺，他从铁匠打铁时发出的谐音中得到启发。

记者：

什么启发？

亚里士多德：

毕达哥拉斯比较了不同重量的铁锤打铁时发出不同谐音之间的关系，从而测定出不同音调的数的关系。之后，他又在琴弦上做了进一步的试验，找出了八度、五度、四度音程之间的比例关系。他发现，如果甲弦负重 12 磅，乙弦负重 6 磅，即二者之间的比率是 2∶1 时，便发出八音度的谐音来；如果二者之间的比率是 3∶2 时，便发出五音度的谐音来；如果二者之间的比率是 4∶3 时，便发出四音度的谐音来。这就是说，毕达哥拉斯已经发现音程和弦的频率之间的关系。

记者：

这说明什么？

亚里士多德：

音乐都能归结为数，那么其他任何东西为什么不能归结为数呢？

记者：

所以毕达哥拉斯据此得出了万物都存在着某种数量关系的结论？

亚里士多德：

是的。

十四 数到底是什么

记者：

数被毕达哥拉斯视为万物的本原，那依你之见，这个所谓的数到底是一种什么样的东西啊？

亚里士多德：

第一，数是从非感性的东西中抽象出来的一种东西；第二，数和水、气、火、土不同，后者属于可感知的、有形体的东西，数则是不能感知的、无形体的……

记者：

还有第三吗？

亚里士多德：

有的，毕达哥拉斯学派的“数”是不动的东西，和现实存在着的运动变化的事物，包括天文学的对象，是两类不同的“实在”。数是更高一级的“实在”，它不但是没有形体的，而且本身又不是运动变化的。

记者：

根据你的“四因说”理论，如何看待毕达哥拉斯的“数”？

亚里士多德：

离开物质方面的原因，仅仅依靠数学方面的东西，如有限和无限、奇数和偶数，是无法解释事物发展变化的。

十五　“一”：万物第一原则的第一原则

记者：

据说在毕达哥拉斯学派那里，从“一”到“十”这十个数字都被赋予不同的含义。

亚里士多德：

是的。

记者：

这种做法是前无古人，有没有来者不知道。你如何评价？

亚里士多德：

有些解释很有道理，有些解释则有点牵强附会。

记者：

为什么如此呢？

亚里士多德：

为了补齐从“一”到“十”这个完整的链条，毕达哥拉斯学派在已知的九个天体外，又生造出第十个天体来。

记者：

第十个天体？

亚里士多德：

是的，他们生造出来的第十个天体，名字叫“对地”。

记者：

继续。

亚里士多德：

毕达哥拉斯学派不但要用数去说明和解释具体的物体，还要用数去解释像正义、理性、灵魂、机会这些抽象的东西。

记者：

牵强附会就出现了。

亚里士多德：

是的。对诸如正义、理性、灵魂、机会等这类抽象的东西，确实很难用科学来予以解释。毕达哥拉斯明知不可为而为之，难免会闹出很多笑话，不过他们赋予各个数字的意思很有趣。

记者：

先说“一”如何？

亚里士多德：

在毕达哥拉斯学派看来，在一切数中，“一”是最基本的，它既是一切数的开始，又是计量一切数的单位。

记者：

似乎“一”能创造一切似的？

亚里士多德：

毕达哥拉斯是这么说的。毕达哥拉斯学派认为一切数都是从“一”产生的。因为数的原则就是万物的第一原则；而数的原则就是奇和偶，也就是有限和无限，“一”是产生奇和偶的，所以，“一”是数的第一原则，它就是万物第一原则的第一原则，是最高的本原。

记者：

据说，毕达哥拉斯还将“一”和理性、灵魂、本体看成是同一个东西？

亚里士多德：

是的。在毕达哥拉斯看来，“一”也是产生宇宙中一切善的东西的源泉。

十六　毕达哥拉斯的“数”与柏拉图的“理念”

记者：

你曾经将毕达哥拉斯学派的“数”与柏拉图的“理念”放在一起进行比较，有何心得不妨分享一下。

亚里士多德：

两者有不少共同点，也有不同点。

记者：

说说。

亚里士多德：

毕达哥拉斯学派认为数是万物的本原和本体，而万物都是对数进行模仿而来的；在柏拉图那里，“理念”酷似毕达哥拉斯的“数”，也是宇宙万物的本原，而万事万物不过是对“理念”的模仿而已。

记者：

简直是一模一样的理论。

亚里士多德：

也有不同的。

记者：

不同点在哪里？

亚里士多德：

在柏拉图那里，“理念”与天下万物毫无关系，它仅是作为万物得以产生的本原而存在。而在毕达哥拉斯那里，就不同了。在毕达哥拉斯那里，数不能离开万物而单独存在，并且依靠万物才得以存在。

记者：

据说柏拉图的弟子，也就是你的师兄弟中，有人直接在柏拉图的理念与毕达哥拉斯的数之间画上了等号，似乎理念就是数，数就是理念……

亚里士多德：

是的，对此做法我是深恶痛绝的，我之所以后来离开柏拉图学园，重要原因就在这里，最起码是原因之一吧。

记者：

那你如何评价“模仿说”呢？

亚里士多德：

无论是哪一种形式的模仿说，都经不起认真的推敲。

记者：

你不同意他们的说法？

亚里士多德：

是的，都是空洞的语言和一些诗意的比喻而已，我都不以为然。

记者：

什么原因呢？

亚里士多德：

很复杂，不妨以后找时间系统地交流一下。

十七 数：既是形式因又是质料因

记者：

你把毕达哥拉斯的数既看作是形式因，又看作是质料因，希望你解释一下。

亚里士多德：

决定天下万物发展变化的原因包括四个方面，即：质料因、形式因、动力因、目的因。在毕达哥拉斯那里，万物是数，万物皆由数所构成，因此说数是万物变化发展的形式因，应该很好理解。

记者：

难点是：如何理解数也是万物变化发展的质料因。

亚里士多德：

是的。我之所以把毕达哥拉斯学派的数视为质料因，大概有这样几个原因。

记者：

请说。

亚里士多德：

根据我的理解，毕达哥拉斯学派的数与柏拉图的理念是不一样的。柏拉图的理念与物体没有任何关系，而毕达哥拉斯学派的数实际上就是事物，或者说他们心目中的数离不开事物。既然如此，数自然也是事物发展变化的质料因。

记者：

这是你个人的解读吧？

亚里士多德：

那倒不是。毕达哥拉斯学派的学者们在谈到数时，总会与某种物体，如人、卵石等联系在一起，很少纯而又纯地谈论数。所以，把数解读为质料因，不违背毕达哥拉斯的本意。

记者：

既然数是万物产生的形式因，又是万物得以产生的质料因，不知道毕达哥拉斯学派是如何根据这两大原因来解释万物的由来的？

亚里士多德：

他们的说法有许多种，其中一种说法是这样的。

记者：

请说说吧。

亚里士多德：

他们说，万物的本原是“一”，“一”是本原，是本体，是形式因；从“一”产生“二”，“二”就是质料，就是物质，就是质料因；有了“一”和“二”，便产生了一系列的数，从数产生出点，从点产生出线，从线产生出面，从面产生出体，从体产生出可感物体，以及水、火、土、气四大元素……

记者：

说得有鼻子有眼的。

亚里士多德：

还算能自圆其说。他们还接着说，数与各种元素结合，便产生出一个有生命的、精神性的、球形的宇宙，在这个宇宙中，地球居于中心，地球自身也是球形的……

记者：

人是不是也由此而产生？

亚里士多德：

是的，人出现之后，就活蹦乱跳地居住在地球上了。

十八　对立也是万物的本原

记者：

数是万物的元素，这一点看来是毕达哥拉斯学派最核心的理论命题了。不过在我的印象中，你似乎说过，这种说法仅仅从一般意义上讲是对的。似乎细细研究起来，这种说法也未必绝对没问题。

亚里士多德：

是的。我们通常讲毕达哥拉斯学派认为数是万物的本原，一般来说，这是对的。但根据我的研究，毕达哥拉斯对数的分析并不仅仅止于数这个层次……

记者：

你是说他们还要对数字做进一步的分析与细化？

亚里士多德：

是的。在他们看来，数是万物的本原，但数也有自己的本原和更基本性的元素。

记者：

那作为数的元素或本原又是什么呢？

亚里士多德：

它们是奇数和偶数、有限和无限，还有我们刚才谈过的“一”。

记者：

根据你的描述，我有这样的感觉。

亚里士多德：

什么感觉？

记者：

奇数与偶数显然是对立的，有限与无限也是对立的，似乎毕达哥拉斯学派把矛盾和对立看成万物的本原，或者说是万物本原的本原？

亚里士多德：

你的感觉是对的，在毕达哥拉斯学派那里，对立确实被他们视为万物的本原，这种对立具体化为这样几组矛盾体。

记者：

哪些矛盾体呢？

亚里士多德：

它们共有十对，具体是：有限与无限、奇数与偶数、一与多、左与右、雄与雌、动与静、直与曲、明与暗、善与恶、正方形与长方形……

记者：

这就是人们常说的辩证法吧？

亚里士多德：

可以这么说。

十九　“科斯摩斯”：和谐的天体

记者：

你的学说中，有两个范畴需要好好解读一下。

亚里士多德：

哪两个？

记者：

一个是“和谐”（harmonia），一个是“科斯摩斯”（cosmos）。先说哪一个？

亚里士多德：

先说“和谐”吧。

记者：

好！

亚里士多德：

“和谐”，这个词最初的意思是将不同的事物连接或调和在一起。“和谐”用于音乐就是将不同的音调结合调和在一起，而成为音阶。基本的音程是和简单的数的比例相一致的。符合数的比例的安排，就会产生美的效果。后来人们经常提到的“黄金分割点”就是毕达哥拉斯学派最早提出来的。总之，在毕达哥拉斯学派那里，“和谐”是他们美学和伦理学观念中一条非常重要的原理。

记者：

那如何理解“科斯摩斯”呢？

亚里士多德：

“科斯摩斯”的原来意义是“秩序”，到了毕达哥拉斯时代，他们就用这个词语来指代宇宙了，其意义由普通意义上的“秩序”演变成为“宇宙秩序”“世界秩序”。

记者：

这个演变说明什么呢？

亚里士多德：

说明毕达哥拉斯学派对宇宙内在规律的理解达到一个历史的高度。在此之前，宇宙被绝大多数人认为是一种杂乱无章的存在，而到了毕达哥拉斯那里，整个世界和宇宙成为一个井然有序、和谐优美的存在了。与音乐一样，宇宙中的各个天体也依照一定的比例进行有机的排列组合。

记者：

再追问一下，竖琴的琴弦虽然粗细长短不同，但由于都合乎一定的比例关系，因而能够发出悦耳动听的音乐。宇宙世界既然也是一个按照一定比例予以排列组合的有机体，是不是宇宙中也存在各种悦耳动听的声音呢？

亚里士多德：

毕达哥拉斯学派的学者们是这么认为的，但我不以为然，因为我从来就没有听到过那些天籁之音。

记者：

我们中国有句古话，“久居兰室而不闻其香，久居鲍市不闻其臭”，意思是说，你一旦适应了某种环境，你对这种环境就习惯了，很多东西你就感受不出来了。

亚里士多德：

或许如此，我们在宇宙间待得太久，对各种各样的声音，我们已经习惯了，久而久之，就感觉不出来了。

二十　“中心火”：最古老的日心说

记者：

毕达哥拉斯学派的天文学研究相当丰富，令人咂舌，叹为观止！

亚里士多德：

是的。他们的天文学研究涉及太阳、地球、月亮、金星、水星、火星、木星、土星等的形状、位置、运行轨道等方面的问题，此外还涉及日食、月食、虚空、时间等现象。

记者：

真是了不起。不过我最感兴趣的是他们的“中心火”理论。希望你详细说说。

亚里士多德：

他们的“中心火”理论包括这样几方面内容：大地不是扁平的，而是圆形的；地球不是宇宙的中心，宇宙的中心是火团；地球不过是诸天体中的一个，它每天从西向东围绕着中心火团环形转一圈。

记者：

毕达哥拉斯学派是如何论证“中心火”理论的？

亚里士多德：

他们的论证很简单。在毕达哥拉斯学派看来，火比土更高贵，最高贵的东西应该处于最高贵的中心区域。既然火是所有元素中最高贵的，自然，火就应该是处在宇宙的中心，而其他所有天体都是环绕着中心的火团旋转。

记者：

还有什么别的理由？

亚里士多德：

最重要的就是这点。

记者：

谁都知道，你是主张地球中心说的。

亚里士多德：

是的。

记者：

我不得不告诉你，后来的科学证明毕达哥拉斯学派的“中心火”理论要比你的“地球中心说”科学得多。

亚里士多德：

我又不是神，即便是神，也有犯错误的时候。

二十一　小结

记者：

关于毕达哥拉斯学派，我们讨论得也够多了，可以说是前无古人啊。

亚里士多德：

这倒是。我知道你的意思，你是要我对毕达哥拉斯学派的哲学和数学做个总结。

记者：

是的。

亚里士多德：

关于毕达哥拉斯学派和他们的哲学，我的评价是有三点。第一，在我所研究的哲学家和哲学流派中，毕达哥拉斯学派是最具科学性的组织。第二，从哲学方面讲，毕达哥拉斯学派超越了那些太过偏爱宇宙本性“物质性”的古希腊哲学家，而希望用数来将天上的事物和地上的事物统一起来，这是一种了不起的贡献。当然啦，他们在这方面的坚持有时候不够彻底。不过，如果把毕达哥拉斯学派的数既视为形式因，也视为质料因，我们解释万事万物的发展变化时，或许更合乎逻辑。第三，对毕达哥拉斯学派提出的“中心火”理论，我是不以为然的。但随着研究的不断深入，我也感觉把地球作为宇宙的中心，似乎有很多东西解释不清楚。或许毕达哥拉斯学派的说法是对的。

第六章 “火”：赫拉克利特的“逻各斯”

引 子

关于赫拉克利特的哲学思想的实质及其评价，在古希腊哲学家中可以说是分歧意见最大的。马克思认为赫拉克利特在哲学史上的地位“仅次于亚里士多德”，（《马克思恩格斯全集》，第29卷，人民出版社1972年版，第527页）恩格斯和黑格尔对他的评价也非常之高。不过在德国学者拉萨尔和英国思想家波普尔的眼中，赫拉克利特的形象却被打折许多。拉萨尔批评赫拉克利特的文风“晦涩难懂”，波普尔虽然从原则上肯定赫拉克利特哲学的原创性，但指责赫拉克利特的哲学充满着神秘主义和反理性主义气息，在历史上所起的作用是“反动的”。（参见［英］卡尔·波普尔：《开放的社会及其敌人》，第1卷，陆衡等译，中国社会科学出版社1999年版，第15—17页）研究亚里士多德的著作，不难发现他直接提到赫拉克利特的地方不多，论述其哲学的地方也是寥寥几处，由此可见亚里士多德对赫拉克利特的哲学并不看重。尽管如此，亚里士多德对赫拉克利特哲学的论述依然是当代人研究赫拉克利特的重要素材和依据。让我们走近亚里士多德，与他一起探讨赫拉克利特及其哲学。

一 一个蔑视一切人的人

记者：

有人把“哭泣的哲学家”这顶帽子套到赫拉克利特的头上。

亚里士多德：

他因身体不好经常哭，更因离群索居、愤世嫉俗、孤独无奈而哭。

记者：

有人说，赫拉克利特自视为天才，蔑视天下所有人。

亚里士多德：

他唯一能看得上的只有两个人……

记者：

谁？

亚里士多德：

一位是他的朋友赫谟多洛，一位是希腊“七贤”之一的毕阿斯。

记者：

这二位何德何能能入赫拉克利特的法眼呢？

亚里士多德：

关于前者，我不知道。关于后者，或许与毕阿斯呼吁所有希腊城邦团结一致抗击波斯入侵有关吧。

记者：

赫拉克利特看不上任何人，蔑视所有人，具体体现在哪些方面？

亚里士多德：

赫拉克利特对普通大众是看不上的，在他看来：第一，普通大众的意见都是不值得去听的“儿戏”；第二，普通人不懂得如何去听，更不知道如何去表达；第三，一万个普通的人，加在一起，也抵不上一个优秀之人……

记者：

对普通大众，赫拉克利特还说了什么？

亚里士多德：

赫拉克利特还说，普通大众愚昧无知，他们不知道大多数人是坏的，只有少数人是好的，他们以庸众为师，迷信街头吟游诗人……

记者：

不用再列举了。赫拉克利特还蔑视什么人呢？

亚里士多德：

赫拉克利特蔑视大诗人荷马，他说应该把荷马从赛会中驱逐出去，并且加以鞭笞。赫拉克利特蔑视大神话学家、诗人赫西俄德……

记者：

他如何评价赫西俄德？

亚里士多德：

赫拉克利特说赫西俄德好为人师，人们认为他知道得很多，其实他连白天黑夜是怎么回事都搞不清楚。

记者：

不知道赫拉克利特对毕达哥拉斯有没有什么评论？

亚里士多德：

有的，你听着，赫拉克利特说毕达哥拉斯徒具博学，但毫无智慧。他说毕达哥拉斯脑子里的东西都是剽窃来的……

记者：

任何人都有自己的老师，我不相信赫拉克利特连自己的老师也予以蔑视。

亚里士多德：

赫拉克利特说他脑袋瓜里的东西都是他自己寻找出来的，任何人都不是他的老师。因此也就不存在他是否蔑视自己老师的问题。

记者：

真是一个狂傲之徒啊！

亚里士多德：

自以为是的人莫不如此。

二　一个不屑于要时代理解的人

记者：

自古以来，赫拉克利特的文风即以“晦涩”出名。人们说赫拉克利特是“谜一样的人”，是“晦涩者”，而他的文章通篇都是谜一样的语言，酷似希腊德尔斐神庙的大神：不说话，不掩饰，全是“暗示”。

亚里士多德：

一点不假。写出来的文章应当容易阅读，也就容易传播，这是一般的规则。绝对不能像赫拉克利特的著作那样……

记者：

什么样？

亚里士多德：

赫拉克利特的著作有许多连接词和子句，连在哪里点标点都有困难。给赫拉克利特的作品点标点，不是一件容易的事情，因为我们常常不能说出一个词的前面是哪个词，在它后面又是哪个词。

记者：

赫拉克利特为什么要用如此晦涩难懂的语言写作呢？

亚里士多德：

文字能力一般使然。

记者：

有人说，赫拉克利特之所以被人认为晦涩难懂，更重要的原因可能还是他所提出的一些思想就其深度来说，已经远远超出当时一般哲学家的水平，但他的思维形式却还停留在他以前的思想家的常规——只能用感性的语言来表达理性的思想。如此一来，他的文笔就不可能通俗流畅。这种解释你同意吗？

亚里士多德：

美化成分偏重。

三　万物的本原是火

记者：

你曾经说过，毕达哥拉斯学派的学者希帕索斯与赫拉克利特都坚持万物的本原是火。

亚里士多德：

这话我说过。如果没记错的话，我是在《形而上学》第一卷第三章中说这话的。

记者：

但对如何理解这句话，你似乎就没有下文了。

亚里士多德：

是这样，无须做过多的解释。

记者：

还是有必要解读一下的。

亚里士多德：

也好。首先，赫拉克利特是伊奥尼亚人，与泰勒斯、阿那克西曼德、阿那克西美尼这些米利都的哲学家们并非老乡，但他们在探究宇宙和世界本原问题时，依然对“物质性”存在某种偏爱。与泰勒斯的“水”、阿那克西曼德的“阿派朗”、阿那克西美尼的“气”一样，赫拉克利特的“火”也是某种物质性的存在。可以说，关于世界本原问题的研究，赫拉克利特与米利都学派的几位哲学家们还是同一个战壕的“战友”，赫拉克利特是沿着米利都学派的路径往下走的……

记者：

同意。知道你对此是有所保留的。

亚里士多德：

从具体内容来说，结合赫拉克利特的著作残篇，赫拉克利特关于万物本原是火的理论包括三大方面的内容。

记者：

快说说。

亚里士多德：

其一，赫拉克利特所说的火，是永恒的活火，它过去、现在和将来都是不断燃烧的。据我分析，他之所以选择火作为万物的本原，是因为火是最具活动性、最具变化性的。这一点，与米利都学派的传统一脉相承。相对而言，赫拉克利特的火更为活跃、更具特性……

记者：

明白，接着说。

亚里士多德：

其二，赫拉克利特的活火，既不是任何神，也不是任何人所创造的。换句话说，这个火是自然界自我生成的……

记者：

这个说法似乎否定了神的存在？

亚里士多德：

可以这么说。

记者：

继续。

亚里士多德：

其三，赫拉克利特的关于火乃万物本原的思想中，还包含着关于宇宙秩序的深度思考。

记者：

什么意思呢？

亚里士多德：

在毕达哥拉斯学派那里，早就有了关于世界秩序的思考，在毕达哥拉斯看来，宇宙是一个有秩序的存在，这个秩序就是宇宙运动变化的规律，就是有序性。赫拉克利特接受了毕达哥拉斯的这个理论，并进一步深化了毕达哥拉斯的理论……

记者：

具体体现在什么地方呢？

亚里士多德：

那就是：永恒的火按照一定的规律燃烧或熄灭，这就是宇宙的秩序，这就是宇宙运动变化的规律。

记者：

这个规律地球人谁不知道？

亚里士多德：

但在赫拉克利特那个时代，这却是一个了不起的创见！

四　火与万物的相互转化

记者：

在研究赫拉克利特的著作残篇时，我经常遇到很多不好理解的句子，可否帮助解读一下？

亚里士多德：

说出来，一起探讨。

记者：

“雷霆驾驭万物”，是一句；“饱满和不足”，是一句；“火遇到万物，便审判和制服它们”，是一句。

亚里士多德：

先解第一句，“雷霆驾驭万物”中的“雷霆”就是赫拉克利特的火，这火是永恒的活火，是万能的活火，它聪明、敏锐，它有能力安排一切、支配一切。

记者：

解第二句吧，第二句最难。

亚里士多德：

也不难，所谓“不足”是宇宙被安排得井井有条；“饱满”则喻指火的燃烧。

记者：

第三句应该与第一句意思差不多吧，那就是说火是支配、指挥、统治万物的力量……

亚里士多德：

不完整。综合其他几个残篇，赫拉克利特的意思可以完整表述为：火拥有支配、指挥、统治万物的神奇能量，当火燃烧的时候，也就是万物得以产生的时候，而当火熄灭的时候，宇宙的秩序也就因此而产生。

记者：

有人说火在赫拉克利特那里，就是战争，就是冲突；有了战争，有了冲突，万物就会因此而产生，不知这种说法对不对？

亚里士多德：

没什么错。万物因火而产生，火也因万物而产生，彼此可以相互转化。

记者：

相互转化？

亚里士多德：

是的，具体来说就是：由火转化成气、水、土，成为万物；同时，土、水、气又转化为火。前者是上升的路，后者是下降的路；上升的路和下降的路又是同一条路，是同时进行。

记者：

观点很新颖。

亚里士多德：

打个比方说，这种转化恰如物品与货币之间可以互相转换一样，货币可以转换成为万物，万物可以转换成为货币。

五　或是一位泛神论者

记者：

赫拉克利特有一个著作残篇说：“闪闪发光的是干燥的灵魂，它是最智慧、最优秀的。”（参见汪子嵩等：《希腊哲学史》，第一卷，第 366 页）

亚里士多德：

我也看过这个残篇。

记者：

这个残篇表明：在赫拉克利特那里，灵魂，就是火，具体说就是干燥的火，就是智慧，因而也是火中之火……

亚里士多德：

你的解读没错。我在《论灵魂》中是这么说的：赫拉克利特说，所谓本原，就是热的呼气，万物都是由这种热的呼气所组成。这种热的呼气，就是灵魂……

记者：

依照你的研究，本原、热的呼气、灵魂，就是一回事。

亚里士多德：

是的。赫拉克利特还说，这种呼气是最不具体的，也是处于不停的流动之中；赫拉克利特还说，凡是在运动中的事物，要求认知它们的灵魂也应该是处在运动之中。一切存在的东西之所以存在，主要是在运动之中……

记者：

依你之见，似乎火又成为人类认知事物的能力，也就是智慧和理性。

亚里士多德：

研究过赫拉克利特著作残篇的人，会同意我的解读的。

记者：

斯多亚学派把赫拉克利特的火解释成为“宇宙理性”和“神”，你对此如何看？

亚里士多德：

赫拉克利特对“火”的概念的界定，确实不严谨。不过，如果斯多亚学派把赫拉克利特的“火”解释为“宇宙理性”和“神”，也不能说有什么错！当然啦，如果用“自然神”来界定赫拉克利特的“火”，或许更为妥当。

六　万物皆流没错，但不能走向极端

记者：

据说“万物皆流”的思想是赫拉克利特提出来的，是吗？

亚里士多德：

根据柏拉图在《泰阿泰德篇》的记载，赞同这个思想的，不止赫拉克利特一个人……

记者：

还有谁？

亚里士多德：

普罗泰戈拉算一个。恩培多克勒算一个。大诗人荷马、厄庇卡尔谟也算……总之，除了巴门尼德外的所有哲学家，自然包括米利都学派的那些哲学家和毕达哥拉斯学派的哲学家，都持这个观点。

记者：

单说赫拉克利特吧。

亚里士多德：

赫拉克利特与此有关的残篇一共有三个。

记者：

逐个说说。

亚里士多德：

第一个残篇是这么写的：“踏进同一条河流的人，遇到的是不同的水流。”第二个残篇是：“人不能两次踏进同一条河流……它分散又结合……接近又分离……”第三个残篇是：“我们踏进又不踏进同一条河流，我们存在又不存在。”（参见汪子嵩等：《希腊哲学史》，第一卷，第372—374页）

记者：

解读一下。

亚里士多德：

在第一个残篇中，河流，代表着灵魂，也就是火，就是“宇宙火”。这个残篇说明：宇宙万物，包括看得见、摸得着的河流，也包括看不见、摸不着的灵魂，都处在不断的运动之中，没有什么事物是处于静止之中的。

记者：

明白。解读第二个残篇。

亚里士多德：

很多人说“人不能两次踏进同一条河流”这句话并非赫拉克利特的原话……

记者：

你意下如何？

亚里士多德：

有可能，但这句话表达的思想毫无疑问是赫拉克利特的，柏拉图在《克拉底鲁篇》和《泰阿泰德篇》中都有说明，我也同意柏拉图的说法。万物是运动变化的，变化的形态有多种多样，“分散又结合”“聚合又流开”“接近又分离”等，不过都是运动的基本形态而已。这没有什么不好理解的，是吧？

记者：

嗯。解读第三个残篇吧。

亚里士多德：

第三个残篇不用做过多解读，核心思想简直就是诡辩。

记者：

怎么讲？

亚里士多德：

世间万物都处在不停的运动之中，这一点没有错。但如果将这一点推到极端，就成了诡辩了。与第三个残篇很类似的话不少，如“活着又不活着”“踏进又不踏进”“存在又不存在”“不死的就是死的”“死的就是不死的”……诸如此类，不一而足。

记者：

听起来是有点玄乎。

亚里士多德：

这些说法内部充满着矛盾，违背了一个事物就是这个事物这个基本的规定性。赫拉克利特的再传弟子克拉底鲁说，人即便踏进一次河流都是不可能的，他还说人根本不能说什么，而只能简单地动动他的手指头……

记者：

确实走到了一个极端。如此说来，你我就什么也不能交流了。

亚里士多德：

是的。

七　逻各斯：人人共同的东西

记者：

赫拉克利特的著作中，多次提到“逻各斯”这个词，也在不同的意义上使用这个词，我想了解一下，这个词到底包含什么意思呢？

亚里士多德：

你说的没错，赫拉克利特多次间接或直接地使用这个词。例如，有一个残篇说，赫拉克利特在讲到宇宙过去、现在和将来永远是一团永恒的活火时，说它“按一定的尺度燃烧，按一定的尺度熄灭”。这里虽然没有用逻各斯这个词，但所讲的尺度则是和逻各斯密切关联的。

记者：

还有吗？

亚里士多德：

还有一个残篇说火变为海、海变为土，而土又分解为海，这些变化都是按照“相同的逻各斯”进行的。

记者：

还有吗？

亚里士多德：

还有一个残篇比较长，这个残篇说中，赫拉克利特说“逻各斯虽然像我所说的那样常在，但人们在听到它以前，或是第一次听到它的时候，却总是不能理解它。万物都是按照这个逻各斯产生的，虽然我已经根据事物的本性将它们加以区别，解释了它们是如何发生的，而且人们也经常遇到像我所说明的那些话语和事实，但是他们却像从来没有遇到过‘逻各斯’一样。至于另外一些人对他们醒来以后做了些什么也不知道，就像是对他们梦中所做的事已经忘记了一样”。（参见汪子嵩等：《希腊哲学史》，第一卷，第 383 页）

记者：

根据这些残篇，你认为逻各斯的含义到底是什么呢？

亚里士多德：

一些有心人专门就公元前 5 世纪及其以前的哲学、文学、历史著作中有关逻各斯的用法，归纳出十种含义。

记者：

哪十种？

亚里士多德：

关于逻各斯的含义，有如下十种。一是任何讲的以及写的东西，包括虚构的故事和真实的历史；二是所提到的和价值有关的东西，如评价、名誉、名声；三是进行思考，早在巴门尼德那里，逻各斯就是和感觉对立的思想或推理；四是从所讲或所写的发展为原因、理性或论证；五是和“空话”“借口”相反，“真正的逻各斯”就是指事物的真理；六是尺度，完全的或正当的尺寸；七是对应关系、比例，在柏拉图那里，逻各斯经常指严格的数学上的比例，毕达哥拉斯学派也是在这种含义下使用逻各斯这个词的……

记者：

还有什么含义？

亚里士多德：

有，八是一般的原则或规律，在留基伯和德谟克利特那里，逻各斯的意义接近于一般规律的意义；九是理性的力量，这种意义的逻各斯显然和上述第三、四种含义有联系。逻各斯是理性的力量，是到公元前 4 世纪的作家中才成为通常用法的。他们说人和动物的区别就在于人有逻各斯，就是从这个角度说的。十是定义或公式，这是表明事物的本质，这种含义在公元前 4 世纪是相当普遍的，但在公元前 5 世纪还属罕见。

记者：

我关心的是你的看法。

亚里士多德：

规律、比例、方式、道路……

记者：

还有别的含义吗？

亚里士多德：

有的，那就是被赫拉克利特称为的“人人共同的东西”，就是那能够认识客观规律的智慧和理性能力。这种能力不是哪一个人或几个人所独有，是人人皆有。

记者：

似乎逻各斯既有客观层面的意义，也有主观层面的意义？

亚里士多德：

是的，人们只有拥有智慧、理性这些主观的“逻各斯”，才能去认识那客观存在但却看不见、摸不着的客观的“逻各斯”。

八　赫拉克利特的“辩证法”基本上是对的

记者：

在哲学界，赫拉克利特被公认为辩证法第一创始人。对他的辩证法，据说柏拉图不以为然，甚至是恶语相评，是吗？

亚里士多德：

不能简单地这么说。

记者：

怎么讲？

亚里士多德：

对赫拉克利特辩证法的看法，柏拉图也有早期晚期之别。在柏拉图的早期对话中，柏拉图斥责赫拉克利特的辩证法荒谬不堪。而到了后期，柏拉图则改变了自己的看法。

记者：

到了晚年，也就是后期，柏拉图就点赞赫拉克利特的辩证法了？

亚里士多德：

是的。

记者：

那请你系统地介绍一下赫拉克利特的辩证法。

亚里士多德：

体现赫拉克利特辩证法思想的，涉及这样几个赫拉克利特的著作残篇。

记者：

哪一些？

亚里士多德：

残篇之一说，“要听从逻各斯，承认一切是一”，就是指要了解对立的统一。残篇之二说，“他们不了解不同的东西是自身同一的，相反的（palintonos）力量造成和谐，像弓与琴一样……”后一个残篇是对前一个残篇的解读。

记者：

是吗？

亚里士多德：

是的。为什么“一切是一”呢？因为不同的东西都有一个共同性，即它们都是由相反的力量造成的统一；承认这种对立的统一，才是承认逻各斯。

记者：

“相反的”这个词是什么意思？

亚里士多德：

就是向后弯，也就是当弓绷紧时拉到对立的方向。古代希腊的七弦琴和弓一样，都有紧的弦，但它们的作用却是相反的，所以形成对立的张力，才能发出和谐的音调。这就是“二力背反”，这就是说，弓弦和琴弦两种相反的力量相互作用，才能演奏出有节奏的、和谐无比的乐曲。上升到理论的高度，就是辩证法。赫拉克利特就是通过对这些具体现象的研究而提出他的辩证法思想的。

记者：

根据你的研究，柏拉图是根据什么理由来对赫拉克利特的辩证法提出质疑的？

亚里士多德：

柏拉图是在对话《会饮篇》中专门评论赫拉克利特所说的琴和弓的比喻的。

记者：

详细说说。

亚里士多德：

柏拉图通过医生厄律克西马库（Eryximachus）的口说，医学就是要使相反的东西和谐一致，音乐也是这样。接着他说：“赫拉克利特说过一句含糊费解的话，也许就是这个意思。他说，‘一和它本身相反，又和它本身一样，就像竖琴和弓一样’。说和谐就是相反，或者是由还在相反的东西形成的，当然是荒谬的。”

记者：

理由？

亚里士多德：

为什么“荒谬”呢？柏拉图说，如果高音和低音仍然相反，它们就绝不能有和谐；因为和谐是协调和一致，如果两个相反的东西还没有调和一致，就不可能有和谐。如果高音和低音还是相反的，它们就不能协调和谐；如果它们变得和谐，它们就不再是相反的。这就是说，两个东西或者是对立的，或者是和谐的，只能是其中之一，而不能同时既是和谐的又是对立的。

记者：

你的态度是？

亚里士多德：

柏拉图的说法太过僵化。对赫拉克利特的辩证法，我基本同意，但不主张把这种辩证法推到极端，否则就是诡辩。

九 太阳每个瞬间或许都是新的

记者：

谈完了赫拉克利特的自然哲学理论，我们是不是应该谈一谈他是如何用自然哲学来解释天体等自然现象的？

亚里士多德：

毫无疑问。但是，这方面的资料很少，可以说几乎没有。

记者：

但根据我的研究，赫拉克利特曾经用他的理论对天体做过比较系统的解释。

亚里士多德：

你看过这方面的残篇没有？

记者：

我看的是另一位哲学家第欧根尼·拉尔修的论述。

亚里士多德：

那根据第欧根尼·拉尔修的转述，赫拉克利特是如何解释天体的由来的呢？

记者：

第欧根尼·拉尔修是这么转述赫拉克利特的观点的：“天空中有许多小窝，以它们的凹面向着我们，其中聚集着明亮的热气，形成火焰，这就是天体。太阳的火焰是最明亮的最热的，其他的星体因为离大地较远，所以它们的光芒和热度较弱；月亮虽然离地较近，但它通过的区域是不纯洁的。相反，大阳是在明亮而纯洁的区域里，和我们的距离也合适，所以提供更多的热和光。当小窝向上翻转时，便发生日食和月食。每个月中月亮的盈亏是由小窝的逐渐翻转造成的。日和夜、月、季、年、雨、风等等，都是由热气的不同造成的。明亮的热气在太阳的圈子里燃烧就是白天，以相反的热气为主时就成为黑夜；在明亮的热气中热度增加便成为夏天，在暗淡的热气中温度增加便成为冬天。”（参见汪子嵩等：《希腊哲学史》，第一卷，第432页）

亚里士多德：

还有别的吗？

记者：

就这些，你怎么看？

亚里士多德：

在赫拉克利特的年代，人们大都只能以想象来解释外面的世界。因此，他的很多关于天体的解释可以说是相当的肤浅，也很不明智。在这方面，他除了企图用火的运动变化来说明种种自然现象之外，在天文学方面并没有比米利都的哲学家们有所前进。

记者：

看来，你对赫拉克利特的天文学说不怎么看好。

亚里士多德：

荒谬的地方很多。例如，赫拉克利特的一个残篇说，“太阳只有人的脚那么大”，这不明显是荒唐的么！实际上，太阳比我们住的地球要大得多。当然了，我不能苛求赫拉克利特，在他那个时代，连基本的望远镜都没有，让他们对太阳和天体的大小做出准确的判断，是不可能的。还有一点……

记者：

什么呢？

亚里士多德：

赫拉克利特一方面说，太阳是由热气哺育而来的；另一方面又说太阳是在黄昏时熄灭，在清晨重新点燃，太阳每天都是新的。这两种说法，显然是矛盾的。

记者：

从何说起呢？

亚里士多德：

如果太阳是由热气哺育而成的，而热气每时每刻都不一样。那么，应该说太阳每个瞬间都是新的，怎么可能仅仅是每天都是新的呢？

记者：

明白你的意思。依照你的解释，如果太阳真的是由热气哺育的话，那么太阳应该是此一时彼一时都在变化，也就是说每个瞬间都是新的，每个时刻都在燃烧，每个时候都在熄灭。是不是？

亚里士多德：

可以这么说。

十　战争是万物之父

记者：

早期希腊哲学家都是自然哲学家，也就是广义的科学家，但赫拉克利特似乎有些例外，是吗？

亚里士多德：

有什么说法，不妨共享一下，我可以帮你判断。

记者：

根据第欧根尼·拉尔修的记载，古代的文法学家狄奥多图说赫拉克利特的著作并非为讨论自然而写……

亚里士多德：

那是为讨论什么而写的呢？

记者：

在狄奥多图看来，赫拉克利特是位社会科学家，具体说是位政治学家。

亚里士多德：

赫拉克利特的著作明明有很多物理学方面的阐述，这如何解释呢？

记者：

狄奥多图说这些物理学方面的知识，仅仅是作为证明其社会科学方面理论的例证或阐述工具而已。

亚里士多德：

还有谁也坚持类似的看法？

记者：

离我这个时代不久之前，有一位西方学者名叫耶格尔，他出版过一本书《潘迪亚：希腊文化的理想》。他在书中强调说，赫拉克利特是“第一个研究人的哲学家”，他还说赫拉克利特的哲学包含神学、宇宙学、人学三个部分，而人学则是赫拉克利特哲学的核心。（参见汪子嵩等：《希腊哲学史》，第一卷，第427页）还有……

亚里士多德：

不用再说了。你刚才提到的两种说法都是错误的。第一种说法错得更离谱。

记者：

理由何在呢？

亚里士多德：

赫拉克利特首先是一位自然哲学家，他的著作所讨论的问题是以自然为中心。因此，说赫拉克利特不讨论自然，或说他仅仅因为论证其政治学理论才提到物理学，是不符合实际的。当然啦，与古希腊其他哲学家不一样，赫拉克利特并非一位纯粹的自然哲学家。他确实是第一个将人的问题突出出来的哲学家，哲学也确实自他开始第一次从单纯研究客观现象转而也研究人的认识、研究主体问题了。

记者：

也不能说刚才提到的两种说法完全错了。

亚里士多德：

错一半，对一半吧。不过，通过梳理赫拉克利特的著作残篇，我要告诉你，从总体上看，赫拉克利特关于社会科学方面的研究，相当的肤浅，很多残篇都是家长里短的日常性东西。

记者：

说说看，怎么个家长里短，怎么个日常性？

亚里士多德：

如他的著作残篇说，“不可以跟人开玩笑，弄到自己倒成了笑柄”“自满是进步的退步”“颂扬使神灵和人们俯首帖耳”“坏人是诚实人的对头”“教育是有教养的人的第二个太阳”“获得好名誉的捷径是做好人”，（参见汪子嵩等：《希腊哲学史》，第一卷，第427页）诸如此类，平平常常，难得有一两句高大上！

记者：

难道赫拉克利特关于社会科学方面的理论中就找不出值得一提的东西吗？

亚里士多德：

那倒不是。他关于战争和法律方面的言论还是值得交流交流的。

记者：

据说他说过“战争是万物之父，又是万物之王”，这句话还是有点分量的啊。希望你解读一下。

亚里士多德：

既然你希望我给你解读一下，我就来说说，还是从那些有关的残篇说起吧。

记者：

好，谢谢！

亚里士多德：

赫拉克利特的著作残篇中，与战争直接或间接有关的，有好几个。

记者：

请一个一个解读。

亚里士多德：

一个是：“战争是万物之父，又是万物之王，它使一些人成为神，一些人成为人；使一些人成为奴隶，一些人成为自由人。”与之有关的另一个残篇是：“不朽的是有死的，有死的是不朽的；这个死那个生，那个生这个死……”（参见汪子嵩等：《希腊哲学史》，第一卷，第405—406页）

记者：

请解读一下。

亚里士多德：

赫拉克利特生活的时代，战火纷飞，狼烟四起，他所在的爱菲索与东方的吕底亚、波斯之间的战争更是此起彼伏。战争，让战败者沦为奴隶，让战胜者取得自由。战争之后，一部分人侥幸活了下来，继续做人；另一部分人不幸阵亡，他们的灵魂便进入另一个世界，成为潜在的神灵。

记者：

潜在的神灵？

亚里士多德：

是的，也就是说这些人一旦阵亡，他们就可以转化成为神灵。

记者：

明白了。再说别的残篇吧。

亚里士多德：

下面这两个残篇，比较间接一些。一个是："生命的时间就像儿童玩棋，王权是掌握在儿童手里的。"一个是："不明显的和谐比明显的和谐更好更强。"（参见汪子嵩等：《希腊哲学史》，第一卷，第406页）

记者：

快解读，有点迷糊。

亚里士多德：

在战争中，一个人或生或死，或胜或败，充满着极大的偶然性，任何人都无法预料，所以在赫拉克利特看来，战争就与孩童们玩的游戏一样充满着不确定性……

记者：

关键是第二句不好理解，为什么说不明显的和谐比明显的和谐更好更强呢？

亚里士多德：

和谐有两种，一种是和平主导型，另一种是战争主导型，前者属于明显的和谐，后者则属于不明显的和谐。既然在赫拉克利特那里，战争成为万物之王、万物之父，自然就是以战争主导型的和谐更好更强了。当然，此处所说的战争，并非仅仅是指那种刀光剑影的拼搏，而是指矛盾、冲突、不同、差异性。

记者：

有点不好理解。

亚里士多德：

就结交朋友来说，相似性的朋友是不值得交的，而具有不同特点的朋友才最有价值。

记者：

中国有句古话说，人要和而不同，而不能同而不和，是不是也是这个意思？

亚里士多德：

可以这么说。

记者：

我不理解，赫拉克利特为什么对战争充满着那么强烈的崇拜呢？

亚里士多德：

对战争和战争中的死者无比崇拜，并非只有赫拉克利特一个人，荷马也是如此，可以说古希腊时代的文化就是如此，就是登峰造极的英雄崇拜。

十一　神：火、逻各斯或对立统一

记者：

据说赫拉克利特对宗教很仇视，是吗？

亚里士多德：

在希腊哲学家中，最初对传统宗教提出批判的，确实是赫拉克利特，当然啦，还有别人……

记者：

谁？

亚里士多德：

塞诺芬尼，但他们两个人批判的重点不同。

记者：

不同点在哪里？

亚里士多德：

塞诺芬尼批判的是拟人化的神，而赫拉克利特则首先批判传统的宗教祭神仪式。

记者：

明白，请介绍一下赫拉克利特是如何批判宗教的祭神仪式的。

亚里士多德：

看一下赫拉克利特的几个著作残篇就明白了。

记者：

请说。

亚里士多德：

赫拉克利特认为宗教的祭神仪式，乃是大多数人愚昧无知的表现。一残篇说："人们将为祭神而宰杀的动物的血涂在身上来使自己纯洁是徒然的，正像一个人掉进泥坑却想用污泥来洗净自己一样。任何人看到他这样做，都会将他看成疯子。他们向神像祷告就像和房子说话一样，他们并不知道什么是神和英雄。"另一残篇说："如果不是为了酒神（也是收获之神）狄奥尼修斯，他们举行赛会和歌唱阳具颂歌，就是最无耻的行为。地狱之神哈迪斯和狄奥尼修斯是一样的，可是人们却只为了狄奥尼修斯而如醉如狂地举行祭赛。"还有一残篇说："（赫拉克利特向埃及人说：）如果他们是神，你们为什么哀悼他们？如果你们哀悼他们，你就是不再将他们看作神。"还有一残篇说："他们（希腊人）向神的塑像祈祷，好像它们能听见似的，其实它们听不见，也不能予回报，正像不能提出要求一样。"（参见汪子嵩等：《希腊哲学史》，第一卷，第421页）

记者：

从这些残篇中可以看出，赫拉克利特对形形色色的宗教仪式确实是非常反感的。但赫拉克利特的残篇中的确多次提到或使用神，说明他是信神的，那他所说的神是什么意思呢？

亚里士多德：

你说得没错，赫拉克利特的残篇确实多次提到神，不过我要告诉你，赫拉克利特所说的神与人们通常理解的神不是一回事。

记者：

那在赫拉克利特看来，神到底是一种什么样子的东西呢？

亚里士多德：

第一，神不是创世主。赫拉克利特最重要的残篇说：这个有秩序的宇宙，即"科斯摩斯"，既不是神也不是人所创造的，它是永恒的活火，按一定的尺度燃烧和熄灭……

记者：

神还是什么？

亚里士多德：

第二，神还是智慧。赫拉克利特的著作残篇说："人类的本性没有智慧，只有神的本性才有。”（参见汪子嵩等：《希腊哲学史》，第一卷，第423页）在赫拉克利特看来，神创造了自然、历史、宗教、法律，而且德性也是从神自身中产生出来的。

记者：

难道人就没有智慧？

亚里士多德：

在这个问题上，赫拉克利特前后有点不一致。他有时候说人类的本性没有智慧，只有神的本性才有，有时候又说人并不是没有智慧，人的智慧只是比神低，就像孩子和成人相比一样。

记者：

神还是什么呢？

亚里士多德：

第三，神还是火、逻各斯和对立的统一。

记者：

怎么讲？

亚里士多德：

赫拉克利特的著作残篇说：“神是日又是夜，是冬又是夏，是战争又是和平，是饱满又是饥饿，它像火一样变化着，当火和各种香料混合时，便按那一种香料的气味而命名。”（参见汪子嵩等：《希腊哲学史》，第一卷，第424页）这些日与夜、冬与夏、战争与和平、饱满与饥饿都是对立的统一；神所以能够是对立的统一，就因为它在不断变动，变动又按照一定的尺度，所以神又是逻各斯。

十二 法律：阶级或阶层斗争的产物

记者：

马克思曾经提出过，法律是阶级斗争的产物，也是阶级斗争的工具。我没想到，在赫拉克利特的著作残篇中也看到了类似的话。

亚里士多德：

你的感觉没错。赫拉克利特是古希腊哲学家中最看重法律的人之一。

记者：

赫拉克利特重视法律的原因是什么？

亚里士多德：

原因有两条。第一条是：在当时的希腊，阶级之间的斗争非常尖锐，需要用法律来进行协调，以确保社会的长治久安。第二条原因是：法律是符合神性的东西，从本质上讲，来源于神的意志。因此，必须予以高度重视。

记者：

请详细说一说。

亚里士多德：

在赫拉克利特看来，任何一个城邦都是由对立的阶层组成。

记者：

对立的阶层？

亚里士多德：

是的。这些对立的阶层有：富裕的阶层和贫穷的阶层，年轻的阶层和年老的阶层，弱的阶层和强的阶层，好的阶层和坏的阶层。

记者：

明白。

亚里士多德：

在各个不同的阶级或阶层之间，都存在着尖锐的利益冲突。如果让这种冲突无限制地发展下去，社会就会出问题，国家就会瓦解。因此，国家必须通过制定法律来维持各种利益集团之间的平衡。

记者：

要在不同的阶级或阶层之间维持平衡，是不容易的。

亚里士多德：

没错。要想制定好的法律，就需要一些最有经验和知识的政治家和思想家。

记者：

你刚才说法律是符合神性的东西，此话怎讲？

亚里士多德：

在赫拉克利特看来，法律首先是国家制定的，是用来协调不同的阶级或阶层之间的关系的。法律制定好了，如果得到很好的执行，国家的利益就得到保障，人民的利益也得到保障。因此，人民应当为法律而战，就像为自己的国家而战一样。

记者：

看来赫拉克利特对法律是极其重视的。

亚里士多德：

或许正是因为如此，赫拉克利特被人说成是一个自由的热爱者和追求者。在赫拉克利特那里，对于任何政府来讲，没有什么比法律的统治更为必要。人间的法律是神圣的，没有法律就没有正义。所以，国家要为它的法律而战，人民也应当为法律而战。法律的统治奉行着人人都平等的原则，无论是个别的统治者，还是普通的群众，都是平等的。

记者：

听这话，感觉赫拉克利特非常民主，但我为什么看到好多人说赫拉克利特极端憎恨和鄙视民主制？

亚里士多德：

这些人说赫拉克利特憎恨和鄙视民主制，也没有委屈赫拉克利特。

记者：

什么原因呢？

亚里士多德：

赫拉克利特之所以憎恨和鄙视民主制，那是因为民主制不懂得如何听从最优秀的人，不能容忍任何伟大的杰出的人物。所以，他要反对这种所谓的民主制。

记者：

你刚才说赫拉克利特认为法律符合神性，是神的意志。这从何说起？

亚里士多德：

赫拉克利特曾经说过“法律也要服从唯一的意志”这样的话。

记者：

此话如何理解？

亚里士多德：

在赫拉克利特这里，法律虽然是人制定的，但人不能胡乱地制定法律。法律的精神来自于神圣的“逻各斯”，来自于神圣的自然法。作为人间的法律，另一方面，它得用于解决不同的阶级和阶层之间的矛盾；另一方面，人间的法律也必须符合神圣的神的意志。这就是神法，这就是“逻各斯”。只有确保人制定的法律与“逻各斯”相符，这样的法律，才能发挥它应有的作用。

十三　小结

记者：

关于赫拉克利特，我们已经说了很多，现在请你就他的哲学和思想做个小结。

亚里士多德：

必须的。第一，赫拉克利特是不为其时代所理解，也不屑于被其时代所理解的一个人。他的哲学继承的是米利都学派的传统，虽然他也认为物质性的元素是万物的本原，但他认为本原是永恒的活火，强调它本身就在不停歇地运动，火转化为万物，万物又转化为火。在这方面，他将米利都学派关于本原的思想向前发展了。他克服了米利都学派对世界本原“物质性”的过分偏爱……

记者：

嗯。

亚里士多德：

第二，赫拉克利特在哲学思想上的发展，主要表现在辩证法方面。他的辩证法思想虽然还带着朴素的直观性，但在当时却是非常深刻的。他的辩证法思想虽然有时候与我的逻辑学思想不完全一致，但总体上是对的。第三，赫拉克利特是第一个提出认识论问题的哲学家。他重视感觉经验，最早提出感觉是否可靠的问题，又提出人人有共同的智慧。从这方面也可以说，赫拉克利特第一次将哲学从完全讨论外部世界开始转向也研究认识以及认识的主体——人……

记者：

还有什么？

亚里士多德：

第四，在宗教上，赫拉克利特和比他稍早的塞诺芬尼一起反对传统宗教，但赫拉克利特主要是反对传统的宗教祭神仪式，反对偶像崇拜。赫拉克利特也承认神，但他所说的神，就是指永恒的活火，指逻各斯，指最高的智慧。因此，他又最早将宗教哲学化，将宗教的神改造成为理性的神，从而使哲学在摆脱宗教上走出了一大步。他对社会问题的研究堪称古希腊哲学界第一人。他在许多方面的思想确实都是开创性的。

第七章　评塞诺芬尼的“一切是一”

引　子

塞诺芬尼的思想产生于伊奥尼亚，但与米利都学派以及赫拉克利特的思想有着明显的不同。塞诺芬尼代表了一种新的思潮，他与别人不同，他看到整个宇宙，并宣称“一”就是神。他的思想通过巴门尼德而得以延续，因此，他当之无愧地被称为爱利亚学派的先驱。需要特别提到的是，亚里士多德对塞诺芬尼的总体评价并不高。

一　塞诺芬尼算不上一个自然科学家

记者：

很多学者说塞诺芬尼是一位自然科学家。

亚里士多德：

依据是什么？

记者：

这些人之所以认为塞诺芬尼是一位自然科学家，依据有很多：首先，塞诺芬尼写过一本名为《自然》的著作，有专著作证；其次，就是塞诺芬尼在关于天体和气象、日月星辰、大地形成以及人类和生物的来源等方面都提出了很多独到的见解，尤其是他根据化石来证明陆地与海洋之间的互相转换。这些足以说明塞诺芬尼是一位自然科学家。

亚里士多德：

根据我的研究，说塞诺芬尼曾经写过一本名为《自然》的著作，这完全是一种想象，无据可查，最多算一些片言只语而已。

记者：

继续。

亚里士多德：

关于塞诺芬尼曾经证明陆地原来是海洋，这一点基本属实。塞诺芬尼的观察能力很强，他曾经在叙拉古的采石场发现了鱼和海草的痕迹，在爱琴海中帕罗斯岛的石头深层发现了月桂树叶子，他还在西西里南边的马耳他岛发现了压扁的海生生物。由此塞诺芬尼推断海洋与陆地的交替。即便如此，塞诺芬尼也算不上一位自然科学家。

记者：

到底是为什么呢？

亚里士多德：

米利都学派的哲学家、毕达哥拉斯学派的哲学家才算是自然哲学家，赫拉克利特也算，这些人从研究自然的奥秘出发，力图对形形色色的自然现象做出科学的解释。

记者：

难道塞诺芬尼不是？

亚里士多德：

当然不是。

记者：

原因是？

亚里士多德：

塞诺芬尼的使命是要批判和清算荷马和赫西俄德的神话体系。他之所以关心自然科学，其目的是要利用当时的科学成果来批判各种神话。虽然他提出了不少与自然有关的观点，但总体上不属于严格意义上的自然哲学，所以我不认为塞诺芬尼是一位自然科学家。

二 游吟诗人兼哲学家：不矛盾

记者：

塞诺芬尼算不算一个哲学家？

亚里士多德：

什么意思？

记者：

关于塞诺芬尼算不算一个哲学家这个问题，素来是众说纷纭。研究文学史、哲学史和宗教神话史的人都从自己学科的角度去看他。

亚里士多德：

这是自然。每个人只能从自己学科的角度来看待这个问题。

记者：

有人说，塞诺芬尼本来是个诗人，只是哲学史家出于误会才将他当成了哲学家；有些人强调他是一个神学家，有人说他是一个真正的一神论者，还有人说，其实他还是一个承认多神论的神学家，对此你如何看？

亚里士多德：

塞诺芬尼是一位很有成就和影响的诗人，这是毫无疑问的，他创作过哀歌、讽刺诗，也创作过不少描写科罗封和爱利亚城邦的叙事诗，尤其是讽刺诗。

记者：

讽刺谁？

亚里士多德：

讽刺荷马和赫西俄德。

记者：

你亲眼看过塞诺芬尼的著作吗？

亚里士多德：

是的，当然啦，都是一些残篇，188 行。

记者：

明白。

亚里士多德：

在早期希腊阶段，哲学和神学、哲学和文学尚未分化，哲学家多以这样或那样的方式谈到神的问题，哲学和文学更有着密不可分的关系。哲学家的思想总要通过文学形式表达出来，或者用诗，或者用散文，或者用对话，或者用严谨的论文，因此，从古至今许多大哲学家往往在文学史上也占有重要的位置。诗人与哲学家的分化，只是后来才发生的事情。分化之后，诗人着眼于过去，编造史诗，歌颂以往神灵和英雄的故事；预言者寄托于神，预卜未来；哲学家则关心的是古往今来那些奥妙的哲理。塞诺芬尼确实是个游吟诗人，同时又是一位哲学家，二者并不矛盾。

记者：

有一定道理。看来你不否定塞诺芬尼既是一位诗人，也是一位哲学家。

亚里士多德：

是的。

三 爱利亚学派的先驱

记者：

在你看来，塞诺芬尼不是一位自然科学家，但毫无疑问是一位哲学家，那在你看来，他到底属于哪一个哲学流派呢？

亚里士多德：

关于这个问题，确实有若干种不同的看法。

记者：

是的。一些人说塞诺芬尼的思想不属于以巴门尼德为代表的爱利亚学派，而是属于和爱利亚学派并列的一个独立的学派，理由是塞诺芬尼的思想与巴门尼德有很大的不同，甚至有根本性的不同，风马牛不相及！也有人把塞诺芬尼列为伊奥尼亚学派哲学家，而将巴门尼德列入南意大利哲学流派。当然啦，也有人说塞诺芬尼属于爱利亚学派，且把塞诺芬尼视为“爱利亚学派的先驱”。你同意哪一种看法？

亚里士多德：

最后一种。

记者：

理由呢？

亚里士多德：

考察一位哲学家是否属于某一个哲学流派，不能根据这位哲学家出生于某个地区或主要在某个地区活动，以及他到底从事何种职业、以何种写作方式表达自己的哲学思想……

记者：

那根据什么呢？

亚里士多德：

应该从他的基本理论及其特征方面来进行考察，从人类认识发展史的角度来考察。在判断塞诺芬尼到底属于哪个哲学流派之前，我们应该首先考虑这样的问题……

记者：

什么问题？

亚里士多德：

那就是：在塞诺芬尼的那个时代，到底出现了哪些不同的社会和哲学思潮？每种思潮的特点是什么？这些思潮是谁第一个提出来的？后来又是谁继承和发展了这些思潮？

记者：

我知道你的意思，你是说根据你刚才提出的这几个问题，并把这些问题作为思考和判断的一个特殊角度，就可以得出塞诺芬尼属于爱利亚学派的结论，是不是？

亚里士多德：

是的。塞诺芬尼的思想虽然是在伊奥尼亚产生出来的，但和米利都学派以及赫拉克利特的思想有着明显的不同，他代表了一种新的思潮，他的这种新思潮后来是在爱利亚，主要是由巴门尼德开花结果的。因此，我把塞诺芬尼列入爱利亚学派，他是第一人，自然就是创始人，就是先驱，就是领军人。

四　挑战荷马、赫西俄德

记者：

你曾经说过塞诺芬尼写过好多首讽刺诗，他讽刺谁呢？

亚里士多德：

他讽刺的对象，一个是荷马，一个是赫西俄德。

记者：

据说塞诺芬尼就靠在贵族们举行的宴会上吟诵荷马和赫西俄德的史诗，获得一些报酬和食物。没有荷马和赫西俄德的作品，他连自己都养活不了，对荷马和赫西俄德，感激都来不及，怎么还竟然讽刺人家呢？真是以怨报德啊。

亚里士多德：

吟诵别人的诗篇，是一种职业，是一种谋生的手段，对荷马和赫西俄德进行批判，则是一种学术研究，完全可以并行不悖，井水不犯河水。就如一些人一边大讲公开、公平、公正，一边一旦遇到什么事情，就要到处找熟人，找关系，是一个道理。你也是如此吧。

记者：

我找熟人也是为了公开、公平、公正，不是为了干阿猫阿狗之类的龌龊勾当。

亚里士多德：

别往自己脸上贴金了。

记者：

别说我好不好？我想知道：塞诺芬尼具体讽刺荷马、赫西俄德什么呢？

亚里士多德：

他们的神话学说。

记者：

愿闻其详。

亚里士多德：

塞诺芬尼对荷马和赫西俄德神话体系的批判集中在三大方面。

记者：

详细说说。

亚里士多德：

首先，塞诺芬尼对荷马等人将人间的许多无耻行径加到诸位神灵身上极为反感。

记者：

具体指哪些无耻行径呢？

亚里士多德：

如：偷盗、奸淫、彼此欺诈等。

记者：

赫西俄德的著作我看得不细，荷马的史诗确实没把神灵看得太神圣。在荷马的笔下，那些神灵的所作所为，简直与凡人无异，有时候甚至可以说连凡人都不如，吃喝嫖赌，欺男霸女，无恶不作……

亚里士多德：

其次，塞诺芬尼对荷马等人把人的形象赋予神灵的做法也特别反感。

记者：

我可以作证，荷马的史诗确实是这么干的。在荷马的笔下，神与人一样，会说话，要穿衣服，皮肤也各有其颜色。

亚里士多德：

最后一点是，塞诺芬尼对荷马等人模拟人间，把神灵也分成三六九等的做法非常反感。在塞诺芬尼看来，神与神之间不存在相互统治的关系，荷马等人把人间的“种姓”制度带入神间，是对神灵的亵渎，是对神灵的大不敬。在塞诺芬尼看来，神灵不需要男欢女爱的爱情，神灵不会犯罪，神灵不会偷鸡摸狗，神灵不会相互征服，神灵也不会争权夺利，争风吃醋。总之，人类所拥有的一切，神都不会拥有。人就是人，神就是神！

五　此一时，彼一时

记者：

在你们希腊世界，荷马等诗人一直享有崇高的威望，人人都以荷马为榜样，何以到了塞诺芬尼时代，人们竟敢对他们冷嘲热讽，此一时，彼一时，这中间到底发生了什么？

亚里士多德：

要回答这个问题，得回溯一下希腊的宗教发展史。

记者：

请介绍介绍。

亚里士多德：

在最早的原始人类那里，是没有宗教的。原始人类从没有宗教到创造出宗教，可以说是一个巨大的进步。

记者：

宗教本是弱者和失败者的安慰剂，是麻醉人们斗志的鸦片，你怎么能说人们从无宗教到创造出宗教，竟然是一种进步呢？

亚里士多德：

我不同意你的说法。原始宗教的出现，代表着人类自我意识的觉醒。各种类型神灵内涵的不断扩容，恰恰反映出人类在解决其遭遇到的生存问题的时候，自我意识越来越清醒，人类对周围环境的适应越来越主动，越来越积极。

记者：

还是结合希腊宗教中各位神灵内涵的历史演变具体说说。

亚里士多德：

例如，赫菲斯托斯（Hephaestus）原来是火山爆发地区西西里的地火之神，之后成为火神。因为冶炼业离不了火，所以在手工业发展起来以后，他就成了火神兼冶炼之神，不仅为众神建造宫殿和兵器，而且还用泥土造成了第一个人间的女子——潘多拉（Pandora）。又如海伦（Helen）本来是在罗得岛和斯巴达等地流行崇拜的神，后来成为伯罗奔尼撒地区的丰产和光明女神；由于光明和航海的关系，她后来又获得水手庇护者的属性。阿波罗（Appollo）本来是爱琴海提洛岛上的阳光神，原是一块大石头，后来成为太阳神，在公元前 8 世纪至前 6 世纪殖民时代又获得迁移和航海的庇护神的品格；随着文艺和医学的发展，阿波罗又有掌管文艺、智慧和医药的职能，为人消灾解忧……

记者：

这些例子说明，人类每前进一步，获得了一项技艺，神也就增加了一项属性，或者是另外创立一个新神。是不是？

亚里士多德：

是的。希腊人进化的历史，就是其神话体系不断完善的历史。希腊诸位神灵内涵的不断演变，正是希腊文明不断前进的缩影。围绕着这些神，希腊人创造了许多富有魅力的神话。将这些神和神话系统化，就成了希腊各地大同小异的几种神谱及诸神体系。这些神话故事经由荷马等诗人加以提炼总结，成了长久流传的《荷马史诗》。据说当时希腊有几种神谱，现在留下来的只有赫西俄德的《神谱》。在希腊的神话史上，地神、天神、时间之神、泰坦诸神、独眼巨人、百手巨人等诸神混战的神话，后来被称为旧神体系；以主神宙斯为代表的奥林匹斯（山）诸神则被称为新神体系。在公元前 8 世纪至前 6 世纪时，希腊社会流行的是体现新神系统的《荷马史诗》，还有赫西俄德的《神谱》。正是荷马等人创造了希腊的神谱，给诸神命名，为他们分配权力和技艺，还描绘了他们的形象。由于《荷马史诗》具有很高的艺术价值，而且反映英雄时代人们的风俗习惯和精神面貌，所以它成为人们宗教和伦理教育的范本，荷马本人享有崇高的威望。人人都以荷马为榜样。荷马、赫西俄德以其天才的文学才能，把希腊的神话文化推进到一个历史的巅峰。不过有一点我必须强调，当时的时代属于典型的英雄主义时代，人们崇拜阿喀琉斯和阿伽门农那样的大英雄，人们不关心他们在道德品质上是否有什么瑕疵。

记者：

成者王侯败者寇，无是无非，就是那个所谓的英雄主义时代的典型特征。

亚里士多德：

话糙理不糙。不过到了塞诺芬尼时代，人们不再简单地崇拜那些大英雄了，而是根据既定的道德标准和是非观念来评价历史人物的功过是非了。从此以后，荷马那种对英雄主义的简单颂扬便遭到批评。此外……

记者：

还有什么原因呢？

亚里士多德：

文学表达形式也发生了巨大的变化，各种形式的挽歌、战歌、哀歌开始出现，诗歌创作的格律也越来越多元化，新体诗内容新颖，颇具现代气息，深受人们的欢迎。这也是荷马主义遭受批评的原因之一。

六　非人格化的神

记者：

塞诺芬尼把荷马、赫西俄德等人关于神的看法批得体无完肤，莫非塞诺芬尼是一位无神论者？

亚里士多德：

非也。塞诺芬尼批判荷马和赫西俄德的神学，并不表明他不相信神……

记者：

有点迷糊。

亚里士多德：

塞诺芬尼只是在批判荷马神学的基础上，提出了自己的神学理论。

记者：

他的理论是？

亚里士多德：

先说残篇，主要有这样几个残篇：1. “有一个神，它是神和人中间最伟大的；它无论在形体上或心灵上都不像凡人”；2. “神是作为一个整体在看，在知，在听”；3. “神永远在同一个地方，根本不动；一会儿在这里，一会儿在那里，对他是不相宜的”；4. “神用不着花力气，而是以他的心灵的思想使万物活动”。(参见汪子嵩等：《希腊哲学史》，第一卷，第469页)

记者：

听起来，塞诺芬尼的神学思想确实与荷马和赫西俄德的不一样。你可否用一句话概括塞诺芬尼的神学理论？

亚里士多德：

那就是：非人格化的神学理论。具体言之，包括六大要点：

其一，神是不动的；

其二，神没有生灭；

其三，神没有和人一样的形体和器官；

其四，神是一个单一的整体、全体；

其五，神有心灵和思想，但不像人那样需要认识器官才能认识；

其六，神不动，但他知道世上的事，能靠心灵左右事情的进程。

记者：

你曾经提出的所谓“不动的动者”，是不是与塞诺芬尼的这些说法有关？

亚里士多德：

或许。

七　塞诺芬尼：一神论者或多神论者

记者：

当下的学术界，围绕着塞诺芬尼到底是一神论者抑或是多神论者争论不休。

亚里士多德：

塞诺芬尼的著作残篇确实是一会儿用单数的“神”，一会用复数的“神”，难免会导致歧义出现。有哪些不同的看法不妨说给我听听。

记者：

大体上就是两种看法，有的人认为塞诺芬尼对“神”的看法差不多，如果剥离掉拟人化的外衣，荷马所讲的那些神都可以得到承认。这是一种看法。另一种看法就是塞诺芬尼都是在否定的意义上使用复数“神”的概念，换句话说，塞诺芬尼心目中的“神”是唯一的，不存在多数的“神”。

亚里士多德：

就这两种？

记者：

是的。你的看法是？

亚里士多德：

这个问题很复杂，我只是告诉你我的看法。塞诺芬尼心目中的神，不是荷马、赫西俄德心目中那些拟人化的神，塞诺芬尼心目中的神是以整个宇宙为思考对象而思索出来的产物。在他这里，神有高级和低级之分，高级之神，即他著作残篇中经常说到的“一个神”“一神”“一个最伟大的神”，是指整个宇宙本身；而低级之神，则指构成宇宙的各个部分。如果硬是要按照多神论与一神论的标准来给塞诺芬尼进行归类，他应该被归入多神论行列。

八　小结

记者：

关于塞诺芬尼，我们已经说得够多了。许多问题我原本想继续与你探讨一下，如塞诺芬尼的哲学是否属于泛神论；他心目中的神是不是具有某种形状，如是球形的……

亚里士多德：

这些问题你即便问我，我也不会说太多。因为塞诺芬尼对这些问题很少提及，说多就走偏了，就会出现张冠李戴的嫌疑。

记者：

那请你就塞诺芬尼及其哲学做个小结吧。

亚里士多德：

第一，我们不能因为塞诺芬尼提出过不少与自然有关的论点，就把他说成是一位自然哲学家。他只是利用了当时的一些自然科学的成就来批判荷马和赫西俄德的神学思想，但绝不意味着他就是自然科学家。第二，与荷马和赫西俄德的神学理论比较起来，塞诺芬尼对神的理解显然要深化很多。在他这里，神学观念中的拟人化色彩被剥离，神与作为整体的宇宙被画上了约等号，自然神论色彩明显加强……

记者：

继续。

亚里士多德：

第三，或许是我本人对塞诺芬尼的关注不够，塞诺芬尼的哲学虽然对后来的爱利亚学派的其他学者，如对巴门尼德第一个提出“存在”这一概念产生了深刻影响，但总体上来看，他的哲学思想还是比较肤浅，说得通俗点，还是太朴素了。

第八章　评巴门尼德的“存在”与“非存在”

引　子

巴门尼德是爱利亚学派的奠基人，就其哲学贡献来说，他是主张不动的“一”这种学说中最受人尊敬的人物。无论是苏格拉底、柏拉图，还是亚里士多德，都对巴门尼德敬佩有加。柏拉图在《巴门尼德篇》《智者篇》《泰阿泰德篇》中多次提到巴门尼德，盛赞巴门尼德的学说“高不可攀”。亚里士多德则投入更多笔墨研究巴门尼德的理论。巴门尼德为早期希腊哲学的发展提出了新问题、开辟了新的道路，可以说爱利亚学派的基本概念和学说体系，都是由巴门尼德提出来的。让我们走近亚里士多德，与他一起聊聊巴门尼德的“存在”与“非存在”。

一　学生：未必就是听老师的

记者：

据说，巴门尼德是塞诺芬尼的学生？

亚里士多德：

没错。柏拉图说过这一点，我也这么认为。

记者：

但似乎有不同的说法。

亚里士多德：

什么说法呢？

记者：

第欧根尼·拉尔修在《名哲言行录》中说，巴门尼德虽然承认是塞诺芬尼的学生，但并不完全听塞诺芬尼的。

亚里士多德：

那他听谁的呢？

记者：

毕达哥拉斯学派有一位学者叫阿美那，巴门尼德对阿美那很敬仰，阿美那本人是个穷人，但出身名门望族的巴门尼德却给阿美那树立了雕像，并说是阿美那把他引向沉思的生活。

亚里士多德：

你说的这位拉尔修先生并没有否认巴门尼德是塞诺芬尼的学生。至于说巴门尼德是否听塞诺芬尼的，我想这与他是不是塞诺芬尼的学生无关。

记者：

你的意思是说，虽然巴门尼德是塞诺芬尼的学生，但并不意味着巴门尼德一定要听塞诺芬尼的？

亚里士多德：

是的。在哲学史上，有几个哲学家是听老师的？可以说是一个都没有。巴门尼德与塞诺芬尼在哲学上的最大分歧，可能就是在对神的本性的看法上。

记者：

知道了。

亚里士多德：

尽管如此，我还是要告诉你，你刚才提到的这位阿美那先生，他虽然是巴门尼德的好朋友，但此人只是毕达哥拉斯学派中一位非常普通的人士，他的哲学观点到底是什么，谁也不知道。因此，在我看来，比较准确的说法是，巴门尼德是塞诺芬尼的学生，但他的老师并不仅仅只有塞诺芬尼一个人。但就其哲学思想来说，阿美那绝对不是巴门尼德思想上的老师。根据我的研究，巴门尼德的哲学思想，还是源于塞诺芬尼。

二　永恒的“存在”

记者：

“存在”与“非存在”是巴门尼德哲学理论的关键词。按照先后顺序，我们先来说说“存在”，请问根据巴门尼德的理论，“存在”具有哪些属性呢？

亚里士多德：

根据巴门尼德的著作残篇，不难看出，“存在”具有五大特征或属性，暂且列举如下：

其一，“存在”是既不生成也不消灭的；

其二，“存在”是“一”，是连续不可分的；

其三，“存在”是不动的；

其四，“存在”是完整的，形如球体；

其五，只有存在可以被思想、被表述，只有存在才有真实的名称。

记者：

这些论点个个都高大上，非常不好理解，请你细细解读一下。

亚里士多德：

你不说我也会的。我会逐一告诉你巴门尼德是如何论证和说明他的这些观点的。首先说第一点，巴门尼德提出存在是既不生成也不消灭的，这是存在最重要的一个特征。在巴门尼德看来，存在不是过去存在，也不是将来存在，存在一直是现在这个样子；存在没有过去、现在、将来之说，没有产生、变化之说，一切关于生成、发展、变化的理论对于存在都归于无效。

记者：

太过绝对了吧？

亚里士多德：

一点都不！当然啦，这是巴门尼德的观点，不是我的观点。接着说第二点吧。

三　存在是连续的、不可分的

记者：

存在的第二个属性是什么？

亚里士多德：

存在的第二个属性，即存在是连续的、不可分的。

记者：

如何理解？

亚里士多德：

在巴门尼德看来，存在是均质的，到处都一样，因而是不可分的。

记者：

均质，我理解。就是说存在不可能在这里是一个样子，在那里又是另外一个样子。

亚里士多德：

也可以说，存在不可能这里多些，那里少些。如果是这样，存在就会出现分裂，彼此分离，秩序将不复存在。

记者：

如此说来，存在显然不可能是毕达哥拉斯学派所说的数了，因为数显然是可分的。

亚里士多德：

是这样。存在也不可能是德谟克利特所说的原子态，每个原子就是一个数，数则是可分的，原子可以聚集，也可以分散。一句话，在巴门尼德看来，存在是连续的、不可分的。

四　存在和思想是同一的

记者：

存在还具有什么别的属性？

亚里士多德：

在巴门尼德看来，存在还具有第三个属性，那就是存在是不动的，即存在既无生成和毁灭，也无任何位置的移动，它永远是静止不动地待在某个有限的地方。

记者：

绝对的静止！

亚里士多德：

存在的第四个特征是：存在具有某种固定的形状。

记者：

什么形状？

亚里士多德：

圆形，从中心到任何一个方向都是相等的。此外，也是最难理解的……

记者：

快说说，有什么难理解的？

亚里士多德：

那就是：只有存在可以被思想、被表述，只有存在才有真实的名称。

记者：

不好理解。

亚里士多德：

我们先来看看巴门尼德的著作残篇是如何说的……

记者：

好。

亚里士多德：

巴门尼德的著作残篇如此说道："所谓思想就是关于存在的思想，因为你绝不可能找到一种不表述存在的思想。在存在以外，没有也绝不会有别的东西。因为命运将存在作为一个不动的整体拴在一起了。因此，凡人们在他们的语言中加以固定的、自以为是真的东西，不过是空洞的名称，如生成和毁灭、存在又不存在、位置的改变、色彩的变化等。"（参见汪子嵩等：《希腊哲学史》，第一卷，第 508—509 页）根据这个残篇，很显然，巴门尼德认为，只有存在才能被思想、被表述，非存在则不可能。

记者：

对巴门尼德的这个思想，我们现代人很难理解：非存在为什么不能被思想、不能被表述呢？

亚里士多德：

你不用绞尽脑汁去揣摩巴门尼德的思想，巴门尼德不懂得变和不变、个别和一般、感性和理性的关系。他认为个别的、感性的、变化着的东西没有固定的内容，命运之神并没有将它们牢牢地固定在一起，因此不能对它们进行思想和命名。我们所思想、所命名的东西必须有固定的内容，否则便只是一个空洞的名词或记号。

记者：

你说的后面的内容，在巴门尼德那里，似乎就是所谓的“非存在”，“非存在”就是虚无，就是不存在吗？

亚里士多德：

巴门尼德并没有说过“非存在”就是虚无、乌有。“非存在”就是指和“存在”相反的东西，它的特征是：有生灭的、可分的、非连续的、运动着的东西，因而是不能用思想来认识和表述的东西。显然，巴门尼德所指的就是现实的现象世界，它是只能靠感官去感知的东西。这样的“非存在”当然不是乌有或虚无。“存在”就是理念世界，“非存在”指的就是感性世界。

五　思想与感觉：风马牛不相及

记者：

仔细研究巴门尼德的著作残篇，感觉在巴门尼德那里，思想与感觉毫无联系似的。

亚里士多德：

不能简单下这个结论。

记者：

怎么讲？

亚里士多德：

关于思想与感觉的关系，巴门尼德认为它们是风马牛不相及的，具体体现为三点。其一，思想与感觉是对立的，思想可靠，它通向真理；与之相比，感觉则不可靠，它只能提供意见。其二，思想能对存在进行理论上的论证，而感觉只根据感官接触到的材料进行猜测、提供意见……

记者：

还有什么？

亚里士多德：

其三，思想和存在是同一的，感觉和非存在是同一的。用感觉看存在，存在就是没有的，而非存在才是有的。用思想去想非存在，非存在就是虚假的，没有真实信念的。

记者：

我相信，根据巴门尼德的逻辑，如果用思想去看待存在，存在必然就是真实可靠的，就是真理一般的东西。

亚里士多德：

是的。

记者：

难道思想与感觉中间一点关联都没有吗？

亚里士多德：

那倒不是。在巴门尼德看来，无论是思想还是感觉，都是由光明和黑暗、火与土、热和冷所组成的。思想与感觉之所以不同，其原因在于构成成分比重不同。当土、寒冷占据优势时，那就是死尸一般的感觉；反之，当纯火、光明占据优势，认识就会越来越好，到了极致就是思想了。它们的差别就是这里。

六　真理范畴的历史演变

记者：

翻阅巴门尼德的哲学著作残篇，不难发现真理是一个重要的范畴。我想了解一下，巴门尼德是在什么意义上使用这个概念的？

亚里士多德：

在巴门尼德的哲学中，真理与意见是一对相互对立的哲学范畴，与一般人心目中认为真理是错误的对立面的看法不一样。如果不理解真理范畴的意义，你就不理解巴门尼德为什么说真理是与意见相对立的哲学范畴。

记者：

是这样。请你说一说在你们西方哲学中，真理这个范畴经历了哪些历程？

亚里士多德：

米利都学派和毕达哥拉斯学派从来没有使用过“真理”这个词。到了塞诺芬尼时代，他把自己的关于神的学说称为“真理”。

记者：

那塞诺芬尼是如何定义“真理”这个词的呢？

亚里士多德：

在塞诺芬尼那里，“真理”这个词是“sophes”。这个词在当时的希腊传统上是一个使用非常广泛的词，它的意思是：清楚的、明白的、确实的、确定的，等等。在希腊文中，“sophes”倾向于“真象”“清楚明白”“确信无疑”等意思。

记者：

你的意思是说，在塞诺芬尼那里“真理”这个词仅仅表示清楚的、明白的、确实的、确定的等。如此说来，“真理”这个词还不是严格意义上的哲学范畴，只是一个普通的词。

亚里士多德：

没错。到了后来，塞诺芬尼就把它作为一个重要的哲学范畴来使用了。在塞诺芬尼看来，所谓“真理”是指人们通过心灵得到的认识（episteme）。如此说来，“真理”这个词就取得了相对固定的意义，这个词和凡人的“意见”“印象”就相互对立了。

记者：

后来呢？

亚里士多德：

赫拉克利特比塞诺芬尼前进了一大步。他曾经说：“智慧就在于说出真理，按自然行事，倾听自然的话。”这里的“真理”（aletheia）这个词，已经具有更多的哲学含义。在赫拉克利特看来，博学并不等于智慧，智慧必须认识他所说的逻各斯；按照逻各斯行事，就是按照自然的本性行动。如此说来，智慧的作用，就在于积极揭示、把握真相，这就是真理。在赫拉克利特这里，自然的本性、认识、逻各斯与真理就联系在一起了，而这个思想被巴门尼德完全吸收。

记者：

你的意思是说，巴门尼德是吸收了赫拉克利特关于真理的一些看法，并予以完善，最终使“真理”成为一个有相对固定的哲学范畴？

亚里士多德：

没错。到了巴门尼德的时代，他将“存在”与“真理”挂起了钩。他说，对“存在”本身的认识就叫作真理。“真理”并不是“存在”自己内在的什么东西，“存在”无法显示自己的本来面目，我们用思想去思考它，用语言去表达它，事物的真理才能显露出来。如此说来，所谓的真理，就是人们用自己的智慧去揭示事物的本来面目，与事物本来面目相符合的知识就是真理。

记者：

基本明白。在巴门尼德看来，所谓真理，就是关于存在的思想。这种思想一般人无法获得，而只有那些拥有智慧的人们，才可能诉诸理性思维予以把握。

亚里士多德：

可以这么说。

七　意见：虚假但并非不值得研究

记者：

意见也是一个很重要的哲学范畴，当然了，它的地位远远不能和真理这个范畴相提并论。据我了解，在西方哲学史中，你们古代希腊的哲学家，从巴门尼德到柏拉图，他们一直把意见和真理当作相对立的哲学范畴。与我们今天完全不一样。

亚里士多德：

在你们这些人看来，与真理对立的范畴应该是什么呢？

记者：

我们今天是把真理与错误作为一对对立的哲学范畴，没有人把意见和真理当作相对立的范畴。

亚里士多德：

原来如此。你们现代人的做法与古希腊传统的做法确实不一样。

记者：

请你介绍一下，在古希腊传统中“意见”范畴是如何一点点地变化的？

亚里士多德：

在希腊文中，“意见”本来是期待、希望的意思，在荷马那里，就是这个意思。期待和希望总是偏向于自己所愿望的方面，从主体出发，而不是从对象的认识出发，因此，“意见”这个词就引申为想法、幻想、猜想、欲求等意思，也慢慢地具有了意见、见解、看法、判断等意思。

记者：

明白。

亚里士多德：

将“意见”提升为一个哲学范畴，解释成为与真理相对立的一个哲学概念，很可能是从塞诺芬尼开始的。塞诺芬尼将自己关于神的学说称为“真理”，把别人不同的看法叫作“意见”，或者类似“真理”的猜测。

记者：

那巴门尼德是如何做的呢？

亚里士多德：

巴门尼德吸取了塞诺芬尼关于“意见”的基本思想，认为“意见”是因人而异的、不确定的、不可靠的。

记者：

据说塞诺芬尼认为除了神以及他自己关于神的思想外，所有的“意见”都沾染了一切。不知道巴门尼德对此是如何看的？

亚里士多德：

在巴门尼德看来，“意见”是不可靠的、欺骗人的。但是，它并非毫无价值，不值得考察和研究。错误的东西是一些人故意做出来的，而作为“意见”的东西，则往往是人们正儿八经做出研究后所得出的东西，即便这些东西带有某种程度的虚幻性和不可靠性；但它和那种故意说谎的错误，还是有区别的。因此，你们现代人把与真理相对立的东西，都称为错误，在我们古希腊，这不会得到人们认可的。

记者：

在我的印象中，巴门尼德曾经说过，人们既要学习那些不可动摇的圆满的东西，同时对那些不包含真实信念的凡人的意见，也必须进行学习和考察，只有如此，才能获得完整知识。

亚里士多德：

没错，他说过类似的话。

八　“意见之路”：关于现象世界的解释

记者：

巴门尼德的残篇中，与“意见之路”有关系的很多，结构也非常完整。我想了解一下，巴门尼德所谈的那些“意见”是什么方面的内容？

亚里士多德：

乍听起“意见”这两个字，很容易让人产生误解。其实，巴门尼德所谈的“意见”，无非是你我都看得见、摸得着的现象世界的解释。

记者：

巴门尼德从来就认为，唯有存在才是真实的，而你我看得见、摸得着的世界属于他所讲的“非存在”，因而，这些东西是不存在的。那他又为何要解释现象世界呢？

亚里士多德：

任何一位哲学家都不能躲在象牙塔里，明明是人们都知道的现象世界，你却否认它的存在，这很难令人信服。你必须对它进行解释，否则，便算不上有智慧的人，也算不上是哲学家。

记者：

明白你的意思。那巴门尼德是如何解释你我看得见、摸得着的现象世界的呢？

亚里士多德：

巴门尼德的“意见之路”说到底是两块内容。第一块，他仍然强调他的出发点是唯有存在才是真实的。他对现象世界的考察都是“意见”，最好的“意见”也不是真理，他要求人们必须理解这一点，而绝对不能把对现象世界的理解视为真理。

记者：

这点，谁都明白。还有什么？

亚里士多德：

第二，关于现象世界的由来，巴门尼德是用构成万物的一对矛盾，也就是光明和黑暗来予以解释。他用这对矛盾构造了一种宇宙论的体系：他认为，是光明和黑暗的混合，产生了大地、天、日、月，就连我们人类也起源于这两个对立面的混合。

记者：

我明白你的意思。你的意思是说，在巴门尼德关于现象世界的理解中，他把光明和黑暗、热和冷这些矛盾视为万物组成的基本元素。正是这些元素构成万物，也正是这些元素因各自比例的不同，从而使事物呈现千姿百态的情况。那么，他是如何来解释的呢？

亚里士多德：

说句实话，我不太赞成巴门尼德所谓“真理之路”和“意见之路”的划分。既然不赞成，我也没有对他的思想进行更深入的研究。如果你感兴趣，我建议你好好看看他的那些著作残篇，我不太感兴趣。

九　小结

记者：

关于巴门尼德和他的哲学，我们已经谈了很多，该请你做个总结了。

亚里士多德：

关于巴门尼德和他的哲学，我的看法总结起来有这样几点。第一，在爱利亚学派的诸位哲学家中，巴门尼德最有见地。第二，关于“存在”与“非存在”问题的研究，是巴门尼德哲学的中心议题，巴门尼德的“存在论”奠定了哲学的基础。第三，巴门尼德关于“存在”与“非存在”、思想与感觉、真理与意见问题的看法，太过僵硬，缺乏基本的辩证性，如果不是其门人，如芝诺、麦里梭等人的修正与完善，或许会走进死胡同。

第九章　评芝诺的四个“悖论”

引　子

一提起芝诺，人们自然就会想起“阿喀琉斯追不上乌龟”“飞矢不飞”等众多令人百思不解的悖论。作为巴门尼德的铁杆粉丝和最坚定的支持者，芝诺的使命就是通过这些悖论来论证巴门尼德存在论的绝对真理性。不管这些悖论是否成立，但通过对这些悖论进行正反两个方面的反复讨论，极大促进了人们对存在本质的思想往更高更深层次推进。巴门尼德哲学的僵硬性正是在芝诺等人所进行的不断深入的论证中，逐步得到克服。亚里士多德之所以把芝诺奉为辩证法的创立者，根本原因即在于此。让我们走近亚里士多德，看看亚里士多德是如何看待芝诺的那些悖论的。

一　巴门尼德最坚定的支持者

记者：

很多资料都说巴门尼德在当时的思想界是一个孤家寡人。

亚里士多德：

是这样。在当时希腊哲学界，几乎没有人支持巴门尼德的哲学。

记者：

这是什么原因造成的呢？

亚里士多德：

巴门尼德认为，宇宙万物都是“一”，无论是火还是冰都是“一”。很显然，这与人们的常识是相冲突的。

记者：

这倒是。

亚里士多德：

在绝大多数人看来，世界万物是多种多样的，而绝不是只有一种。人们习惯于从看得见、摸得着的东西，如牛、马以及其他的一切生物和物体来看待周边的世界。而巴门尼德对世界的看法，则大大超越了普通人的看法。他认为天下万物丰富多彩，都是表象，一切存在都是“一”。

记者：

既然巴门尼德的理论远远超越了一般人的看法，那么他遭受绝大多数人的孤立，便是很正常的事情。

亚里士多德：

是这样。根据柏拉图在《巴门尼德篇》中的说法，当时有很多人嘲笑巴门尼德，认为如果像巴门尼德那样肯定“一”，就会推出很多可笑的、矛盾的结果。同样，也有很多人说，除非是神经不正常的人，才会将火焰和冰块看作是“一”。

记者：

类似的话，我在你写的《论产生和毁灭》中也看到了。这不会是你的看法吧？

亚里士多德：

也可以这么讲，我也不完全同意巴门尼德把所有存在都看成是“一”。

记者：

难道就没有一个人支持巴门尼德吗？

亚里士多德：

那倒不是。当绝大多数人对巴门尼德的理论进行冷嘲热讽的时候，也有一些人对巴门尼德的理论极为欣赏，我们要谈的芝诺和麦里梭，就是其中的两位。

记者：

你是说芝诺和麦里梭赞同巴门尼德的哲学？

亚里士多德：

是的。芝诺是爱利亚本地人，他所做的工作，是对巴门尼德的理论进行论证；麦里梭是小亚细亚西岸附近萨摩斯岛上的人，麦里梭与芝诺不同，他的工作是对巴门尼德的存在理论进行补充式的证明。但总的来说，他们是当时为数不多的对巴门尼德的理论予以高度赞同的两个人。巴门尼德是曲高和寡，孤掌难鸣，芝诺和麦里梭则是其难得的知音和同道者。

二　芝诺的历史使命

记者：

作为巴门尼德最坚定的支持者，芝诺是如何捍卫巴门尼德的理论的呢？

亚里士多德：

巴门尼德的理论，因太过超越现实，超越实在，而遭受人们的普遍批评。如果芝诺还是简单地重复巴门尼德的话，他必然会遭遇与巴门尼德同样的命运。人们同样会指责他脑袋灌水，骂他神经不正常……

记者：

那芝诺采用什么别的办法来捍卫巴门尼德的理论呢？

亚里士多德：

反证法、归谬法，是芝诺采用的方法。

记者：

具体是如何操作的呢？

亚里士多德：

芝诺首先从人们习以为常的“多”出发，然后从这个前提逐步进行推论，结果让人们相信这些推论非常荒谬，故反过来否定这些常识，从而相信世界是“一”的巴门尼德理论。

记者：

效果如何？

亚里士多德：

显然比巴门尼德的宣传效果好得多。也正是借助于芝诺的论证，越来越多的人开始放弃对巴门尼德理论的攻击，开始相信巴门尼德的理论。

记者：

你对芝诺的理论活动是这么解释的？

亚里士多德：

是啊。

记者：

但也有人说你误解了芝诺？

亚里士多德：

谁这么说？

记者：

你就不用问谁质疑你了，这些学者说芝诺并不是要否定运动，而只是说运动和“多”不相容。他们还说芝诺提出那些论证，无非是要反对毕达哥拉斯学派关于线、面、体不过是无数的点的总和的观点而已。

亚里士多德：

无稽之谈。

三　芝诺之“二分法悖论”

记者：

芝诺曾经提出了四个悖论，他想通过这四个悖论来证明运动是不存在的。我想请你谈一谈他的这些悖论。

亚里士多德：

根据我的研究，芝诺用于证明运动不存在的悖论有四个，它们分别是：二分法悖论、阿喀琉斯悖论、飞矢不动悖论、运动场悖论。

记者：

请你先从“二分法悖论”说起，如何？

亚里士多德：

当然可以。所谓“二分法悖论”意思是说，一个运动的物体在到达目的地之前，必须先达到路程的一半。

记者：

如此简单？

亚里士多德：

芝诺表达“二分法悖论”的残篇很多，但实质性内容就是这样。

记者：

请你通俗地介绍一下，如何？

亚里士多德：

让我用古希腊的运动场（stadium）作为例子来说明一下。

记者：

最好。在我的印象中，你特别喜欢用运动场作为例子来说明芝诺的悖论。这是什么原因呢？

亚里士多德：

“stadium”本来是古希腊运动会的竞技场，自从公元前776年开始举行全希腊的奥林匹亚赛会以后，运动场地的跑道长度定为600希腊尺，折合成606.75英尺，或八分之一的罗马时代的“里”。所以“stadium”又指运动跑道，也是一种度量名称。

记者：

我明白，“stadium”并不仅仅是指运动场，在你们那个时代，它就是一种尺度，一种度量的标准。

亚里士多德：

是的。谁都知道希腊人对运动会是非常着迷的，任何一个运动员即使是跑得最慢的，也能在一定时间内从起点穿过跑道到达终点。但是，芝诺却向常识挑战，他说，人不可能越过跑道。因为人要达到终点，首先要到达全程的一半，即1/2，为此他又必须先越过这一半中的一半，即1/4，依此类推，他要越过1/8，1/16，1/32……1/n，这是无穷的，因此人根本不可能越过跑道的终点。

记者：

他的这个悖论初听起来，确实有一定的道理。在我们中国古代的哲学中也有类似的说法。

亚里士多德：

你们中国的哲学是如何表达这方面的意思的呢？

记者：

在我们中国古代的哲学家中，有一个名叫惠施的人在《庄子·天下篇》中就说过："一尺之棰，日取其半，万世不竭。"意思是说，一个东西，每天取其一半，永远也取不完。

亚里士多德：

听起来，你们中国的哲学与希腊哲学有许多东西还是相通的，即便是这些悖论性的论证，也是如此。但是，我初步感觉，中国的哲学中所讲的这个意思和我们西方哲学中所讲的意思，含义虽然基本相同，其目的却稍有不同。

记者：

怎么讲？

亚里士多德：

你们中国的哲学所讲的这句话，其目的是，说明有限中包含着无限；而我们的芝诺及其追随者讲这个意思的目的是，否认运动。

记者：

明白。

四　芝诺：对两类"无限"的混同

记者：

刚刚你介绍了芝诺的"二分法悖论"，我关心的是，你如何看待这个悖论？或者说，你如何解释这个悖论？

亚里士多德：

在做出解释之前，我们当弄清楚芝诺是如何论证他的悖论的。

记者：

请讲。

亚里士多德：

芝诺是这样论证的："空间是无限可分的，任何有限的一段距离都可以无限地划分，没有不可再分的最终的量度。因此，物体不可能在有限的时间里越过无限系列的点而达到终点。"

记者：

如果这样，那芝诺的悖论真是有一点道理了。

亚里士多德：

理论上可以这么讲。芝诺是以空间的无限可分为前提，既然是无限可分，那么，人总是不可能越过某一个量度，即使它再小，也可以一半又一半地无限分割下去。

记者：

那这种分法对不对呢？

亚里士多德：

像时间、空间、量度这些东西，我们称为无限，它包括两种含义。

记者：

哪两种？

亚里士多德：

一种是指它可以无限地延伸，另一种是指它可以被无限地分割。芝诺的错误是混同了这两个“无限”的概念。有限的时间诚然不能越过可以无限延伸的距离而达到终点；但是有限的时间却可以越过一定量度中无限数的点而达到终点。

记者：

明白了。如果说空间是无限分割的，那么时间也是可以无限分割的。如果用无限分割的时间去对应无限分割的空间，那显然在特定的时间就可以达到特定的地点。

亚里士多德：

没错。二者成正比，以一半的时间可以越过一半量度的空间，再用一半的一半的时间可以越过一半的一半的空间；这段距离可以无限地分割，这段时间也相应地可以无限地分割。因此，经过一定的时间可以越过一定的距离。如此一来，芝诺的悖论的不合理性就暴露无遗了。

记者：

你也认为世界和空间可以无限分割吗？

亚里士多德：

时间、空间和运动，都具有间断性和连续性两个特征。从间断性来讲，说明它们是无限可分的。但这种无限可分只是一种可能性，而不一定是现实。在现实生活中，没有什么东西是无限可分的。道理就在这里。

五 “阿喀琉斯悖论”与“二分法悖论”属于同一类型

记者：

地球人都知道，阿喀琉斯是攻打特洛伊的英雄，是全希腊跑得最快的人。但是，芝诺却说阿喀琉斯追不上乌龟。

亚里士多德：

芝诺提出这个悖论，意图要证明运动是不存在的，和他的“二分法”是同样的道理。

记者：

请你把芝诺的“阿喀琉斯悖论”解释一下。

亚里士多德：

芝诺对这个悖论的论证大致如下：如果有运动，那么最慢的要被最快的赶上。但是，实际上这是不可能的。所以，没有运动。

记者：

他的理由是什么呢？

亚里士多德：

芝诺的悖论的论证是：因为追赶者在追上龟以前必须首先到达龟的出发点，但在追赶者到达这一点时，被追赶者龟已经爬了一段路程。纵使被追赶者是最慢的，但它已经往前走了一点，因为它不是停在那里。由此可见，阿喀琉斯不仅赶不上特洛伊的将领赫克托尔，甚至连乌龟都追不上。

记者：

既然你把这个“阿喀琉斯悖论”说成是和“二分法悖论”同样类型的悖论，那么，你对这两个悖论的评价也应该是一样的。

亚里士多德：

是的。这两个悖论是一组，都以时空可以无限分割为前提。“二分法”是要证明运动对于单个物体是不可能的，“阿喀琉斯悖论”只是要证明它对于多于一的物体也是不可能的。总之，运动是不可能的。

六　评“飞矢不动”“运动场”等悖论

记者：

说完了“二分法悖论”和“阿喀琉斯悖论”，该说说其他的悖论了。

亚里士多德：

好吧。我们说“飞矢不动悖论”吧。

记者：

“飞矢不动”是什么意思？

亚里士多德：

在芝诺看来，一个物体如果处于和它自己的量度相等的空间内，它就是静止的。而运动着的物体在每一个瞬间都占据着这样一个空间，所以芝诺说“飞矢不动”。

记者：

听起来似乎是这么回事啊！

亚里士多德：

错，时间不是由不可分割的“瞬间”所构成，空间也不是由不可分割的部分所构成。这个所谓的“飞矢不动悖论”是芝诺想象出来的，那个企图证明“一倍的时间等于一半的时间”的所谓“运动场悖论”也是想象出来的。

记者：

继续。

亚里士多德：

芝诺的“运动场悖论”是说：运动场上有两排物体，每排物体大小相等、数目相同，各以相同速度按照相反的方向通过跑道，其中一排从终点开始排到中间，另一排从中间排到起点。结果发现，通过同样的距离、以同样的速度，一个物体需要半个单位时间，另一个则需要两个单位时间。

记者：

你说“运动场悖论”也是错误的？

亚里士多德：

芝诺这个悖论的错误在于：用作比较的两排物体，一排是静止的，另一排却是按照完全相反的方向做同速运动的，所以它们所用的时间肯定不同，谈不上什么悖论。

记者：

用我们今天物理学的话来说，就是参照系不同，结果肯定不同。

亚里士多德：

可以这么说。

七　小结

记者：

关于芝诺和他的悖论，我们已经说了很多，该做个总结了。

亚里士多德：

第一，芝诺的理论不限于四大悖论，他还对空间、感觉等问题提出了很多非同一般的观点。他的核心思想是否定“多”、否定运动、否定感觉的可靠性。第二，芝诺提出的那些悖论，有一些确实存在，有一些则完全是芝诺主观臆想的产物，但这些悖论的提出，毫无疑问推进了人们对事物内部矛盾性的研究。这些矛盾的存在，并非是对“多”、运动和感觉的否定，而是表明某种客观存在。芝诺悖论的出现，就是用否定矛盾这种单线思维模式予以思考的结果。第三，在爱利亚学派的哲学家中，芝诺的地位仅次于巴门尼德。人们把辩证法创始人的名头授予芝诺，乃实至名归。

第十章　评麦里梭对巴门尼德理论的修正

引　子

麦里梭与芝诺都是巴门尼德理论的铁杆追随者，但两个人对巴门尼德理论的支持方式有所不同。芝诺诉诸诸多悖论来“反证”与巴门尼德理论相反之理论的荒谬性，而麦里梭则一方面维护巴门尼德理论的不可动摇性，同时也与时俱进地对巴门尼德理论中明显存在的错误予以修正。毫无疑问，麦里梭试图沟通存在的“一”和“多”、沟通一般的“存在”和具体事物、沟通本质和现象的努力是值得肯定的，即便他并没有实现自己的目标。让我们走近既是政治家、军事家，又是哲学家的麦里梭。

一　一个曾经打败过伯里克利的哲学家

记者：

在我的记忆中，爱利亚学派的代表人物，除了巴门尼德、芝诺以外，还有一位叫麦里梭。

亚里士多德：

你的记忆没错。在哲学思想发展上的贡献，麦里梭既不如巴门尼德，也不如芝诺，但他绝不像芝诺那样对巴门尼德的哲学单纯地维护。麦里梭对巴门尼德的哲学进行了许多修正和补充，这一点很重要。

记者：

据说麦里梭是一位政客？

亚里士多德：

麦里梭是萨摩斯本地人，他是巴门尼德的学生。麦里梭是一位哲学家，同时，他还积极参与政治活动，深受本邦人的敬重，因此，他被选为城邦舰队的司令官。

记者：

一个书生却指挥军队打仗，必输无疑。

亚里士多德：

还真不是。萨摩斯在麦里梭领导下，多次打败伯里克利指挥的雅典舰队，粉碎了雅典人对萨摩斯的封锁。

记者：

有点意思。请你讲一讲是什么情况。

亚里士多德：

修昔底德在《伯罗奔尼撒战争史》第一卷第八章中对这次事件做过详细记载，建议你去看一看修昔底德的书。

记者：

你还是说一说吧。

亚里士多德：

事情发生在伯罗奔尼撒战争之前，大概是公元前 440 年或公元前 441 年。当时城邦萨摩斯和米利都为争夺普里耶涅发生战争，米利都战败，于是派人到雅典控诉萨摩斯。雅典的执政官伯里克利派了 40 艘战船控制了萨摩斯，并且在萨摩斯建立了民主政体。但萨摩斯的贵族同波斯总督订立同盟，招募雇佣军渡海回到萨摩斯，推翻民主派，宣布独立。不久，伯里克利再次率领希腊舰队封锁萨摩斯海域。而在这时候，伯里克利得到一个错误的情报，说是腓尼基人将进攻他们。伯里克利马上从停泊在萨摩斯附近的舰队中调出 60 艘战舰，迅速驶往考诺斯和卡里亚。正当伯里克利不在那里的时候，麦里梭指挥萨摩斯人突然袭击了雅典的军营，摧毁了雅典的战舰。事情就是如此。

记者：

有人说过，指挥萨摩斯人打败伯里克利的麦里梭和作为哲学家的麦里梭不是同一个人。

亚里士多德：

这是胡说八道，确确实实是一个人。

记者：

那麦里梭是从什么时候从事哲学研究的？具体说来，是他在当上政治家和军事家之前还是之后呢？

亚里士多德：

萨摩斯与雅典比起来，终究是个小国，他们的军事实力与雅典比起来，终究是小巫见大巫。经过9个月的混战，萨摩斯被迫投降，麦里梭也被迫流亡。据我了解，麦里梭是在战争失败之后，才开始进行哲学研究的。哲学或许是失败者最好的慰藉吧。

二　存在是永恒的

记者：

在巴门尼德那里，存在是永恒的。作为巴门尼德的继承人，我相信麦里梭也会坚持这个观点的。

亚里士多德：

毫无疑问。麦里梭的著作残篇是这么写的：存在过的东西，过去、现在和将来都永远存在，因为如果它是产生出来的，就必然得出在它产生以前就无物存在。但如果无物存在，也就绝不能有任何东西从无中产生。（参见汪子嵩等：《希腊哲学史》，第一卷，第620页）

记者：

据说，在使用“存在”这个词的时候，巴门尼德总是喜欢用现在时，也就是说，他不喜欢用过去时，也不喜欢用将来时表达“存在”的本性。是这种情况吗？

亚里士多德：

是这种情况。现在时表示现在的存在或活动的问题，但它也可以表述没有时间性的。在巴门尼德那里用现在时表示存在，并不表明存在具有时间性，恰恰相反，他用现在时表明、描述存在，恰恰说明存在不具有现在时、不具有时间性这个特征。

记者：

据说麦里梭有时用过去时表示存在这个概念，有时候也用将来时表达这个概念。在一般人看来，存在用过去时来表达，就意味着这个存在是过去存在的，而现在已不再存在。

亚里士多德：

你的这个理解不符合麦里梭的原意。麦里梭的原意是：不仅过去能存在，现在能存在，将来也永远存在；这种存在既没有开始，也没有终结，而是一种永恒的存在。

记者：

根据你的说法，巴门尼德习惯上用现在时表示存在，表明他否认存在具有时间性，是永恒的。而在麦里梭那里，用过去时、现在时和将来时表示存在，这同样表明存在既没有开始，也没有终结，因而存在是永恒的。他们师徒虽然用不同的语法形式，但表达的核心思想是一致的，那就是：存在是永恒的。这种理解对吗？

亚里士多德：

没错。

三　存在是无限的，因而是无形的

记者：

你多次说麦里梭对巴门尼德的存在学说做出了很多重要的修正。这些重要修正体现在什么地方呢？

亚里士多德：

按照古希腊的传统观念，只有球形才是最圆满的。圆满的东西一定是有限的，而无限的东西是不确定的，所以是有缺陷的。

记者：

你是说巴门尼德也是这么认为的？

亚里士多德：

是啊，我们以前不是谈过，难道你忘记了吗？在古希腊哲学史上，毕达哥拉斯学派将有限和善排在同一序列，而把恶和无限归于一边。

记者：

是的。

亚里士多德：

巴门尼德深受这种传统的影响，也将存在比作球形，既然是球形，也就是有限的了。

记者：

很明显，这种说法是有问题的。如果存在是球形的，就是有体积的，就会有长宽高三个向度，因而也就是“多”，而不可能是“一”了。

亚里士多德：

你说得没错。再说啦，如果存在是有限的，就得承认除了它的界限以外，还有其他的东西也存在，就得承认其他的物体或者虚空构成了存在的界限。这样，从存在是有限的这个前提出发，就得承认“多”，就得承认虚空，就得承认非存在的存在。这就走向了巴门尼德学说的反面。

记者：

你的论证没什么问题。那麦里梭是如何来捍卫巴门尼德的学说的呢？

亚里士多德：

麦里梭对巴门尼德的存在学说的补充有很多方面，我们一点一点地说。

记者：

好啊。

亚里士多德：

麦里梭有一个重要的观点，他认为存在是无始无终的，因而是无限的。

记者：

他是怎么论证这个观点的？

亚里士多德：

麦里梭是这样论证的：既然存在不是产生的，它现在、过去和将来都永远存在，没有开端和终结，因而是无限的。因为，如果它是产生的，就必然有开端，就必然在某个阶段产生，也必然会有终结；既然它有开始，就有终结。但既然它没有开始，也没有终结，一定是过去和将来永远存在，没有什么起点和终点。因为除非它是整个地存在，否则它就不可能永远存在。这就是麦里梭的论证。

记者：

听麦里梭的论证，感觉是个循环论证，他的推论之一是：非产生的东西就是永恒的，永恒的就是没有开端和终结。推论之二是：既然没有开端和终结，就是永恒的；因为是永恒的，所以无所谓产生。这不是循环论证，是什么呢？

亚里士多德：

从我创设形式逻辑的角度来看，麦里梭的论证存在的毛病不仅仅是循环论证，他的多次论证违背了形式逻辑的规则。

记者：

请详细地说一说。

亚里士多德：

按照形式逻辑的规则来看，从“所有产生的东西都有开端”，可以推导出“有些非产生的东西是没有开端的”这个结论，而不能推导出“所有非产生的东西是没有开端的”。而麦里梭恰恰得出了后一个结论，因此，他是违背了形式逻辑的规则的。还有，即使“所有产生的东西都有开端”，也不能得出“所有有开端的东西都是产生的”这样的结论。正如一个发高烧的人必然有热度，但并不能得出有热度的人必然都发高烧。而麦里梭就得出了这样的错误结论，因此，他的很多论证违背了形式逻辑的规则。当然了，在他们那个时候，抽象思维的能力和逻辑推理的能力还远远不如我们，出现这些错误，也是可以理解的。

四　唯一的存在只能是无限的

记者：

麦里梭对巴门尼德的理论还有哪方面的补充呢？

亚里士多德：

关于对虚空的论证，是麦里梭对巴门尼德学说最重要的修正。

记者：

介绍一下。

亚里士多德：

巴门尼德以存在是连续的、不可分的为依据，论证存在是“一”而不是“多”。而在麦里梭看来，只有承认存在是无限的，它才是唯一的；如果存在不是无限的，那自然就不是唯一的。因此，麦里梭最终得出了这样一个结论，那就是：唯一的存在是无限的，既然是唯一的，也就是无限的；那么，虚空自然就没有存在的可能性了。

记者：

巴门尼德认为存在是球形的说法，确确实实就使人们从他的理论得出存在并不是“一”，并且还可以向虚空运动的结论。而这个结论，恰恰是巴门尼德所不愿看到的。

亚里士多德：

你说得没错。麦里梭用无限的存在代替球形的存在，堵塞了使存在成为“多”和发生运动的可能性，将巴门尼德的唯一的不动的存在学说在逻辑上予以彻底地贯彻。这就是麦里梭对巴门尼德存在学说的主要修正。

五　只有无限的存在才是伟大的、完美的、无缺的

记者：

在我的印象中，巴门尼德曾经以存在的有限来论证存在的完善性。不知道麦里梭是如何看待这个问题的？

亚里士多德：

巴门尼德曾经说过这样的话，那就是：存在被强有力地锁在有限的范围内，它没有开始和终结，因为生成和毁灭已经被真正的信念赶得很远了。存在自身停留在同一个地方，永远停留在那里，因为强大的必然性将它牢牢地锁在有限这一范围内，使它在各个方面都一样。因为它如果是无限的，就是不合法的。它是没有缺陷的；但如果它在空间上是无限的，它就是有缺陷的。这就是古希腊的传统观念：有限的才是完善的，无限的便是有缺陷的。

记者：

既然你说，在这个问题上麦里梭与巴门尼德的观点是不同的，那他肯定是认为只有无限才是完善的，才是强有力的，才是完美无缺的。

亚里士多德：

正是这样，他的一个残篇就是这么说的。这个残篇说，正如“存在是永恒存在的一样，它也是无比完善的”。（参见汪子嵩等：《希腊哲学史》，第一卷，第625页）

六　存在是完善的、完美的、充实的、无痛苦无悲伤的，因而是神的

记者：

在我的印象中，巴门尼德曾经从有限的圆形的存在出发，论证存在是完善的、完美的、无缺陷的。但是，巴门尼德并没有把存在人格化、神化。不知道麦里梭是怎么做的？

亚里士多德：

麦里梭的做法与巴门尼德是不一样的，也可以说，他将巴门尼德的理论大大向前推进了一步，也可以说是向后退了一步。关键是从什么角度来看。

记者：

在你看来，该如何评价麦里梭的行为呢？

亚里士多德：

麦里梭从无限的、永恒的角度出发，在论证存在是完美的、无缺陷的同时，还把无痛苦、无感觉这些人格化的特征附加到存在上去，还把神的一些特征加上去。到了他这里，离人们把宇宙看成神仅有一步之遥了。从所谓的客观唯心论的角度出发，麦里梭是大大地发展了巴门尼德的理论。

记者：

你既然认为麦里梭发展了巴门尼德的理论，并把他的理论向前推进了一步，那是不是说，你的学说可以归结为客观唯心主义这个流派呢？

亚里士多德：

别说我，只谈麦里梭。

七　最后或是最重要的修正

记者：

在我的印象中，巴门尼德坚信存在是唯一的存在，而一切看得见、摸得着的感觉世界是不真实的，因而也是不存在的。我还记得，巴门尼德虽然用了很大的篇幅去探讨感觉世界，但这些都被他斥为没有多大价值的意见而已。

亚里士多德：

是的。芝诺、麦里梭都是如此，他们与其老师一样，都坚信感觉世界不真实、不正确，但是他们——尤其是麦里梭的“坚信”程度则要大打折扣。

记者：

怎么讲？

亚里士多德：

我看过若干篇麦里梭企图论证感觉世界不可靠性的残篇，但篇篇都显得那么牵强附会、虎头蛇尾，足见连他自己都不相信感觉世界不能存在这个结论。在我看来，在麦里梭的心目中，所有的感觉世界，不过是抽掉运动和具体形式的存在而已。如此一来，存在就或许获得了形形色色具体的形态。这一点与巴门尼德是绝对不同，或许这也是麦里梭对巴门尼德学说最大的修正。

八　小结

记者：

麦里梭对巴门尼德理论的论证和补充，很有一些新鲜感。说了这么多，该请你对他和他的学说做个小结了。

亚里士多德：

必须的。第一，在爱利亚学派的代表性人物中，麦里梭的影响力和学术地位显然要比塞诺芬尼、巴门尼德和芝诺小得多。第二，麦里梭与芝诺不同，芝诺诉诸若干个高度抽象性的“悖论”来捍卫巴门尼德理论的绝对正确性，而麦里梭则依据当时哲学、科学发展的最新成就，对巴门尼德的存在理论予以与时俱进的修正和论证，尤其是他对存在的绝对性、无限性、无形体性的论证，彻底排除了虚空存在的任何可能性，对于弥补巴门尼德理论的漏洞，提高巴门尼德理论的抗批判能力，作用无疑很大。第三，麦里梭对感觉世界态度似乎有些暧昧的认可，为人们继续深化对本质世界与感觉世界关系的认识，提供了一个非常现实的突破口。最具有科学意味的原子论的问世或许与此有关。

第十一章　评恩培多克勒的“四根说”

引　子

在西方哲学家罗素的眼中，恩培多克勒的人格是“哲学家、预言者、科学家和江湖术士的混合体”。“四根说”则是恩培多克勒的代表性理论。亚里士多德给予这位大哲学家的高度评价也是其他人难以得到的。

一　唯一一位以民主政治家身份活跃在政治舞台上的哲学家

记者：

听说恩培多克勒出生在西西里岛上，那可是地中海中的一个漂亮的岛屿。

亚里士多德：

没错。具体说来，恩培多克勒是西西里岛南部的阿克拉加斯人。

记者：

阿克拉加斯？

亚里士多德：

阿克拉加斯，原是希腊本土的伊奥尼亚人在公元前582年建立的一个殖民城邦。它大约有人口20万，规模宏伟，实力雄厚，在西西里岛上仅次于叙拉古，在全希腊也拥有很不错的地位。

记者：

我听说过叙拉古，但未听说过阿克拉加斯。

亚里士多德：

阿克拉加斯是地中海中的一个附属的城邦，对岸是北部非洲，所以在这个地方，是欧、非两地各种人口杂居。它的航海和工商业非常发达，土地肥沃，以盛产谷物著称。阿克拉加斯还是西西里岛重要的农业和海外贸易中心，同时，也是一个文化古城。

记者：

据说这一带宗教也很发达？

亚里士多德：

阿克拉加斯依山傍水、景色怡人，登上阿克拉加斯巍峨的卫城，俯瞰河海，六座奥菲斯教大神庙屹然耸立。恩培多克勒就在这个地方度过了他的丰茂年华。

记者：

据了解恩培多克勒和另一位哲学家阿那克萨戈拉是同时代人？

亚里士多德：

恩培多克勒比阿那克萨戈拉要年轻一些，但是，他从事哲学研究的时间要早一些。

记者：

听说恩培多克勒在政治上属于民主派，他曾经发动群众推翻了当地的僭主政权？

亚里士多德：

有这个事情。恩培多克勒出生在显贵之家，家庭非常富有，他政治上属于奴隶主民主派。很多资料记载说，恩培多克勒的家乡也就是阿克拉加斯，在早些时候是在一位非常能干的僭主塞隆统治下。塞隆这个人很有才华，他采用联合的政策与另一个城邦叙拉古结成联盟，多次打败外敌入侵。塞隆还热心扶持科学事业，他的宫殿里聚集了医生、诗人、建筑界大知识分子。著名的诗人品达，就是在塞隆的庇护下，写下了许多优雅的颂诗。恩培多克勒成长为一位有见识的哲学家，与塞隆也有很大的关系。

记者：

既然僭主很不错，恩培多克勒为什么要推翻人家呢？

亚里士多德：

塞隆是一位很开明的僭主，恩培多克勒不可能去推翻塞隆的政权。

记者：

那恩培多克勒推翻的是哪一位僭主的政权呢？

亚里士多德：

塞隆去世以后，他的儿子塞拉绪代乌继任僭主，此人很不争气，仅当政一年，就让阿克拉加斯陷入灾难性的战争之中。为了挽救城邦，恩培多克勒和他的父亲发动群众，推翻了僭主政权，建立了民主政权。

记者：

有人曾经说过，在古希腊的哲学家中，以民主活动家的身份直接活跃在政治舞台上的，大约只有恩培多克勒一人。

亚里士多德：

没错。不是大约，他是唯一的一个人。

记者：

恩培多克勒是一位哲学家，据说在政治上也干得有声有色。

亚里士多德：

没错。恩培多克勒和他的父亲发动政变建立了民主政权以后，为了粉碎贵族派势力，解散了已建立三年之久的千人团，以证明他所建立的民主政权不仅是富人的，而且是所有公民的。恩培多克勒还对一些黑恶势力予以坚决的打击；恩培多克勒还说服阿克拉加斯人结束派系纷争，主张政治平等，反对个人高踞公众之上；恩培多克勒还禁止为死去的人建立显耀的纪念碑；他反对生活奢侈，倡导移风易俗；他赈济灾民，还施舍钱财为贫穷的少女作嫁资。当人们要授予恩培多克勒王位时，他拒绝接受，因为他宁愿过一种简约的生活，而不愿去做那种高高在上的王。所以，我称他为“自由之冠”。

记者：

结果如何呢？

亚里士多德：

恩培多克勒采取的很多政策措施，赢得了大多数人的赞同，但是，也使政敌们感到万分的恐惧。他们趁他离开城邦，往访奥林匹亚时，设法阻止他回国。从此以后，恩培多克勒就流落异乡，最终死在伯罗奔尼撒。

记者：

根据我的了解，恩培多克勒去世以后，人们对他作为民主派政治家的形象一直予以赞颂。到后来罗马共和国时期，在罗马共和国元老院前都建立过他的雕像。在其后有很多天才的诗人，都撰写过歌颂他的诗篇。总之，他作为民主派政治家的形象，一直得到人们的赞颂。

亚里士多德：

如有在天之灵，恩培多克勒应该感到满足。

二　一半是哲学家，一半是先知和布道者

记者：

我看过一些介绍恩培多克勒的书，有这样的感觉，不知对不对？

亚里士多德：

说说你的感觉。

记者：

这个感觉就是：恩培多克勒是个科学家，同时又像一个蒙着面纱的神秘的先知或宗教的布道者，有着双重人格。

亚里士多德：

你的感觉没错。这双重的人格，每时每刻都集中在恩培多克勒的身上。

记者：

原因是什么呢？

亚里士多德：

首先一点，恩培多克勒是个科学家，最主要的贡献体现在医学方面，可以说，他是个了不起的医生和医学家。他能够用他获得的知识帮助人们消灭瘟疫、治疗疾病，久而久之，人们就把他当神膜拜。

记者：

你的意思是说，人们崇拜恩培多克勒首先是因为恩培多克勒能够以他所掌握的科学知识帮助人们解决所遇到的难题，因而成为神？

亚里士多德：

很多人间的神，就是这么一步一步被造出来的。还有一点，在恩培多克勒的家乡，宗教知识和科学知识往往是密不可分地交织在一起，毕达哥拉斯学派就是一个先例。恩培多克勒就是在这样的文化中成长的，耳濡目染之中，他必然也把

科学家和先知或宗教布道者的双重身份结合在一起。

记者：

经过你这么一提醒，我还真的明白了。我印象中，毕达哥拉斯在当地人民心目中的印象也是如此。

亚里士多德：

正是。

三　哲学之集大成者

记者：

我看过一个关于恩培多克勒的说法，不知道对不对？

亚里士多德：

那么神秘？先说说看。

记者：

根据一位哲学史家第欧根尼·拉尔修的记载，希罗多德在他的《历史》第9卷中说：恩培多克勒曾经因为剽窃毕达哥拉斯的言论，而一直被禁止参加毕达哥拉斯盟会。不知道有没有这个事情？

亚里士多德：

恩培多克勒是一位综合性的哲学家，他的哲学思想与很多的学派都有关系，我无法确认恩培多克勒是否剽窃了毕达哥拉斯的言论。但是，我可以说，恩培多克勒的思想与毕达哥拉斯学派有很大的相似性，恩培多克勒的“灵魂轮回学说”很显然就源自毕达哥拉斯学派。

记者：

恩培多克勒还从别的什么学派获取养分呢？

亚里士多德：

很多资料表明，恩培多克勒很可能在爱利亚学派的创始人巴门尼德或塞诺芬尼门下学习过。爱利亚学派的哲学，在他的学说中烙有深刻的印记：恩培多克勒提出的“元素论”就以爱利亚学派提出的“存在”这个命题为前提；在恩培多克勒的宗教思想中，有向理性一神论过渡的特点，这也是受了塞诺芬尼思想的影响。

记者：

据说恩培多克勒的思想中也打有阿那克萨戈拉影响的烙印？

亚里士多德：

没错。不仅如此，恩培多克勒的思想也受到赫拉克利特的影响，同时，也受到他同时代的留基伯和德谟克利特思想的影响。

记者：

难怪好多人把恩培多克勒的思想看成他之前某一派的思想，或者把他看成是折中主义者。

亚里士多德：

这种说法不客观。恩培多克勒是当时思想的集大成者，他的思想不可避免地带有他那个时代之前和那个时代其他思想流派的影子，但并不抹杀他的哲学有新内容、新贡献。他是在不同程度上改造和吸收了当时和他之前不同流派的哲学思想，综合起来形成了别具一格的“元素论”哲学。他的创造性应该得到肯定。

四　感官是认识的唯一途径，但必须正确地运用，才能把握真实的存在

记者：

伊奥尼亚的那些哲学家们提出用某一种具体的物质，有的用火、有的用水、有的用气来当作本原。他们这种做法，难以说明“一”和“多”的统一。到了爱利亚学派那里，以巴门尼德为代表的一些思想家否定丰富多彩、流变不息的感性现象世界，过分强调那个所谓抽象的、静止的、浑然一体的存在，他们企图用所谓的“一”否认“多”。不知道恩培多克勒是如何处理这个问题的？

亚里士多德：

这必须论及恩培多克勒的“四根说”。在阐明“四根说”之前，我们有必要先交代一下恩培多克勒是如何看待感觉器官的作用的。

记者：

这个当然很重要。巴门尼德学派否认现象世界，他把那种通过感觉获得的所

有现象世界的知识，都贬为“意见”。恩培多克勒作为一个科学家，我相信他不会如此吧？

亚里士多德：

恩培多克勒是一位注重经验的科学家，他当然不会摒弃他所孜孜探究的自然界。他对感觉器官的看法，包括两点。

记者：

请介绍一下。

亚里士多德：

第一点，恩培多克勒认为，人生短促，感觉器官受到各种各样的制约，而实际上有很多事情是靠感官无法认识的，单凭感官认识全体，容易误入歧途。这是第一方面。

记者：

你刚刚还说过，他不可能抛弃感官认识的自然界。

亚里士多德：

是的。第二点，恩培多克勒虽然认识到感官的局限性，但是他也认识到，人的认识不可能离开感官，感官是人认识世界的唯一的途径。

记者：

那怎么办呢？

亚里士多德：

关键是确保感官的使用要走上正路，只要走上正路，就能够学到精神所达到的境界。

记者：

何谓正路？

亚里士多德：

在恩培多克勒看来，人要用各种器官去观察，看看每一件事物用什么方法去认识才是合适的。千万不要以为视觉比听觉更可靠，也不要以为轰鸣的听觉比清晰的味觉更可靠，也不要低估其余感官的可靠性。一句话，要学会正确地运用不同的感觉器官去认识不同的事物，只有这样，才能够获得对周围每一件事物的正确认识。

五　恩培多克勒“四根说”的理论渊源

记者：

在关于世界本原问题上，恩培多克勒提出了著名的“四根说”。问一下，他为什么不用“四本原说”这个范畴呢？

亚里士多德：

所谓“根”，是基础、起源的意思，原来指看到植物，就想到都是从根生长出来的。在我看来，“根”和基础、起源没有什么区别。

记者：

任何哲学家都不会凭空提出他的哲学思想，我相信恩培多克勒的“四根说”同样不是无根的浮萍，也就是说，他肯定有非常扎实的理论渊源。

亚里士多德：

那是自然。恩培多克勒提出水、火、土、气这四种基本的物质形态是世界和万物的本原，这个思想，正如你所讲，并不是恩培多克勒首先提出来的。

记者：

请你详细介绍一下。

亚里士多德：

恩培多克勒的“四根说”大致来说有三个方面的学说渊源。一方面是《荷马史诗》。荷马在他的《伊利亚特》中，就将火的天体归于宙斯，水归于海神波塞冬，浓暗的气归于地狱之神哈迪斯，土则为这三者所共有。也就是说，荷马已经以神的形式将万物归为这四种基本物质。也就是说，荷马时期的文化构成恩培多克勒思想的第一大渊源。

记者：

还有什么？

亚里士多德：

米利都学派哲学家提出的哲学思想，也构成恩培多克勒学说的渊源之一。关于世界万物的本原，泰勒斯认为是水，阿那克西美尼和第欧根尼认为是气，赫拉克利特说是火。恩培多克勒的“四根说”与米利都学派的哲学家所说的思想基本差不多，他只不过在他们学说的基础上增加了一个元素，那就是土。

记者：

还有什么呢？

亚里士多德：

爱利亚学派的哲学思想，也构成恩培多克勒学说的重要组成部分。巴门尼德提出过“存在不能从非存在产生，也不能变为非存在”，以及“全体不生不灭，没有虚空”等思想，恩培多克勒都统统加以吸收，并予以批判性的改造。恩培多克勒用不生不灭的四种元素，改造了巴门尼德的那个抽象、空泛的“存在”；他又用四元素的结合和分离来说明自然万物生离变异，肯定了被巴门尼德贬低的“意见”世界的真实性。他力图用“元素论”来阐明“一”和“多”的统一：巴门尼德的“存在”也就是“一”，被打碎成为许多个别的、具体事物的“多”，“一”中有“多”，具体事物由“多”构成；构成物体的四种基本元素，就是“存在”全体，它们的结合和分离，形成万千个别事物的生命和变异；但它们自身作为基本元素的存在，则没有产生和消灭。你看看，恩培多克勒的哲学与爱利亚学派哲学的渊源是多么的深厚！

六　四元素是粒子化了的物质，是构成物质的基本单元

记者：

恩培多克勒的“元素理论”是如何界定他的元素的基本特征的呢？

亚里士多德：

伊奥尼亚的哲学家以水或气或火作为万物的本原。这种单一的物质本原，自身是怎么样的呢？它又是如何构成万物的呢？这些哲学家没有明确解说。但到了恩培多克勒这里，就说得很清楚了。

记者：

恩培多克勒是如何说的呢？

亚里士多德：

恩培多克勒的“四元素”本身就是许多微小的粒子，这些微小的粒子以不同

的方式组合起来，就形成了万物。

记者：

具体是如何组成的呢？

亚里士多德：

这种形式就是组合，就像用石头和砖砌成墙一样。这种组合就是用元素组成，这些元素是不变的，只是以它们的细小粒子形态紧紧排列组合起来，无论是动物的肌肉，还是其他一切事物，都是由四元素组合而成的。

七　元素具有孔道结构，因而能组合成万物

记者：

你刚才说过，恩培多克勒认为，元素就像用砖和石头砌成墙一样而组合成万物。你能否对它们的具体的组合方式再做具体的介绍？

亚里士多德：

在恩培多克勒看来，元素粒子结合构成万物，并不是简单地拼合在一起。这些元素包含着无数微小的孔道，不同的物体所含孔道大小不一样。两个物体，如果它们的孔道相吻合，这两个物体就可以相互进入，就进而组合成别的事物；否则，就不可能。

记者：

在我的印象中，留基伯和德谟克利特也说过，万物相互之间如果所含孔道相互对称，它们就可以相互组合，进而构成新的物体。

亚里士多德：

没错。留基伯和德谟克利特确确实实说过，他们将“孔道理论”视为他们学说的出发点。

记者：

难道你没有看出这个理论的内在的矛盾吗？

亚里士多德：

你先说说。

记者：

恩培多克勒一方面否认虚空，另一方面又承认元素的粒子相互之间有“孔道”存在。这个“孔道”不是虚空，又是什么？如果是虚空，那么说明恩培多克勒的理论存在着内在的矛盾性。

亚里士多德：

你所说的这个矛盾性，我多次说过。恩培多克勒的理论确确实实存在内在的矛盾。

八　物体的元素结构拥有一定的数量比例

记者：

毕达哥拉斯曾经把数作为万物的本原，恩培多克勒曾经提出万物是由元素依照一定数量的比例所构成的。请你详细说一下恩培多克勒关于万物来源的表述。

亚里士多德：

恩培多克勒具有诗人的想象力。他曾经用画家以各种颜料绘画做比喻，来说明万物都是由四种元素基于不同数量的比例而构成的。

记者：

说说看。

亚里士多德：

恩培多克勒曾经说过，就像画家奉献给神的丰富多彩的图画一样，那些善于绘画艺术的人，用手选取各种颜色的颜料，将它们混合起来，这一样多一点，那一样少一点，从而画出酷似各种事物的形象：画出树木、男人、女人、兽类，以及养在水中的鱼，甚至还有永生的最珍贵的神。

记者：

有意思。

亚里士多德：

万物由四种元素依照一定的比例组成，犹如画家用不同的比例的颜料画画一样，极富想象力。在恩培多克勒看来，我们人类肌肉的形成是由于四种元素等量的混合，神经由火、土和双倍的水结合而成，骨头由两份火、两份土和四份的水混合而成。

记者：

在我的印象中，无论是赫拉克利特还是毕达哥拉斯都特别强调火在构成万物中的作用。不知道恩培多克勒是如何看待这个说法的？

亚里士多德：

恩培多克勒继承了他们的这些说法。在恩培多克勒的理论中，他经常将火和其他三种元素置于相互的关系中，火在其中常常起到主动作用，而其他元素则起到相对被动的作用。例如，恩培多克勒在论述天体形成时说，整个天穹不仅形成火半球，还由于火对气的凝烤作用，形成另一个和火半球相对立的透明的气半球。他又认为，在太古时代，整个大地下面燃烧着火，而人的产生也是火对土和水的作用，使元素聚合的结果。

九　永远的“爱”与“争”

记者：

恩培多克勒认为，四种基本元素自身是既不变动也没有生命的，这是由于它们的相互结合和分离产生万物。这样就出现了一个多年困扰希腊哲学家们的老问题——这些物质性元素怎么会运动？它们相互结合和分离的源泉也就是原因究竟来自哪里呢？

亚里士多德：

这个问题你问得好，恩培多克勒对此做出了解释。在恩培多克勒看来，促使事物产生的原因是两种力量：一种是“爱”，一种是“争”。具体来说，“爱”是促使事物结合的力量，而“争”则是促使事物分离的力量。

记者：

难道所有的事物，例如从日月星辰到人的四肢，都是由“爱”与“争”这两种力量在四种元素间发生作用的结果？

亚里士多德：

没错。这两种力量是永恒的，以前存在，以后也将存在，可以说是万古长存。

记者：

下面我接着要问的问题是，“爱”与“争”这两种力量是在四种元素之内，还是存在于这四种元素之外？

亚里士多德：

谈起这个话题，可能要说得多一些。

记者：

没关系。

亚里士多德：

在早期希腊哲学家中，从自然本原以外去寻找运动的原因，这方面的人不多，可以说恩培多克勒是第一个人。

记者：

你是说在早期希腊哲学家中，他们大多从自然本原之内去寻找运动的原因？

亚里士多德：

是的。在伊奥尼亚的哲学家中，无论是泰勒斯所说的水，还是阿那克西美尼所说的气，抑或赫拉克利特所说的火，他们所选择的本原自身就是运动变化的物质。这些哲学家，一方面认为既然本原是运动的，那么万物的运动也是自然的啦。于是乎，他们也便从事物内部的原因出发，来解释运动、变化的原因。如，泰勒斯认为万物都有灵魂，阿那克西美尼认为气在不断地凝聚和稀散，赫拉克利特则提出，斗争是万物之父，万物是在对立的斗争中产生出来的。归纳起来讲，这些哲学家都是从事物本原的内部来寻找运动的原因。

记者：

依照你的说法，恩培多克勒是从本原以外去寻找运动的原因的第一个人。那他是受到什么思想的影响才会这么做的呢？

亚里士多德：

根据我的研究，他是受到爱利亚学派思想的影响才去这么做的。

记者：

愿闻其详。

亚里士多德：

恩培多克勒所说的“四根”，不过是打碎了的巴门尼德的“存在”，它们本身基本上是没有生命和变化的。如此说来，物质世界本身从自身看是不会运动的。既然说物质世界不会运动，那么导致物质世界运动的原因只能到物质之外去寻找。

记者：

依你之见，恩培多克勒第一个从事物之外去寻找导致事物发生变化的原因，是受到爱利亚学派哲学的影响。

亚里士多德：

没错。也正是在爱利亚学派哲学的影响下，恩培多克勒才第一个从事物之外去寻找导致事物变化的原因。情况就是这样。

十　“四根”乎？“六根”乎？

记者：

恩培多克勒把水、火、气、土视为宇宙万物的四大本原，也就是说四根；同时他又说，是“爱”和“争”这两种力量按不同比例进行组合，进而创造出万物。

亚里士多德：

他是这么说的。

记者：

那么一个新的问题就出现了，那就是：这“爱”和“争”究竟是和四大元素相同的物质性的东西，还是与这四大元素不同的精神性的东西呢？

亚里士多德：

这个问题在我们那个时代就吵得不亦乐乎。究其根源来讲，首先在于恩培多克勒的思想本身就存在着矛盾性。

记者：

说说看。

亚里士多德：

在一些地方，恩培多克勒把“爱”和“争”视为某种具有长度和宽度，并具有某种形体的物质性的东西；在某些地方，他又把“爱”和“争”视为与善和恶这两种精神的力量相同的东西。恩培多克勒理论中内在的矛盾性，也经常导致后人在理解恩培多克勒理论的时候出现了矛盾。有的人把“爱”和“争”视为与水、火、气、土相对立的另外两种东西，按照这个逻辑，作为世界的本原，就不是“四根”了，而是“六根”了。

记者：

从逻辑上讲，可以这么说。

亚里士多德：

而在另外一些人看来，构成世界的元素是水、火、气、土“四根”，而“爱”和“争”则是与这“四根”并行的，属于另一种精神性的元素。

记者：

那你的观点是什么呢？

亚里士多德：

我对这个问题的看法是这样的。第一，恩培多克勒把“爱”和“争”既视为物质性的原因，又视为促进事物变化发展的精神性的原因，这本身是个矛盾，是个悖论。第二，尽管有这个悖论的存在，但联系恩培多克勒著作的方方面面，总体感觉是：虽然恩培多克勒也把“爱”和“争”说成有长度、宽度和有某种形体的物质，也经常用带有某种人格情感色彩的语言来描写“爱”和“争”，但总体来说，在恩培多克勒那里，“爱”和“争”更主要的是某种物理性也就是物质性的东西，而不是精神性的东西。

记者：

你同意他的看法吗？

亚里士多德：

同意不同意是一回事，我们还是先弄清楚恩培多克勒的真实思想是什么，这更重要。关于我的思想，我今后会谈的。

十一　天地万物是因自然和机遇造就的

记者：

关于天地万物是偶然产生的，还是必然产生的，哲学家们历来是众说纷纭。

恩培多克勒对自然的研究是很透彻的，不知道他是如何看待这个问题的？

亚里士多德：

恩培多克勒关于这个问题的看法，似乎存在着内在的矛盾。

记者：

从何说起呢？

亚里士多德：

根据柏拉图在《法律篇》中的记载，恩培多克勒认为，水、火、土、气都是凭其本性即偶然机遇存在的，不是人为的产物。在恩培多克勒看来，大地、太阳、月亮、星辰都是用这些绝对无生命的元素造成的。这些元素由于偶然的机遇，以某种内在的亲和力而活动起来，成为热和冷、干和湿、软和硬，并且以不可避免的因果结合，将这些对立物混合起来。这样它们便产生了整个天体，以及天空中的一切，进而产生了一切动物和植物。总之，万事万物都是由元素因自然和机遇造成的，这些与人的心灵无关，与神无关。

记者：

根据柏拉图的研究，毫无疑问，在恩培多克勒看来，宇宙万物的产生与人的心灵无关、与神无关，而是自然而然产生的。这中间没有必然性，而是偶然产生的。

亚里士多德：

基本上可以这么讲。

记者：

基本上？什么意思？

亚里士多德：

根据我的研究，在有的地方恩培多克勒认为，宇宙万物都是由于某种偶然的机遇而出现的；但在很多时候，恩培多克勒又说，宇宙万物的产生是根据一定的比例，也就是遵循“逻各斯”产生的。你知道，这个“逻各斯”就是规律，就是人的主观目的性。而各种元素一旦按照某种目的性进行组合，那么万物的产生就不是偶然的，而是必然的。

记者：

依你之见，恩培多克勒关于偶然性和必然性的看法是相互矛盾的？

亚里士多德：

是这样。但总体来说，在恩培多克勒的理论中，决定事物的产生、发展、变化、灭亡的根本原因是偶然性的，也因而是某种物质性的，而不是必然性的，自然也不是某种精神性的。

记者：

在我的印象中，恩培多克勒有时候也特别强调理性的作用。

亚里士多德：

你说的没错。恩培多克勒在他的一些著作中，有时候也强调所有的事物都有意识、都有思想。你要知道，一旦万事万物都有思想、都有理性，自然世界的发展变化，就必然沿着某种主观性的方向发展。但是我要告诉你，恩培多克勒只是在某种个别的场合强调这一点，在大多数的情况下，他更多强调偶然性和机遇在事物产生发展上的作用。

记者：

根据我对你思想的研究，感觉你对偶然性理论一向是不以为然的，没错吧？

亚里士多德：

是的。在自然事物中，更不要说在我们人类这种特殊的事物上，偶然性从来就是没有地位的。无论在什么地方、在什么条件下，自然产生的事物，都不是偶然性的产物。我的观点旗帜鲜明。

十二　感觉皆因流射而产生

记者：

恩培多克勒在认识论方面提出的“流射说”颇为抢眼。

亚里士多德：

是的。对他的“流射说”我也是特别关注的。不过首先我要告诉你的是，对恩培多克勒提出“流射说”帮助最大的，当数大医学家阿尔克迈翁。阿尔克迈翁对眼、耳、舌等器官的结构做了初步的解剖，研究它们在感知活动中的生理功能，并且指出这些感官将不同的感觉传达给大脑，由大脑对它们进行综合和贮存，从而形成知识，大脑是意识的中枢。恩培多克勒的“流射说”，就是他吸取、改造阿尔克迈翁的研究成果，并结合自己提出的元素理论而提出来的。

记者：

请详细说说。

亚里士多德：

恩培多克勒的“流射说”提出，所有事物，包括动物、植物、大地，也包括海洋、石头和我们人类自身，都会持续不断地释放出细微、不可见的元素粒子。任何事物都由于这种无休止流射的不断运动，而消耗和消亡。

记者：

这些“流射”是如何促使人产生各种各样的感觉的呢？

亚里士多德：

作为认识的客观对象的流射粒子，进入感官，同成分相同的元素的构成部分相遇，进入合适的孔道，就形成种种感觉。感觉是物质的元素粒子流在流射过程中与人的感觉器官的孔道发生相互作用而产生出来的。

记者：

听你的解释，似乎不同的孔道必须对应于不同的物质粒子？

亚里士多德：

是的。当物质粒子遇到与其具有相同性质的孔道，就会产生快乐的感觉，反之就会产生痛苦的感觉。同类相知，异类互厌。

记者：

具体谈谈视觉如何？恩培多克勒曾经说过视觉是由眼睛本身射出的火与物质释放出来的具有火的性质的粒子相遇产生出来的感觉，你对此如何评价？

亚里士多德：

这种说法有问题。如果眼睛能够释放出火，即如灯笼一般，那为什么在漆黑的深夜眼睛什么也看不见呢？由此可见，恩培多克勒的理论存在很多不能自圆其说的地方。

十三　对恩培多克勒光学理论的误批

记者：

恩培多克勒的很多科学发现，即便在我们今天，也是非常了不起的。

亚里士多德：

你指的是哪个方面？

记者：

他对日食的解释就非常了不起。

亚里士多德：

关于日食，赫拉克利特曾经做过很有意思的解释，在他看来，天体中有很多小孔，一旦这些小孔翻转过来，开口朝上，就会造成日食。这种解释显然很荒谬。而在恩培多克勒看来，日食是由本身不发光的月亮在运行时，通过太阳和地球之间造成的。

记者：

恩培多克勒关于光的理论更是非常了不起！

亚里士多德：

不会吧！

记者：

难道你对恩培多克勒的光学理论不以为然？

亚里士多德：

恩培多克勒说光是由光粒子构成，光线由太阳传播到大地，要经历一段运行的时间。

记者：

你的看法是？

亚里士多德：

恩培多克勒的看法是错误的，光是一种存在物，但光线是不能运行的，自然也不存在光运行要经过时间问题。

记者：

在我们这个时代，最先进的科学理论是量子理论，这个理论就是建立在光粒子理论的基础之上。关键是，无数科学家用实验方法证明了光的粒子性和运动性，有的人还准确地测量出了光的运行速度。

亚里士多德：

既然光会运动，那人们为什么观察不到？

记者：

恩培多克勒早就对此做过解释，那是因为光运行太快，人们意识不到。

亚里士多德：

原来如此。

十四　小结

记者：

关于恩培多克勒，我们已经谈得够多了，该请你对他的思想做个总结了。

亚里士多德：

好。第一，恩培多克勒是到我这个时代之前最具有科学家素质的哲学家，他关于光的粒子假说与运动假说，直到今天都颇为前卫。当然，他也是一个最具有混合色彩的奇特人物：民主人士、政治家、哲学家、医生、预言家、江湖术士……第二，“四根说”与“流射说”构成恩培多克勒哲学的核心内容，他的理论，尤其是他的“四根说”，是集到他为止的古希腊哲学之大成。第三，在恩培多克勒之后，古希腊的哲学即将进入其历史的巅峰期，这一切如没有恩培多克勒所做的奠基性和过渡性贡献，是不可能出现的。

第十二章　评阿那克萨戈拉的“种子说”与“努斯论”

引　子

在公元前5世纪中叶，当恩培多克勒在意大利认真研究他的“四根说”的时候，阿那克萨戈拉在希腊本土也孜孜不倦地从事哲学研究。是阿那克萨戈拉将伊奥尼亚的自然哲学带到雅典，为伯里克利时代的希腊文明灌注科学的精神。尤其应当予以强调的是，阿那克萨戈拉通过探索研究，提出了别具一格的“种子说”。这个理论，将人类对物质结构的研究推进到一个历史性的高度，为德谟克利特“原子论”的形成铺平了道路。阿那克萨戈拉提出的“努斯”，也使存在和思维的分化和对立进一步明朗化，从而促使人们进一步分门别类地研究物质和意识以及它们彼此之间的关系。让我们走近这位只为研究太阳、月亮和天体而生的哲学家。

一　一个为研究太阳、月亮和天体而生的人

记者：

从现在开始，我们要谈论阿那克萨戈拉的哲学啦。

亚里士多德：

可以。阿那克萨戈拉可以说是希腊本土的恩培多克勒：他在希腊思想界的地位与恩培多克勒在意大利思想界的地位颇为相似，他们考虑的问题也非常相似。

记者：

请你介绍一下阿那克萨戈拉。

亚里士多德：

阿那克萨戈拉本来是小亚细亚的希腊殖民地克拉佐门尼的公民，克拉佐门尼位于士麦拉海湾口，在爱菲索和科罗封城的北面不远。阿那克萨戈拉从小生长在这个美丽而繁荣的城邦。

记者：

你说阿那克萨戈拉可以说是希腊本土的哲学家，那他是什么时候到雅典的呢？

亚里士多德：

在公元前480年左右。

记者：

据说阿那克萨戈拉出身显贵门第，富有资产？

亚里士多德：

没错。但是，阿那克萨戈拉对金钱非常漠视。他将继承的遗产全部分给了他的亲属，自己专门从事自然科学的研究；而对公共事务似乎不是很关心，除非实在是没有办法避开政治，他不会轻易地去参与政治活动的。

记者：

看来，此君是一位纯粹的学者和思想家。

亚里士多德：

差不多。有人曾经问阿那克萨戈拉："你活着的目的是什么？"他回答说："为研究太阳、月亮和天体。"有人责备他："你忘了雅典社会了。"他说："不是我忘了，而是他们忘记了我。"

记者：

真是一个奇特的人呐。

亚里士多德：

阿那克萨戈拉崇尚知识，他认为知识就是财富，拥有知识才是人间最大的幸福。阿那克萨戈拉对那些财主和专制的君主不屑一顾，他认为这些人的生活很可悲。阿那克萨戈拉从来都认为，只有那些掌握知识的人才是圣人，才是幸福的人。而其他那些拥有权利和财富的人，都与幸福无关。总之，一句话，我们的阿那克萨戈拉是粪土当年万户侯，是一个只为研究太阳、月亮和天体而生的人。

二　他因支持民主事业被判死刑

记者：

根据你的介绍，很显然阿那克萨戈拉是一个纯粹的学者，是一个心无旁骛的书生。但根据记载，就是这位两耳不闻窗外事的书生，竟被判处死刑。这是怎么回事？

亚里士多德：

阿那克萨戈拉确实被雅典当局判处死刑。当时人们控告他的罪行主要是：他宣传太阳是炽热的石头。同时人们还攻击他私通波斯人，也就是说他卖国。

记者：

不可能吧？

亚里士多德：

这些都是些面子上的事，阿那克萨戈拉被当时的雅典当局判处死刑，归根结底是他卷入了政治这个漩涡。

记者：

这是什么原因呢？

亚里士多德：

在阿那克萨戈拉同时代有一位政治家，他叫伯里克利。

记者：

这是一个光彩照人的名字，雅典的民主就是他创立的。

亚里士多德：

伯里克利对阿那克萨戈拉的哲学思想非常喜欢。作为一名政治家，伯里克利要学会用有力的语言向人们宣传他的政治思想，同时要表现出一个大政治家应有的尊严。阿那克萨戈拉的哲学思想恰恰能起到充实伯里克利的天赋才智，提高他的演讲水平这个作用。伯里克利拜阿那克萨戈拉为他的哲学老师，或许出于某种感恩的考虑，阿那克萨戈拉也非常乐意用他的知识去帮助伯里克利。

记者：

这也很正常。

亚里士多德：

伯里克利成为阿那克萨戈拉的学生，阿那克萨戈拉也成了伯里克利最亲密的门客。阿那克萨戈拉用他掌握的知识，多次向伯里克利的士兵们解释日食的原理，从而消除了将士们惊慌的情绪，帮助伯里克利打败了敌手。还有，阿那克萨戈拉曾经用他掌握的知识，揭示了他的对手散布的一些谣言，从而帮助伯里克利击败对手。

记者：

这方面的事情，我听说过。不过，也请你举几个例子说明一下。

亚里士多德：

当伯里克利同他的政敌修昔底德角逐权力宝座的时候……

记者：

修昔底德？是那个撰写《伯罗奔尼撒战争史》的修昔底德？

亚里士多德：

不是，只是同名而已，他是当时雅典政治舞台上和伯里克利相对立的贵族寡头领袖。当伯里克利同修昔底德角逐权力最激烈的时候，有人从伯里克利的农庄里带来一只长着独角的公羊头，让占卜者拉姆朋来研究。拉姆朋看这只公羊的独角长得结实，崛起在公羊前额的正中，他就说，伯里克利和修昔底德这两派将要合并，全部权力将授予发现这个祥瑞之物的人。但是阿那克萨戈拉解剖了这只公羊头，指出它只是因为整个颅内不充实，收缩成椭圆形，才生出独角的，从而戳穿了那些企图剥夺伯里克利权力的人的诡计，帮助伯里克利取得了胜利。

记者：

那是不是成也伯里克利，败也伯里克利？阿那克萨戈拉的死，是不是也与伯里克利有关？

亚里士多德：

当然是了。雅典政治舞台上贵族势力和伯里克利所代表的民主派势力不相上下，此一时彼一时。当伯里克利处于下风的时候，阿那克萨戈拉和一些伯里克利的铁杆盟友便成为被打击的对象。伯里克利的对手们抓住阿那克萨戈拉“太阳是炽热的石头”这句话，宣判了阿那克萨戈拉的死刑。

记者：

或许连阿那克萨戈拉自己也没有想到，一个为研究太阳、月亮和天体而生的人，竟然因政治原因而被判处死刑。

亚里士多德：

阿那克萨戈拉是一个看透一切的人，当听说被判处死刑时，他说：“自然早就判处我的审判官们和我都是要死的。”阿那克萨戈拉听到他的儿子死亡，他说：“我早就听说我的孩子们生来就是要死的。”

三　阿那克萨戈拉的“种子”与恩培多克勒的“元素”

记者：

我们谈过了恩培多克勒的“元素”，又研究了阿那克萨戈拉的“种子”。我感觉两者之间有很多的相同点，最起码说，它们的哲学基础是相同的。

亚里士多德：

你的感觉没错。但是，细细地研究起来，它们之间有很多的不同点，关注它们之间的不同点很重要。

记者：

在你看来，阿那克萨戈拉的“种子”与恩培多克勒的“元素”，它们之间有哪些不同点？

亚里士多德：

总结起来，它们有四大不同点：第一，恩培多克勒的“四元素”是自身同质的基本粒子，没有内部构造，不可无限分割。自身的性质不变，四大元素之间不能相互转化。

记者：

那阿那克萨戈拉的“种子”又怎么样呢？

亚里士多德：

阿那克萨戈拉的“种子”具有不同的性质，内部是万物成分的完全的融合体。它无论怎么分割，仍然是包含万物的“种子”，每个“种子”都包含着生成一切事物的无限可能性。“种子”以其内部占据的优势规定事物的基本性质，可以通过改变优势成分，改变事物的性质。这是第一点。

记者：

第二点是什么？

亚里士多德：

恩培多克勒的“四元素”以机械的融合生成万物，是具有间隔性的孔道结构。“种子”虽然也以结合方式构成物体，但是“种子”都是包含万物的结合体，它们的结合不需要通过孔道的结构，而是本身就具有连续性和相互渗透性的。

记者：

明白。继续。

亚里士多德：

第三，“四元素”粒子的结合和分离，也就是事物的产生和消亡，是有双向意义的：不同的元素粒子结合成物体，就是同类元素聚合体的分离；而物体分离成不同的元素，同时就是同类元素又自相结合。相比之下，“种子”的结合和分离却只有单向的意义。

记者：

单向意义？如何理解？

亚里士多德：

自然界一切相互区别的“种子”，都是从宇宙原始混沌中分离出来的。而每一复合物体的产生，就是同类或不同类“种子”的结合；物体的消减，也就是“种子”的分离。这就是单向意义的含义。

记者：

第四点区别是什么？

亚里士多德：

恩培多克勒的“四元素”粒子构成物体，有确定的比例和结构，是有一定形状的。阿那克萨戈拉虽然也提出“种子”内部成分中，由占优势原则的那个成分决定事物的基本性质，但是总的来说，他不具体研究物质构造中的数量比例和形式结构，他只强调“种子”和物体包含万物成分，强调无定型和它们的流动性。这就是阿那克萨戈拉的“种子”与恩培多克勒的“元素”之间的四点区别。

记者：

太细化了，一般人不会关心这些事情的。

亚里士多德：

一般人可以不关心，但对于我们这些以哲学为生活的人来说，就不能不做深入的思考。否则，研究来研究去，所有理论都差不多，学问就搞不成了。

四　“种子说”的两大弱点

记者：

刚才，我们探讨了阿那克萨戈拉的“种子”与恩培多克勒的“元素”之间的区别，你说得非常具体。接下来的话题是，我想问一下，你如何看待阿那克萨戈拉的“种子说”？

亚里士多德：

如果你细看我的著作，我的观点就藏在字里行间。我明确告诉你，我不同意阿那克萨戈拉关于“种子”是事物基本元素的结论，他的“种子说”存在明显的弱点。

记者：

希望你详细地说一下。

亚里士多德：

作为构成物体的基本元素，必须是最单纯的、自身同质的。相比之下，我倒认为恩培多克勒所讲的水、火、土、气四大“元素”才是构成事物的基本元素，而阿那克萨戈拉所讲的“种子”只是将常见的复合物体分割成无数的微粒。这些微粒说到底还是复合物，它必定不是基本元素。

记者：

看来，你对阿那克萨戈拉的观点基本上是否定的。

亚里士多德：

我只是不认可阿那克萨戈拉把复合体的“种子”说成是事物的基本元素。

记者：

那你还有什么看法？

亚里士多德：

在我看来，物质结构分为四大层次：第一，最完全的复合物，如动物、植物、人；第二，这些复合物是由各种器官如眼、耳、心、茎、枝、叶等组成的，它们不能分割为同类部分，如心脏不能分割为小心脏；第三，构成这类器官的才是同类部分，即骨、肉、血、木、树枝等，它们可以分割为小骨、血液、小木，它们的部分和整体同名同质；第四，这类同类部分还是复合物，而不是基本元素，它们是由水、火、土、气所构成，这些才是基本元素。

记者：

看到你对物质基本层次的分析，我就知道你为什么不同意阿那克萨戈拉的“种子说”了。因为，他的“种子说”不过是你所分析物质结构的某一个层次，而不是那些最基本的元素。

亚里士多德：

是这样。基本元素不能任意分割，一旦任意分割就不是基本元素了，道理就这么简单。

五　“努斯”即精神也是万物的本原

记者：

阿那克萨戈拉在提出“种子”是万物本原的同时，也提出了“努斯”(nous) 即精神也是万物本原的理论。是吗？

亚里士多德：

“努斯”本来是希腊语的常用词，相当于心灵（mind），泛指思想、感觉、意境等活动，以及这些活动的主体。在荷马的史诗以及许多著作中，经常使用这个词，在早期哲学家的残篇中，也出现过这个词，但都没有给它特殊的含义。恩培多克勒在他的《净化篇》中说过“神史”，他说：神就是“努斯”。

记者：

据说阿那克萨戈拉是你们西方哲学家中第一个把精神视为与物质相并列的一个本原的人？请确认一下。

亚里士多德：

这个说法没错。在伊奥尼亚哲学家中，如泰勒斯的“灵魂”、阿那克西曼德的“阿派朗”、赫拉克利特的“逻各斯”和“智慧的火”，都可以说是在开始探索和物质有所不同的东西。从毕达哥拉斯学派所说的“数”到爱利亚学派所说的“存在”，还有恩培多克勒的“爱”和“争”，都向这个方面前进了。但是，所有这些范畴，还不是明确的和物质相对立的精神范畴，只有阿那克萨戈拉明确提出“努斯”这个理念，第一次把“努斯”作为和物质对立的、本质上是精神的范畴。这个东西是独立的精神的东西，是和物质的“种子”平行的。所以有人说，阿那克萨戈拉的哲学是二元论。

记者：

那根据你的研究，在阿那克萨戈拉的哲学中，他的“努斯”即精神，与他所提的“种子”有什么区别呢？

亚里士多德：

两者的区别是根本性的，大体说来，有四个方面。第一，万物即“种子”是无限多元的、异质的；而“努斯”虽然是无限的，但它却是单纯一样的、自我同质的。第二，万物也就是“种子”是不能完全分开、相互渗透的混合体；而“努斯”则是完全分开、不相混合的独立存在的单纯体。

记者：

还有呢？

亚里士多德：

第三，万物也就是“种子”是不能自己动起来的，它们只能由“努斯”的推动、安排而运动；而“努斯”则是能动的，它不但推动宇宙的漩涡运动，而且支配和安排万物，从而形成有秩序的、善的和美的宇宙。第四点，那就是，万物和“种子”都不具备任何精神性的功能，不能认识别的事物；只有“努斯”具有认知全部事物的本性，并且有决定宇宙事物的能力。

记者：

听明白了。在“努斯”的体系中，世界的本原，一个是物质性的，那就是“种子”，一个是精神性的，那就是“努斯”。

亚里士多德：

正是。

六　“努斯”与目的论

记者：

阿那克萨戈拉本是一位科学家，他对物质结构的探讨是非常科学的，但他为什么在研究自然的时候，要在物质的“种子”之外再设置一个精神本原也就是“努斯”呢？

亚里士多德：

这是必然的。我们在之前已经谈过，阿那克萨戈拉是巴门尼德哲学的信奉者，在巴门尼德那里，物质世界是不会运动的。如果要寻找促使物质世界运动的原因，就必须到物质世界之外去寻找。而这种力量，除了是精神性的东西外，就不可能是别的什么东西了。

记者：

一方面，阿那克萨戈拉承认物质世界是不会运动的；另一方面，阿那克萨戈拉周围的世界是没有不运动的。要解决这个矛盾，阿那克萨戈拉就必须去寻找物质本原之外的东西，这个东西自然就是某种精神性的东西，也就是所谓的“努斯”。

亚里士多德：

是这样。

记者：

对阿那克萨戈拉用“努斯”这种精神性的东西去解释物质世界的运动，据说苏格拉底是非常喜欢的。

亚里士多德：

没错。在我的记忆中，苏格拉底在临死之前，思考最多的就是阿那克萨戈拉的“努斯”。但是……

记者：

但是什么呢？

亚里士多德：

虽然当苏格拉底最初听阿那克萨戈拉说“努斯”是产生万物的原因时，他感到非常高兴，但是，后来他发现阿那克萨戈拉并没有用“努斯”，而是用一些物质性的东西来说明事物的因果关系，他感到极度的失望。

记者：

也就是说，苏格拉底赞赏阿那克萨戈拉的“努斯”，但对阿那克萨戈拉不能彻底地用“努斯”去解释世界的运动变化而感到失望。

亚里士多德：

是的，柏拉图也是如此。在柏拉图看来，阿那克萨戈拉不能把他的“努斯”贯彻到底，简直是愚蠢之至。他因此大骂阿那克萨戈拉是“一条对太阳狂吠的狗”。

记者：

谩骂不是战斗，柏拉图不该如此。

亚里士多德：

实际上，对阿那克萨戈拉的做法，我也心存不满。不过，关于这个问题，我们就到此为止吧，以后有时间再深入研究。

七　说无限的宇宙从一开始就是静止的是不对的

记者：

看你的著作，我总的感觉是，你虽然对阿那克萨戈拉提出“努斯”这个概念很感兴趣，但你对他的很多东西是持批评态度的。

亚里士多德：

可以这么说。阿那克萨戈拉的“宇宙论”认为，宇宙的生成、自然界万物的产生，是在“努斯”的启动下进行剧烈的旋涡运动、分离的结果。但是，在宇宙最原始的时候，无限的宇宙绝对混合在一起，一切个别事物都还没有分化，整个是处于静止状态的。这些静止的物体之所以逐步运动起来，那是因为“努斯”在启动，离开了“努斯”的启动，一起都是静止的。

记者：

你似乎对此持批评态度？

亚里士多德：

阿那克萨戈拉认为，无限的世界在其开端是静止的，宇宙内部不存在自身运动的动力，离开外力也就是“努斯”的作用一切都是静止的。这个观点是谬误。

记者：

你的观点是？

亚里士多德：

运动是永恒的，即便是在宇宙形成的最开端的那一刻，无限的宇宙也是处于永恒的运动状态，不存在是静止的状态。

八　小结

记者：

你对阿那克萨戈拉是爱之很多，怨之也甚多。劳驾你对他的哲学做个总结吧。

亚里士多德：

第一，阿那克萨戈拉是个转折点。在他之前，希腊有哲学，但雅典没哲学；自他以后，古希腊哲学的中心转向雅典，并一步一步走向系统化的全盛时期。第二，“种子说”与“努斯论”是阿那克萨戈拉对哲学的最大贡献，但他的不足之处是没有将他的“努斯”思想贯彻到底。他的“种子说”似乎也没有说到点子上去，不如恩培多克勒的“四元素说”科学。第三，有人说阿那克萨戈拉的“努斯”学说，开启了西方哲学的有神论传统，或有一定道理。最起码，他的“努斯”理论对于柏拉图创立“理念论”功不可没。当然，对柏拉图的“理念论”，虽然我一开始心向往之，但最终我是反对的。

第十三章　评留基伯/德谟克利特的“原子论”

引　子

谈到留基伯和德谟克利特的“原子论”，当代著名的古希腊哲学研究专家基尔克和拉文认为：“原子论在很多方面是在柏拉图以前希腊哲学所达到的冠冕。它解开了爱利亚学派辩驳的死结，从而完成了伊奥尼亚唯物论一元论的最后目的。它不仅得益于巴门尼德和麦里梭，又得益于恩培多克勒和阿那克萨戈拉的多元论体系，可是，它又不是像阿波洛尼亚的第欧根尼那样的折中哲学。它在本质上是一种新的概念，被德谟克利特广泛而熟练地运用的新概念；即使在柏拉图和亚里士多德以后，它还通过伊壁鸠鲁和卢克莱修在希腊思想中成为重要部分。当然，它最终还刺激了现代原子学说——它的真实的性质动机都是很突出的。”（G·S·基尔克、J·E·拉文、M·斯科菲尔德：《前苏格拉底哲学家：原文精选的批评史》，聂敏里译，华东师范大学出版社 2014 年版，第 426 页）让我们走近亚里士多德，看看他如何评价在两千多年前就提出并刺激了两千多年之后现代原子学说发展的古典“原子论”的。

一　留基伯确有其人

记者：

在一般的哲学著作中都承认留基伯和德谟克利特是师生关系，并共同创立了“原子论”。

亚里士多德：

是这样。

记者：

我看过哲学史学家第欧根尼·拉尔修的著作，根据他的记载，伊壁鸠鲁曾经否认过有留基伯这位哲学家的存在。不知道你是否也否认留基伯的存在？

亚里士多德：

人们相信伊壁鸠鲁否认留基伯的存在，或许与人们对伊壁鸠鲁论述的理解有误有关。在我的印象中，伊壁鸠鲁并没有否认留基伯的存在，他只是说留基伯算不上一个像样的哲学家，因此，不值得去和他探讨哲学问题。但伊壁鸠鲁并没有否认留基伯的存在。

记者：

你既然认为留基伯这个人确实存在过，请你介绍一下他的情况。

亚里士多德：

留基伯的生平资料留存极少，所以他的生卒年代无从查看，但他毕竟比巴门尼德年轻，又比公元前406年左右出生的德谟克利特年长。或许留基伯是米利都人，他的学说出自伊奥尼亚的传统。希波战争中，米利都革命失败沦为废墟后，留基伯迁居爱利亚，成为芝诺的学生，他毫无疑问对爱利亚学派的哲学非常了解。后来他又去了阿布德拉，成为德谟克利特的老师。师生两人自树高帜，从而建立起来他们的“原子论”。

记者：

留基伯留下什么著作没有？

亚里士多德：

大概有一些吧。据说《大宇宙系统》是他写的，《论心灵》也是他写的。我看过他著作的一个残篇，这个残篇曾说过，没有任何事是随便发生的，每一件事的发生都有理由，并且是遵循必然性的。我对他的个人情况的了解就是这么多。

二　原子论的学说渊源

记者：

留基伯和德谟克利特提出的“原子论”，毫无疑问是古希腊哲学的一个早高峰。任何先进的理论都不会从天上掉下来。请你分析一下，留基伯和德谟克利特的“原子论”具体来源于哪些方面？

亚里士多德：

这个问题，说来话长。关于“原子论”学说的产生，古希腊后期有一种记载，说在留基伯以前，远在特洛伊战争期间，有一个腓尼基人摩赫（Mochus）就已经提出过“原子”概念。

记者：

是吗？

亚里士多德：

确实有这个传说。

记者：

你如何看待这个传说呢？

亚里士多德：

要是说那时候有人曾经讲过“原子”这个词，并做过简单的解释，并不是不可能的。但要说那是最早的“原子论”哲学，却是无稽之谈。

记者：

原因是什么？

亚里士多德：

因为那个时候，根本还没有产生哲学，怎么可能有这个高度抽象的“原子论”哲学呢？

记者：

明白。还有什么别的说法吗？

亚里士多德：

也有人说留基伯的“原子论”来源于一个叫印度的地方的“原子论”理论。

很多人信誓旦旦地说，印度哲学的“原子论”在留基伯“原子论”之前，因此印度哲学的“原子论”是希腊哲学“原子论”的学说祖先。

记者：

或许有一点道理。

亚里士多德：

没有道理。根据我的研究，留基伯提出的“原子论”是希腊哲学发展到一定阶段的产物，与印度哲学无关。世界上不同民族的哲学思维发展到一定阶段，会独立地产生相类似的思想，毫不为奇。这只能说明人类思维的发展具有客观规律性。

记者：

那你认为“原子论”哲学究竟来自何处？

亚里士多德：

根据我的研究，“原子论”哲学与希腊历史上爱利亚学派联系最为紧密。但是，两者也不完全相同。具体来说，留基伯创立的“原子论”最初是从爱利亚学派发展起来的；但到后来，它们是渐行渐远：你走你的阳关道，我走我的独木桥，井水不犯河水。

记者：

此话从何说起呢？

亚里士多德：

爱利亚学派只承认存在是存在的，否认非存在的存在；存在是永恒不变的“一”，否认运动、否认“多”，也就否认了现象。这样“一”和“多”、静止和运动、本质和现象就完全被隔离开了，这就成了爱利亚学派解不开的死结。

记者：

你是说留基伯的“原子论”就是为了解开爱利亚学派的死结？

亚里士多德：

是的。在留基伯看来，不但存在是存在的，而且非存在也是存在的；非存在就是虚空，充实的存在就是原子，原子在虚空中运动就成为“多”；每个原子是“一”，它本身是不变的，但由于原子在虚空中结合和分离，就成为无数个事物的生成、毁灭和运动、变化。这样，“一”和“多”、静止和运动、本质和现象就通过原子和虚空相互结合起来，不再是相互隔离的死结了。

记者：

你的意思是说，“原子论”哲学虽然是从爱利亚学派发展起来的，但它绝不是简单地继承，而是批判性地发展？

亚里士多德：

是这样。

三 留基伯的基础性创见

记者：

关于留基伯和德谟克利特的关系，素来就有不同的看法。有的人说留基伯是留基伯、德谟克利特是德谟克利特，他们虽然是“原子论”的创立者，但各自所做出的贡献是不一样的。这是一种观点。另一种观点认为，留基伯和德谟克利特都是“原子论”的创立者，只不过留基伯所做的是基础性工作，而将“原子论”推升到一种体系化的程度，则是德谟克利特的功劳。

亚里士多德：

我同意第二种观点。留基伯作为“原子论”的创始人，提出了“原子”和“虚空”这对哲学范畴，用以说明物质的内在结构和自然界生命变异的现象，他是第一个提出“原子”是本原的人。留基伯提出了“原子”运动的宇宙生成说，借以说明一下天体现象。这些说法是沿袭伊奥尼亚的恩培多克勒和阿那克萨戈拉的自然哲学思想，当然，也有一些创见。更值得一提的是，留基伯可能是西方哲学史上第一个提出“必然性”概念的哲学家，他认为天体的生灭运动有一定的必然性。当然了，他在这方面留下的残篇太少，非常可惜。总之，是留基伯提出“原子论”的基础框架，也正是在基础框架的基础上，德谟克利特才得以提出他的系统化、理论化的“原子论”学说。

四 一个用脚写书的人

记者：

据说你与德谟克利特也是老乡，是吗？

亚里士多德：

德谟克利特的老家是阿布德拉，我的老家是斯塔吉拉，这两个地方靠得很近，因此，我们可以说算得上是半个老乡。

记者：

听说德谟克利特是一个长寿之人。

亚里士多德：

根据古代的文献记载，有人说他活到 90 岁，也有人说他活到 95 岁，还有人说他活到 100 岁，更有甚者说他活到 105 岁。总之，他享有罕见的高寿。

记者：

据说德谟克利特的父亲很有钱？

亚里士多德：

德谟克利特的父亲在阿布德拉是一个很有资产的人，地位很高。据说在希波战争中波斯王薛西斯经过色雷斯时，都受到他父亲的款待。

记者：

听说德谟克利特从少年时代起，就喜欢搞研究？

亚里士多德：

没错。虽然生于一个富贵之家，但德谟克利特对财富很冷漠。据说在分配财产时，他的两个兄弟知道他要到外面去游历急需现钱，就划出最小的一部分。最终，他果然选择这作为现金但是最少的部分，他把这笔钱全部花在旅行上。

记者：

他到过什么地方呢？

亚里士多德：

德谟克利特游历之广，在同时代的学者中只有著名的历史学家希罗多德可以和他相比。据考证，德谟克利特向南到过埃及，向埃及的祭司们学习几何学；还到过埃塞俄比亚。往东，他到过波斯，认识了波斯很多的星象家。还有一些资料记载，德谟克利特到过印度，和印度的智者们有过精神上的交往。

记者：

人们常说要读万卷书、行万里路，才有可能成为真正有知识的人。

亚里士多德：

是的。德谟克利特就曾经说过，在他的同辈人中，他漫游了大地的绝大部分，探索了最遥远的地方，他看过了最多的国家和地方，听见了最多的有学问的人的讲演。而在勾画几何图形并加以证明方面，没有人超过他，就是埃及的所谓土地测量员，也未能超过他。

记者：

钢铁就是这么炼成的，哲学家就是这么修炼出来的。

亚里士多德：

在外游历多年，再多的钱也是经不起花的，等到德谟克利特回到家乡的时候，他已经是一贫如洗，只能靠兄弟给一点钱生活。但是，他在精神上却成为一个伟大的富有者。因为拥有知识，他对很多问题的看法和判断，就远远超过当时的人们。他料事如神，在当地很有名气。有一次，盛夏割麦子时，他要大家立即停下来，先去收藏已经割下的麦子。不久，果然来了暴雨，不听信他的人，便大受损失。德谟克利特还根据观察到的星象，预言橄榄的收成和油价会上涨。由于他的预测非常准确，他的同胞对他极端地崇拜。人们赞誉他是“贤人”，甚至把他看成是“神”一样的人。

五　一个百科全书式的人物

记者：

我最尊敬的大学者马克思和恩格斯曾经赞扬德谟克利特是“希腊人中第一个百科全书式的学者”。你被公认为古希腊百科全书式的哲学家，你对马克思和恩格斯的这个评价是如何看的呢？

亚里士多德：

这个说法一点都不夸张，与他相比，我算不了什么。德谟克利特曾经考察过天文、气象，编过历法，探讨过尼罗河泛滥的原因，研究过圆锥切割定理，研究过海岩的成因，研究过地理与地震、光线辐射、动物生理、胚胎成长、植物生成、医疗卫生等，可以说，对当时的所有自然学科，他都做过深入研究。不仅如此，他还是伦理学、政治学、艺术方面的行家。

记者：

或许正是这些知识为他提出系统的“原子论”哲学做了很好的铺垫。

亚里士多德：

是的。但仅就哲学来说，德谟克利特对当时的各门各派的学术成果也是了如指掌。他对阿那克萨戈拉的学说非常了解，但德谟克利特看不起阿那克萨戈拉。

记者：

什么原因呢？

亚里士多德：

因为，在德谟克利特看来，阿那克萨戈拉是个小人，他剽窃了别人的观点，还自吹自擂。此外，德谟克利特对毕达哥拉斯的学说也了如指掌，他写过一部题为《毕达哥拉斯》的专著。他的学说非常强调数学，这与毕达哥拉斯学派有很大的关系。还有，德谟克利特对爱利亚学派，具体是巴门尼德和芝诺的学说也非常了解，并且做了深入研究。可以说，德谟克利特的“原子论”标志着他实际上完成了对他以前各派学说的大综合、大总结，也是一次大的飞跃。可以毫不夸张地说，德谟克利特站到了早期希腊哲学的顶峰。

记者：

据说，你对德谟克利特非常看重？

亚里士多德：

没错，我曾经写过一本《论德谟克利特》和两卷本的《论德谟克利特提出的问题》。我的那些学生们也对德谟克利特的学说非常喜欢，也有很多学生写了若干本关于德谟克利特的著作，从我收集到的德谟克利特的著作足以看出，他是一个百科全书式的人物。他的著作涵盖物理、数学、天文、地理、心理、逻辑、动植物学、养生、社会伦理、政治、历史、诗歌、音乐、绘画、语言、农业耕作乃至军事。当时人们关心的所有知识，德谟克利特无一没有关心过，无一没做过认真研究。所以，人们说他是一个百科全书式的人物，一点都不夸张。

六　宇宙的本原就是原子和虚空

记者：

对于留基伯和德谟克利特来说，宇宙的本原就是原子和虚空，这应该是他们标志性的理论吧？

亚里士多德：

没错。关于这一点，我在《形而上学》第一卷第一章中说得非常清楚。

记者：

如何来理解德谟克利特的理论呢？

亚里士多德：

德谟克利特的主张是：存在是充实的原子，非存在是虚空，但它们都是实在的；就这一点来说，存在并不比非存在、原子并不比虚空更为实在。所以，他们说原子与虚空是万物的本原。德谟克利特的理论还主张：由于原子本身的差异，以及原子在虚空中的结合和分离，从而产生了万物和自然世界。

记者：

可否请你简要介绍一下原子和虚空的含义。

亚里士多德：

当然可以。在德谟克利特看来，原子是最小的、不可分割的物质粒子，它是坚硬的、充满的、内部没有空隙的东西。

记者：

我相信，德谟克利特心中的原子也不是从天上掉下来的吧？

亚里士多德：

当然如此。德谟克利特的原子学说，是从以前一些哲学家的思想中发展出来的，如巴门尼德的“存在”、恩培多克勒的“根”、阿那克萨戈拉的“种子”，以及毕达哥拉斯和芝诺的非连续的、不可再分的最小的“量度”。

记者：

在我的印象中，你曾经把原子比作是“在空气中游动的、细微的尘粒”，人们可以从透过窗户的光线中看到它们。

亚里士多德：

我那只是一个比喻，那些尘粒大概是人们可以看到的最小的粒子。但这些粒子并非就是原子。因为，凡是我们的眼睛可以看到的东西，总还是可以分割下去，而原子是不可以分割的。

记者：

看来原子内部还是充实的、充满的，而不可以再分的粒子。

亚里士多德：

可以这么定义。与之相反，内部空无一物，完全空虚的东西，就可以称为虚空。当然了，虚空并不是指空气，因为空气也是某种实在的存在物。虚空乃是空无一物的空间，它只是为原子提供运动的场所。如果只有原子，整个宇宙只是充实的一团，原子就不能运动了；只有肯定虚空的存在，才为原子提供运动的可能性。也正是在这个意义上，德谟克利特提出虚空和原子一样，都是万物的本原。

七　原子是不可分割的粒子

记者：

德谟克利特说，原子和虚空都是万物的本原。我想请你谈一谈，德谟克利特的“原子”到底是什么东西？

亚里士多德：

德谟克利特的“原子”就其内在的性质，可以分为三点，我们一点一点地谈，如何？

记者：

当然可以。

亚里士多德：

我们现在来谈第一点，那就是德谟克利特的“原子”是非常微小、内部绝对充实而无任何空隙的，因此，它们是坚不可入、不可分割的粒子；它们又是看不见的、不可感知的、数量又是无限多的构造物体的基本单元。

记者：

核心点就是原子是不可分的，是这样吗？

亚里士多德：

是的。在德谟克利特看来，原子是不可分的包括两方面的含义：其一，原子的体积很小，小到不可再分；其二，原子非常充实，其中没有任何空隙，也就是说没有虚空。一个物体如果有虚空，就能够被分割，就有侵入性；而没有空隙的原子是只有连续性，没有间断性，因而具有不可侵入性，所以是不可分的。

记者：

原子可以说是太小、太小，那如何来把握这些东西呢？

亚里士多德：

这些不可分的原子，是我们看不见、摸不着的，是我们的任何感官都无法把握的，我们只有在抽象思维中才能把握。

记者：

提到不可分的性质，在我的印象中，巴门尼德的“存在”也是不可分的。是不是说这“存在”就是原子呢？

亚里士多德：

错。虽然德谟克利特的“原子”和巴门尼德的“存在”两者都是不可分的，但是，巴门尼德的“存在”之所以不可分，是因为它是唯一的，只有一个。既然只有一个，那自然就不可分。

记者：

那倒是。

亚里士多德：

德谟克利特的“原子”的每一个都是不可分的，但这种不可分的“原子”的数量是无限多的；而巴门尼德的“存在”只有一个。所以，“原子”是将巴门尼德的“存在”打碎，成为无限多的微小的“存在”。“原子”是不可分割的，但是由“原子”组成的复合物却是可以分割的。而这种分割又与阿那克萨戈拉的“种子”不一样。

记者：

从何说起呢？

亚里士多德：

阿那克萨戈拉的“种子”能够无限分割下去，永无止境。但在德谟克利特这里，虽然所有的复合物都可以分割，但分割到原子，就是最小的了，不能再分割下去。这就是德谟克利特的“原子”和阿那克萨戈拉的“种子”之间的区别。

八　原子都是同质的粒子

记者：

德谟克利特说原子是不可分割的，这个我听清楚了。那原子还具有别的什么性质呢？

亚里士多德：

我们现在该说德谟克利特所赋予原子的第二个性质。

记者：

请讲。

亚里士多德：

在德谟克利特看来，原子具有相同性质，它们没有性质的不同，只在形状、大小和排列上有差异。

记者：

请你把德谟克利特的“原子”和恩培多克勒的“元素”、阿那克萨戈拉的“种子”放在一起比较比较。

亚里士多德：

“原子论”者所说的原子，是构成物体的基本粒子，在这一点上，和恩培多克勒所说的“元素”、阿那克萨戈拉所说的“种子”是一样的。但它们又有根本的不同之处。

记者：

具体体现是什么？

亚里士多德：

“元素”有水、火、土、气四种，它们的性质是彼此不同的，这一点是和“原子”不同的。阿那克萨戈拉的“种子”有无限多种，而且它们的性质和内部所包含的成分更是多种多样；只有“原子”，尽管它们的数目是无限多，但无限多的“原子”彼此在性质上却并没有不同，是同样的。

记者：

经过你这么一解读，“原子论”者所说的“原子”，和恩培多克勒所说的

“元素”、阿那克萨戈拉所说的“种子”确确实实不一样，“原子”是同一性质的存在。

亚里士多德：

你的理解是对的。

记者：

既然“原子”在性质上是同一的，怎么由“原子”组成的复合物却有万千不同的性质呢？

亚里士多德：

对此，“原子论”的解释是：事物内部各种性质的不同，是由于原子外部的形状、次序和位置的差异所造成的。正如用同样的字母可以组成不同的词和句子，可以写出不同的文章。同样的道理，原子的性质都一样，但由于它们外部的形状、次序和位置的差异，因而造成了千千万万不同性质的事物。

记者：

你我都是善用文字的人，同样的文字由于排列的次序不同，所表达的意思也就不一样。德谟克利特的说法，确确实实言之有理。

亚里士多德：

在德谟克利特看来，原子的形状、大小是多种多样的，因此，由它们组成的各种事物的性质自然就不同。比如，组成火的原子细小、光滑，因而它的性质就活泼、易动、明亮；土的原子较大而粗糙，所以它的性质就厚实、凝重、灰暗。这个你明白了吗？

记者：

我明白。不过，有一个问题，我想继续了解一下。

亚里士多德：

请讲。

记者：

在我的印象中，德谟克利特曾经说过：有的原子非常小，有的原子非常大。质料应该是事物的性质吧？如果这个说法站得住脚，那是不是说同样是原子，但性质有所不同呢？

亚里士多德：

你说得基本没错。德谟克利特也承认原子在体积、重量上有所不同，但这些性质并非原子的本质属性，都是一些偶然的规定性。既然是偶然的规定性，那么所有的原子在性质上还是没有什么不同。因此，德谟克利特的说法，也没有什么错。

记者：

还有一个问题，想继续请教一下。

亚里士多德：

请讲。

记者：

德谟克利特在提到“原子”的外部形式时所用的词和柏拉图的“理念”是同一个词。你我都应该知道，柏拉图的“理念”是一种精神性的东西，难道德谟克利特心目中的“原子”也是某种精神性的东西吗？

亚里士多德：

我明确告诉你，不是。

九　原子内部永不变动，但原子本身则永恒运动

记者：

请你继续介绍原子的特征。

亚里士多德：

下面我给你介绍原子的第三个特征，那就是：原子内部充实、没有虚空，所以，它们的内部永无运动；但是，每一个原子作为整体，又是能动的，它们在虚空中结合和分离，从而造成自然界具体事物的生成和消亡，原子本身则永恒运动。

记者：

你的意思是说，原子从内部看，没有任何运动，但从整体来看，则处于永恒的运动状态。

亚里士多德：

是的。根据德谟克利特留下的文献，他心目中的原子的运动，可以从两个方

面来进行理解。

记者：

愿闻其详。

亚里士多德：

首先，原子不能从原子中产生，也不能相互转化。原子是同质的，同质的原子不能相互产生及相互转化。这一点，与阿那克萨戈拉的“种子”完全不同。

记者：

具体表现是？

亚里士多德：

在阿那克萨戈拉那里，任何事物都由“种子”生成，也就是说它们可以相互转化；而在德谟克利特这里，原子之间是不能相互转化的。根本区别就在这里。

记者：

那德谟克利特是如何解释大千世界这些事物的存在的呢？

亚里士多德：

我在《论生命长短》这本书中，对此做过详细介绍。那就是：原子的结合就是事物的生成，它们的分离就是事物的消灭；当原子和原子发生接触时，它们就发生作用和被作用，两者结合起来，生成宇宙万物。

记者：

根据你的介绍，在德谟克利特那里，原子的结合就生成事物，原子间的分离就是事物的消灭。这种说法，在古希腊自然哲学家那里，似乎是老生常谈。

亚里士多德：

也可以这么讲。只不过德谟克利特的很多说法更具体、更形象一些。例如，德谟克利特认为，原子在某一时刻处于结合状态，是因为它们能相互吻合、相互捕捉住。它们中有些是直角的，有些是带钩的，有些是突出的，有些是凹陷的，还有无数别的类似这样的差别。所以，它们能够相互勾住，相互结合起来，直到周围某些必然性来撼动它们，将它们分离开来。

记者：

这些描述，确实很形象。

亚里士多德：

德谟克利特的说法与别人的说法还有不同，那就是：他认为原子通过结合的方式产生万物，通过分离的方式毁灭万物，不仅适用于动物，也适用于植物，也适用于世界上一切可感知的事物。

记者：

德谟克利特将他的理论推广到一切事物，而不仅仅是一些没有生命力的东西。

亚里士多德：

也可以这么讲。

十　德谟克利特的运动学说站不住脚

记者：

介绍了德谟克利特的“原子论”，该请你谈谈对他这个理论的看法了。

亚里士多德：

对德谟克利特的运动学说，我是不赞成的。

记者：

你为什么不赞成呢？

亚里士多德：

德谟克利特说，有永恒的运动。但是，为什么有这样的运动，以及这个运动是什么，他都没有说清楚。而且，如果世界以这种或那种方式运动，他也没有告诉我们这样做的原因是什么。

记者：

你对德谟克利特的批评，集中点是他没有揭示出万物运动变化的原因？

亚里士多德：

没错。物质性的原子本身是不会运动的，它们的运动只能是彼此冲撞而强制发生的运动。如果没有第一动者给它们以动力，让它们自然运动的话，这种强制发生的运动，就可以一个一个地推下去，成为无穷的系列。如此，你也还找不到运动的最后的原因。

记者：

在我的印象中，恩培多克勒曾经用“爱”和“争”、阿那克萨戈拉曾经用“努斯”来说明事物运动变化的原因。比较来说，你认为他们三者中哪一个更有道理呢？

亚里士多德：

相比之下，我还是同意恩培多克勒和阿那克萨戈拉的理论，德谟克利特的运动学说太过机械，找不到事物发展运动的真正的动因。一门科学，如果连事物发展变化的真正的动因都找不出来，这还叫科学吗？

十一　同物体脱离的虚空是不存在的

记者：

评论完了德谟克利特的运动学说，我们该谈一谈他那个重要的“虚空”的概念了。

亚里士多德：

“虚空”就是空间。德谟克利特是第一个提出这个概念的人，很了不起。

记者：

在我的印象中，在德谟克利特之前，早就有人提过类似的概念。

亚里士多德：

没错，但不是一回事。

记者：

请你详细解读一下。

亚里士多德：

毕达哥拉斯时代，有人曾经提出过“虚空”这个概念，但他们对“虚空”的理解就是指空气；恩培多克勒说物体内部有“元素”结构的孔道，但还不是自然中的“虚空”。

记者：

这你以前说过。

亚里士多德：

爱利亚学派认为，只有“存在”，“非存在”是不存在的，他们明确否认“虚空”；麦里梭则提出，存在是充实的，它所以不能运动，是因为它没有“虚空”，因为如果有“虚空”，它就向空中移动了，既然没有“虚空”，也就没有可借以移动的空间。

记者：

类似的话，我已经听你说过。还是请你谈德谟克利特和他老师关于这个问题的看法吧。

亚里士多德：

德谟克利特提出“虚空”，正是受到爱利亚学派反面的启发，他是同爱利亚学派相反地提出论证。

记者：

他是如何进行论证的呢？

亚里士多德：

德谟克利特是这么说的：“虚空”就其作为运动发生的场所来看，乃是运动的条件，这就是有些人说的“空间”一类的东西。爱利亚学派认为，非存在绝对的“无”，是根本不存在。而德谟克利特认为，非存在就是“虚空”，而不是绝对的“无”，这是相对于完全充实的原子来说；原子空无一物，是“虚空”才是非存在；所以，作为非存在的“虚空”，便是客观的实在，它和原子一起，是构成自然万物的两大本原。他的这个见解在当时非常大胆，而且新颖。用他的理论，就可以解释事物千差万别的原因。

记者：

据说，在德谟克利特的那个时代，人们对他的观点也有不同的看法。

亚里士多德：

是这样。

记者：

我想听听你关于“虚空”理论的看法。

亚里士多德：

我的看法归于两点：第一点，相对于否定“虚空”存在的那些人来说，留基伯、德谟克利特肯定“虚空”存在是有一定的合理性，唯有承认“虚空”的存在，才能解释万物变化的原因。有了“虚空”，酒才能注入桶中，生命体才能吸收营养，灰堆才能吸收与其同样多的水。“虚空”说到底，就是原子与原子之间的空隙，正是因为这些空隙的形状不同，从而使事物也具有不同的特征。例如，海绵和桶比重不一样，就是由于它们内部原子之间的空隙不同。

记者：

看来，你对德谟克利特的“虚空”理论是高度肯定的。

亚里士多德：

我刚才只是说了一点，现在我说第二点。那就是：“虚空”是物质存在的空间，但是，宇宙之间不存在某种同物体分离的“虚空”，自然界不存在脱离物体的绝对的真空。这是他的理论所无法解决的一个矛盾。

十二　身体和灵魂的本原都是原子，不过灵魂是一种精致的圆形的原子

记者：

在你们西方哲学中，灵魂问题似乎是一个非常重要的问题，似乎所有的哲学家都要就这个问题发表自己的观点。

亚里士多德：

你说的没错。在我们希腊早期的哲学中，灵魂有双重含义。

记者：

哪双重？

亚里士多德：

灵魂具有如下双重含义：一种是指生命力，一种是指认识功能。伊奥尼亚的哲学家将灵魂理解为像气那样能聚散贯穿一切的东西，有物质论的倾向。恩培多克勒的灵魂有二重性，在他的宗教思想中，灵魂是不朽的精神。在阿那克萨戈拉那里，灵魂与“努斯”是相通的，人的灵魂因为分有了“努斯”才具有精神性。

记者：

不说别人了，还是说德谟克利特吧。

亚里士多德：

德谟克利特与上述这几个人的观点不一样。

记者：

怎么个不一样？

亚里士多德：

德谟克利特是一个原子论者，在他看来，身体和灵魂的本原都是同一的。

记者：

你是说，在德谟克利特看来，身体的本原是原子，灵魂的本原也是原子。难道这两类原子完全一样吗？

亚里士多德：

在德谟克利特看来，所有的原子本质上来讲都是一样的，但是，它们也有一些非本质性的不同点。而这些非本质性的不同点，恰恰就是构成身体的原子和构成灵魂的原子的不同之处。

记者：

请你介绍一下。

亚里士多德：

在德谟克利特看来，灵魂也是一种原子，它和其他原子的不同不过在于它的原子的形状在一切原子中是最精致的、是圆形的。

记者：

在你们古代希腊的文化中，圆形素来被看作最完美的形态。

亚里士多德：

是的。在德谟克利特的理论中，在一切形状中，圆形是最能动的。火的原子是圆形的，所以它是最能动的；灵魂的原子也是圆形的，所以它也是如此。

记者：

在德谟克利特看来，似乎火的原子和灵魂的原子非常类似。

亚里士多德：

是的。火的原子在所有原子中最接近不具形体的东西，但它终究还是有形体的、圆形的、有大小的原子，是物质性的原子。灵魂的原子和构成火的原子是一样的。

记者：

明白。在我的印象中，似乎德谟克利特也把阿那克萨戈拉提出的"努斯"说成是灵魂。有这说法吗？

亚里士多德：

有的。德谟克利特说过，火的原子和"努斯"的原子是一样的，灵魂和"努斯"是同一个东西。总的说来，阿那克萨戈拉所提出的那个精神性的本体"努斯"，它不过是物质性的原子，它不过是形状与众不同罢了。

记者：

德谟克利特看来是一个彻底的一元论者，他企图用"原子说"解释一切：在他这里，灵魂、火、"努斯"都是原子。

亚里士多德：

正是如此。

十三　感觉乃是客体与主体相互作用的结果

记者：

德谟克利特曾经说过，灵魂具有感觉和理性两种功能。如何理解他的话呢？

亚里士多德：

德谟克利特确实说过类似的话。他说，遍布全身的灵魂原子，具有能感觉的功能，而灵魂中有一种特殊的部位，是思想的器官。

记者：

那么，在德谟克利特看来，这个思想的器官是什么呢？

亚里士多德：

德谟克利特深受阿尔克迈翁和希波克拉底的医学和生理学的影响。他认为，思想的中枢在大脑。

记者：

在那个时代德谟克利特等人就看到了这一点，不简单。

亚里士多德：

在德谟克利特看来，一切认识都发源于客体，也就是外部世界对身体的作用。正是这种作用刺激了身体的灵魂原子，从而产生了感觉。

记者：

德谟克利特把感觉视为客观对象与认识主体间相互作用的结果，从理论上讲没问题。

亚里士多德：

差不多。一方面德谟克利特认为，既然人的感觉是外部世界作用于人的身体的结果，而外部世界是真实的，所以，所有呈现于我们人类感官的东西必然也是真实的。但是，德谟克利特也知道，人的身体状况是非常主观的：冬天和夏天人的感觉不一样，白天和夜晚也不一样。因此，同样的一个事物，如果它作用于人的身体状况不同，那么，人所产生的感觉也不一样。

记者：

从逻辑上讲，德谟克利特的说法，应该没什么问题。

亚里士多德：

德谟克利特也正是在刚才我们探讨的关于感觉的来源和基础上，提出了他的著名的“影像说”。我们以后接着谈。

十四　影像说与各种感觉的由来

记者：

恩培多克勒提出过“流射说”，似乎人能看到外面的世界，是因为人从眼睛发出某种流射物，从而刺激它的对象，因而，人就能够看到物体。听说，德谟克利特提出了类似的学说？

亚里士多德：

德谟克利特提出的理论叫“影像说”，他正是用“影像说”对各种感觉的来源做出了说明。

记者：

请你详细地谈一谈德谟克利特是如何阐述视觉、听觉、味觉和触觉的来源的。

亚里士多德：

眼睛和对象都发出原子的射流，进而相互作用，从而产生视觉“影像”。

记者：

可否再具体地说一说？

亚里士多德：

在德谟克利特看来，人的视觉“影像”并不是直接产生在瞳孔上的，而是在眼睛和视觉对象之间的空气被压缩，被看到的对象和看的人打上了印记。这样的空气，是坚实而且有颜色的，就出现在湿润的眼睛上。这种现象一旦被脑子所接收，就产生视觉。

记者：

大概的意思，我还是明白的。那就是：在德谟克利特看来，空气是眼睛和对象之间的中介物；由于在人和视觉对象之间存在空气，而人和他的对象物都会产生原子流射出来，进而对外在的空气产生挤压，使之产生变形，而空气的“影像”一旦传入人的大脑，就会形成人的视觉。

亚里士多德：

你讲的虽然有些生硬，但基本的道理没错。总体来讲，德谟克利特就是用外部客观对象所产生的流射物与人的主体发生相互作用来阐述感觉的由来。他对味觉和触觉的论述都是如此。

记者：

还是请你详细地谈一谈。

亚里士多德：

在德谟克利特看来，声音使密集的空气产生一种运动，气流中大量的粒子进入耳朵的孔道，以很强的力量扩散到全身，从而形成听觉。味觉和触觉是各种不同形状的原子，刺激舌头和身体的结果。各种感官都能感知事物，而感官的各种感觉，便成为全部知识的来源。没有了感觉，没有了这些“影像”，什么思想都不会出现。

十五　论感觉的相对性

记者：

根据我们刚才的交流，很显然，在德谟克利特看来，人的感觉是外部世界和人的身体相互作用的结果。那么，这种结果显然是客观的。但是，德谟克利特为什么又说许多感觉是习惯俗成的结果？例如，他说，甜是习惯俗成的，苦是习惯俗成的，热是习惯俗成的，冷是习惯俗成的，颜色是习惯俗成的。难道甜、苦、热、冷、颜色这些东西都是主观性的吗？

亚里士多德：

你没有正确理解德谟克利特的话。

记者：

那如何理解呢？

亚里士多德：

德谟克利特首先坚持的是，外部事物的客观对象决定着人的主观认识；同时，他也认为所有的感觉是人的主观感觉和客观物体的原子“射流”相互作用的结果。由于有了身体的介入，因而导致人的很多感觉具有相对性。

记者：

常识告诉我们，德谟克利特的说法有一定道理。像颜色、冷、甜、苦这类感觉内容经常会因人所处的条件不同，而有不同的感觉。例如，正常的人感觉甜或者热，但病人则可能会感觉苦或者冷。

亚里士多德：

你举的例子非常对。你知道德谟克利特是如何解释你刚才所说的这种情况的吗？

记者：

你说说看。

亚里士多德：

人之所以对同样的一种事物可能产生不同的感觉，归根结底也是人的身体或者感觉器官遇到不同的变化而产生的。恰恰是人的身体和感觉器官的变化以及认识环境的变化，使人对同样的事物产生不同的感觉。德谟克利特正是在这个意义上使用习惯俗成的。

记者：

经过你这么一解释，我就基本明白了。原来我还认为德谟克利特把人的感觉视为某种主观约定的结果，实际上德谟克利特始终是从客观世界决定主观世界的这个原则出发来考虑这个问题的。

亚里士多德：

没错。

十六　所谓“神”都不过是原子射流造成的自然现象

记者：

德谟克利特生活的时代，科学水平很不发达，人们普遍对神深信不疑。

亚里士多德：

是的。人们一遇到什么不幸的事情，总会祈求神灵保佑。在那些古人的眼中，空中的太阳、月亮等天体，都成为必须对之顶礼膜拜的神灵。

记者：

我想，作为科学家，德谟克利特上知天文，下知地理，应该不会如一般人那样做吧？

亚里士多德：

是的。德谟克利特嘲笑那些所谓“有教养”，实际上毫无文化修养、愚蠢透顶的人。

记者：

具体如何说？

亚里士多德：

德谟克利特说：“一些有教养的人，向着我们希腊人现在叫作天空的地方伸起他们的双手，说：‘宙斯深察万物，他洞悉一切，他赐福万物，享受万物，他是万物之王。’”（参见汪子嵩等：《希腊哲学史》，第一卷，第 890 页）

记者：

很显然，德谟克利特瞧不上这些愚昧之徒的做法。

亚里士多德：

在德谟克利特看来，天空中的太阳、月亮等天体，不过是像大地一样的物块。这些物块之所以发亮，只是因为它们充溢了火原子而已。人们把太阳、月亮视为主宰人世的神灵来予以膜拜，非常荒唐可笑！

记者：

科学家的看法就是高。

亚里士多德：

人们之所以把太阳、月亮、雷电、霹雳、日食、月食等视为神灵，原因在于人们对自然现象的无知，而无知自然就会产生恐惧。德谟克利特据此指出，从某种程度上说，神灵是人自己制造出来的，人如果不去研究自然，将永远匍匐在大自然的统治之下。

记者：

很多迷信神灵的人，都特别相信那些“神迹”，似乎这些“神迹”的存在就证明神确实显灵了。不知道德谟克利特如何看待这些“神迹”？

亚里士多德：

在德谟克利特看来，这些所谓的“神迹”实际上是物体发出的原子射流所形成的特殊的“影像”而已，根本无法证明有什么神灵存在。如果说有什么特殊性，那就是这些比较特殊的“影像”比其他“影像”更奇特、更持久一些罢了。其实这些“影像”在大自然中到处都是，没有什么值得大惊小怪的。一些人拿着这些所谓的“神迹”去吓唬别人，无非是为了实现某种不可告人的卑鄙目的。

十七　不能太过迷信必然性，偶然性必须得到承认

记者：

据说，无论是留基伯，还是他的学生德谟克利特，都对必然性予以特别的迷信，而对偶然性则予以坚决的否定，是吗？

亚里士多德：

在谈论留基伯、德谟克利特师徒关于必然性看法之前，我们得考察一下赫拉克利特、巴门尼德、恩培多克勒等哲学家的有关论述。

记者：

好啊。

亚里士多德：

先说赫拉克利特，他有时候将他的逻各斯说成是必然性，说成是命运，有时候让人觉得晦涩难懂，不好理解。

记者：

巴门尼德怎么说？

亚里士多德：

巴门尼德在诗中经常提到的必然性一词，即“ananke”也常常与命运女神联系在一起，神学气味非常浓郁。

记者：

恩培多克勒是医生，是科学家，他是如何看的呢？

亚里士多德：

恩培多克勒说逻各斯是指元素结合的数量比例，但他从未明确说过这种逻各斯、这种元素结合的数量比例就是必然性。

记者：

那恩培多克勒是在什么情况提到必然性的呢？

亚里士多德：

恩培多克勒只是在他所写的《净化篇》中提到必然性这个词。

记者：

他怎么说的？

亚里士多德：

恩培多克勒说灵魂转世具有必然性。

记者：

我记得恩培多克勒也是一位大神级巫师、江湖术士和预言家，他对必然性的说法也弥漫着浓浓的神学气味。你提到这几个人关于必然性的论述，想表达什么意思呢？

亚里士多德：

我只是想说，德谟克利特是第一位从哲学角度明确提出必然性这个范畴的哲学家。只有在德谟克利特这里，必然性才摆脱了神学意味，而成为一个严格意义上的哲学概念，这就是德谟克利特的伟大之处。尽管我对他提出的这个概念也存在若干保留之处……

记者：

急死我了，快说说德谟克利特关于必然性的理论，并说说你的评价。

亚里士多德：

关于必然性，留基伯说得斩钉截铁，他说："没有一件事情是随便发生的，每一件事都有理由，并且是遵循必然性的。"（参见汪子嵩等：《希腊哲学史》，第一卷，第 892 页）德谟克利特的残篇有这样的一句话，说的就是必然性。

记者：

德谟克利特如何说？

亚里士多德：

德谟克利特说："宁愿找到一个因果的说明，而不愿获得波斯的王位。"（参见汪子嵩等：《希腊哲学史》，第一卷，第 894 页）这里所说的"因果"就是必然性。在德谟克利特那里，必然性就是指事物的产生都有一定的因果关系。自然界任何一种情况的产生，都可以找到它的物质性原因。德谟克利特写过一系列自然科学的著作，如《天体现象的原因》《大地表面的原因》《声音的原因》《种子、植物和果实的原因》《动物的原因》等，都是为了研究和发现事物发展变化的必然性。

记者：

说必然性，必然会说偶然性。不知道德谟克利特承认不承认偶然性。

亚里士多德：

我知道你会说这个问题的。我研究过德谟克利特的有关论文，在德谟克利特的哲学中，只有必然性，而没有偶然性。即便是你在大街上随意碰到什么昔日好友，也是必然性使然。即便一个农夫在种橄榄挖地时发现了宝藏，也是必然。即便秃鹰从高空猛扑乌龟而碰破了脑袋，也是必然。总之，在德谟克利特的哲学中，一切都是必然性，而没有任何偶然性。

十八　小结

记者：

德谟克利特是位思想大家，关于他的哲学和思想，我们已经谈得够多了，该请你做个小结了。

亚里士多德：

应该的。关于德谟克利特及其哲学，我的总结是：第一，德谟克利特是一位伟大的百科全书式人物，此君上知天文，下知地理，非我等之辈可以望其项背，乃早期自然哲学最后一位集大成者。就其思考问题之广、之深来说，他的影响力甚至超过柏拉图。我虽然经常对他的理论批判不断，乃至有时候予以冷言污语挖苦，但毫无疑问他是对我影响最大的人。第二，就哲学的彻底性来说，德谟克利特的原子论是一种系统化程度非常高的哲学，他不仅用原子学说解释自然界的一切，解释宇宙万物，还用原子学说解释人的灵魂与感觉，解释社会与政治生活，一以贯之，体系蔚然。但他对宇宙本原物质性的解释，以及对万物存在之目的性的否定，依然是我所不喜欢的。第三，人们一直把苏格拉底视为第一个把哲学从天上带到地上的哲学家，这种说法是有问题的。实际上，德谟克利特才最有资格成为第一个认真探究人类社会与政治道德问题的哲学家。

第十四章　论国家和公民

引　子

“人的本质是一切社会关系的总和”，是马克思说的；“人天生是政治动物”则是由亚里士多德早于马克思约一千五百年就提出的。这两句话的核心思想完全一样。亚里士多德是政治学的创始人，是亚里士多德首次将政治学从伦理学中独立出来。与苏格拉底、柏拉图反民主化倾向不一样，亚里士多德依据其中庸哲学，全面论证了民主政治体制是所有可选择的政治体制中最好的一种。让我们走近亚里士多德的政治学。需要说明的是，涉及亚里士多德政治学部分的对话共有两篇，此篇为第一篇。

一　民主政治与政治学

记者：

所有研究政治学的人都相信，将政治学作为一门专门的学科进行研究，是由你首创的。我想问一下，为什么在你之前没有政治学这门课程呢？

亚里士多德：

政治学作为一门专门的学科确实是由我首创的，但是，不能说在我之前就没有政治学方面的理论研究。

记者：

你的意思是？

亚里士多德：

在苏格拉底之前，地球人对民主制度这个东西很陌生，在那个时候实行的是君主独裁统治，在独裁统治下，统治者的意志高于一切，他们的利益高于一切。

如何治理国家，完全是统治者个人的事，没有人去研究如何把国家治理得更好之类问题。

记者：

我知道你的意思。你的意思是说，希腊城邦尤其是雅典这些地方实行的是一种前所未有的政治制度——民主制度。是民主制度促进了政治学的诞生。

亚里士多德：

可以这么说。希腊城邦，尤其是雅典实行民主制度，民主制度是一种开放型的制度，尤其是经过希波战争和伯罗奔尼撒战争之后，各种社会矛盾充分暴露出来，社会的变化也促使思想家们开始思考如下问题……

记者：

哪些问题呢？

亚里士多德：

这些问题包括：个人和城邦社会是什么关系？什么是正义？在当时流行的各种政治制度中，哪一种比较好？理想的城邦应该是一个什么样子？从智者、苏格拉底到柏拉图都对这些问题进行了深入的探讨，柏拉图的《理想国》《法律篇》还有他的《政治家篇》都是这方面的成果。我也正是在苏格拉底、柏拉图等人研究的基础上，经过认真的、系统化的思考，最终把政治学作为一门独立的学科创造出来。

记者：

你写过哪些政治学方面的著作？

亚里士多德：

我写的有关政治学方面的著作有很多很多，一时我也想不起来了。

记者：

我们当代人能看到你写的与政治有关的著作主要有两本：《政治学》《雅典政制》，别的都看不见了。

亚里士多德：

这真是天大的遗憾！《政治学》和《雅典政制》仅仅是我政治学著作中很小的一块。

二　人是政治的动物

记者：

柏拉图在其《政治家篇》中说政治家、王、主人、家长本质上都是一样的，而你似乎对这种说法不以为然，是吗？

亚里士多德：

我确实针对柏拉图的这个观点提出了不同的看法。虽然我们不得不承认政治家和国家的统治者是从家庭历史性地发展而来的，但从本质上讲，政治家、王、主人、家长是不一样的。

记者：

可否解释解释？

亚里士多德：

人类与其他生物一样，都有自然结合繁衍后代的需要。家庭首先就是基于这种需要的产物。天经地义，无可厚非。家庭还是统治者和被统治者结合的产物……

记者：

家庭是充满亲情的天堂，你竟然说家庭里还有统治者和被统治者？

亚里士多德：

家庭里当然有统治者和被统治者。在一家之中，凡是拥有理智、怀有远见的人，自然就是一家之主。相反，凡是仅仅具有体力、只能从事体力劳动的人，自然就是被统治者，这些人就是奴隶，不知道你们这个时代叫作什么？

记者：

我们这个时代没有奴隶。

亚里士多德：

不说你们这个时代了，让我们抓住主题吧。一家之中，无论是统治者还是被统治者，无论是主人还是奴隶，无论是男人女人，他们都有共同的利益，谁也离不开谁。上升到理论的高度，家庭就是满足人类日常生活需要的自然形成的共同体。

记者：

明白。

亚里士多德：

家庭是社会的细胞，为了满足人类更大、更广泛的需要，由若干个家庭组合而成为村落。

记者：

村落就是一个大家庭呗。

亚里士多德：

是的。村落是由同一个家庭的子子孙孙繁衍而成的，是同胞后裔。村落的领导，也就是统治者，在我们那个时代就叫作王，即家长之意也。一般说来，所有家长都由年长者担任。

记者：

你说的这种情况在今天的一些落后民族还能看到，他们的那些酋长就是部落的长老，是德高望重的部落领袖。部落再往后发展是不是就有新的共同体出现了？

亚里士多德：

是的。当多个村落为了满足生活需要，以便生活得更美好，便结合成为新的共同体，实现自给自足，城邦便诞生了。

记者：

既然城邦是人们为了特定目的组建而成的，那就说明城邦是人为的产物，你怎能说城邦是自然产生的呢？

亚里士多德：

我之所以如是说，原因是：早期的各种共同体，如家庭、部落是自然产生的，城邦乃至国家也是这种自然的延续，是早期共同体发展的终点和目的。还有，我们说一个事物是自然产生的，也是说这个事物是按照其自然本性而发展起来的……

记者：

那城邦的本性是什么呢？

亚里士多德：

至善。人类各类共同体的目的是为了实现善，而唯有在城邦中，才能实现至善。至善的表现形式是自给自足，而这在其他低级的共同体中是很难实现的。

记者：

你说人天生是城邦的动物，其意思是不是说人类天生要追求至善，追求自给自足？

亚里士多德：

可以这么说。人类究其自然本性和最终的价值追求，乃是对城邦生活的追求，乃是对至善与自给自足的追求。所以说，人究其本性而言，除非是超人、天使或者魔鬼、懦夫，否则人就应该是城邦的，也就是政治的。

记者：

这个观点，似乎苏格拉底、柏拉图也不反对？

亚里士多德：

是的，他们也是这么认为。

记者：

一些研究动物的人告诉我，蜜蜂也是一种高度社会化，也可以说高度政治化、城邦化的动物，你如何看？

亚里士多德：

与蜜蜂等群居动物比较起来，人更是政治动物。

记者：

原因是？

亚里士多德：

因为人是唯一能说话的动物，而其他动物只能用声音表示情感，而唯有人类的语言才能表达苦乐、是非、正义和非正义等价值判断。与其他动物相比，人类能够分辨善与恶，分辨正义与非正义，而其他群居动物做不到这一点。

三　国家或城邦：高于家庭和个人

记者：

家庭由个人所组成，城邦由家庭和个人发展而来，从发生次序来看，城邦是在家庭和个人之后。那能不能说，从自然本性上来看，家庭，具体来说落实到个人，是先于国家或城邦的呢？

亚里士多德：

不能这么说。从本性上来说，国家和城邦是高于个人和家庭的。

记者：

依据和原因是什么？

亚里士多德：

原因如下：其一，整体必然大于部分，如果整个身体毁坏了，手和脚就不再成其为手和脚。而事物一旦不再具有自身特有的性质，自然就不再是这个事物了，而只能是空洞的名称……

记者：

具体些。

亚里士多德：

其二，一旦个人离开了国家和城邦，他就不是自给自足的。一个人如果不在国家和城邦中生存并实现自足，如果不是神，就是禽兽。个人要想实现对善的价值，就离不开国家和城邦。离开了国家和城邦，人就不可能实现对善的追求，更谈不上什么至善。

记者：

道理或许没错，我关心的是，为什么你要说离开了国家和城邦，个人就无法实现至善呢？

亚里士多德：

因为唯有国家和城邦才有法律和正义，唯有立足于正义和法律，人才能把自己塑造成为真正的人，离开了法律和正义，人只能成为魔鬼。所以我说，国家和城邦高于个人。

四　奴隶：并非仅仅是会说话的财产，他们或也拥有理性和智慧

记者：

研究你的老师柏拉图、你的老师的老师苏格拉底的思想，我有这样一种

感觉。

亚里士多德：

什么感觉呢？

记者：

那就是你们总是从你们贵族出身的角度出发，从来都不把奴隶当人看。

亚里士多德：

柏拉图、苏格拉底确实是如此。这两位哲学家在与智者们的辩论中，对奴隶制度一直予以维护。在他们看来，奴隶都是天生的，都是其主人会说话的财产，这些人没有理性、没有智慧。

记者：

好像智者学派的哲学家们对此有不同的看法？

亚里士多德：

是的。智者们普遍认为奴隶是人为造成的，是一部分人用法律手段把另一部分人变成奴隶的，因此这种制度是违背自然、违背人间正义的，应该予以废除。

记者：

你的看法，我感觉与柏拉图、苏格拉底的看法完全一样。

亚里士多德：

你弄错了。我的看法，与柏拉图、苏格拉底的看法有相同的地方，也有不同的地方。

记者：

相同的地方在哪里？不相同的地方又在哪里？请说说看。

亚里士多德：

我与他们观点一致的地方在于，我们都认为奴隶制度是历史形成的。很多人沦为奴隶，那是由他们的出身和他们的理性化程度低所造成的。这些人在家庭里面，永远是被统治者，他们应该修炼好自己的道德，来为他们的主人提供服务，这是天经地义的，推翻这种制度本身就违背自然。这是我们的共同点。

记者：

那不同点在哪里？

亚里士多德：

不同点在于，我也赞同智者们的那些看法，那就是：很多奴隶是由人为的，也就是法律的原因变成的，尤其是在战争中被打败了的敌人，便被变卖为奴隶，而这些人的出身本来或许并非是奴隶，甚至是贵族。这些人拥有智慧、拥有理性，如果把他们视为没有智慧和理性的、仅仅是会说话的工具，与其他奴隶们同样看待，这就是错误的。

记者：

我看过你手写的遗嘱，你关照遗嘱继承人，要求解放你的那些奴隶，是不是就出于这方面的考虑？

亚里士多德：

或许是吧。确确实实，不能把所有的奴隶都视为简单的会说话的工具，视为某种低端的财产。因为，很多奴隶也和我们一样，也拥有智慧，也拥有他们的理性。为了城邦的发展，只要条件具备，就应该解放他们。或许在这一点上，我与苏格拉底他们不一样。

五　家政学与致富术研究：西方经济学的最初形态

记者：

你是政治学学科创立第一人，这一点毫无疑问。但有一个问题我想向你请教。

亚里士多德：

随便说。

记者：

政治学是研究如何管理国家，如何管理城邦的，你为什么要用那么多的文字去研究经济学呢？

亚里士多德：

对于一个人、一个家庭来说，如何获得和创造财富至关重要。没有必要的财富，任何家庭、任何个人都无法立足于世，更谈不上发展。我们已经交流过，国家或城邦是从家庭和个人发育而来，获取和创造财富既然对家庭和个人至关重要，那么对于国家和城邦，自然也非常重要了。

记者：

应该是这样。所以你在开创政治学研究的同时，也开创了对经济学的研究？

亚里士多德：

政治学研究，我不是第一人；经济学研究，我也不是第一人。

记者：

那谁是经济学研究第一人呢？

亚里士多德：

我也不知道，我只知道，在我那个时代的150多年之前，色诺芬就写过一本名为《经济论》和一本名为《雅典的收入》的著作。在这两本书中，色诺芬第一个提出了“经济”和“管理”的概念，他还对农业在国家中的基础地位进行了研究……

记者：

色诺芬还研究了哪些经济问题？货币问题他研究过吗？

亚里士多德：

是的。色诺芬非常重视对商业和贸易的研究，而研究商业和贸易，就必然会涉及对货币的研究。在那么早的时代，色诺芬就发现了雅典银币在贸易活动中所具有的作为流通手段、贮藏手段和贸易结算工具的功能。

记者：

真是了不起，难怪你对色诺芬关于经济学的研究如此看重。不过对我来说，我还是特别关注你对经济学所做的研究。

亚里士多德：

为什么啊？

记者：

我在大学期间研读马克思的《资本论》，这位我最钦佩的大学者在其经济学著作中多次引用你在《政治学》中关于经济，尤其是关于货币的有关论述。所以我非常希望你谈谈关于经济学的研究心得。

亚里士多德：

既然你如此看重，我就给你介绍一下我在《政治学》中与经济有关的一些思想和心得。

记者：

太好啦。

亚里士多德：

第一，我在《政治学》中研究了经济建设与国家管理的关系。经济建设与国家管理的关系，犹如铸铜和制造铜质雕像的关系……

记者：

怎么讲？

亚里士多德：

经济建设为国家管理提供财富，只有有了财富，才会有对财富的管理，才会有政治学。因此，经济建设与国家管理虽然不完全是一回事，但经济建设无疑属于国家管理的一个重要部分。

记者：

继续。

亚里士多德：

第二，我归纳出了致富的几大类方式，并对每种具体的致富方式予以道德上的评价……

记者：

快说来听听，哪几大类？你是如何评价那些具体致富方式的？

亚里士多德：

人类致富的方式多种多样，最普遍的方式是畜牧、农耕、捕鱼、狩猎。大自然为动物的生长提供了丰富的植物，动物的生长是为了人类的生存，自然不会生产对人类无用的东西，一切的植物和动物都是为了服务人类而生产出来的。这类创造财富的方式，完全合乎自然，自然也是合乎道德的，应该得到鼓励和肯定。

记者：

你刚才讲的应该属于第一大类吧？

亚里士多德：

是的。第二大类属于反自然的致富之术，具体包括：1. 交易。首先是经商，这是最重要的致富方法，其中有提供船只、运输货物、销售几种具体类型，它们因安全和获利大小而有所不同。2. 高利贷。3. 雇佣。有些人因掌握某些技术而受雇用，有些人没有技术只能给别人提供体力劳动。这些致富之术，大多属于反自然的，尤其是高利贷，应该受到谴责。

记者：

一些历史资料说，在你所在的那个时代的雅典，高利贷非常普遍，是吗？

亚里士多德：

是的。高利贷不是从交易过程中获利，而是以作为交易中介的钱币来牟利，利息就是以钱生钱，这种手段最卑鄙，与道德最相违背，最应该受到谴责和批判。

记者：

还有别的致富之术吗？

亚里士多德：

还有一种，那就是从土地生产出来的东西中营利……

记者：

伐木、采矿是吗？

亚里士多德：

属于。采矿还可以因矿种的不同分为煤矿开采、铁矿开采等。

记者：

对这类致富之术你如何评价呢？

亚里士多德：

不再具体说了。综合对各类致富之术的研究，我的总体看法是：凡是最合乎自然的行业最道德，凡是不靠机遇而看重技术的便是最有本领的行业，凡是对人体最有损害的行业是最鄙陋的行业，使用体力最多的行业是最劳苦的行业，而最不需要品德的行业是最无耻的行业。高利贷是所有最卑鄙行业中最卑鄙的行业。这就是我的结论。

记者：

关于致富之术已经谈得够多了，可否说说你在商品和货币研究方面的成果？

亚里士多德：

建议单独做个议题。

六　论商品的价值与货币的起源

记者：

你刚才答应过要介绍你在商品和货币方面的研究心得，请说吧。

亚里士多德：

通过对各种致富术的研究，我发现所有的一切事物都可以有两种用途或价值……

记者：

哪两种？

亚里士多德：

一种是可以使用，满足人们特定的需要，这种价值就是使用价值，是符合事物本性的。例如，食品可以吃，鞋子可以穿，笔可以用来写字……这种价值就是物品的使用价值。

记者：

现代经济学称为商品的使用价值。

亚里士多德：

另一种就是可以用于交换，例如人们可以用鞋子去换取金钱或食物，这种价值并非商品固有的价值，可以说人们如此使用物品，是违背物品的本性的。人们之所以使用它，只是为了用这种物品去换取别的物品。

记者：

现代经济学称为商品的交换价值。很显然，物品的使用价值源于物品的本性，那请问物品的交换价值从何而来呢？

亚里士多德：

物品的交换价值源于人们各自所有的某种物品或者太多或者太少，人们为满足自己生活的需要，就需要用自己的所余去获取自己的所需，于是交易就应运而生。

记者：

那货币是如何产生的呢？

亚里士多德：

根据我的考察和研究，货币是这样产生的，其过程似乎也属自然。

记者：

请说。

亚里士多德：

在最初的社会共同体，也就是家庭中，全家人共同使用一切财物，不需要交易。后来共同体扩大了，各个家庭所有和所需的财物在种类和数量上各不相同，于是就需要交易。不彼此交易，人的需求就得不到满足……

记者：

就是物品与物品的交易，简言之，就是物物交易。物品能与其他物品交易，如这种交易能满足人们的一切需要的话，我相信就不会出现货币的。是吗？

亚里士多德：

是啊。问题是物物交易难以满足人们的需求。低端社会、野蛮社会、落后国家，是可以的。一旦人们的交往范围扩大，需要物品的种类和数量扩大，物物交易就不好使了。例如，人们需要百里之外的粮食救急，但自己只有可供交易的水牛，人们是不可能把水牛牵到百里之外去交换粮食的。

记者：

为什么呢？

亚里士多德：

你不是明知故问吗！估计粮食没拿到，牛就累死了，或者人就饿死了。

记者：

这倒是。所以需要一种东西，能既具有交换价值又便于携带、便于分割，只要具有这些东西，人们就很容易解决其需求。

亚里士多德：

是的，这个东西，就是货币，就是所谓的金钱。人们最终发现金和银等贵金属适合于担任这个角色，于是对金银进行加工，打上印记，货币就这么产生了。

记者：

难怪马克思说，是你亚里士多德首先从商品的偶然价值形态，看到了商品扩大的价值形态，从商品扩大的价值形态，看到了商品的一般价值形态，又从商品的一般价值形态，发现了货币的历史渊源。

亚里士多德：

但在我看来，货币的出现，并非什么好事情。

记者：

你为什么这么说呢？

亚里士多德：

货币即金钱的出现，刺激了人们的物欲，催生了一个靠聚敛金钱而牟利的行业——高利贷！这些以高利贷为生的人，不知道人生的幸福到底是什么，在他们肮脏的心灵中，除了铜板，还是铜板，生为财生，死为财死，唯有财富才是他们唯一而最终的追求！人类的堕落由此而加速。

七　国家一旦凡事要求“一致”“一律”，那只能使国家毁灭

记者：

我们已经探讨了财富的生产问题，也研究了货币的来源。那是不是该研究所有制问题啦？也就是说，是不是该研究在设置财产与国家的关系上应该采用什么样的模式？

亚里士多德：

这就是所有制问题，所有制问题在政治学中，是一个非常重要的问题。一般来说，关于财产与国家的关系，有三种可能。

记者：

哪三种可能？

亚里士多德：

这三种可能是：第一，国家所有成员共有一切事物，即所有事物为国家所有；第二，完全所有，即所有财产归个人私有，而不是公有；第三，一部分归公，一部分归私。就这三种模式，万变不离其宗。

记者：

那在你看来，这三种模式哪一种最好呢？

亚里士多德：

我们一点一点地分析。城邦或国家既然是作为一个政治共同体，如果没有它完全共同的东西，那这个共同体就不可能存在。也就是说，至少应该有一部分财产归国家所有。如此说来，我们刚才所讲的第二种模式是不应该存在的。

记者：

那倒是。问题的焦点便转移到一个好的国家是尽可能将一切划归公有，还是只供应一些东西，而另一些东西并不归为公有？

亚里士多德：

你的说法非常正确。柏拉图和苏格拉底主张，要尽可能将一切划归公有，如子女、妻子和财产都应归公共所有。

记者：

这种说法，我很早就听说过。不知道你对你的老师和师爷的观点如何评价？

亚里士多德：

虽然我很尊重柏拉图、苏格拉底，但对他们提出的这种思想，我不以为然。

记者：

你的依据是什么呢？

亚里士多德：

柏拉图、苏格拉底的主张，完全是一种乌托邦，在现实生活中不可能实现。

记者：

愿闻其详。

亚里士多德：

实行这种共有的前提是，整个城邦应该是划一的，越一致越好。

记者：

那倒是。

亚里士多德：

而一个城邦如果完全统一，则不成为城邦。

记者：

这是何故呢？

亚里士多德：

城邦和国家的本质就是多元化。如果凡事都要求一致，那么家庭必须与城邦一致，个人与家庭一致；那么干脆，个人就回归到家庭，家庭就回归到城邦算啦。那如此一来，国家的存在还有什么价值呢？

记者：

你的话我认为有道理。国家由多数人组成，人与人之间不一样，如果人与人之间完全一样，那么就不可能组成国家；人与人之间完全一样，就没必要进行分工合作，而分工合作恰恰是国家存在的前提和基础。

亚里士多德：

所言极是。一个国家，即便全是自由人，也不应该整齐划一。因为，一个国家不可能人人同时都做统治者，而只能定期交换，轮流执政。因为，公民之间是平等的，每个人都有权利参加国家的管理。任何统治者一旦退休，他就应该和别的自由人一样。不能总认为人走了，茶也不能凉。所以说，即便是一个完全是自由人的社会，也总是一些人在统治，另一些人被统治，而这些统治者担任的官职也是不一样的。既然存在着多样性，国家就不能太过实行整齐划一的所有权制度。

记者：

同意你的看法。那还有什么理由呢？

亚里士多德：

人们成立国家，目的是实现最高的善。这最高的善，你应该知道是什么吧？

记者：

你已经说过，是“自给自足”。

亚里士多德：

没错。很显然，家庭比个人更能实现自给自足，国家又比家庭更能实现自给自足。如果人们要求更多的自给自足，便会要求更少的一致性。

记者：

从逻辑上讲，你说的没错。

亚里士多德：

苏格拉底、柏拉图主张“共妻共产”，认为国家应该整齐划一，但实际上国家的本性不是“一”，而是“多”。国家由不同的人所组成，唯有在不同的人之间才有互助，才有合作，才可能实现最大限度的自给自足。如果都按照柏拉图和苏格拉底所讲的那个样子，凡事要求“一致”、凡事要求“一律”，财富全部归国家所有，每个人的思想都要求完全一致，这绝对不是什么善，这只能使国家陷入毁灭。

记者：

你的话，后人把它们归纳为这样一个政治学的原理，那就是：国家由多种多样的人所组成，不能要求整齐划一，要求整齐划一，只能使国家灭亡。

亚里士多德：

可以这么总结。

八　越是为更多人所共有的东西，越是更少人关心

记者：

你对柏拉图、苏格拉底的这种观点很显然是反感的。那么，在实际的管理中实行什么样的财产制度最好呢？

亚里士多德：

这个问题很复杂，不是一两句话就能说得清楚的。我们不妨深入地探讨一下。

记者：

最好。

亚里士多德：

苏格拉底认为，城邦的一致性的最高标志是：全体人说这是我的或不是我的。

记者：

柏拉图和苏格拉底心目中的“理想国”似乎是这样。

亚里士多德：

但是，我要告诉你柏拉图和苏格拉底的这种设计是不对的。

记者：

不对在什么地方？

亚里士多德：

所谓的“全体”有双重含义，如果所有个别的人都同时说：这个人是我的妻子或我的儿子或我的财产，那么实际上这就是全体所有人的财产或妻子或儿子，并不是每一个个人的东西。

记者：

理论上你这样说没问题。

亚里士多德：

还有一点，所有全体人都说这是我的，即使没有错，也不可能成为现实。任何人都知道，凡是为更多人所共有的事物，是最少为人所关心的，任何人考虑的都是他自己的事情，很少顾及公共利益，即使关心公共利益，也只是因为与他自己有关。

记者：

想一想，还真是如此。

亚里士多德：

对一些家庭来说，侍从成群，还不如少数几个得力。如果每个父亲都有上千个儿子，每个儿子都有上千个父亲，结果是任何父亲都不会关心任何儿子。每个人都不过是全体中的一个分子，他不知道谁为他生过孩子，这孩子是否成熟。

记者：

我相信你刚才提的结论，那就是：越是为更多人所共有的东西，越是更少人关心。

亚里士多德：

还有，就财产制度来说，财产在某些方面可以共有，但一般说来应该是私有好。因为划清了各个人的利益，就消除了争吵的根源。而且由于每个人都关心自己的事情，情况就会有所改进。或许人们并不否认，人们一旦认识到事物为自己所有，人们就会感到快乐。这是人的天性，人人都爱自己，这不是偶然的冲动。

记者：

你不是变相地鼓励自私了吗？

亚里士多德：

自私应该受到谴责，因为自私并不是真正的自爱，而是自爱过度了。爱财没问题，但一旦过度，就是守财奴，就是自私。

记者：

你的观点是，主张财产私有，但反对自私。

亚里士多德：

是的。只有在财产私有的情况下，人们才会为朋友效劳，才能表现出慷慨的品德。一旦财产公有，便没有乐善好施了。你看看现实中的情况：一些人违法犯罪、违反契约、欺诈别人、做伪证、向富人谄媚，那都是由于财产实行公有所造成的。而一旦财产归个人私有，这些问题会更少。相反，如果实行公有，上述的种种现象，便会越来越多。总之，正如你刚才所讲的那句话，越是为更多人所共有的东西，越是更少人关心，就是这个意思。

九　完全意义上的公民
只能是有权参加审判和行政统治的人

记者：

你是政治学创始第一人。谈到政治学，就必然会研究什么样的人才是公民。

亚里士多德：

政治学归根到底是研究如何管理国家的科学。国家由家庭组成，家庭由公民个人组成。因此，要研究国家的管理，也就必然会牵涉研究什么样的人才是公民。

记者：

有人说，住在同一个地方的人都应该是公民。

亚里士多德：

这种说法是错的。因为奴隶和侨民即使住在同一个地方，但并不都是公民。

记者：

有人说，所有拥有诉讼权的人都是公民。

亚里士多德：

错。一些侨民因契约关系，从而享有诉讼权，但并不是本国的公民。

记者：

看来，要成为真正意义上的公民，还有许多严格的条件。

亚里士多德：

当然是了。公民还有年龄的限制，未成年的儿童和那些已经从公共生活中引退的老人，也不是完全意义上的公民。

记者：

那什么样的人才是完全意义上的公民呢？

亚里士多德：

我在《政治学》中给公民下了定义，完全意义上的公民是指那些有权参加审判和行政统治的人。

记者：

这个定义，确实说得很清楚。

亚里士多德：

我为什么要把有权参加审判和行政统治的人定义为公民？这是因为在我们那个时候，公众审判法庭和公民大会是国家的最高权力机构，参加审判和行政统治的人是由公民大会选举产生的，所以，公民是被界定为有权参加国家政治活动的人，也就是指有政治权利的人。

记者：

一些学者说，你的这个定义最适合于实行民主制度国家的公民。是这样吗？

亚里士多德：

我关于公民的定义，对其他非民主政体的国家也可以适用，但是不一定都适合。例如，斯巴达就没有公民大会，只有一些偶然的集会，很多平民并没有政治地位，那么，这些人也很难称为公民。

记者：

你关于公民所下的这个定义，已经为后来你们西方民主国家普遍接受，也为正在走向民主的国家逐渐接受。说到底，公民指有权参加国家的政治统治、有权参与国家的立法的人。

亚里士多德：

可以这么讲。

记者：

关于公民的范围，有一些学者提出，是不是父母双方都是公民的人，才能算公民？

亚里士多德：

一个人只要能参与政治统治，有政治权利，就是公民，而不必涉及他们的父母、先辈。

记者：

还有人说，一旦国家的政治体制发生变化，例如一些实行独裁的国家被改变成民主国家，原来许多的外邦人和奴隶，被编入这个国家而享有一定的政治权利，这些人能不能也称为公民？

亚里士多德：

当然可以。所有在国家的政治制度发生变化后享有政治权利的人，实际上都必须被称为公民。

十　好公民：既知道作为统治者，怎样统治自由的人，又知道作为自由人，怎样受人统治

记者：

柏拉图在《理想国》中，将智慧这种品德分配给统治者，将勇敢分配给武士，留给被统治者的品德只有节制了。如此一来，统治者就是统治者，被统治者就只能是被统治者了。我相信对这种看法你肯定不会赞同的。

亚里士多德：

你说对了。在柏拉图那里，统治者与被统治者被完全划分为两个截然不同的系列，统治者是一个集团，被统治者是一个集团，二者没有任何相互转换的可能性。

记者：

我觉得柏拉图的那种做法太过僵化，一个缺乏最基本流动性的社会，是没有希望的社会。快说说你的看法。

亚里士多德：

在我的政治学中，作为统治者的人与作为被统治者的人，在道德品德上，并没有本质性的不同。他们都富有正义、节制和勇敢等美德，如果说作为统治者的人与作为被统治者的人还有什么不同的话，那就是统治者除了具备正义、节制和勇敢等美德外，还具有实践智慧，这种智慧也就是政治经验和政治技巧。

记者：

这种定位好。

亚里士多德：

在我的政治学中，统治者与被统治者的关系并非简单的统治与被统治的关系……

记者：

那是一种什么关系呢？以前真的没听说过这种高论。

亚里士多德：

如果把被统治者比作制造笛子的人，并就如何吹笛子提出具体意见的人，那么，统治者就是具体负责吹笛子的人。

记者：

如此一来，统治者与被统治者在根本利益和思想上就站到一起来了。

亚里士多德：

是的。在我的政治学中，“统治”与“被统治”两个词被赋予新的含义。

记者：

新在何处？

亚里士多德：

在我的政治学中，“统治”与“被统治”的关系可以有两种类型，一种类型是奴隶主—奴隶型统治模式，在这种模式下，统治者是主人，他的职责就是去指挥那些被统治者干这干那，如果被统治者不听从指挥，则诉诸暴力予以惩罚。而被统治者种类很多，有的人可以掌握一定的技术，有的人则完全靠出卖体力服务统治者。这种模式是反自然的，是我所不喜欢的一种模式。

记者：

你喜欢的模式是？

亚里士多德：

我喜欢的模式属于第二种，即自由人—自由人型统治模式，在这种模式下，统治者与被统治者都是自由民，二者身份相同，谁也不比谁高贵到哪里去，这种统治模式我名之为政治统治。统治者必须学会被统治……

记者：

统治者必须学会被统治，怎么理解？

亚里士多德：

许多军队的统领就是在不断接受别人的统领下而成长起来的，就是这个意思。政治是一种技艺，成熟的政治家都不是天生的，他们也是在不断接受别人政治领导下逐步成长起来的。没有受过别人统治的人，是不可能成为真正的政治家的。

记者：

你说的这个道理不会错。

亚里士多德：

关于政治统治，归纳起来就是，一个好的公民，必须注重两方面道德的训练。他们既要知道如何作为统治者，去统治那些与自己具有同样品德的自由人。他们还要知道如何作为一个被统治者，去接受那些与自己具有同样品德的自由人的统治。

十一　论正常政制及其蜕变

记者：

谈完了公民的定义，我们是不是应该谈谈政治制度问题了？

亚里士多德：

这是自然的。所谓政治制度，就是政体；而所谓政体，就是安排各种国家官职，尤其是最高权力的制度。

记者：

简而言之，政治制度就是政体，就是指一个国家的权力设置。

亚里士多德：

没错。不同的政体之下，国家权力的分配模式是不一样的。如，在民主政体中，凡是平民都拥有统治权；而在寡头政体中，只有少数人拥有统治权。

记者：

据说，你对政体进行了详细的分类，可否请你详细介绍一下？也同时请你讲一讲你是依据什么原则来对政体进行分类的。

亚里士多德：

在介绍我对政体的分类之前，我们必须首先解决两个层次的原则问题。第一个层次是，必须明确国家或城邦存在的终极目的是什么。如果这个问题搞不清楚，我们也无法对政体做出分类。

记者：

你的观点向来非常明确，那就是：人是政治动物，人是为了相互彼此帮助过上美好生活才组建城邦。因此，无论对于国家城邦，还是对家庭、个人来讲，组建城邦就是为获得美好的生活。这是不是你设置和判断各种政体好坏的最高原则？

亚里士多德：

是这样。

记者：

解决了根本原则问题，还应该解决什么层次的原则呢？

亚里士多德：

解决了这个根本原则之后，我们还应该对政治统治的形式做一些比较细的研究。这个问题，我们在之前的对话中已经谈过，但鉴于这个问题太过重要，我必须要再次强调一下。

记者：

咱们是面对面地交流，重复一点，没问题；对一些关键性的点予以强调，也没问题。

亚里士多德：

政治统治大体说来，包括三种，我之前说两种，以此为准。

记者：

政治统治分为三种。第一种，是主人对奴隶的统治。在这种统治下，主人的利益至高无上，统治者虽然偶尔也照顾被统治者也就是那些奴隶的利益，是因为如果奴隶没有了，主人也不能存在。这种统治，其最终的诉求，是为了保证主人的利益，主人的利益是第一位的。

亚里士多德：

第二种统治是，家长对妻子和子女的统治。在这种统治模式下，主要是为了保证被统治者的利益，同时也兼顾双方的共同利益。

记者：

你的表述有问题。在这种统治下，我认为也不能说是为了保证被统治者的利益。应该说这种统治主要是为了保证家长的利益，但不排除对妻子和子女利益的照顾。

亚里士多德：

也可以这么说。第三种类型是公民统治。这种统治是依据平等的原则，由身份相同的人统治，所以，应该由大家轮流统治，这种统治是最符合自然的。人应该在作为统治者时照顾别人，别人也会想到他的利益。

记者：

这点说起来很容易，但做起来很难。

亚里士多德：

没错。一些人一旦获取统治权，便利用统治权谋取私利，想方设法保持自己的位子。

记者：

说到现在，你该谈谈对不同政体进行分类的具体标准了吧？

亚里士多德：

这个标准就是：凡是照顾公共利益的政体，就是按照严格的正义原则的政体，就是好政体；而仅仅保证统治者利益的政体，就是错误的，就是正确政体的蜕变，这种政体是专制的，它与国家应该是自由人组成的联合体这个原则背道而驰。

记者：

你的态度旗帜鲜明，你反对统治者仅仅为了自己的利益而统治，主张统治者应该照顾被统治者的利益。

亚里士多德：

是这样。总之，如果政治统治是以公民的共同利益为目的，就是正确的政体；反之，如果以统治者的私利为目的，就是正确的政体的蜕变，就是错误的政体。

记者：

可否再具体地列举一下？

亚里士多德：

正确的政体有三种，一是君主制，由一人统治；二是贤人政制，由少数优秀的人统治；三是共和制，由多数人统治。共和制是由很多品德高尚的人来进行统治，但这类人难以找到，所以一般都由有战争才能的武士来统治。

记者：

那由这些好的政体蜕变的政体有哪些呢？

亚里士多德：

这种不好的蜕变的政体也有三种：第一种是僭主制，这种统治由一人统治，是君主制的变种；第二种是寡头制，是贤人制的变种，是为少数富人谋利；第三种是民主制，是共和制的变种，是为多数穷人谋福利。

记者：

如果我没有记错的话，你的这种分类与柏拉图在《政治家篇》中的分法是一样的。

亚里士多德：

你的记忆还是有些问题的。我的这种分类与柏拉图的分法是一致的，不过，柏拉图并没有将共和制与民主制分开。他只是说，给多数人的统治以一个名称，就叫民主制；民主制可以分为两种，一种是按照法律统治的，一种是不按照法律统治的。

记者：

明白你的意思。也就是说，在柏拉图那里，共和制与民主制是一回事，而你则把它们分开来。

亚里士多德：

是这样。可能柏拉图的说法比我的说法更好些。共和制、民主制只是名称不同而已，彼此之间没有什么本质性的不同。

十二　政体设计充满着永恒的矛盾，但基本的原则不能违背

记者：

天下之事，无不充满着矛盾。我相信政治问题也不例外。

亚里士多德：

是的。就国家政治制度的顶层设计来说，就是如此。国家由家庭和个人所组成，各个家庭、各个个人彼此之间，矛盾无处不在，无时不有。从研究者的角度来说，因为每个人的定位与立足点不同，各个人的看法自然也是各有千秋，千差万别。

记者：

我相信。

亚里士多德：

再举个例子说说，你也不要嫌我唠叨。赞同民主体制的民主人士们说，平等是正义，也只是地位相等的人的平等，而不是所有人的平等。赞同寡头政体的人说，财富的不平等是天经地义的事情，也只有财富不相等的人之间的不平等，并不是所有人的不平等。

记者：

明白。正义是一个抽象的概念，理论上对正义予以界定是一回事，将正义具体化到实践中，对其具体含义如何界定又是另外一回事。政治制度的核心是权力分配，尤其是对最高权力的分配。在你看来，什么层面、多大范围的人掌握最高权力最好呢？

亚里士多德：

无论哪一种类型的权力分配制度，实施起来都会面临巨大的矛盾和困难。

记者：

我想应该是这样。

亚里士多德：

如果把最高权力授予穷人，穷人必然会动用国家权力，去瓜分富人的财富。这也不正义，这与暴君或僭主压迫穷人、富人掠夺穷人没有什么不同。如果由少数贤明的人掌握最高权力，那么多数人便没有机会去分享职位和荣誉，显然不公平。国家最高权力如果由某一个最贤明的人去掌握，那么被剥夺权力的人就更多了。

记者：

到底如何分配权力才是最合理的呢？

亚里士多德：

从一定意义上来讲，每个阶级的要求都是合理的，但一旦把这种有限的合理性推到极端，就会出问题。

记者：

同意。

亚里士多德：

每一个阶级和阶层的诉求都是合理的，但国家一旦把满足某个层级或阶层的诉求作为自己的唯一追求，国家就步入邪路了。无论哪种体制，都应当把国家的最高利益，即让公民过上良善的生活作为自己的原则，片刻不可违背。这就是最终的原则。

十三　法治高于人治

记者：

人治与法治，孰优孰劣，也是政治学中的一个重要问题。你老师柏拉图的观点我是知道的，他最早是迷恋人治，对“哲学王”政治赞赏有加，而到了晚年，则越来越倾向于法治。

亚里士多德：

是的。在《理想国》中，柏拉图主张以哲学家为王，赞同人治；到了《政治家篇》中，柏拉图发现现实的政府都不是根据知识，而是根据法律和习惯来统治的，因而意识到真正的人治很难实现，只能实行法治。

记者：

到了《法律篇》时期，柏拉图的观点就完全改变为法治了。

亚里士多德：

是的。《法律篇》是柏拉图对话中最长的一部书，占柏拉图全部著作总量的五分之一，也是他晚年最后一本书。在这本书中，柏拉图指出：在一个国家和城邦中，如果法律是无能的，而只能屈从于统治者，这个城邦即将毁灭；相反，如果城邦的法律高于统治者，统治者服从法律，这个城邦就会得救，神将降福于这个城邦。

记者：

柏拉图的观点变化真大，早年人治，晚年则完全倒向法治。你的看法是？

亚里士多德：

不同的政府适合不同的社会，如果某个社会有幸得到神的眷顾，而能冒出一个品德超群、超凡脱俗、适合于君临天下的人物，那就去实行王制、贤人制或者其他制度。但是在一个人人彼此平等的民主社会，以一人统治所有的人，无论有没有法律，无论此人品德如何高尚，都是不正义的，都是不好的。

记者：

你的潜台词，法治优于人治？

亚里士多德：

系统一点，我的观点可以归纳为三句话，那就是：第一，民主制度优于其他政治制度，其他制度虽然也有不少长处，但断不可行。第二，多数人统治要比一个人或少数人统治好。多数人中个人的品德和能力或许比不上那个智慧超群的人，但他们集合起来，大家的智慧和品德就超过了那一个人或少数几个人。第三，法治比人治好。理由是：即便是有高尚品德的优秀的人，也难免有个人的欲望和好恶，这就是非理性的兽性，只有法律的统治才能摒弃这种兽性，所以法治要高于人治。

第十五章　论现实政治与理想政治

引　子

亚里士多德并非是一位纯粹的书斋型学者，他的很多政治学研究都立足于当时希腊城邦政治的现实。他安排其弟子收集了当时所能触及的158个希腊城邦政治的第一手资料，这些资料便是他从事政治学研究的基础。他像进行动物学等自然科学研究那样进行政治学研究，从大量经验和事实中归纳分析得出科学结论。当然，亚里士多德也并非神，他的一些观点，如他关于小国寡民社会的看法，就被后来历史的发展所抛弃。但这丝毫也不影响他作为人类政治学第一人的伟大。评价一位思想家是否伟大，不能简单计较于他的理论有多少被后人所超越和否定，而是看他在多大程度上超越或在多大程度上实质性地推进了前人的思想。让我们继续拜会亚里士多德，延续政治学探讨之旅。

一　政治学要研究可能实现的最好的政体

记者：

作为政治学创始人，你如何看待政治学的研究对象？

亚里士多德：

一切知识和学科都有它专门研究的对象，例如体育就是研究什么样的训练对身体有利。

记者：

请说政治学研究的对象。

亚里士多德：

政治学研究的对象应该分为两个层次：第一个层次是，政治学首先应该考虑什么是优良的政体，如果没有外部的干扰，什么样的政体最适合公民们的意愿、最适合国家。这是一个层次。

记者：

还有别的什么层次？

亚里士多德：

最好的政体未必是一般的现实的国家所能够实现的，所以好的立法者和真正的政治家不应该一门心思去追求那种绝对的优良的政体。

记者：

那他们应该考虑什么呢？

亚里士多德：

好的立法者和真正的政治家应该考虑的是，选择什么样的政体才是符合城邦实际情况的优良的政体。环顾我们周围的国家或城邦，由于种种原因，它们都缺乏建立优良政体的起码条件，作为政治学家，我们应该为它设计较低水准的政治制度。否则，你设计得再好，它也实现不了，也是毫无价值的。

记者：

这个道理应该没问题。

亚里士多德：

作为政治学者，我们不仅要研究什么是最优良的政治制度，而且要研究最可能实现的政治制度，尤其是研究那些所有城邦都容易实现的政治制度。

记者：

我长期研究你老师的著作，我感觉他的很多研究思路与你不一样。似乎柏拉图更具有理想主义色彩。

亚里士多德：

你说的没错。柏拉图心目中最好的政体就是斯巴达式的政体，柏拉图对他生活在其中的雅典民主非常反感、非常不满意，他一心一意要在雅典推行斯巴达式的专制制度。这种做法，我深不以为然。

记者：

通过研究你的政治学著作，我能够感觉这一点。

亚里士多德：

要改变现存的政治制度，新制度必须使人们甘愿接受，而且是容易实现的。改善一个旧制度的困难程度，并不亚于一个新制度的建立。我们与其把精力放在探讨乌托邦式的理想制度，还不如把主要精力用于研究如何纠正现有体制的弊端，去帮助统治者完善这些政体。如此一来，我们的设计和理念就不会像柏拉图的那样那么高不可攀、无法实现，而是具有相当的现实性。

记者：

我明白你的意思。一个政治学者不应该去一心追求一些高不可攀、无法实现的理想，而应该立足于现实，寻求在实际条件下有可能实现的最好的政治制度。是吗？

亚里士多德：

你说得非常好！

二　要使民主制度顺利实施，必须保证法律具有权威

记者：

你已经说过政治制度就是政体，政体就是政治制度。我想了解一下，政体到底是基于什么原因而产生的呢？

亚里士多德：

这个问题问得好。搞政治学研究的人，必须回答这个问题。

记者：

谢谢！请讲。

亚里士多德：

政体之所以具有不同的形式，原因在于组成国家的元素也就是说人不同，是因人不同而产生不同的政体。

记者：

愿闻其详。

亚里士多德：

在一个国家中，有富人、穷人和中等资产的人。具体来说，任何一个国家的

公民不外乎有以下八种人，他们分别是：生产粮食的农民，从事技艺的工匠，经营买卖的商人和小贩，农奴和雇工，保卫城邦的武士，执行审判的司法人员，为城邦提供经济支持的富人，担任官职的行政人员。就这八种人。

记者：

从我们现在的社会来讲，组成国家的人，大概也就这些。

亚里士多德：

同一类型的人，可以担任不同的职能：同一个人，可以既是农民又是兵士；既参加公民大会，参政议政，又可以参加陪审法庭。但同一个人不可能既是富人又是穷人。

记者：

那倒是。富人没了钱便是穷人，穷人有了钱就成为富人；在特定时期，穷人就是穷人，富人就是富人。

亚里士多德：

是的。富人和穷人是国家构成中两个不同的部分，一般情况下，穷人占多数，富人占少数。这两个阶层之间具有各种各样的矛盾，彼此对立，相互斗争。这两个阶层谁占上风，谁就决定国家实行什么样的政治制度，也就是政体。

记者：

如果我没有记错的话，柏拉图认为民主制是多数人当权的政体，寡头制则是少数人当权的政体。你是否认同这个观点？

亚里士多德：

这个观点有一定的合理性，但是太过简单。简单地以人数多少来划分政体，是不正确的。将人数的多少与这些人占有财富的状况结合在一起，才能做出合理的划分。

记者：

快说你的观点。

亚里士多德：

在我看来，民主制是指贫穷而又占人口多数的平民执掌政权；寡头制是指出身高贵又占人口少数的富人掌握政权。

记者：

你说得比较宽泛。可否具体地阐述一下民主制的具体类型？

亚里士多德：

你不用问，我也会说的。民主制在好的政体中是坏的，在坏的政体中又是好的。但不管怎么说，我还是倾向于民主制的，这一点，我们在之前的交谈中已经说过。

记者：

我记得。

亚里士多德：

根据希腊当时的实际情况，民主政体有这样几种具体的形式：第一种，最符合平等原则的形态。在这种状态下，穷人和富人处于平等地位，谁也不占上风；人们是自由的，国家的政治生活是民主的，一切人以平等身份处理政治事务。由于平民总是占多数，这种政体必然实行民主政体，人们对法律相当尊重，法律成为处理一切国家大事的根本依据。这是第一种。

记者：

第二种是什么？

亚里士多德：

第二种民主政体下的官职有一定的财产要求，不过所定的要求不高。有少微财产的人，便可以担任官职。第三种是，出身不成问题的公民都可以参与治理。第四种是，不问出身如何，只要是公民都可以参加行政管理。在刚刚我所提过的几种形态中，法律具有极大的权威性，无论是穷人还是富人，无论是那些手握大权的权贵还是平头百姓，他们都尊重法律的权威。

记者：

难道在民主体制下还有不尊重法律权威的情况吗？

亚里士多德：

我现在讲的最后一种形态也就是第五种民主政体下，法律权威就会遭受挑战。

记者：

我很感兴趣，请你说说。

亚里士多德：

第五种民主政体就一般情况来说，和我刚才讲的前四种政体没有什么不同。但是，在这种政体中，法律权威荡然无存，群众代替了法律权威。

记者：

为什么会出现这个情况呢？

亚里士多德：

在这种政体下，大多数的群众处于一种狂热的状态，一些蛊惑人心的平民领袖利用平民对他们的信任和支持，肆无忌惮地对法律发起挑战。一旦狂热的群众合成单一的人格，成为集体的君主，这样的民主政治，就必然摆脱法律的约束，必然趋向专制。这种民主制就如从王制蜕变的僭主制或暴君制。

记者：

苏格拉底和柏拉图对这种暴民的政治，一向也是很反感的。

亚里士多德：

这种政体确确实实是糟糕的政体。平民的决议好比是僭主的训令，那些平民领袖蛊惑人心，从平民手里窃取大权；那些人可以左右平民的意见，平民也听任这些人的摆布，国家走向混乱。

记者：

这样的政体难道还能称为民主政治吗？

亚里士多德：

这样的政体根本不能称为一个政体。因为，在法律失去权威的地方，政体也就不复存在。所谓的民主政治，也必然徒有虚名。依靠平民的拥戴上台的那些所谓的民主英雄们，只是借民主的名义，实行独裁专制。总之，一句话，要使民主政治顺利实施，必须保证法律有权威。法律的权威一旦遭到挑战和摧毁，民主政治便不复存在。这就是结论。

三　由中产阶级执政的政治制度，是最好的政治制度

记者：

你曾经对各种各样的政治制度做过认真的研究，我想问你：什么样的政治制

度最好？

亚里士多德：

我知道你会提这个问题的。

记者：

哈哈！快说。

亚里士多德：

任何一个国家或城邦，其人员构成不外乎是这样三大类：富人、穷人、中产阶级。

记者：

应该是这样。

亚里士多德：

穷人和富人是一对永恒的矛盾，且其矛盾常常是尖锐无比。

记者：

是的。

亚里士多德：

无论是富人，还是穷人，由他们各自构成的政体都要欺骗对方、压制对方。

记者：

这或许就是所谓的阶级斗争吧。

亚里士多德：

由富人组建的寡头制欺骗、弹压穷人和平民的方式有这样几种：其一是，在公民大会上，政府规定虽然全体公民均可参加，但只有富人不出席便要受处罚，这是鼓励富人参政议政。其二是，在各种官职安排上，寡头制规定富人不许辞去公职，穷人却可以这样做，这是鼓励富人做官，把穷人排挤出官场之外。其三是，在法庭审判上，富人不担任法庭陪审便要被罚款，穷人不担任不必处罚，这是鼓励富人参与司法活动。其四是，在武器持有上，穷人可以不持有武器，富人不持有武器便要受罚，这是鼓励富人拥有武装……

记者：

以前还真的没有这么想，还有吗？

亚里士多德：

有的。在体育训练方面，寡头政府规定穷人可以不参加体育训练，但富人不参加便要受罚。凡此种种，寡头制的种种规定都是为富人的权益考虑，增加富人在政治上的力量。

记者：

如果穷人掌握政权，他们是不是也要千方百计欺骗和弹压富人呢？

亚里士多德：

毫无疑问。民主政体便会以其人之道，还治其人之身，如规定穷人出席公民大会和陪审法庭可以领取津贴，富人不出席则不必受罚，等等。

记者：

不用详细解释，我懂的。看来，无论是富人还是穷人掌控国家，都不是好事，国家不稳定，社会不稳定，政治不稳定，你斗我，我斗你，终究不是国家之幸！

亚里士多德：

你说得对极了。富人极易逞强放肆，穷人极易泼皮无赖。

记者：

有这个问题。

亚里士多德：

穷人迷信光脚的不怕穿鞋的，无论在军事还是文职机构中，他们都很难管束，容易对城邦造成大的伤害。而富人有过多力量、财富和朋友，财运亨通，藐视一切，他们往往不愿受人统治，他们从小就在骄奢的环境中长大，受不得任何纪律约束。

记者：

是这样。

亚里士多德：

无论是富人主导下的国家，还是穷人主导下的国家，都不是一个好的国家，都不是自由人的国家，这种国家是主人和奴隶的国家。人们一方面抱着蔑视的心态，另一方面则满怀妒恨的心理，人与人之间应有的友爱和交情见不到了，仇恨代替了友谊，人们甚至不愿意走同一条路，不愿意在一个饭店吃饭，不愿意在一个旅馆住宿，谁看谁都觉得反感……

记者：

提个方案。

亚里士多德：

中产者最能服从理性，而富人和穷人都不听从理性引导。一个国家作为一个共同体存在，应该尽可能由平等或相等的人组成，中产者最具备这样的特征。只有由中产者组成的城邦才能得到出色的治理，也最符合国家和城邦的自然本性。中产者是最安分守己的，他们既不像穷人那样图谋富人的财物，也不像富人那样会引起穷人的觊觎；他们不想算计别人，也不会自相残杀，这样的国家和城邦最平安，最稳定。

记者：

很显然，你心目中的理想政体是一个由中产阶级执政的政体。

亚里士多德：

是的。最好的政治共同体应由中产者掌权。中产者强大到超过两个极端的富人和穷人时，就可以防止政权向极端方向转变。

记者：

应该是。

亚里士多德：

一个国家或城邦，由富人掌权的往往会成为极端的寡头制，由穷人掌权的往往会成为极端的民主制，这二者都可能变成最坏的僭主制或暴君制。

记者：

明白。

亚里士多德：

合乎中庸之道的政体可以排除党派之争。

记者：

是吗？

亚里士多德：

当然是，凡是中产者庞大的地方都较少党争。大国比小国少有党争，因为在大国内中产者人数较多，而小国的公民往往不是富人便是穷人，中产者微不足道。

记者：

嗯。

亚里士多德：

此外，民主政体比寡头政体更加稳定持久，就是因为在民主政体中的中产者的人数和地位都超过了寡头制；如果民主政体中的中产者人数较少，穷人占绝对优势，内战就会很快发生，国家和城邦也就会很快解体。

记者：

你做过那么多的实证研究，最有发言权。

亚里士多德：

无论建立哪一种政体，立法者都得照顾中产者的利益，当中产者超过其余两部分或其中之一时，政体就有可能保持稳定。这样的政体不用担心富人和穷人会联合起来反对执政者，因为他们谁也不会愿意顺从对方。

记者：

原来如此。

亚里士多德：

从司法角度来看，也是如此，只有由中产者作为仲裁，才会获得双方最大的信赖。一句话，由中产阶级统治的政体最好，能最大限度照顾中产阶级的政体最好。

四　“三权分立”学说的最早表述

记者：

现在你们西方国家普遍实行“三权分立”制度，而你则被公认为“三权分立”学说的第一创始人，我非常想知道你在那么早的时候是如何表述这个学说的。首先问一下：你为什么要把国家政权机构一分为三呢？

亚里士多德：

平心而论，对把国家机构一分为三的原因，我没有深入思考过，所以你问我什么原因，我只能说无可奉告。但我可以给你介绍一下，我是如何把国家权力机关分成议事、行政和司法等三大块的。

记者：

详细说说。

亚里士多德：

我先说议事机构。

记者：

在今天，我们称为议会、立法机构、人民代表大会等。

亚里士多德：

议事机构是公民大会，它在下列问题上有最后决定权：1. 和平与战争以及是否结盟；2. 制定法律；3. 有关死刑、放逐和没收的案件；4. 行政人员的任用及任期终结时的审查。

记者：

你的这个说法，与今天民主国家对议会权力和职责的规定差不多，说到底就是立法和任命主要官员。请问：是所有公民都有权参与议事机构决定国家大事吗？

亚里士多德：

那倒不是，是因事而定。

记者：

如何个因事而定呢？

亚里士多德：

议事机构决定国家大事，不同的国家有不同的办法。有的是将一切事项交给全体公民审议，有的是交给某些公民审议，有的是将某些事项交由全体公民审议而另一些事项则由部分公民审议。

记者：

政体不同，议事的方法应该有所不同吧？

亚里士多德：

具体而言，将一切事项交给全体公民审议是采用民主政体的国家采用的方式，平民要求有这种平等的权利。议事形式也有如下几种：所有公民可以不必同时集会，而是由各部族或区域轮流集会讨论；全体公民集会只讨论其中某些事项，如制定法律、决定和平与战争、结盟与不结盟、选任行政官职等，其他事项则由各类官员处理；全体公民集会审议一切事项，各类官员只能做一些初步审议，没有最后裁决权。

记者：

你说了这么多种议事模式，哪种最为流行？

亚里士多德：

最后一种。

记者：

如果是寡头制体制，应该有所不同吧？

亚里士多德：

寡头制采取将一切事项交由某些也就是部分公民审议的方法。这些参加议事的公民必须具备一定的财产资格，如果财产资格定得较低，就有民主政治倾向；当只有某些特定的人才能当选时，便突出了寡头制的特征。当参加议事的人可以互选补缺或由父子世袭，尤其是当权力超越法律时，就自然成为具有寡头制性质的政体了。

记者：

关于议事机构，说得很清楚了。再说说行政机构的权力。

亚里士多德：

行政机构由行政官员所构成，行政官员具体包括：1. 专管全体公民在某一方面的事务，如指挥作战的将军，或专管某一部分公民如妇女和儿童的监护官；2. 经济事务如谷物的主管；3. 低贱官职，富人往往安排奴隶担任。关于行政官员的任用问题，如果是由全体公民从全体公民中采用抽签或选举的方式选用官员的，则具有民主政体的性质；如果是由一部分公民负责从部分公民中选用官员的属寡头政治性质；如果是由部分公民从全体公民中，或是由全体公民从部分公民中选用官员的属贵族（贤人）政治性质。

记者：

关于司法机构，你又提出了什么理论？

亚里士多德：

理论没有多少，我只是对当时的各类法庭进行了分类，共分为八种。

记者：

哪八种？

亚里士多德：

它们是：1. 审查和监督行政人员的法庭；2. 处理违反城邦公共利益的法庭；3. 处理牵涉城邦法律的法庭；4. 处理由行政人员或私人投诉的刑事法庭；5. 处理有关各种私人契约的法庭，这类案件是最常见的；6. 处理凶杀案件的法庭；7. 处理外侨问题的法庭；8. 处理私人契约中细小纠纷的法庭。

记者：

法官和陪审人员如何选择呢？

亚里士多德：

法官，尤其是陪审员的选择非常重要。法官选择如何进行，我一时想不起来了。但关于陪审员的选择我记得很清楚，陪审员的选用情况也和行政人员相似。

记者：

还是说说吧。

亚里士多德：

如果是从全体公民中选用陪审员来审理一切案件的，属于民主政治；如果只从一部分公民中选用陪审员审理一切案件的，属于寡头政治；还有第三种则是一些法庭从全体公民中选用陪审员，另一些法庭则从部分公民中选用陪审员，这是属于贤人政治或共和政治的。关于司法机构，我的探讨就是这些。

记者：

通过与你交谈，我不能不说，你对“三权分立”的研究还是比较肤浅的，不过我也不得不说，你的相关研究虽然比较肤浅，但毕竟开创了用权力分立模式来管控权力的探索性研究，非常了不起。

亚里士多德：

谢谢你的肯定！希望你们这些后来者深化这方面的研究。

五　贫富冲突乃引发各类革命的最根本原因

记者：

你在《政治学）第 5 卷中着力讨论了政治革命问题，在我们这个时代，革命这个词一般说来是个很正能量的词汇，最起码说不是个贬义词，不知道在你所在的那个时代，革命这个词是个什么样的词？

亚里士多德：

“metabole”，这个希腊词原义是变化、改变，在政治上便是变革。革命原来是指激烈的改变，我用“metabole”这个词，泛指叛乱、变革和革命。革命的方式也有几种……

记者：

哪几种？

亚里士多德：

一种是改变现行体制，如从民主制改为寡头制，或由寡头制改为民主制；另一种是并不改变体制，只是在原来的体制中做些改变，或是将权力争取掌握到自己的手中，或是加重或减轻原来体制的程度，或仅仅是改变原来体制中的某一部分机构。

记者：

如此说来，革命也并没有什么不好吗？

亚里士多德：

不管别人如何理解，在我的哲学中，革命这个词较大程度上是贬义词。

记者：

所以你要探讨革命为什么会发生，你要探讨用什么方法去防范革命的发生？

亚里士多德：

是的。当然，我要告诉你，我的好多结论都是建立在大量实例基础上的。

记者：

我相信。请你依据你对大量实例的研究，分析一下引发政治革命的原因到底有哪些。

亚里士多德：

我们先就最一般意义上的原因来说，不同政体下的人们总是从自己的角度去理解“正义”“非正义”“平等”“不平等”这几个概念，进而导致他们的诉求彼此针锋相对，针尖对麦芒，水火不相容，这是引发政治革命的一般性原因。

记者：

说具体些。

亚里士多德：

任何人都主张要正义，要平等，但人人都曲解了正义和平等。如：支持民主政治的人认为人们既然在某一方面是平等的，便应该在各方面都绝对平等；既然大家都平等地生为自由人，便进而要求在各方面平等地分享一切权利。主张寡头政治的人则认为人们在某一方面是不平等的，便应该在任何方面都不平等；既然他们自己在财富方面超越别人，便进而要求在其他方面也超越别人。这两派人如果在城邦政治中不能得到他们所向往的权利，就会起来要求变革。这种对“正义”“平等”的不同理解，便是导致政治变革的根本原因。

记者：

还有别的原因吗？

亚里士多德：

当然有，要求革命的人的心态是：有些人以为和他们相等的别人占了便宜，充满了不平的情绪；另一些人则以为自己优越，所得却未能多于他人，反而更少。低下的要求平等，而已经与人平等的则要求高人一等，他们为此要求变革和革命，其目的都是为了私利和荣誉。因此当权者的暴虐和贪婪也是引起革命的重要原因，一旦执政者行为横暴并且贪财肥私，搜刮群众的资产和侵吞公共财物，不但会引起群众反对，他们自己也会相互倾轧，甚至攻击他们所从属的政体。当若干人组成的团体势力增长过大，凌驾于整个共同体之上，从而获取了某些形式的特权时，往往是发生内战的时候。

记者：

还有吗？

亚里士多德：

人们由于做了不义之事唯恐受到惩罚，或者担心会受不公正的对待，都会抢先向对方发难。

记者：

就是恶人先革命呗？

亚里士多德：

是的。还有：组成城邦的各部分如果不能平衡发展，有一部分畸形增长，也会引起内乱，如在伯罗奔尼撒战争期间，雅典的大批富人出战阵亡，平民势力大为扩张。

记者：

还有吗？

亚里士多德：

还有：选用官员时的营私舞弊也会引发革命。再有：城邦的地理位置的差别也可以成为不和与内讧的原因。再有：城邦中的种种差别和对立都可以引起分裂。有些城邦由于其中某个部分力量强大而趋向某种政体，如雅典在希波战争初期，由于元老院强大而趋向寡头政体；后来由于来自平民的海军取得萨拉米战役胜利，奠定雅典的海上霸权，加强了民主力量。城邦中无论是任何平民、官员、部落、宗族、团体，只要发生权力的争论，就会引起内讧；如果敌对的双方——富人和平民势力相当，没有中产者为之缓冲，也会发生内乱。

记者：

说了这么多容易引发革命的原因，最后请你总结一下，在你说的那么多原因中，哪个最核心？

亚里士多德：

贫和富才是最主要的矛盾，贫富冲突是引发政治变革的最根本的原因。这一点就是结论。

六　如何防范革命的发生

记者：

革命既然是一种不好的事情，你既然指出了病因，便应该提出防止革命乃至动乱的方法。

亚里士多德：

是的。防范革命的办法，大致有十大类。

记者：

希望你一一道来。

亚里士多德：

第一，统治者不要有违法的行为，尤其是在细小事情上必须加以警惕。第二，统治者不能玩弄欺骗群众的方法。第三，将官员任期定为6个月，使人民能有更多轮番任职的机会，因为短期执政总没有长期执政为害那么大。而寡头制或民主制变为僭主制，往往是由于权力长期被少数人占有……

记者：

继续。

亚里士多德：

第四，人们往往由于当前患难而竭力保卫自己的国家和城邦，因此执政者应当考虑各种威胁，以远祸当作近忧，使人民随时保持警惕。第五，执政者应该通过种种法律防止各阶层的争吵和内讧，并使尚未参加党争的不要卷进斗争的漩涡。第六，在寡头制和民主制中常常因为财产资格的变化而产生动乱，可以将公民的财产登记，定期重新估计，并适当调整财产资格的定额。第七，可以规定任何人都不能在政治上取得超乎寻常的地位，这可以适用于一切政体。一个城邦应该以法律规定，任何人都不能凭借财富等获得特殊的权力。

记者：

继续。

亚里士多德：

第八，对行政官员的私人生活要有监督管理，最好的办法是将监督管理权和行政管理权分别授予彼此反对的人们，如穷人与富人，这是消除由不平等引起动乱的最好办法。第九，最重要的是在各经济领域内制定法律，使执政官员不能假公济私，不能营私舞弊。谁都知道，贪污是群众最厌恶的，因此必须使官吏不能谋私，不敢牟利。为防止私吞公款，应该当众收款，公开账目。第十，掌权者在政治权力上也应该尽可能照顾对立方。

记者：

尽可能照顾对方，如何理解？

亚里士多德：

意思是：民主政体应该保护富人利益，寡头政体则应该注意穷人的利益。

记者：

你说得这些非常有道理。还有什么要补充的？

亚里士多德：

有，还有四种办法值得借鉴。那就是：第一，凡是享有最高权力的人应该具备三个条件，一是忠于现行政体，二是有担任该职责的高度才能，三是有适合于该政体的品德和正义。如果有人不能完全满足这三个条件，就应当根据所担任的职务考虑，比如选择将军应首先考虑其作战经验，因为好人虽多而将才难得，可以将品德置于次要地位；但如选择公产管理或司库，便应将品德作为首要问题，因为计算财物的本领是一般人都具有的，而符合品德高尚要求的人则少之又少。第二，城邦要建立有利于保持自己政体的法律，最重要的是应该使愿意维持现政体的人的势力必须强于不愿意的人。第三，不要忘记需要实行中庸之道，无论民主制还是寡头制，如果趋于极端，平民或富人不能兼容对方，破坏了应有的平衡，最终不免使国家归于灭亡。第四，最重要的还是按照政体的宗旨对公民实施教育。即使是最好的法律，得到全体公民的赞同，如果没有形成习惯，深入人心，也是没有用的。

七　人应该按照共同的规则生活

记者：

在探讨革命问题中间，我想穿插一个话题。

亚里士多德：

随便说，哪一个话题都在我们的讨论范围之内。

记者：

你在《政治学》中曾经说过，人应该按照共同的规则生活，这不是奴役，而是解放。这如何理解？

亚里士多德：

原来是这个话题。我早就说过，天下没有什么十全十美的政体。在寡头政体中，统治者的子女都竞相奢华，这种政体百病丛生。即便是民主政体，也存在很多问题的。

记者：

我相信。

亚里士多德：

在民主政体下，人们也往往会曲解自由的原则。

记者：

怎么讲？

亚里士多德：

民主政治有两大信条，一是权力属于大多数人，二是自由原则。但许多民主主义者认为正义就是平等，而平等就是公众意志的至高无上，自由就是每个人可以做他自己想做的事情。在这种极端的民主政治中，人人都想过随心所欲的生活，置一切法律与规则于不顾。

记者：

这种情况确实存在。

亚里士多德：

这种对自由观念的理解是错误的，人人都随心所欲，人人都会成为受害者，如此一来，这个社会也必然是一个人人自危的社会，毫无安全可言。一切自由、平等、安全都将灰飞烟灭。而只有让人人都依照共同约定的规则行事，人的自由才会得到保障，人才会获得真正的解放。所以我说，人应该按照共同的规则生活，这不是奴役，而是解放。

八 暴君必然灭亡

记者：

《政治学》字里行间透漏出你对暴君制即僭主制度的蔑视，但你却为那些暴君提出了若干保护其政权的方法，你不觉得这有点矛盾吗？

亚里士多德：

不矛盾。任何政体一旦瓦解，必然是玉石俱焚，民众必然遭殃。我不怜惜那些混世魔王，但却不能不怜惜那些被其奴役的百姓，他们遭遇这些暴君的统治，已经很是不幸了，而国家一旦出现翻天覆地的革命，他们的生活必然更加艰难。

记者：

哀百姓生活之艰难，故你不得不强忍住对那些暴君的反感，而给他们提出一些能让他们苟延残喘的方案。

亚里士多德：

是的，此间心情之无奈，希望得到你的理解。

记者：

理解咋样，不理解又能咋样。说说你为这些混世魔王出的主意吧。

亚里士多德：

僭主制即暴君制，是极端形式的民主制和寡头制的复合，兼备这两种政体的偏差和过失，所以对人民的危害最大。

记者：

你对这种体制的定位前后一致。

亚里士多德：

僭主从寡头制那里学会了积累财富，因为唯有如此才能豢养其庞大的卫队，维持其骄奢淫逸、纸醉金迷的生活。僭主不信任平民群众，不让群众拥有武器，压迫群众，将他们逐出城市，疏散到乡间定居。僭主又从民主政治那里学会仇视显贵阶层，或明或暗地伤害或流放他们，因为这些人是他们权力的最大竞争对手。这些独断专行的统治者总是拥有巨大的财富和名位，而这恰恰正是人们最大的欲望之所在，故这些暴君们自然成为反叛和革命的对象。人们每时每刻都在做某种精心的谋划，以便置这些暴君于死地。

记者：

你建议他们具体如何行之？

亚里士多德：

不外乎两条相反的途径。

记者：

哪两条相反的途径？

亚里士多德：

一条是大多数僭主和暴君采用的方法，即加强专制统治，具体方法包括：铲除国家内部的杰出人士；禁止其共餐、结社，凡是群众悄然集合、意图谋反的行为都要严加防范；强迫人们在政府办公厅周围活动，可以处处予以监视；强迫人们养成奴颜婢膝的习性……

记者：

如此龌龊！

亚里士多德：

一点都不龌龊，非常实用。我还建议这些僭主们要经常收集群众言语行动的情报，派出密探，使人民有顾忌不敢随便议论政事。还要在各种人——朋友和朋友、平民和富人、富人和富人之间制造不和，使他们互不信任。还有一种办法是使群众忙于劳作，没有政治图谋的空闲，埃及法老强迫其臣民建筑金字塔陵墓就是极好之案例。还有就是加重赋税，横征暴敛，以及经常对外邦征战，让人民无暇来反抗君主。僭主们知道全邦人民都想推翻他，可是只有他的朋辈才具备推翻他的能力，所以要对其朋辈予以强力弹压，绝对不能让他们形成气候，而能对其统治构成现实威胁。一旦发现威胁，就立即予以绞杀，片刻不能耽误。

记者：

典型的厚黑之学！

亚里士多德：

谈不上厚，也谈不上黑。为了加强专制统治，没有什么手段不能用。对僭主而言，那些具有自尊心和自由意志的人最具危险性。任何人只要自恃尊严高贵，企图独立行事，必然蔑视君主权威，僭主必须未雨绸缪，早早予以铲除，否则一旦掉以轻心，迟早必受其害。

记者：

听来令人毛骨悚然，后背直冒寒气。那另一套“良策”又是什么？

亚里士多德：

对暴君而言，无论群众是否愿意，他一定要依仗权力对他们进行无情之统治。但在其他方面他却可以装得像是一位好的君王，比如他应当表现得留心城邦财政，不挥霍国有资产；他还可以公布自己的收支，他应摆出公家财产的监护人或司库的姿态。僭主还应不显露威严，让见到他的人产生尊敬的心情而不是畏惧。他在征战方面应表现出几分天资，给人知兵善战的印象。他绝不能在色情方面对人有所伤害，不让民间流传淫秽的蜚语。生活方面他应当保持节制，不应无节制地沉溺于声色之乐。他应当装饰和美化他的城市，让群众认为他是很好的公众利益的保护人。他还必须时时表现自己对诸神的笃诚，而又不能让人认为是愚蠢的迷信。他对有功绩的人要给予荣誉，但必须恰如其分；对要罢黜的人也要逐步进行。他不可滥施体罚，避免对人们的凌辱行为。

记者：

你是学者，但你给这些混世魔王出起主意也毫不含糊。

亚里士多德：

我还特别告诫这些暴君们：一定要记住城邦是由两个部分——穷人和富人组成的，他应防止他们互相侵害，并且要使这两部分人都相信，正是由于他的统治，他们的生存才有保障。如果哪一方面较强，就将他们拉到自己这方来，作为平定叛乱的手段。

记者：

有了你提供的锦囊妙计，我相信那些暴君们就可以高枕无忧了，最起码不会担忧他的宝座被他人夺走了。

亚里士多德：

尽管如此，我也不得不说，在所有政体中，没有比寡头制和僭主制更为短命的了。体制不行，纵使上帝整天跟在这些暴君的屁股后面，也无法扭转其必然灭亡的结局！

九　理想之国与疆域大小和人口多寡无关

记者：

你是马其顿王朝的帝师，你的学生亚历山大大帝在其父亲基业的基础上，南征北战，最终建立起一个据说是当时世界上最大的帝国。

亚里士多德：

不是据说，事实就是如此。亚历山大大帝确实是一代枭雄，他历经数年，横扫天下。他的帝国横跨欧亚非，幅员辽阔，人口无数，其威震天下，无人敢于挑战。

记者：

学生是个大英雄，老师肯定也很伟大。作为亚历山大的老师，我相信，你肯定为你的学生所取得的成就感到自豪吧？

亚里士多德：

我从未对亚历山大的军事成功给予赞赏，如果你在我著作的哪一段发现我褒扬他的话，请你拿来找我。

记者：

我不会与你较这个真，但我想知道，你为什么对亚历山大建立的大帝国不感冒呢？

亚里士多德：

我心目中的“理想国”不是那种巨无霸型的大帝国。

记者：

那你梦中的理想之国是一个什么样子的呢？

亚里士多德：

我心目中的理想之国，不小但也不能大，一艘指头大或半里长的船都不能称为船，同样，一个如同亚历山大建立的大帝国那么大的国家，严格来说也不能称为国家。

记者：

可否具体描述一下你心目中的“理想国”？

亚里士多德：

我心目中的“理想国”，就其人口来说，应该保持一定的规模，不能太多，也不能太少。

记者：

如何把握？

亚里士多德：

有人说作为一个理想的国家，人口越多越好，人口最庞大的国家是最幸福的国家……

记者：

很多人都会这么想。

亚里士多德：

错。在我看来，最理想的国家，是那些最能完成自己目标，最有利于实现人类美好生活的国家。

记者：

你是说，国家好不好，与人口无关？

亚里士多德：

不能说无关，只是不能说人口越多越好，国家越大越好。

记者：

你的观点非常明晰，直截了当。你的学术风格，与你的老师柏拉图，与你老师的老师苏格拉底确实不一样。

亚里士多德：

别扯太远。我刚才说过，一个理想的国家，其疆域大小与人口的多寡，必须保持在一个合理的范围。打个比方说，一条船，如果只有一个大拇指那么大，就不能称为船，同样，一条船，如果有半里那么长，也不能称为船。

记者：

继续。

亚里士多德：

一个国家太小，就无法实现自给自足，同样，太大也无法建立稳定的政治制度。因为没有人管理得了这样的国家。而且，国家人口过多，也很难具有良好的法制，你是知道的，法制就是秩序，没有法制就没有秩序，没有秩序，人人就会相互伤害，人人都没有安全感，哪有什么幸福可言。此外……

记者：

继续。

亚里士多德：

一个国家人口一旦太多，正义就会很难实现，不正义就会大行其道。

记者：

你自己是不是扯远了？

亚里士多德：

一点都不。一个好的城邦，人口的多寡安排还必须确保人们能够相互理解，以便确保司法活动公正。

记者：

你的意思是说，人口一多，人与人之间难以相互理解，统治者在进行法律诉讼时也就无法理解被告和原告的真实情况，如此一来，就不可能做出什么公正判决。我没说错吧？

亚里士多德：

是的。

记者：

人口应当适度，你对国家的疆域也有特殊的要求？

亚里士多德：

当然有。

记者：

说。

亚里士多德：

疆域内土地应能自给自足，能生产一切生活必需品，能让居民过上闲暇、宽裕和节制的生活。地形应是敌人难以进入，而居民易于外出的地方。位置最好是坐落在有良好的海上和陆路通道的地方。总之，疆域的大小和人口一样，最关键的是易于观察到，因为易于观察便易于防卫。

记者：

你心目中的“理想国”除了满足你对人口、疆域的要求外，还需要满足什么条件？

亚里士多德：

那就是组成这个国家的人民必须具备与之相适应的品质。

记者：

怎么理解？

亚里士多德：

很多国家，虽然名曰国家，但其人民的素质与之完全不相适应。居住在寒冷地带的如欧罗巴人，虽有旺盛的生命力，但缺乏思想和技艺。他们过着比较自由的生活，可是没有政治组织，也没有统治人的能力。亚细亚人聪明和精于技艺，但是他们精神怠惰，所以总是处在被统治和被奴役的地位。

记者：

与欧罗巴人和亚细亚人比起来，希腊人如何？

亚里士多德：

显然希腊人最好。

记者：

好到什么程度？

亚里士多德：

希腊人虽然有些骄傲，但总体来说，希腊人既有理智又有勇敢，既爱自由又善于治理，创造了优良的政体。如果希腊各邦统一起来，便可以统治世界。

记者：

你一方面主张国家人口要少一些，疆域也不能太大，又鼓吹希腊人统一起来统治世界，这是不是有点矛盾？

亚里士多德：

不管你怎么说，我也从未对那些依靠武力奴役他人的暴君说过一句好话。

记者：

作为一个“理想国”，还需要符合什么条件？

亚里士多德：

还必须具备如下各大要素……

记者：

具体有哪些要素？

亚里士多德：

它们是：1. 粮食。2. 工艺技术。3. 武装力量。4. 财富储备。5. 对神的祭祀，这是最重要的。6. 公共政务和诉讼的裁决，这是最必需的。一个理想的国家，还必须有以下人员，那就是：1. 种粮食的农民。2. 工匠。3. 武装人员。4. 有资产的人。5. 祭司。6. 政务和诉讼裁决人员。

记者：

明白了。你心目中的“理想国”还需要满足什么条件呢？

亚里士多德：

那就是国家的土地分配必须合理。

记者：

怎样分配才算合理呢？

亚里士多德：

国家的土地应当属于掌握武器和参加政治的人，但不能让公民有缺少衣食的情况，所以必须实行共餐制度。全体公民都可以参加共餐，穷人无力支付餐费，应由城邦负担。就土地分配而言，土地分为两部分，一部分公有，另一部分私有。公有部分中的一部分用于祭神的开支，另一部分用于公餐的费用。个人私有的土地应分为两部分，一部分靠近边疆，一部分靠近城市。这样做符合平等和正义的要求，因为公民在边疆有土地，遇到敌情时不会漠然处之，而能团结一致。至于农民，如果能够自行选择，最好是由奴隶担任，并且最好是来自其他不强的种族，以减少暴动的危险。这些农奴凡在私人土地耕作的属于私人所有，凡是耕种公有土地的则归国家所有。

记者：

你设想的最好的国家中的农民和工匠实际上是奴隶，所以他们不是城邦的公民，也不算是城邦的部分。是吗？

亚里士多德：

可以这么说。

记者：

除了刚才说的这些，你心目中的“理想国”还需要满足什么条件？

亚里士多德：

那就是国家还必须以城市建设为中心。

记者：

详细说说。

亚里士多德：

城市是国家的中心，是陆路和海路的联系点。城市建设应该照顾到居民生活以及方便政治和军事的活动。比如城市要有水，既保护居民的生活，又有益于防卫。关于城市的防卫，将卫城筑在高地上适于寡头制或王制，而将防御工事筑于平原上则适于民主制。私人居住区设计如果过于整齐划一，虽然美观但不宜于在敌人侵入时进行抵抗，最好能采用这两方面兼顾的方案。

记者：

综合你所说的一切，如果将亚历山大建立的大帝国与你心目中的“理想国”比起来，确实差距甚大。

亚里士多德：

所以我不可能对亚历山大建立的大帝国点赞。

记者：

有一句话很想说，但又不知道该说不该说？

亚里士多德：

有什么不能说的？

记者：

你既然对你的学生亚历山大很有意见，对他依靠暴力欺凌天下的做法也非常反感，那你为什么不通过你的著作向后人传递这种感受，而让后人猜来猜去？莫非有什么难言之隐？

亚里士多德：

在政治面前，没有什么感情可言的。我虽然是亚历山大的老师和他父亲的朋友，但如果我敢对他们的所作所为有所诟病的话，他们必然会对我进行残酷斗争、无情打击的。晚年，我离开雅典，躲到我母亲老家，最主要的原因是惧怕希腊人的报复打击。但说句心里话，我也担心来自马其顿家族的迫害。你或许不知道，亚历山大死的时候，坊间就传说是我配置的毒药害死了亚历山大。

记者：

难怪你每谈到马其顿和亚历山大，就总是环顾左右而言他。我明白了，你晚年逃离雅典，不光是怕雅典人第二次对哲学犯罪，你也担心死于亚历山大及其党羽之手。

亚里士多德：

理解万岁。

第十六章　论教育

引　子

与柏拉图一样，亚里士多德也非常重视教育。在亚里士多德看来，教育之成败，事关公民伦理品德之能否养成。为培养与其理想之国相适应之公民，亚里士多德就教育之目的、方法和早期教育、青年教育、课程设置等问题进行过认真的研究。或许是因为亚里士多德论述其教育思想的《政治学》是一篇未能完成的著作，他的教育思想也显得相当不完整，尤其是在课程设置方面的瑕疵更是非常明显，不光说柏拉图创立的算术、平面几何、立体几何、天文学、谐音学、哲学被视而不见，就连他亲自创立的逻辑学、修辞学也都被遗漏。让我们走近亚里士多德，与其一起交流教育问题。

一　每个个体的伦理品德好了，才有国家整体道德的完善

记者：

据说你特别强调个体之善，特别强调作为个体的公民们的道德和品德教育？

亚里士多德：

是的。我之所以特别强调作为个体的公民们的道德教育，是基于这样的逻辑……

记者：

什么逻辑？

亚里士多德：

这个逻辑就是：一个国家要成为一个幸福之国，首先必须成为一个至善之

国，评价一个国家是否是至善之国，有两个指标必须把握好，一是要有一个正确的目的，二是要有一个实现这个目的的行为方式……

记者：

你早已说过国家存在的目的应该是至善，应该是确保其所属的人民过上幸福的生活。

亚里士多德：

是的。何为幸福，你知道吗？

记者：

你说。

亚里士多德：

幸福就是伦理品德的完全实现，它是绝对的、无条件的，我们说国家必须是幸福的，也就是说国家从整体上应该是具有完美的道德品德，但是我们也必须知道，即使国家从整体上符合道德，也并不意味着每个人都是道德的。而一旦每个个体的公民是道德的，则国家从整体上必然是合乎道德的。

记者：

你的意思是说，国家由个人所构成，如果每个人的道德水平提高了，整个国家的道德水平必然提高，是吗？

亚里士多德：

这就是我特别强调个体道德教育的理由。整体之善虽然高于个体之善，但整体之善来自个体之善，离开个体之善，就不会有整体之善。只有每个人的伦理品德好了，才会有国家整体道德的完善，因此道德教育必须从个人做起。

二　公民品德的养成，唯有依赖于教育

记者：

个体品德如此重要，那如何确保公民的品德能得到不断的提升呢？

亚里士多德：

根本之策在于教育，没有别的办法。

记者：

为什么这么说？

亚里士多德：

道理是这样的，人的品德源于三大方面。

记者：

哪三大方面？

亚里士多德：

自然本性或曰天赋，此其一，习惯，此其二，理性，此其三。

记者：

我赞同你的这个说法。人的品行，既有天生的成分，也有习惯的成分，当然与人的知识也有关。

亚里士多德：

人生来就有的人的天性，不是其他动物的本性。这些天性决定了人是人，而不可能是其他动物。

记者：

应该是。

亚里士多德：

就其他动物来说，终生只能在本性的主导下生活，而人则可以通过后天养成的习惯来改变甚至重塑其天性，使它向善或是从恶。

记者：

是这样。人也可以诉诸后天的学习、思考来完善其本性。

亚里士多德：

是这样。理性是人所独有的。从理论上讲，人的本性、习惯和理性应该和谐相处，可是它们并不总是一致的，人们只能服从理性，抗拒不良的本性和习惯。

记者：

理性就是教育。

亚里士多德：

可以这么说。人的天性中，除了一些好的天性可以由立法者以国家立法的形式予以驾取外，其余的便有赖于理性化的教育。有了好的教育，人的习惯就可以越变越好，人的天性也能得到一定程度的完善。

三　全体国民都应接受的教育

记者：

你的《政治学》把教育分成针对全民的教育和针对统治者与被统治者的教育，请你从教育内容方面说说这两大类教育有什么不同。

亚里士多德：

我是这么划分的，当然啦，我也有别的划分法。

记者：

先说说针对全民的教育具体包括什么内容吧。

亚里士多德：

人的灵魂可以分为两个部分，一部分是自身具备理性，另一部分自身虽不具备理性，却有服从理性的能力。一个人如果具有这两部分品德就是善良的人。在这两个部分中究竟哪一个是最终的目的呢？

记者：

毫无疑问是理性吧？

亚里士多德：

是的，无论在本性还是技艺上，较低的东西总以较高的东西为目的，而理性是较高较好的。

记者：

说具体点，不要离题太远。

亚里士多德：

人的生活也可以分为不同的部分：勤劳与闲暇，战争与和平，有些行为是以有利为目的，有些以高尚为目的。我们选择哪种行为应和选择灵魂的部分一致，如战争只是达到和平的手段，勤劳也只是获得闲暇的方法。政治家在制定法律时必须考虑这些点，要考虑灵魂的各个部分及其作用，更要考虑什么是好的目的，又要记得人的各种生活和行为。公民应既能勤劳善战，更能致力于和平与闲暇，既能够完成必需和有用的工作，更能实现高尚的事情。

记者：

这就是全体公民都应接受的教育？

亚里士多德：

是的，包括儿童，所有人，是全民教育。教育就是要帮助全民去追求更好的东西。

四　针对统治者与被统治者的教育

记者：

说完了全民教育，该请你说说针对统治者和被统治者的教育问题了。

亚里士多德：

一个国家的公民中有统治者和被统治者两部分，你认为他们应该互相交替还是终身不变？

记者：

我知道你的观点，那就是你主张轮流做。

亚里士多德：

如果国家中确实有出类拔萃的人，在灵魂和身体上都像诸神和英雄一样，他们便可以做终身的统治者。但事实上这样的人物是很难遇到的，因此只能选择统治者和被统治者轮流更替的政体即民主政体，这符合平等，又合乎正义。

记者：

既然是轮流坐庄，就不存在统治者与被统治者的区别，在教育上也就不应该有什么区别。

亚里士多德：

错！统治者和被统治者终究不同，一般说来，青壮年应当是被统治者，老年人应当担任统治者。统治者和被统治者既相同又不同，对他们的教育也是如此。相同的是要做好的统治者必先学会服从。

记者：

同意。

亚里士多德：

无论是好的统治者，还是好的被统治者，都应具有良好的品德。立法者必须设法使每个公民都能修炼成为善良的人，并让人们了解怎样才能做到这一点。这就是针对统治者和被统治者所应该给予的教育。

五　颂扬霸权的教育终将给国家带来灭顶之灾

记者：

据说你对希腊的教育很是不以为然？

亚里士多德：

不仅仅是不以为然，我还给予了严厉的批评。

记者：

说说你的理由。

亚里士多德：

希腊虽然以拥有优良的政治制度而著称，但立法者却不为他们的城邦设定最好的目标，法律和教育也不以完善品德为宗旨，却指望于那些实用的有利的东西。尤其是斯巴达的政体，颂扬强权和战争。

记者：

斯巴达确实是一个军国主义国家，但在特定时期，教育国民崇尚武力也是立国之本。病恹恹的民族是无法立足于世界的。

亚里士多德：

你的话有一定的道理，但斯巴达因为迷信暴力，最终导致国家的毁灭，也是不争的事实。

记者：

这倒是。

亚里士多德：

斯巴达教育它的国民欺凌周围的邻国，霸占这些邻国的土地，这是极端错误的。这种做法是对正义的亵渎，迟早会遭受报应的。

记者：

国家本身就是一个暴力工具，离开暴力的运用，国家还叫国家吗？

亚里士多德：

暴力与战争只有在下列三种情况才是可以的……

记者：

哪三种情况？

亚里士多德：

其一，是为了保护自己免受别人奴役；其二，是为了谋求领导地位，但这种领导不是为了奴役人，而是为被统治者谋福利；其三，是为了对那些真正应该受奴役的人实行专制。

记者：

我不明白，有哪些人是真正应该受奴役的呢？

亚里士多德：

奴隶。

记者：

你对奴隶始终是非常刻薄和不友好。

亚里士多德：

我这是一般性的理论研究，在我的家庭中，我对我的那些奴隶们还是非常友好的。

记者：

这个我同意，我看过你亲手写的遗嘱。

亚里士多德：

国家不能一味强调战争和暴力，立法者的所有活动应该以能为国民提供闲暇和建立和平为目的。穷兵黩武、好战成性的国家在战争时期也许平安无事，一旦霸业告成就会分崩离析。一把铁剑在和平时期会生锈，对国家而言，道理也是如此。

六　对青少年的教育应该由国家负责

记者：

在我们中国历史上，对子女们的教育历来都是由家庭负责，不知道在你们那个时代，是不是也是如此？

亚里士多德：

在我们古代希腊，有的国家把教育问题完全视为各个家庭的私事，不管不问，有的国家则将对青少年的教育问题作为国家的职责。

记者：

哪些国家把教育纳入国家的职责呢？

亚里士多德：

斯巴达就是一个，这一点我很欣赏。立法者应当关心青少年的教育，如果忽视便会对国家造成损害。公民应具备和他们生在其中的政体相适应的品质，公民的品质越好，政体也就越好。一切能力和技术的运用都需要事先训练，品德也是这样。既然整个国家有统一的目的，显然对所有公民应实施同一种教育。教育应是全体国家共同关心的事情，而不是由各人关心自己的子女。

记者：

很多人认为教育是个人的事情，国家没有义务去管教育。

亚里士多德：

这是一种糊涂的认识。一位立法者，千万不能认为每个公民只属于他自己，而应该看到所有公民都属于国家，每个公民都是国家的有机组成部分，因此对每一部分的关心应和对整体的关心完全一致。就教育而言，国家应该主动承担起对全体国民的教育责任，绝对不能放任自流，或撂担子不管不问。

七　教育当注重实用，但让人更加自由和高尚才是最终目的

记者：

关于教育的目的，人们历来争论不休，公说公有理，婆说婆有理。你是怎么看待这个问题的？

亚里士多德：

关于这个问题，我思考不深，但答案是明显的。

记者：

请讲。

亚里士多德：

让人更好地生活，毫无疑问是教育所应当关注的。但有的实用知识可以学习，有些知识虽然很实用，但不能列入教育课程之中。

记者：

有点不好理解，请具体说说哪些实用知识可以教给青少年，哪些不能教给他们。

亚里士多德：

实用的科目可以分为两类，一类是适用于自由人的，另一类是不适用于自由人的。后者如工匠的技艺以及领取酬金的劳动等，都是卑贱的事业，这些事会毁坏自由人的身体，而使他们灵魂堕落。为自己、为朋友，为高尚的目的而学习是好的，但如果是为其他目的而学习便是奴性和卑贱了。

记者：

你是话中有话，你对体力劳动一直是加以蔑视的。在我们这个时代，为获取酬金而进行劳动，是一件太正常不过的事情了。不劳动，人活不下去，其他什么事情都干不了。你要他们干别的事情，要他们去从事什么更加高尚和自由的事情，那无异于痴人说梦。

亚里士多德：

当时我不理解，现在我理解。人不劳动，就没有闲暇，最起码说，一部分人不劳动，就没有另一部分人的闲暇。人没有闲暇，就不可能进行理性思考。我对那些体力劳动一直有偏见，似乎这些工作只会培养人的奴性，导致人的堕落，这种看法有问题。

记者：

到了我们这个时代，人们不再像你那么看了。

亚里士多德：

时代不一样，人们的观念必然会发生变化。无可厚非。其实在我们那个时代，甚至是在那之前几百年，早就有人用劳动赚取酬金了。

八　论音乐教育

记者：

音乐，人人都喜欢，作为一个哲学家，在你看来，国家为什么要对青少年进行音乐方面的教育呢？

亚里士多德：

关于为什么要对青少年进行音乐教育，有三种说法。

记者：

请讲。

亚里士多德：

一种说法是，学习音乐只是为了娱乐和休息，与睡眠、喝酒一样，这虽然不是好事，但可以使我们快乐。

记者：

继续。这种说法将音乐和睡眠、饮酒、跳舞之类的娱乐活动视为同类。

亚里士多德：

一种说法是，音乐能培育人的品德，帮助人养成快乐的习惯，正像体育能培养人的品格一样。还有一种说法是，音乐能使人享受闲暇，提高实践智慧(phronesis)。

记者：

这几种说法似乎都各有一定的道理，不知道你同意哪一种说法？

亚里士多德：

几种说法都有问题。

记者：

怎么讲？

亚里士多德：

教育青年不应该是为了娱乐，而且学习本身是一种辛勤的工作，并不是娱乐。因此对青少年进行音乐教育，并不是为了让青少年学会享乐。因此，第一种说法有问题。关于第二种说法，可能也有问题。如果音乐教育只是为了培养品德，那么多听一些音乐也可以达到目的，何必自己学习演奏？第三种看法即音乐只是为了享受闲暇也有同样的问题。具体原因你自己琢磨去吧。把音乐当成打发时间的工具，这是对音乐价值的亵渎！

记者：

快说你本人的观点。

亚里士多德：

音乐的这三种作用是彼此相通的，娱乐可以是为了休息，以解除疲劳。而理智的享受既是高尚的又是快乐的，幸福就是由这二者构成。大家都承认音乐是快乐的东西，所以青少年应该学习它。在人生的目的中确实包含有快乐的因素，但不是那些通常的低级的快乐。

记者：

同意。应该鼓励青少年追求高级的快乐。

亚里士多德：

是的。人们常将低级的快乐当作是应该追求的高尚的快乐。无论什么年龄的人感到的快乐，都会影响他的灵魂和品质。音乐能够影响人的性情，当人听到模仿的声音时，即使没有节奏和音调也会动情。既然音乐能带来快乐的享受，而品德让人获得快乐和分辨爱憎，所以没有比培养正确的判断能力、学习在良好的气质和高尚的行为中求取快乐更重要的事情了。节奏和音调模仿愤怒和温和、勇敢和节制等相反的性情，效果明显；灵魂倾听时悲欢起伏，与面对真实情况的感受几乎相同。这是只有音乐和听觉才能起的作用，其他感觉起不到这样的作用。比如形象和颜色产生的视觉印象只是性情的象征，并不和性情等同；触觉和味觉更不能模仿性情。只有旋律本身才是性情的模仿。有些曲调令人悲郁，有些曲调令人心旷神怡，有些曲调令人热情奋发，等等。节奏也是这样，有些节奏沉静，有些节奏轻快，有些节奏粗俗，有些节奏高雅。既然音乐能影响灵魂和性情，便应该以此教育青年。

记者：

你坚持青少年应该亲自学习歌唱和演奏活动，原因何在呢？

亚里士多德：

亲身投入音乐活动所受到的影响会大不一样，不亲自参加就不可能成为判别他人演奏的行家，而且孩子总喜欢有事可做。所以应让青少年亲身学习音乐演奏。

记者：

你的观点非常明确，那就是国家必须高度重视对青少年的音乐教育，那是否有些原则应该坚持呢？

亚里士多德：

有的，如：不能为参赛而刻苦进行技术训练，也不能追求惊奇和高超的表演。虽然这些都是日趋流行的做法，却不是好的音乐教育的方法。音乐教育应以青少年能欣赏高雅的旋律的节奏为限，所以在使用乐器上，不能用不适于表达道德情操的乐器，也不能用需要技巧才能表达的乐器，而是应使用让学生在音乐等科目上有所长进的乐器。那些特别讲究技巧的音乐教育不是为了自身的品德，而是为了取悦听众，追求庸俗的快乐，这类工作应该由雇工而不是由自由人来做。这类表演者是低贱的工匠，他们追求低俗的东西，想方设法迎合公众的喜好，相应的，听众的低级趣味则降低了音乐的格调。此外……

记者：

关于音乐教育，你还有什么补充的？

亚里士多德：

音乐教育还要研究节奏和格调的问题。

记者：

应该是。有些学者将格调分为培养品德、鼓励行为和激发情感三种类型和相应的三种节奏。不知道哪一种最好？

亚里士多德：

学习音乐的目的是：教育、净化情感和享受闲暇、享受理智。应该采用什么格调要依目的来定，如为了教育应采用培养品德的格调；而为了欣赏他人演奏，则可以是鼓励行为和激发情感的节奏。因为人们灵魂中有各种情感，如怜悯、恐惧和热情等，他们容易为某些节奏所激动，如醉如狂，仿佛灵魂得到了医治和净化。因此，在剧场参加竞赛的人可以采用这种格调和节奏。

记者：

明白。

亚里士多德：

听众有两类不同的人，一类是受过教育的自由人，另一类是工匠、雇工等人，也要有一些后一类人喜欢的乐调。对不同年龄段的人应有不同的安排，对老年人应选用轻松的乐调和节奏，对孩童应选有教育作用和培养秩序的乐调和节奏。就这些了。

九　匪夷所思的课程设计

记者：

研究你的教育思想，有一个问题我感到百思不得其解。

亚里士多德：

不妨说来听听。

记者：

研究教育问题，就不可能不研究课程设置问题。我相信，在你们那个时代，对学生进行体育和音乐方面的教育是一件非常普通的事情，因此你把音乐和体育教育列入学生的核心教育课程，是非常有道理的。

亚里士多德：

谢谢理解！

记者：

但是，我不明白你只是强调要对学生进行体育和音乐方面的教育，而忽视其他方面的教育，这是什么原因呢？

亚里士多德：

我不明白你在说什么，能否说得具体一些？

记者：

柏拉图是你的老师，他在《理想国》中除了将体育和音乐列为基础课程外，还将算术、平面几何、立体几何、天文学列入课程表中……

亚里士多德：

柏拉图之所以重视算术、平面几何、立体几何、天文学，因为他认为这些课程是学习辩证法的必需课程。

记者：

但你并没有把这些课程列入教育计划中去。

亚里士多德：

不应该啊。

记者：

你特别重视逻辑学、修辞学以及伦理学、政治学、自然科学，在你看来这些课程都是作为一个良好公民应该具备的知识，但你也没有把这些课程列入计划中。

亚里士多德：

不可能吧。

记者：

翻遍你的所有著作，尤其是《政治学》，找不到你把这些课程列入教育计划的任何论述。

亚里士多德：

真是闹鬼了。莫非你看到的《政治学》与我亲自写的《政治学》不是一本书？或许是因为我一时太过忙乱，没有详细论述这些问题。

记者：

只有天知道。

第十七章　论艺术与美

引　子

亚里士多德在西方文化史上首次构建了一种系统的艺术理论，即他的“诗学”。亚里士多德从哲学的高度提炼古希腊魅力四射的艺术精神，铸成了西方美学的开山之作《诗学》。让我们走近亚里士多德的艺术哲学。

一　美为何物？

记者：

你被公认为西方美学第一人，你的那本著作《诗学》被公认为西方美学的开山之作。

亚里士多德：

难道你不同意吗？

记者：

那倒不是。在你们那个时代，能够对美学做出系统研究的，你确确实实是第一人。无论是毕达哥拉斯，还是德谟克利特、苏格拉底，他们在这方面的研究，都非常零散、不系统。柏拉图才华横溢，但是，他对艺术类的东西，似乎并不感冒，对一个自己不感兴趣的东西，是不可能进行深入研究的。

亚里士多德：

谢谢！关于美学，你想交流什么问题呢？

记者：

在我以前的著作中，几乎很少涉及美学方面的东西，你是这方面的开创者。我想首先请教一个问题：美为何物？

亚里士多德：

美的概念很简单，但是，对这个概念研究起来，也不是那么容易。我想，美的概念，大概包括这样几个方面：首先，美是能够引起快感，让人感到愉悦的东西。但是，美感不是满足身体欲望的那种快感。

记者：

怎么理解你的这句话？

亚里士多德：

为什么动物欲求的对象是同类的动物？各种动物的形状是不同的，而欲求的对象是美，所以说，动物欲求的对象，只能是同类的动物。作为美的东西，应当让人感到快乐。但事实上，并非所有的美都能满足身体欲望的快乐。因为，超越身体欲望之上，还有更高层次的精神性的欲望。

记者：

我明白你的意思。美是能够让人感到快乐的东西，但是，这个东西它有层次高低的不同。低层次的东西，是那些仅仅满足身体欲望的东西，而作为美的东西，则可以满足人类高层次精神欲望的追求。

亚里士多德：

可以说是这个意思。第二点，美和善有关，但是，又不等同。

记者：

此话怎讲？

亚里士多德：

美是善的，正因为是善的，而令人愉悦。美是善的而让人感到愉悦的东西，因此，品德是美的。美是善的，因而，让人感到品德。

记者：

你说善和美又不完全相同，这如何理解？

亚里士多德：

美和善是不同的。通俗地讲，以善而令人愉悦的行为，和利益相关；美则和非利益相关，美具有超越日常行为的某种确定普遍的意义。善存在于多变的、特定的行为中，而美则具有确定和不变的形式。

记者：

这种形式指的是什么呢？

亚里士多德：

我在我的《形而上学》一书中，对美做过一些研究。

记者：

结论是什么？

亚里士多德：

美的形式主要是秩序、对称和确定性。

记者：

那用什么东西来衡量这种秩序、对称和确定性呢？

亚里士多德：

数学。数学是我们研究一个东西是否美的最重要的工具，数字研究关系形式的美。一些人胡说什么美是美，数学是数学，这完全是错的。在我看来，任何美的事物，无论是有生命的，还是无生命的，背后都有各种数学原则在规定着。正因为如此，它们的排列是有序的，量度是合适的。归纳为一句话，美是由有量度和有秩序所组成的。

二 艺术产生于模仿

记者：

柏拉图在其著作《智者篇》中指出，模仿的制作活动不产生实在的东西，而是“意象”。既是“意象”，就是玄幻的东西。既是玄幻的东西，就是……

亚里士多德：

柏拉图说的“意象”，就是艺术形象，而模仿就是以艺术形象来表现人的生活世界。模仿的手段，也就是模仿的媒介，包括形体动作、颜色、语言、韵律、构型等。

记者：

你一再强调艺术来源于模仿，这个说法，是不是适用于所有的艺术门类？

亚里士多德：

当然是。

记者：

说说看。

亚里士多德：

音乐使用音调和节奏，而舞蹈使用形体动作，都是模仿人的情感或活动。它们是远古希腊人在劳作、祭神中最早产生的模仿艺术。节奏和曲调，模仿愤怒和温和、勇敢和节制，以及其他正反的情感和情绪。音乐的音调和节奏同人的情感息息相通，会产生比普通快感更为崇高的喜剧。

记者：

绘画和雕塑也是？

亚里士多德：

是的，绘画和雕塑，使用颜色与构型进行模仿。如原始人在动物园进行涂画。公元前19世纪，希腊居民制作的陶瓶上已有花卉、动物、车马、人物的图像。至希腊古典时期，人、神的雕像画达到很高的水平，雕塑的艺术成就相当高超。梅隆的《掷铁饼者》栩栩如生，斐狄亚斯的帕特农神庙庄严、静穆、飘逸、凝重。所有这一切，都是模仿。颜色与构型，虽然不像音乐那样直接模仿人的性情，但可通过对人物的视觉印象，来模仿人的性情、品德。

记者：

各种各样的史诗、悲剧、喜剧也是吗？

亚里士多德：

史诗、颂歌、抒情诗、讽刺诗、悲剧、喜剧等文学形式，它们都使用有旋律的语言，来模仿人类的活动、情感、性格。公元前9世纪前后，荷马所写的《伊利亚特》《奥德赛》，是希腊古代伟大的史诗。它们描写公元前12世纪的民族、社会及其早期奴隶制形成时期，希腊人远征特洛伊城的故事，歌颂战争中的英雄人物。《荷马史诗》为后来希腊的各种艺术提供了非常丰富的创作题材。公元前7世纪，女诗人萨福写的情诗、婚歌享有盛名。无论是悲剧还是喜剧，都是使用语言对白的手段，结合音乐的舞蹈，来深入综合地模仿人的活动。这些都是一些高级的、具有较高价值的人类艺术活动。当然，如果用语言或音乐创作某种艺术形象，而并非模仿人的情感，那就不能称为诗，也不能称其为艺术。

记者：

什么意思？

亚里士多德：

例如，有人若用韵文写医学著作，如恩培多克勒用韵文写自然哲学，他就算不上是诗人，他所创作的东西算不上艺术品。

三　模仿乃是人的本性

记者：

人一出娘胎，就有模仿的本能，人人如此。

亚里士多德：

没错，人是最富有模仿能力的动物，人类正是通过模仿，逐步获得最初的经验和知识的。因此，模仿实际上是一种求知能力，人与其他动物的区别就在这里。

记者：

你在《后分析篇》和《形而上学》中多次阐述过这个观点。

亚里士多德：

是的，我在《后分析篇》中是这么说的：人在感官知觉和记忆的不断重复中，产生了经验，在这些经验中，既有对事物的普遍特性的思想性判断，同时又保留了对特殊事物形象性的直觉判断。在经验的温床中，可以生长出不同知识形式的株苗，它们是理论知识、实践知识、创制知识，而创制知识，就是诗和艺术。

记者：

你刚才说的几句话太过抽象，最好解释一下。

亚里士多德：

理论知识，是人们凭借理性和逻辑而获得的关于事物普遍本质和原因的知识。实践知识，是人们凭借实践智慧获得的关于人的特殊行为的知识。而所谓的创制知识，则是凭借实践智慧获得的显示必然性的特殊形象，就是诗，就是艺术。

记者：

还是有点抽象。

亚里士多德：

慢慢你就会明白的。我在《形而上学》中是这么说的：求知是所有人的本性，对感觉的喜爱就是证明。感觉能使人们识别事物，揭示各种各样事物的区别。具体说来，模仿就是人类求知本性的一种表现形式，通过模仿产生的艺术，是以形象方式认识实在、通达真理的特殊求知活动。

记者：

说来说去，艺术就是模仿呗。

亚里士多德：

是的，但是这种模仿，不是照葫芦画瓢，不是猴子般的模仿，而是一种积极能动的超越。

记者：

依照你的观点，很显然，模仿也是一种很高级的求知行为。

亚里士多德：

自然，这种求知活动，让人感到非常愉悦，一种神圣的快感。

记者：

你是说，艺术性的模仿，也能起到让人愉悦身心的作用。

亚里士多德：

是的，模仿和求知，对哲学家而言，妙不可言，对那些普通人来说，也是如此。尸体和那些平时令人十分厌恶的动物，人们看到它们会感到痛苦，甚至是恐惧，但是在绘画中对这些东西做惟妙惟肖的模仿，则并不让人感到厌恶。

记者：

原因是？

亚里士多德：

通过模仿，人们会获得众多关于绘画对象的知识，人们会意识到那些平时不注意观摩的东西原来是这个样子。这就是知识所产生的心理效应。

记者：

你还说过，人具有一种天生的美感本性，怎么理解呢？这是一种生理上的欲求吗？

亚里士多德：

人的美感本性，与人生理上的欲求的满足不是一回事，而是对构成美的各种元素，如对称性、秩序、确定性的欣赏，既然是欣赏，自然就会带来不同程度的愉悦。

记者：

具体说说。

亚里士多德：

归纳起来说就是，音乐中不同旋律与节奏的运动，与人的行为密切相关，最易表达人的情感和品性。为悲伤的人和快乐的人吹奏相应的长笛曲调，能减轻悲伤者的哀痛，能增添快乐者的欢乐。还有，在悲剧的歌唱中穿插朗诵会产生悲剧效果，朗诵与歌唱的对比和配合，特别容易强化音乐的效果，使不幸感与悲痛感达到极致，相比之下，过分单调的音乐则不可能产生这样的效果。

记者：

模仿乃人的本性，艺术源自于模仿，是不是所有的艺术，如悲剧、喜剧都是如此呢？

亚里士多德：

是的，无非是存在等级高低不同而已。悲剧源自于对高尚者行为的模仿，而喜剧则源自于对非高尚者行为的模仿。悲剧价值更高，而喜剧的价值则比较低一些而已。

四　诗与历史

记者：

我喜欢读诗，荷马的诗、但丁的诗、泰戈尔的诗、纳兰的诗、海子的诗……我喜欢看一些历史著作，希罗多德的《历史》、修昔底德的《伯罗奔尼撒战争史》、吉本的《罗马帝国衰亡史》、斯塔夫里阿诺斯的《全球通史》……在我看来，无论是诗还是历史，都无非是对已经发生过的事实所做的记载而已，两者似乎没有什么特别的不同，只是表述方法不同。

亚里士多德：

你说这番话，只能说你对诗根本不了解。诗与历史是不一样的。

记者：

不一样在什么地方呢？

亚里士多德：

给你好好地讲一讲。历史确确实实叙述的是已经发生的事情，但是诗并非如此，诗描写的是那些出于必然或者或然，因而在过去、现在、将来可能发生的事。

记者：

你的意思是说，诗描写的事情不一定是已经发生的事？

亚里士多德：

是的，诗所描写的事情未必是已在现实中存在过的事情，但是它们与现实非常相似，相当地逼真。第二点，历史与诗的区别是，历史记录的都是个别性的事件，如某次战争、某场重大的活动；诗则要通过可能的事件的描写来显示某种普遍性。因此诗比历史更富有哲理，更为严肃。

记者：

还有么？

亚里士多德：

有的。历史只记载个别性的人和事，诗则要在特殊中见普遍，描写某种类型的人和事。这一点与我刚才讲的第二点有点相似但不尽相同。

记者：

还有什么不同？

亚里士多德：

有的。历史记录众多事件，按照时间来排序，人们所见到的只是各种事之间的偶然性，而很难展示清晰的因果关系。诗则不同，无论是史诗还是悲剧，即便描写的是历史故事，也要选取精妙的情境诉诸艺术的加工，揭示各个事件之间的因果联系，使之形成一种必然、或然的结果的链条，从而形成能够产生某种特殊快感的有机整体。

记者：

还有吗？

亚里士多德：

基本就是这些。

记者：

针对你的这些说法，有很多人不以为然。

亚里士多德：

他们是怎么说的呢？

记者：

有些人说悲剧只应该写存在过的真人真事。这些人提出，可能的事应令人信服，而未曾发生过的事不能轻信其可能性，不可能的事则不会发生。因此，只有描述已发生的真人真事才能令人信服，虚构性的模仿不真实、不可靠。

亚里士多德：

我明白这些人说这些话的意思，他们认为悲剧就是写真实存在过的东西，一旦诉诸虚构，悲剧就没有什么价值，这种说法是错的。诗作为一种艺术，它本身就是以创制出必然、偶然的类型为目的，模仿是一种创制的活动，应当允许虚构人物与情节。允许喜剧作家虚构，也应该允许悲剧作家虚构人物与故事，只有这样，才能产生良好的艺术效果。相反，如果刻板地拘泥于某种发生过的传说与故事，就不可能创作出更好的悲剧，因而也是愚蠢的，不利于悲剧的发展。即便悲剧作家不得不去模仿已经发生的事情，也必须从中探索可能的东西，从而创作出与现实的人和事并不雷同的东西。索福克勒斯说的对，他作为艺术家必须按照人应该有的样子来描写。欧里庇得斯说的也对，他说，作为剧作家必须根据人的本来形象来描写。他们的话就包含着允许悲剧作家进行虚构和创作的可能性。

记者：

还有些人认为，作为一种艺术形式，诗既然是虚构的，就应写不可能发生的事情，因而不合理、不可信，那这样的诗还有什么价值呢？

亚里士多德：

这种说法也不对，无论是悲剧作家还是喜剧作家，他们写诗的目的就是创作比实际更理想、更完美的东西。因此在创作的过程中，应该对原型进行加工、改进，只有这样才能让观众有耳目一新的惊喜感。经过艺术家的创作，即便很多不可能的事也显得相当合理。这些仿佛不可能却令人相信其合理的事件，比仿佛可能却并不能令人相信的事更为可取。还有……

记者：

还有什么？

亚里士多德：

还有，许多看似不太可能的事也会因符合某种思想、符合某种意见，从而有其存在的理由。总之一句话，既然是艺术品，诗就必须允许虚构，通过这种创作活动使很多事情看似不可能发生，但却具有一定的合理性。人们应该知道，好多事情在某些时候、某些场合，看似不可能，但在另外一个时间或场合，确实是可能的，也是非常合理的。

五　悲剧：定义、情节及人物性格

记者：

你的《诗学》，对悲剧进行了系统的研究。在一般人看来，所谓喜剧就是结局是大团圆的剧作，而所谓的悲剧，自然就是结局非常糟糕的剧作。这种理解对不对？

亚里士多德：

不对。

记者：

那到底什么是悲剧呢？

亚里士多德：

悲剧，其定义是：对一种严肃、完整、有一定长度的行动的模仿；它在剧的各部分分别使用各种令人愉悦的优美语言；它不以叙述方式，而是以人物的动作表现模仿对象；它通过事变引起怜悯与恐惧，来达到情感净化的目的。

记者：

如此复杂？

亚里士多德：

符合我所规定的，就是悲剧，不符合我所规定的，就不是悲剧，而是别的什么东西。

记者：

如此肯定？

亚里士多德：

那是自然。你听我给你细细说说。首先，悲剧是严肃剧，它模仿的是严肃的行动、高尚者的行为。在这一点上，悲剧与喜剧就不同，而与史诗比较相近。第二，悲剧通过剧中人物的动作模仿对象，具有完整、统一、有确定量度的情节结构。在这一点上，悲剧与史诗就不一样了，史诗情节多元、篇幅很长。

记者：

还有吗？

亚里士多德：

第三，悲剧使用各种优美的语言形式，包括有韵律、节奏的对话和歌曲，伴随人物的动作，以综合的表现手段，营造出特殊的艺术美效果。在这一点上，悲剧区别于其他的艺术形式。

记者：

还有什么特征？

亚里士多德：

那就是第四了，悲剧不是颂诗，不是平直赞颂人物和善的行为，它表现好人经历坎坷命运、痛苦磨难。这类突发事件往往能引发怜悯和恐惧的情感，令人体味悲壮与崇高。最后一点就是第五了，悲剧的目的在于净化品性，陶冶人的情感。

记者：

经过你如此解释，我基本明白悲剧到底是一种什么样的艺术形式了。你在《诗学》中还说悲剧包含着六种成分，哪六种？

亚里士多德：

咱们越谈越细了，悲剧所包含的六个成分是：情节、人物性格、思想、台词、歌曲，另外还有扮相和面具等。我是按照其重要性从最重要的说起的。

六　柏拉图要灭杀一切艺术

记者：

在研究柏拉图的《理想国》的过程中，我感觉柏拉图对多数艺术，尤其是那些民间流传的艺术非常反感。

亚里士多德：

没错，柏拉图的《理想国》的第2、第3、第10卷，历数诗人的罪状，认为《荷马史诗》以及许多悲剧、喜剧，宣扬诸神、英雄之间的角斗、谋杀，或模仿坏人、懦夫、卑贱者，这些东西产生的快感，无不是出自灵魂中非理性的情欲，奉迎人性中最卑劣的部分，对公众心灵是一种污染，是一种毒害。

记者：

柏拉图坚决主张对这些东西予以强有力的封堵。

亚里士多德：

是的，柏拉图提出要将这些东西逐出城邦。

记者：

据说柏拉图还是留下了一些“活口”？

亚里士多德：

是的，柏拉图提出，除了颂神和赞美善人的诗以外，其他内容统统予以驱逐。柏拉图准许有的诗回归城邦的条件是，必须有人替这些诗写出辩护词，以证明它们不仅能带来快乐，而且对国家和人民都有益处。

记者：

据说柏拉图晚年的态度有所松动？

亚里士多德：

有些改变，但改变不大。在其晚年的《法律篇》中，柏拉图虽然肯定有道德教育功能的传统音乐与舞蹈，能起到约束、引导青年人的作用，但他还是以严厉的口吻，抨击当时民间盛行的艺术造成淫靡之风，破坏法律与道德，他谴责这是一种邪恶的“剧场政体”。柏拉图主张必须制定法律，实施严格的“诗”的检查制度，在他所设想的法律框架下，唯有模仿所谓最优美、最高尚生活的“真正的悲剧”，才能被准许进入城邦表演。

记者：

说来说去，柏拉图仇视艺术，只要有可能，他就要摧毁一切艺术。我不同意他的看法，我相信你肯定也不会赞同他的看法和做法。

亚里士多德：

是的，柏拉图对艺术的态度，是病态的。艺术在净化人的心灵与道德，促进人类灵魂的和谐方面的作用，是毋庸置疑的。

七　悲剧：并非拿别人的痛苦取乐

记者：

关于艺术的价值，你说艺术具有审美移情的作用。审美移情这个词，我觉得怪怪的，具体是什么意思呢？

亚里士多德：

所谓审美移情，也就是说审美情感可以从一个人转移到另一个人那里，以实现灵魂的共同进化。就是这个意思。

记者：

你的意思是说，所谓审美移情，也就是审美感的人际交流，或者说是审美感的人际转移。是不是这个意思？

亚里士多德：

就是这个意思。

记者：

审美移情这种作用，一般来说发生在什么场合呢？

亚里士多德：

关于艺术的这种审美效果，柏拉图早就看出来了，但他是从相反的角度来看待这个问题的。

记者：

柏拉图怎么说？

亚里士多德：

柏拉图在他的《理想国》第10卷中，借苏格拉底之口说："听到荷马或其他悲剧诗人模仿一个英雄遇到的灾祸，说出一大段伤心话，捶着胸膛痛哭，我们中间最好的人也会发生快感，忘乎所以地表示同情，并且赞赏诗人有本领，能这样感动我们。"在这里，柏拉图所讲的情况，就是审美移情作用。

记者：

说到底，通过悲剧实现审美感情在不同人之间的转换，就是你所讲的这种作用呗。根据我的了解，似乎柏拉图对艺术的这种作用不以为然。

亚里士多德：

看来你确确实实研究了柏拉图的一些思想。柏拉图对艺术的价值，从来都是持否定态度的。他认为那些写作悲剧的人，是拿别人的痛苦来取乐，是拿别人的灾祸来滋养自己的“爱怜癖”，是一种病态的满足。

记者：

对柏拉图的这种说法，你认同吗？

亚里士多德：

当然不认同。艺术对人的情感影响是建立在理性的基础上，它并非是要去迎合人类心理中的感伤癖。它确确实实能够激发观众心里同样的情感，它对净化人类的心灵是有帮助的。

记者：

有过这方面的例子吗？

亚里士多德：

当然有了。根据我的观察，一些人沉溺于宗教狂热，当他们听到神圣、庄严的旋律的时候，他们的灵魂就能够感受到神秘的激动，那种狂热则有所缓解。我们看到圣乐能够使灵魂恢复到正常的状态，仿佛人类的灵魂得到了治愈和清洗。那些受怜悯、恐惧和各种病态性情影响的人，必定会具有相似的经历。每个已经受这种积极影响的人，也会以一种警醒的样式，使灵魂重新得到光明，重新获得愉悦。久而久之，这种净化的旋律，会使灵魂越来越向高层次提升。总之，不管这种作用是大是小，最起码不是像柏拉图所讲的是拿别人的痛苦来取乐。

参考文献

1. ［古希腊］柏拉图：《柏拉图全集》，第1—4卷，王晓朝译，人民出版社2002年版。

2. ［古希腊］柏拉图：《文艺对话集》，朱光潜译，商务印书馆2013年版。

3. ［古希腊］柏拉图：《柏拉图对话集》，王太庆译，商务印书馆2004年版。

4. ［古希腊］柏拉图：《柏拉图对话录》，水建馥译，商务印书馆2013年版。

5. ［古希腊］柏拉图：《柏拉图四书》，刘小枫编译，生活·读书·新知三联书店2015年版。

6. ［古希腊］柏拉图：《柏拉图对话六种》，张师竹、张东荪译，华东师范大学出版社2011年版。

7. ［古希腊］柏拉图：《游叙弗伦·苏格拉底的申辩·克力同》，严群译，商务印书馆1999年版。

8. ［古希腊］柏拉图：《泰阿泰德篇》，詹文杰译，商务印书馆2015年版。

9. ［古希腊］柏拉图：《理想国》，吴寿彭译译，商务印书馆2017年版。

10. ［古希腊］柏拉图：《会饮篇》，王太庆译，商务印书馆2013年版。

11. ［古希腊］柏拉图：《裴洞篇》，王太庆译，商务印书馆2013年版。

12. ［古希腊］柏拉图：《智者》，詹文杰译，商务印书馆2011年版。

13. ［古希腊］柏拉图：《巴曼尼得斯篇》，陈康译，商务印书馆1982年版。

14. ［古希腊］柏拉图：《游叙弗伦》，顾丽玲译，华东师范大学出版社2010年版。

15. ［古希腊］亚里士多德：《亚里士多德全集》，第1—10卷，苗力田主编，中国人民大学出版社2016年版。

16. ［古希腊］亚里士多德：《形而上学》，吴寿彭译，商务印书馆2017年版。

17. ［古希腊］亚里士多德：《政治学》，吴寿彭译，商务印书馆 2017 年版。

18. ［古希腊］亚里士多德：《动物志》，吴寿彭译，商务印书馆 1979 年版。

19. ［古希腊］亚里士多德：《天象论·宇宙论》，吴寿彭译，商务印书馆 1999 年版。

20. ［古希腊］亚里士多德：《灵魂论及其他》，吴寿彭译，商务印书馆 1991 年版。

21. ［古希腊］亚里士多德：《修辞术·亚历山大修辞学·论诗》，颜一、崔延强译，中国人民大学出版社 2003 年版。

22. ［古希腊］亚里士多德：《物理学》，张竹明译，商务印书馆 2006 年版。

23. ［古希腊］亚里士多德：《工具论（上下册）》，余纪元译，中国人民大学出版社 2003 年版。

24. ［古希腊］亚里士多德：《范畴篇·解释篇》，上海三联书店 2011 年版。

25. ［古希腊］亚里士多德：《雅典政制》，日知、力野译，商务印书馆 2017 年版。

26. ［古希腊］亚里士多德：《亚里士多德〈修辞学〉〈诗学〉》，罗念生译，上海人民出版社 2016 年版。

27. ［古希腊］亚里士多德：《尼各马可伦理学》，廖申白译，商务印书馆 2017 年版。

28. ［古希腊］亚里士多德：《诗学》，陈中梅译，商务印书馆 1996 年版。

29. ［古希腊］荷马：《伊利亚特》，陈中梅译注，译林出版社 2017 年版。

30. ［古希腊］荷马：《奥德赛》，陈中梅译注，译林出版社 2017 年版。

31. ［古希腊］希罗多德：《希罗多德历史：希腊波斯战争史》，王以铸译，商务印书馆 2017 年版。

32. ［古希腊］修昔底德：《伯罗奔尼撒战争史》，谢德风译，商务印书馆 2018 年版。

33. ［古希腊］色诺芬：《回忆苏格拉底》，吴永泉译，商务印书馆 2009 年版。

34. ［古希腊］辛普里丘：《〈物理学〉注释》（Simplicius of Cilicia, *On Aristotle's Physics*, Trans. by Richard D. McKirahan, Cornell University Press, 2001）。

35. ［古希腊］辛普里丘：《〈论天〉注释》（Simplicius of Cilicia, *On Aristotle's*

On the Heavens, Trans. by Ian Mueller, Cornell University Press, 2005)。

36. [古希腊] 第欧根尼·拉尔修:《名哲言行录》,马永翔等译,吉林人民出版社 2011 年版。

37. [古希腊] 第欧根尼·拉尔修:《名哲言行录》,徐开来、溥林译,广西师范大学出版社 2010 年版。

38. [古罗马] 奥古斯丁:《忏悔录》,周士良译,商务印书馆 2017 年版。

39. [法] 卢梭:《论人类不平等的起源和基础》,李常山译,商务印书馆 1982 年版。

40. [德] 黑格尔:《哲学史讲演录》,第 1—4 册,贺麟、王太庆译,商务印书馆 2017 年版。

41. [德] 黑格尔:《法哲学原理》,范扬、张企泰译,商务印书馆 2018 年版。

42. [英] 卡尔·波普尔:《开放的社会及其敌人》,第 1 卷,陆衡等译,中国社会科学出版社 1999 年版。

43. [英] 罗素:《西方哲学史》,上、下卷,何兆武、李约瑟译,商务印书馆 2017 年版。

44. [英] 罗素:《西方的智慧:西方哲学在它的社会和政治背景中的历史考察》,马家驹、贺霖译,世界知识出版社 1992 年版。

45. [英] 罗素:《哲学问题》,何兆武译,商务印书馆 2009 年版。

46. [德] 康德:《纯粹理性批判》,蓝公武译,商务印书馆 1993 年版。

47. [德] 康德:《未来形而上学导论》,庞景仁译,商务印书馆 1978 年版。

48. [德] 歌德:《威廉·麦斯特的学习时代》,冯至、姚可昆译,人民文学出版社 1993 年版。

49. [德] 马克思、[德] 恩格斯:《马克思恩格斯全集》,第 1—50 卷,人民出版社 2016 年版。

50. [德] 马克思、[德] 恩格斯:《马克思恩格斯选集》,第 1—4 卷,人民出版社 2012 年版。

51. [德] 马克思:《1844 年经济学哲学手稿》,中共中央马克思恩格斯列宁斯大林著作编译局编译,人民出版社 2018 年版。

52. [俄] 列宁:《列宁选集》,第 1—4 卷,人民出版社 2012 年版。

53. ［俄］列宁：《哲学笔记》，中共中央马克思、恩格斯、列宁、斯大林著作编译局译，人民出版社 1993 年版。

54. ［英］G·汤姆逊：《古代哲学家》，何子恒译，三联书店 1963 年版。

55. ［英］乔纳逊·伯内斯：《亚里士多德》，余继元译，中国社会科学出版社 1989 年版。

56. ［英］斯蒂芬·F·梅森：《自然科学史》，周煦良等译，上海译文出版社 1980 年版。

57. ［英］弗朗西斯·麦克唐纳·康福德：《从宗教到哲学：西方思想起源研究》，曾琼、王涛译，上海三联书店 2014 年版。

58. ［英］A·E·泰勒：《柏拉图——生平及其著作》，谢随知等译，山东人民出版社 2008 年版。

59. ［英］A·E·泰勒：《苏格拉底传》，赵继铨、李真译，商务印书馆 2004 年版。

60. ［美］弗兰克·梯利：《西方哲学史》，葛力译，商务印书馆 2015 年版。

61. ［美］莫蒂默·艾德勒、查尔斯·范多伦编：《西方思想宝库》，《西方思想宝库》编委会译编，吉林人民出版社 1988 年版。

62. ［美］F·N·麦吉尔主编：《世界哲学宝库：世界 225 篇哲学名著述评》，《世界哲学宝库》编委会译，中国广播电视出版社 1991 年版。

63. ［美］克里斯托弗·菲利普斯：《苏格拉底的 6 个问题》，杨德睿译，上海人民出版社 2009 年版。

64. ［美］莫里斯·克莱因：《古今数学思想》，第一册，张理京等译，上海科学技术出版社 2014 年版。

65. ［德］文德尔班：《哲学家史教程》，罗达仁译，商务印书馆 1987 年版。

66. ［德］恩斯特·卡西尔：《符号·神话·文化》，李小兵译，东方出版社 1988 年版。

67. ［德］E·策勒尔：《古希腊哲学史纲》，翁绍军译，山东人民出版社 2007 年版。

68. ［德］古斯塔夫·斯威布：《希腊的神话和传说》，楚图南译，人民文学出版社 1996 年版。

69. ［德］瓦纳尔·耶格尔：《潘迪亚：希腊文化的理想》（Werner Jaeger, *Paideia: The Ideals of Greek Culture*, Translated from the German Manuscript by Highet Gilbert, Vol. 1–3, Blackwell, Oxford, 1944）。

70. ［法］莱昂·罗斑：《希腊思想和科学精神的起源》，陈修斋译，商务印书馆 1965 年版。

71. G·S·基尔克、J·E·拉文、M·斯科菲尔德：《前苏格拉底哲学家：原文精选的批评史》，聂敏里译，华东师范大学出版社 2014 年版。

72. 塞缪尔·萨姆伯斯基：《希腊人的物理世界》（Samuel Sambursky, *The Physical World of the Greeks*, Translated from the Hebrew by Merton Dagut, London: Routledge and Kegan Paul, 1956）。

73. ［英］W·K·C·格思里：《希腊哲学史》（William Keith Chambers Guthrie, *A History of Greek Philosophy*, vol. 1–6, Cambridge, 1962–1981）。

74. ［英］朱莉娅·安娜斯：《解读柏拉图》，高峰枫译，外语教学与研究出版社 2007 年版。

75. ［英］克里斯托弗·泰勒：《众说苏格拉底》，欧阳谦译，外语教学与研究出版社 2007 年版。

76. 北京大学哲学系外国哲学史教研室编译：《古希腊罗马哲学》，三联书店 1957 年版。

77. 北京大学哲学系外国哲学史教研室编译：《西方哲学原著选读》，商务印书馆 1983 年版。

78. 陈村富、宠学铨、王晓朝等编写：《古希腊名著精要》，浙江人民出版社 1989 年版。

79. 范明生：《柏拉图哲学述评》，上海人民出版社 1984 年版。

80. 冯沅君：《冯沅君创作译文集》，袁世硕、严蓉仙编，山东人民出版社 1983 年版。

81. 顾准：《希腊城邦制度：读希腊史笔记》，中国社会科学出版社 1986 年版。

82. 李庆臻主编：《简明自然辩证法词典》，山东人民出版社 1986 年版。

83. 林德宏：《科学思想史》，江苏科学技术出版社 1985 年版。

84. 刘小枫主编，杨德友、董友等译：《20 世纪西方宗教哲学选》，上海三联书店 1991 年版。

85. 苗力田主编：《古希腊哲学》，中国人民大学出版社 1989 年版。

86. 宋洁人：《亚里士多德与古希腊早期自然哲学》，人民出版社 1995 年版。

87. 谭鑫田、龚兴、李武林主编：《西方哲学词典》，山东人民出版社 1991 年版。

88. 汪子嵩、范明生、陈村富、姚介厚：《希腊哲学史》，第一卷，人民出版社 2014 年版。

89. 汪子嵩：《亚里士多德关于本体的学说》，三联书店 1982 年版。

90. 王宏文、宋洁人：《柏拉图研究》上卷，山东人民出版社 1991 年版。

91. 王宏文主编：《西方哲学家评介》，吉林人民出版社 1986 年版。

92. 杨适：《哲学的童年》，中国社会科学出版社 1987 年版。

93. 叶秀山：《前苏格拉底哲学研究》，人民出版社 1982 年版。

94. 叶秀山：《苏格拉底及其哲学思想》，人民出版社 2007 年版。

95. 叶秀山等：《西方哲学史》，第 1—8 卷，人民出版社 2011 年版。

96. 易杰雄主编：《世界十大思想家》，安徽人民出版社 1990 年版。

97. 于风梧、王宏文、叶立煊主编：《欧洲哲学史教程》，福建人民出版社 1989 年版。

98. 中国大百科全书出版社《简明不列颠百科全书》编辑部译编：《简明不列颠百科全书》，第 1—10 卷，中国大百科全书出版社 1985—1986 年版。

99. 中国社会科学院世界宗教研究所宗教学原理研究室编：《宗教·科学·哲学》（论文集），河南人民出版社 1982 年版。

100. 朱德生主编：《西方哲学名著菁华》，中国青年出版社 1991 年版。

著后记：人生与思想

一

如果要用最短的语言来概括我的前半生，就是两个字：极端。

法国古生物学家德日进说他所感悟的是“两极之间的痛苦”，而我所感觉到的是两极之间的和谐与幸福。

我在“文革”开始前的1965年出生在江苏北部一个极端落后的农庄，我的家被前后左右几条河流分隔在一个极端孤僻的地方，周围的河流水很多，用几根木棍搭的桥摇摇晃晃，随时都有塌下去的危险。对于小时候的我来说，似乎出一次家门都是一件天大的事。在就读高中之前，我只到县城去过一次。至于北京、南京、上海，在我的头脑中不过就是一些名词术语而已。

不过，那时我得到了当时对很多人来说都是极端不可能得到的东西，那就是一个方方正正的收音机。白天干过农活或放学后，我便喜欢躺在院子中用几根棍子和一些绳子捆绑支起来的软床上。至今依然记得那时的月亮是那么的干净和清澈，那时候我的眼睛也特别的好，凭借月光就可以读书。

回顾过去的五十余年，我也在人生的两个极端之间来回爬行。到底哪端是魔鬼，哪端是天使，我确实也不知道。

就平生的活动范围来讲，出生于农村的自然安排，决定了我必然要不断回到生我养我的苏北老家。那里虽然说离周围的大中城市，如上海、南京等并不算远，但由于其地理位置实在是偏僻得很，交通极端落后，因此直到现在，依然保存着与中国几百年以前极为相似的状态：狭窄的乡间道，败落的农舍，人们漠然无助的眼神，以及赌博、酗酒、东家长西家短的古旧习气，这些依然没变。当然，自然的风光还是挺美的。古老的村落犹如坐落在一片原始森林之中，高高的白杨树到处都是。尤其是在春天，到处是各种野花，其秀丽妩媚之态丝毫也不亚于北京植物园里的景色。我总喜欢回到那个地方，父母健在是第一位的原因。到那片土地上待几天，也是一种修身养性，别样地放松一把。过去如此，将来也是如此。

作为另一个极端，阴差阳错，23 岁以后，我就一直浪迹在中国最繁华的都城北京。虽然说我自 1988 年 8 月 28 日来到北京，在此整整生活了近 30 年之久，但直到今天，我也从未把自己看成是一个城市人，内心深处总觉得自己是一个“客家人”。都市的那种繁华，那种典雅，那种让人晕眩的政治气味，那种达官贵人纸醉金迷的生活，与我毫不相干。我只是喜欢这儿唾手可得的图书，以及几处难得的山水宝地。平生最大的爱好就是在周末怀揣自己喜欢看的书，到香山、八大处、北海公园、玉渊潭、陶然亭、怀柔雁栖湖畔坐上几个小时。兴致好的时候，看看书，没有兴致的时候，就在草地上躺一躺，信马由缰，海阔天空，胡思乱想一番。

一端是偏僻至极的乡村，另一端是繁华无限的都市。正是在这两端之间不断爬行，我的生命得以延续，也正是在这种延续之中，我拓展着自己对存在与生命的思考。

我生命的另一个两端，一端是居于庙堂之高的中南海，另一端是处于江湖之远的建筑工地。哲学上有一句话叫偶然决定一切，这句话套到我身上一点不错。我从来就不是一个规规矩矩学习的好学生。在南京师范大学期间，我的每门课基本上都在 70 分左右。80 分以上的科目凤毛麟角。全班那么多人都拿过奖学金，我一次也没拿过。不仅如此，我还被当时的班主任勒令在全班同学面前做过检讨。我一直认为这次事件对我很不公平，也是我人生不大不小一个污点。原因在于与我一起做检讨的几个同学好像是因为偷同学的东西而被勒令做检讨的，与他们一起做检讨实在是一种耻辱。每每想起南京师范大学，脑海中总不免泛起这些非常不愉快的联想。但不管怎么说，南京师范大学毕竟是我人生的一个跳板，是我人生历史不可或缺的组成部分，没有它就不可能有后来的一切。

之后我又北上求学去了中国政法大学。离开中国政法大学以后，我工作的第一个单位是中共中央办公厅秘书局，这个多多少少有点神秘的地方，还真让人有一种“尚书房行走”的感觉。“居庙堂之高则忧其民，处江湖之远则忧其君”，特殊的工作让我每天考虑的都是与社稷江山和天下苍生有关的问题。后来移师新华社，其感觉依然大同小异。

进入21世纪后，我也与许多不满足于机关生活的人一样投身商海，先是到几家金融公司做管理，后又到一家房地产公司寻求发展机会。干了几年，总觉得受人左右不是个滋味，也与我下海的初心背道而驰，于是后来干脆辞职，自己去寻找建筑项目。在建筑行业接触的人也与以前大不相同，这个行业真是难得见到一两个有点趣味的人。不过这也是一个不需要太多智慧的行业，倒是可以保留更多的脑力用于学术研究，这也就是我一直在两个极端间徘徊的原因。

二

科学与宗教也可以说是两个极端，普通的教科书可能会告诉读者，科学与宗教存在着诸多矛盾与冲突，似乎科学只有不断摆脱宗教的羁绊才能取得进步，否则将寸步难行。而在一些极端的人士看来，科学与宗教之间简直就是水火不相容的。19世纪下半叶的两位美国学者约翰·威廉·德雷珀（John William Draper）和安德鲁·迪克森·怀特（Andrew Dickson White）就是典型代表。德雷珀在其所著的《科学与宗教的冲突史》（*History of the Conflict between Religion and Science*, New York：D. Appleton, 1875）一书中，把科学的历史形容为“两种彼此敌对力量冲突的描述，其一是人类智能发展的动力，其二是由传统信仰和人类利益而来的压力”。德雷珀描绘宗教与科学的关系所用得最多的字眼就是“挣扎”“仇恨”和“一种苦毒致命的仇恨”。他控诉天主教会“以火烧和刀杀的酷刑”和“沾满血的手”来“凶狠地镇压一切现代化的改进”。而怀特在其所著的《基督教世界科学与神学论战史》（*A History of the Warfare of Science with Theology in Christendom*, New York：Dover Publications, 1960）中更是把科学与宗教看成互不相容的水火关系。在怀特看来，“在所有现代历史中，所谓以宗教利益为出发点对科学的侵扰，无论动机是如何认真，都会带给科学和宗教极端的邪恶”。即便不是把科学与宗教之间的关系看作一场战争，也是把科学看成与宗教和哲学没有多少关联性的东西。

美国学者罗伯特·所罗门（Robert C. Solomon）在其《大问题：简明哲学导论》

（*The Big Questions：A Short Introduction to Philosophy*，Harcourt College Publishers，2006）中如此写道："哲学、宗教和科学一直都是紧密相关的。它们虽然各有侧重，但目标都是一样的，那就是强调思想和认识的重要性，强调理解我们这个世界，从某种更宏观的甚至是从宇宙的角度来审视我们生活的重要性。"对此我是同意的。在我的学术生活之中，对宗教和对科学的学习与研究处于一种等量齐观的水平。我喜欢学习科学，物理学、化学、数学、生命科学、遗传学、人类学都是我的最爱。好多东西虽然看不懂，我也喜欢看。知识就是一种感觉，看多了自然就会明白，久而久之就会悟出许多东西。到了醍醐灌顶、大彻大悟的时候，就是你构筑体系进而著书立说的时候了。

从学术研究方法论上，我也一直穿行在两大极端之间。一个极端是我一直希望在某个专业，如哲学、刑法学这个领域能悟出一些创造性的东西，另一个极端总是希望尽可能多地了解所有学科的知识，希望自己成为无所不知的所谓通才。

我也喜欢研究宗教。那些高深莫测、晦涩难懂的宗教典籍和有关的学术专著，如影随形般陪伴着我的周围。很多朋友对我说，像你这样把这些截然不同的东西放在一起看会把你逼疯的。而在我看来，完全不是这么回事。我在科学中看到宗教的影子，在宗教中寻觅到科学的痕迹。综观人类文明历史，宗教、神学、哲学与科学一直在发生互动，也正是在这种互动中解决了一个又一个世纪难题。人类所面临的若干重大问题都是在科学与哲学、与宗教的互动中得到解决的。美国科学史学家罗伯特·默顿（Robert K. Merton）在其《17世纪英格兰的科学、技术与社会》（*Science, Technology and Society in 17th Century England*, Bruges：St. Catherine Press，1938）中提出了著名的"默顿命题"，即"由清教主义促成的正统价值体系于无意之中增进了现代科学"。著名科学作家洛伦·艾斯利（Loren Eiseley）说过这样一句话："在一些历史上罕见的奇特运作中，基督教文明以清楚明确的方式孕育了实验科学的本身。"

笔者也正是在英国大气学家詹姆斯·洛夫洛克（James E. Lovelock）提出的"盖亚假说"中，找到了将科学与宗教有机结合在一起的平衡点。这个假说把宗教典籍认为的万物都有生命看成科学，把科学中的若干理论看成了必须予以信仰的宗教教条。随着对于科学与宗教的研究的不断深入，我越来越感觉到"盖亚假说"中隐含的巨大学术价值。可以说，我们人类能够观察到的和没有观察到的宇宙，本身就是一个有思想、有感情、有意识、有欲望的“活体”。这个宇宙世界之所以是一个活体，原因在于构成这个世界的基本元素是一种有生命、有意识的基本元素——“智子”。

作为一个个体的人，与拥有几乎无限长年龄的宇宙比起来，真是渺小到极端。作为几乎无限小的个体要完全把握几乎无限大的宇宙，是根本不可能的。“朝菌不知晦朔，蟪蛄不知春秋”，用庄子的这句话来形容这种情形绝不为过。但是，依赖于人类智慧的无限叠加，人类也必然会一步一步走向宇宙世界的最隐秘之处。

屈原在二千多年之前就发出了“天问”。任何文化创造，任何学术行为，无论是艺术的还是科学的，最终极的追求都是要彻底地理解宇宙的本质和人的存在这两个伟大的主题。思考宇宙和人类的本质和起源，是一个民族之所以伟大的标志；对一个人来说，也是其精神境界和情操高尚的体现。可以毫不夸张地说，在人类所有文化活动中，恐怕谁也找不出比这两个主题更伟大的主题了。唯有赋予宇宙以生命，才更有利于理解宇宙。也唯有从宇宙的角度，才更有利于理解生命本身。

假说起始于神话，成熟于宗教，系统化于哲学，实证化于科学。当然，这个过程也充满着无数的风险。稍有不慎，就有可能落入万劫不复的地狱之中。“我自己只求满足于生命永恒的奥秘，满足于觉察现存世界的神奇的结构，窥见它的一鳞半爪，并且以诚挚的努力去领悟在自然界中显示出来的那个理性的一部分，即使只是其极小的一部分，我也就心满意足了。”这是爱因斯坦的心声，自然也是我的心声。

三

如今呈现的“开放的思想”丛书，是我几十年思考宇宙与人类这个伟大主题的阶段性成果。物理学的测不准原理（uncertainty principle）决定了人类对世界的认识存在着一个永远都达不到的边界区域。我企图探寻人类所有的知识领域，这个极端的幻想，也注定了我对每个问题的研究必然存在各种不足与误判。我心知肚明！须臾也不敢狂妄自诩能穷尽什么人间真理。但我愿意做出承诺：我将用我的生命来继续这种思考，直到自己生命烟消云散的那一天！

最后，我必须说几句最重要的话。回顾自己的前半生，我不得不承认我是天底下最幸运的人，每当我遇到生活中令人头疼的沟沟坎坎时，总会得到贵人相助，学术活动也是如此。父母、妻子魏晓莉、女儿李瑞琪对我给予了最毫无保留的支持，没有他们的理解和支持，粗枝大叶的我生活上必然是一团糟的，想做成什么像样的事根本不可能。我小学、高中、大学、研究生期间以及工作后相识的老师、同学、同事、朋友们，对我也是有求必应，只要我提出什么需要帮助的事，总会得到他们无私而迅速的响应。我感念上苍，让我生处这样一个充满爱的环境。因此，我必须对如下尊敬的老师、同学、朋友们表达我最真诚的感谢，并祝福他们好人一生平安：

江平、曹子丹、夏锦文、何秉松、赵景文、马吉祥、姜正成、周潞嘉（老舟）、袁超、马先斌、杨明法、程合红、王清、徐建、王加栋、李家伟、许剑秋、徐耀中、陈虹伟、张德勤、陈健全、徐蕾、王辉阳、郭君正、唐旭东、张怡宁、王妍予、贾丽红、李濡歧、王华、黄姗、晋璧东、肖钢、侯正新、杨瑞勇、侯小波、周五一、朱云波、杨雪冬、楚海鹏、楚海建（排名不分先后）。

李华平

2017 年 11 月 11 日于北京